Denkfaule Hoffnung?

Carina Abs

Denkfaule Hoffnung?

Anfragen an Erlösungsnarrationen bei Alfred Döblin, Christine Lavant und Friedrich Dürrenmatt

Matthias Grünewald Verlag

VERLAGSGRUPPE PATMOS

PATMOS
ESCHBACH
GRÜNEWALD
THORBECKE
SCHWABEN

Die Verlagsgruppe
mit Sinn für das Leben

Für die Schwabenverlag AG ist Nachhaltigkeit ein wichtiger Maßstab ihres Handelns. Wir achten daher auf den Einsatz umweltschonender Ressourcen und Materialien.

Bibliografische Information der Deutschen Nationalbibliothek
Die Deutsche Nationalbibliothek verzeichnet diese Publikation in der Deutschen Nationalbibliografie; detaillierte bibliografische Daten sind im Internet über http://dnb.d-nb.de abrufbar.

Dissertation, Universität Freiburg i. Br. 2016

D 25

www.gruenewaldverlag.de

Umschlaggestaltung: Finken & Bumiller, Stuttgart
Umschlagabbildung: Buchsbaum-Labyrinth, © Garten Europa, Graz, http://www.garten-europa.com
Druck: CPI – buchbücher.de, Birkach
Hergestellt in Deutschland
ISBN 978-3-7867-4004-9

Inhalt

Allen „denkfreudigen“ Dialogpartnern

Vorwort

Seit jeher drückt sich in literarischen Texten Menschsein aus. Aus diesem Grund ist Literatur für eben die Wissenschaft, die sich mit dem Menschsein angesichts eines Glaubens an einen sich Menschen zuwendenden Gott auseinandersetzt, so bedeutend. Will Theologie menschliche Fragen ernst nehmen und sich bewusst auf das einlassen, was Menschsein ausmacht, ist ein unvoreingenommenes Zuhören unabdingbar. Die vorliegende Studie in der Schnittstelle zwischen Germanistik und Theologie, die von der Theologischen Fakultät der Albert-Ludwigs-Universität Freiburg als Dissertation angenommen wurde, liest daher ausgewählte literarische Texte sehr genau und spürt dem nach, wie sich Menschsein vor dem Hintergrund christlich-theologischer Erlösungshoffnungen versteht.

Eine wissenschaftliche Arbeit ist nicht das Werk einer einzelnen Person. So danke ich herzlich meinem Doktorvater Prof. Dr. Magnus Striet, der mit mir die Begeisterung für interdisziplinäre Fragestellungen und Auseinandersetzungen teilt und dessen Theologie das Gespräch mit anderen Wissenschafts- und Kulturbereichen sucht. Ich danke meinem Betreuer Prof. Dr. Eberhard Schockenhoff und meinen Kolleginnen und Kollegen und Freunden für die anregenden Gespräche und Denkanstöße sowie der Konrad-Adenauer-Stiftung für ein Promotionsstipendium.

Der Erzdiözese Freiburg spreche ich meinen Dank für einen großzügigen Druckkostenzuschuss aus und Herrn Volker Sühs vom Matthias-Grünewald-Verlag danke ich für seine professionelle Betreuung der Drucklegung.

Auch möchte ich mich herzlich bei meiner lieben Familie und meinen Freunden bedanken, die mich bestärken und unterstützen. Insbesondere bedanke ich mich bei meinem stets mitdenkenden Mann Benedikt, ohne dessen Interesse, vielseitige Unterstützung und fachlichen Rat dieses Projekt nicht denkbar gewesen wäre. Ihm und allen „denkfreudigen" Dialogpartnern, die sich darauf einlassen, weiterzudenken und weiterzufragen, widme ich diese Arbeit.

Freiburg, August 2016

Carina Abs

„Denkfaule Hoffnung"? Einleitung

„Wer sich aber nicht warnen läßt, sollte auch nicht hoffen." (WA 37, 12)[1]

„Das Prinzip Hoffnung ist allzuoft eine denkfaule Schlamperei." (WA 37, 12)[2] Hoffnung und Denkfaulheit – zwei Begriffe, die in diesem Gedanken Friedrich Dürrenmatts auf den ersten Blick kaum in Beziehung zueinander zu setzen sind, ist doch Hoffnung stets mit etwas Positivem konnotiert, über das man zumeist gerne nachdenkt; Denkfaulheit hingegen impliziert zwar die prinzipielle Möglichkeit, denken zu können, es wird jedoch eben diese Möglichkeit nicht realisiert. Das denkende Subjekt macht sich also des Vorwurfs schuldig, die möglichen Denkbewegungen hinsichtlich eines Denkinhaltes nicht oder nur unzureichend, also „schlampig" auszuführen und dabei Wesentliches zu übergehen. Der gedachte Inhalt ist hier die zunächst nicht näher präzisierte „Hoffnung", weswegen der Vorwurf der Denkfaulheit sich gegen diejenigen richtet, die an einer Hoffnung prinzipiell festhalten, sich nicht in oben genanntem Sinne „warnen" lassen, sondern „denkfaul" und „schlampig" das ignorieren oder gar negieren, was gegen diese Hoffnung sprechen könnte. Denkfaul Hoffende provozieren so diejenigen, die sich aufrichtig, sorgfältig und gewissenhaft auf das beziehen, was erhofft werden kann. Da bei Dürrenmatt im Folgenden ferner die Hoffnung als „religiöses […] Prinzip" (WA 37, 42) bestimmt wird, kann der Begriff Hoffnung semantisch eng mit christlicher Hoffnung verknüpft und mit einer noch näher zu bestimmenden Erlösungshoffnung in Verbindung gebracht werden, welche dann mit „denkfauler Schlamperei" assoziiert werden kann.

In einer sich selbst reflexiv gewordenen modernen Kultur, die über Jahrhunderte hinweg geltende religiöse Selbstverständnisse neu hinterfragt und in ihrem Gewordensein historisch zu erklären sucht, findet dennoch – oder gerade deshalb – eine weitreichende Auseinandersetzung mit religiösen oder spezifisch christlichen Themen statt. Da literarische Texte in dieser Arbeit als Selbstvergewisserung und Selbstauslegung menschlichen Bewusstseins im Medium Literatur in der erlebten und auf mögliche Wirklichkeit hin verstanden werden, ist zu untersuchen, ob und inwiefern diese

[1] Alle Zitate aus Dürrenmatts Werk werden, soweit es geht, nach der Werkausgabe in siebenunddreißig Bänden (Diogenes) unter Angabe der Nummer des Bandes und der Seitenzahl angegeben. Die einzelnen Titel der literarischen Texte sind der Übersicht im Anhang zu entnehmen.

[2] Mit der Formulierung „das Prinzip Hoffnung" nimmt Dürrenmatt vermutlich auf Ernst Blochs viel diskutiertes Buch mit gleichnamigem Titel Bezug. Da dies für den Fortgang der Arbeit nicht entscheidend ist, bleibt dieser Zusammenhang im Weiteren unbeachtet.

Selbstvergewisserung in Auseinandersetzung – sei es als Übernahme oder als Abgrenzung – mit religiösen Sprachformen, Themen und Motiven erfolgt. Literarische Texte der Moderne, so die Annahme, decken gnadenlos „denkfaule Schlampereien" insbesondere hinsichtlich religiös motivierter Erlösungshoffnungen auf und beschreiben doch die menschliche Existenz – nicht zuletzt bedingt durch die beiden Weltkriege, die grausamen Ereignisse der Shoah, aber auch durch das Wegbrechen einer eschatologischen Hoffnungsfigur nach dem von Nietzsche postulierten Tod Gottes – als unvollkommen, leidgeplagt und somit (erlösungs-)bedürftig. Der theologische Begriff „Erlösungsbedürftigkeit" wird, wie noch genauer zu reflektieren sein wird, für die in literarischen Texten spürbare, zunächst nicht unbedingt religiös verstandene Sehnsucht nach Geborgenheit verwendet, für die Sehnsucht nach einer erfüllenden Bestimmung des Menschseins, für den Wunsch, sich nicht mit der so erlebten defizitären Wirklichkeit abfinden zu wollen, den Tod nicht das letzte Wort haben zu lassen und umgekehrt das erlebte Glück nicht bald schon als endgültig vergangen wissen zu müssen. Dabei wird bewusst zunächst auf eine genauere, apodiktische Definition von Erlösung verzichtet und von Semantisierungen von Erlösung gesprochen, da es gerade Ziel der Untersuchung ist, die Polyphonie der Erlösungsbedürftigkeiten und Erlösungsvorstellungen, die in literarischen Texten ihren Ausdruck finden, wahrzunehmen. Dennoch wird ein besonderer Schwerpunkt auf die Auseinandersetzung mit christlichen Erlösungskonzeptionen gelegt, da die ausgewählten Autoren allesamt einen primären Bezug zum Christentum haben und sich an christlichen Vorstellungen abarbeiten. Da die meisten Literaten der Moderne sich zwar mit christlichen Themen und Motiven kritisch auseinandersetzen, sich dennoch aber nicht als explizit christlich verstanden wissen möchten und eine wissenschaftliche Beschäftigung sich nicht dem Vorwurf einer voreingenommenen Lesart aussetzen darf, wird eine Methode gewählt und konzipiert, welche die Mehrstimmigkeit der Texte zunächst neutral wahrnehmen und interpretieren kann. Ausgehend von Intertextualitätstheorien ist die Grundidee der dynamisch hermeneutischen Methode der „Internarrativität", dass es nicht nur Bezüge zwischen konkreten Texten sondern auch deren Kontexten im weitesten Sinn, zwischen „Narrationen" geben kann, da alles, was über das Medium Sprache „erzählt" wird – neben konkreten Texten so auch in Traditionen, Konzepten, Liedern oder sonstigen Überlieferungen jeder Art – Eingang in literarische Texte finden kann. Hinsichtlich der konkreten Fragestellung der Arbeit nach Semantisierungen von Erlösung werden insbesondere religiöse und vor allem christliche Narrationen untersucht, wobei stets zu rekonstruieren sein wird, auf welche Narrationen in welchem konkreten Kontext Bezug genommen wird und wie diese Narrationen in den literarischen Referenztext eingespielt werden, ob beispielsweise als ironische Distanznahme, Korrektur, Parodie, Überbietung oder als zustimmender Kommentar. Werden literarische Texte als Medium menschlicher Selbstauslegung und Selbstvergewisserung verstanden, so kann mit dieser Methodik analysiert und interpretiert werden, wie sich Menschsein heute versteht und ob und inwiefern diese Vergewisserung mit religiösen und spezifisch christlichen Diskursen verbunden wird, beziehungsweise ob und wie die christliche Hoffnung auf einen den Menschen erlösenden Gott in ihren unterschiedlichen Narrationen Relevanz hat.

Drei Literaten, die allesamt vor „denkfauler Schlamperei" in Bezug auf Hoffnungskategorien „warnen" und vom konkreten Leben ausgehen, dessen Schönheiten sehen, aber vor allem auch in die Abgründe blicken, sind der gebürtige Jude und später zum Christentum konvertierte Schriftsteller Alfred Döblin (1878–1957), die österreichische Lyrikerin Christine Lavant (1915–1973) und der Pastorensohn Friedrich Dürrenmatt (1921–1990). Diese Literaten ermöglichen mit ihrem Werk nicht nur einen räumlichen Querschnitt durch den deutschen Sprachraum, sondern auch einen zeitlichen durch das 20. Jahrhundert sowie eine Beschäftigung mit den drei Gattungen Epik, Lyrik und Dramatik. Sie zeichnen sich vielmehr vor allem dadurch aus, dass sie den christlichen Kontext stets präsent fühlend, sich immer wieder in unterschiedlicher Weise und mehr oder weniger explizit auf Religiöses und vor allem auf Christliches beziehen, was mithilfe der Internarrativitätstheorie gewinnbringend untersucht werden kann. Charakteristisch für diese drei Literaten ist ferner, dass sie Elementarsituationen des menschlichen Daseins aufzeigen, Fragen nach dem Verhältnis von Ich und Welt stellen und alle von einer für mangelhaft befundenen gegenwärtigen menschlichen Existenz ausgehen, die im Verlauf der Arbeit als „erlösungsbedürftig" aufgezeigt wird. Alfred Döblin thematisiert in seinen Romanen und Erzählungen eine als existenziell bedrückend empfundene Entfremdung des Menschen von der Welt und sich selbst und beschreibt so eine Suche nach Halt und Orientierung. Das lyrische Ich Christine Lavants ringt mit seinem physischen Leiden an seiner körperlichen Versehrtheit und dem metaphysischen Zweifel eines immer wieder neu an Gott glauben wollenden Teils seines Ichs, der jedoch von anderen Kräften bekämpft wird: „[E]h ich zum Himmel fahre, / ersticht mich der Verstand." (Sp, 53)[3]. Die Figuren Friedrich Dürrenmatts scheitern an der Abgründigkeit der Welt, die als

[3] Die Zitate und Gedichte Lavants werden nach den einschlägigen Ausgaben zitiert, worauf im Fließtext mit einem Kürzel verwiesen wird, welches im Anhang einer Ausgabe zugeordnet werden kann. Hier: Lavant, Christine: Spindel im Mond. Gedichte. Salzburg: Otto Müller, 1959.

„Riesenunfall“ (WA 9, 62) erlebt wird und angesichts dessen der „mutige Mensch“ (Vgl. WA 30, 63), um ein später ausführlicher zu erläuterndes Konzept Dürrenmatts zu zitieren, gerade nicht in Verzweiflung verfällt. Als Grundzug aller Texte dieser Literaten kann so der Impetus verstanden werden, ob der Erfahrung eines Mangels und einer Bedürftigkeit nach dem, was unter christlichen Vorzeichen als Erlösung verstanden wird, nicht zu resignieren, sondern sich auf die Suche nach metaphysischem Halt – auch in Auseinandersetzung mit christlichen Erlösungsvorstellungen – zu begeben. Dennoch sind ihre Reflektionen im literarischen Werk sowie in ihren theoretischen Schriften von großer kontrastiver Diversität geprägt, was hinsichtlich einer systematischen Reflektion verschiedener Erlösungsvorstellungen eine gewinnbringende Diskussion ermöglicht. Während bei Alfred Döblin so beispielsweise seine Konversion zum Katholizismus 1941 Spuren in seinem literarischen Werk hinterlassen hat und so nach scharfen, religionskritischen Tönen auch Überlegungen zu einer Erlösung durch eine ums Kreuz zentrierte Satisfaktionstheorie hörbar werden, lehnt das lyrische Ich Christine Lavants das Kreuz als Symbol der Rettung und Erlösung kategorisch ab. Das Kreuz wird im Gedicht *Kreuzzertretung* (B, 72) symbolisch zertreten und das am Kreuzweg allein gelassene lyrische Ich schließt: „Ich werde mich niemals wieder bekreuzen, / so bitter schmerzt mich dies Zeichen“ (B, 101). Dürrenmatt hingegen löst sich von der „gottgewollten Ordnung“ und schreibt gegen die „Mauer aus Glauben“ (WA 28, 183) seiner protestantischen Familie an und entwirft in seinem Werk einen „neuen Humanismus“, der davon überzeugt ist, dass „der Mensch [...] nicht erlöst werden [muss], er steht vor der viel schwierigeren Aufgabe, sich selbst zu erlösen“(DiA, 183)[4].

Nach einem kurzen einleitenden Kapitel zur Verhältnisbestimmung von Religion und Literatur (I), in dem die der Arbeit zugrunde liegende hermeneutische Methode der Internarrativität ausgearbeitet und beschrieben wird, sowie nach allgemeinen grundlegenden Bemerkungen zu einer Ästhetik der Moderne (II), wobei auf den Modernebegriff sowie auf die literarischen Charakteristika dieser alles – so auch einen Gott – radikal in Frage stellenden Epoche eingegangen wird, wird jeweils detailliert untersucht, worin die Literaten jeweils „denkfaule Schlampereien“ vermuten und worin sie in Bezug auf eine Hoffnungsperspektive „warnen“ (III). In Auseinandersetzung mit den einzelnen internarrativen christlichen Bezügen in literarischen Texten sowie explizit mit deren Erlösungsvorstellungen und ihrer diesbezüglichen Kritik wird über Menschsein in der modernen Welt sowie

[4] Dürrenmatt, Friedrich: Der intellektuelle Atheist. Ich glaube an den Menschen. In: Wiener 9 (1988), S. 183, fortan zitiert als DiA.

systematisch über Anfragen und „Warnungen“ in Bezug auf christliche Erlösungsnarrationen im Medium literarischer Texte nachgedacht (IV).

I. Theoretische und methodische Reflektionen zu einer Verhältnisbestimmung von Literatur und Religion

1. Von „guten" und „schlechten" Lesern – Grundsätzliche Vorbemerkungen zu einer Hermeneutik

> „Die schlechtesten Leser sind die, welche wie plündernde Soldaten verfahren: sie nehmen sich Einiges, was sie brauchen können, heraus, beschmutzen und verwirren das Uebrige und lästern auf das Ganze."[5]

Auch wenn nach heutigem Literaturverständnis der Leser und Rezipient konstitutiv für das Phänomen Literatur erachtet werden, ist Nietzsches Hinweis in Bezug auf einen „schlechten Leser", der den Text in eigener Absicht „ausplündert", Berechtigung zuzusprechen – und dies vor allem in Hinblick auf ein so emotional und mitunter polemisch gefärbtes Rezeptionsfeld, dem der Literatur und Religion. Im Unterschied zur religiösen Literatur und Kunst sowie der vielfach bekräftigen Nähe von Kunst und Religion ist vor allem seit dem 18. Jahrhundert ebenso das Phänomen der Gleichsetzung von Kunst als Religion zu beobachten, wobei diese Kunstreligion einen Tausch impliziert, der die Tauschenden zu betrügen scheint, da das Ersatzobjekt Kunst nicht die gleiche Funktion wie Religion erfüllen kann.[6] Angesichts solcher Grenzverwischung von Kunst und Religion ist die spezifische Eigenheit von Kunst – in dieser Fragestellung genauer Literatur – und Religion sowie die jeweils Literatur und Religion reflektierenden Wissenschaften zu betonen. „Literatur darf nicht als Bilderbuch zur Dogmatik missbraucht werden."[7] Sie ist als eigenständige Kunst mit eigenem Anspruch anzuerkennen, sonst läuft die Theologie Gefahr, „ein schlechter Leser" im Sinne Nietzsches zu sein, der den Text für den theologischen Eigenbedarf ausplündert. Literarische Texte könnten lediglich in einer bestimmten Perspektive unter Konzentration zum Beispiel auf christliche Motive oder

[5] Nietzsche, Friedrich/Colli, Giorgio [u. a.] (Hg.): Nietzsche Werke. Kritische Gesamtausgabe. Berlin: Walter de Gruyter. Alle Zitate Nietzsches werden im Folgenden aus dieser Ausgabe zitiert und wie folgt angegeben: Nietzsche, Friedrich: Menschliches, Allzumenschliches KGW IV, 3, S. 72 [137].

[6] Vgl. Auerochs, Bernd: Die Entstehung der Kunstreligion. Göttingen: Vandenhoeck & Ruprecht, 2006. (Palaestra; 323), S. 11.

[7] Hahn, Friedrich: Glaube und moderne Literatur. Das Glaubensbekenntnis im Spiegel der Gegenwartsliteratur. Stuttgart: Quell-Verlag, 1980, S. 9. Bauke-Ruegg wirft Hahns Studien jedoch genau das vor, was Hahn selbst vehement verwirft: ein „Bilderbuch zur Dogmatik" zu sein. Vgl. Bauke-Ruegg, Jan: Theologische Poetik und literarische Theologie?: Systematisch-theologische Streifzüge. Zürich: Theologischer Verlag, 2004., S. 11.

Figuren interpretiert werden, wobei man literarische Texte schnell mit außerliterarischen Kategorien misst, sprich man „verchristlicht" sie, ohne dass eine ausreichende Analyse der spezifisch literarischen Aussageformen vorangegangen ist.[8] Der biblische Text und die religiöse Tradition könnten *prä*figurativ gedeutet und als vor-rangig erachtet und zur Norm erhoben werden, während der „Mehrwert" des Ästhetischen nicht unbedingt zur Kenntnis genommen wird.[9] Im methodischen Umgang mit literarischen Texten ist folglich eine theologische „Steinbruch-Mentalität"[10] unbedingt zu vermeiden, da literarische Texte so keineswegs in ihrer Ganzheit wahrgenommen, verstanden und interpretiert werden. Der Literaturwissenschaftler Ziolkowski weist in seiner „polemische[n] Stellungnahme zu literaturwissenschaftlichen Problemen" im Forschungsfeld Theologie und Literatur deswegen darauf hin, dass „ein religiöses Sprachelement keineswegs immer auf einen religiösen Gehalt hinzuweisen braucht", sondern dass sich vielmehr Literatur auch ohne Theologie verstehen lässt, beispielsweise „als […] ironische Säkularisierung religiöser Erwartungen zugunsten einer Sakralisierung der Kunst"[11]. Eine theologische Deutung literarischer Texte wird auch nach Ziolkowski keineswegs ausgeschlossen, jedoch sollte das Ziel nicht schon zugleich als Ausgangspunkt fungieren: Eine Interpretation beginnt nicht mit einer theologischen Aussage, sondern „mit dem Text als sprachlichem Kunstwerk."[12] Literarischen Texten wird daher unvoreingenommen begegnet, nicht jedoch ohne sich darüber verständigt zu haben, was unter den Begriffen Literatur respektive Theologie subsumiert wird.

[8] Mautner, Josef P.: Nichts Endgültiges. Literatur und Religion in der späten Moderne. Würzburg: Königshausen & Neumann, 2008, S. 13.

[9] Vgl. ebd., S. 13.

[10] Bauke-Ruegg: Theologische Poetik und literarische Theologie?, S. 65, vgl. auch S. 261.

[11] Ziolkowski, Theodore: Theologie und Literatur: Eine polemische Stellungnahme zu literaturwissenschaftlichen Problemen. In: Jens, Walter/Küng, Hans/Kuschel, Karl-Josef (Hgg.): Theologie und Literatur. Zum Stand des Dialogs. München: Kindler, 1986, S. 113–128, hier S. 124. Ziolkowski führt als Beispiel das Gedicht „Die schöne Buche" (1842) von Eduard Mörike an, das sowohl theologisch aber eben auch literaturwissenschaftlich neutral gelesen werden kann – mit folglich anderem Ergebnis.

[12] Ziolkowski im Diskussionsbericht: Ammicht-Quinn, Regina/ Quinn, Th.P.: Diskussionsbericht. In: Jens, Walter/Küng, Hans/Kuschel, Karl-Josef (Hgg.): Theologie und Literatur. Zum Stand des Dialogs. München: Kindler, 1986, S. 178–185, S. 181.

2. Literatur als Medium der Selbstvergewisserung – Begriffsbestimmungen zu Literatur und Theologie

Es scheint zum Wesen der Literatur zu gehören, dass sich weder formale noch inhaltliche Kriterien klar benennen lassen, um die Frage zu beantworten, was einen Text zu Literatur macht. Sämtliche Definitionsversuche, darunter Versuche aus den 1970er und 80er Jahren, Literatur durch das Kriterium der Fiktionalität zu begründen (Wolfgang Iser, Hans Robert Jauß, Umberto Eco, Paul Ricoeur u. a.), oder Theoriebildungen der russischen Formalisten, Literatur über ihre spezifische Sprachverwendung zu bestimmen (Viktor Sklovskij, Roman Jakobson, Osip Brik u. a.), sowie Definitionen auf hermeneutischer, ästhetischer und anthropologischer Ebene sind umstritten und benennen vielmehr wichtige Einzelaspekte als eine umfassende Definition.[13] Da Literaturtheorie immer auch abhängig von gesellschaftlichen Prozessen ist, stellt Terry Eagleton daher eine kanonische Definition von Literatur grundsätzlich in Frage:

> „So etwas wie ein ‚Wesen' der Literatur gibt es schlichtweg nicht. [...] Nach John M. Ellis funktioniert der Terminus ‚Literatur' etwa so wie das Wort ‚Unkraut': Unkraut ist keine besondere Pflanzenart, sondern jede beliebige Pflanze, die der Gärtner aus irgendeinem Grund hier nicht haben will. Vielleicht bedeutet ‚Literatur' so etwas wie das Gegenteil davon: jede beliebige Art von Text, den jemand aus irgendeinem Grund besonders schätzt. ‚Literatur' und ‚Unkraut' sind, wie die Philosophen sagen würden, eher funktionale als ontologische Begriffe: sie sagen etwas darüber aus, was wir tun, aber nichts über das Wesen der Dinge."[14]

Obwohl „Literatur" nicht eindeutig und unbestreitbar definiert werden kann, da alles Literatur sein kann und alles, was bisher als unbestreitbar und unwandelbar als Literatur angesehen wurde, eines Tages dennoch keine Literatur mehr sein kann,[15] ist es dennoch für das Untersuchungsvorhaben von Bedeutung, den Literatur-Begriff genauer zu bestimmen und zu erschließen, wo hieraus Anknüpfungspunkte für eine theologische Betrachtung von Literatur gefunden werden können. Der Literaturwissenschaftler

[13] Vgl. und weiterführende Literatur unter anderem bei: Bauke-Ruegg: Theologische Poetik und literarische Theologie?, S. 35–43; Kutzer, Mirja: Zwischen Sprachkritik und Weltentwurf. Poetische Texte und ihr theologisches Potential. In: Münchner Theologische Zeitschrift 60 (2009), S. 327–337, vgl. hier S. 327–332.

[14] Eagleton, Terry: Einführung in die Literaturtheorie. Aus dem Englischen von Elfi Bettinger und Elke Hentschel. Stuttgart; Weimar: Metzler, [4]1997. (Sammlung Metzler; 246), S. 10.

[15] Vgl. Ebd., S. 12.

Wolfgang Braungart weist unter Rekurs auf Oliver Jahraus' Studie *Literatur als Medium* darauf hin, dass Literatur und Religion „die herausragenden ‚Medien' menschlicher Selbstauslegung und Selbstdeutung [sind], die die westliche Kultur hervorgebracht hat"[16]. In diesem elaborierten Diskurs drücken Menschen das aus und finden das ausgedrückt vor, was sie wirklich bewegt und wirklich angeht, weshalb Literatur als das herausragende Medium bezeichnet werden kann, im dem sich „Bewusstsein als Bewusstsein [...] für Kommunikation artikulieren kann"[17]. Jedoch gilt zu bedenken, dass Literatur nicht nur erfahrene und erschlossene Wirklichkeit und so den Menschen in seinem In-der-Welt-Sein darstellt. Vielmehr geht Literatur über die Wirklichkeit hinaus, indem sie entwirft, wie Welt sein könnte. Schon Aristoteles spricht in seiner Poetik von Dichtung als „Mimesis"[18], wobei diese wiederum zu differenzieren ist hinsichtlich der Frage, ob der Dichter Sachverhalte so darstellt, „[1] wie sie waren oder sind, oder [2] so, wie man sagt, dass sie seien, und wie sie zu sein scheinen, oder [3] so, wie sie sein sollten."[19] Opitz, einer der bedeutendsten deutschen Dichter und Begründer der „Deutschen Poeterey", beschränkt die aristotelische Mimesis vor allem auf ihren dritten Aspekt, in dem die Dichtkunst die Dinge beschreiben solle „nicht so sehr [...] wie sie sein / als wie sie etwan sein köndten oder solten"[20]. Hierbei muss natürlich gerade im Hinblick auf moderne Literatur bedacht werden, dass der Entwurf von Alternativwelten sowohl explizit als auch vor allem ex negativo, d.h. in der überzeichneten Darstellung der dem menschlichen Leben zuwider laufenden Umstände, erfolgen kann. Da die sprachliche Gestaltung von Wirklichkeit grundsätzlich in ihrem Entwurf kritisierbar und veränderbar ist, stellen poetische Texte „im spielerischen ‚Als ob' [...] Bestehendes auf den Prüfstand und loten neue Möglichkeiten aus, die Welt zu interpretieren und in ihr zu handeln"[21]. Der im Forschungsfeld von Theologie und Literatur sich verdient gemachte Theologe und Germanist Georg Langenhorst sieht in Literatur darum neben anderen Gewinndimensionen vor allem den „Möglichkeitssinn", wie ihn

[16] Braungart, Wolfgang: Literaturwissenschaft und Theologie. In: Garhammer, Erich/Langenhorst, Georg (Hgg.): Schreiben ist Totenerweckung. Theologie und Literatur. Würzburg: Echter Verlag GmbH, 2005, S. 43–69, S. 63.

[17] Ebd., S. 65.

[18] Aristoteles: Poetik. Griechisch/Deutsch. Übersetzt und herausgegeben von Manfred Fuhrmann. Stuttgart: Reclam, 2006, [1460b].

[19] Ebd.

[20] Opitz, Martin; Jaumann, Herbert (Hg.): Buch von der Deutschen Poeterey (1624) mit dem Aristarch (1617) und den Opitzschen Vorreden zu seinen Teutschen Poemata (1624 und 1625) sowie der Vorrede zu seiner Übersetzung der Trojanerinnen (1625). Studienausgabe. Stuttgart: Reclam, 2002, S. 19.

[21] Kutzer: Zwischen Sprachkritik und Weltentwurf, S. 327.

Robert Musil in „Der Mann ohne Eigenschaften" (entstanden 1930–1945) als zentrale Fähigkeit, „alles, was ebenso gut sein könnte, zu denken und das, was ist, nicht wichtiger zu nehmen als das, was nicht ist", beschreibt.[22] Langenhorst sieht in diesen Möglichkeiten „Visionen von gelingendem Leben und vorbildhaftem Verhalten, den Entwurf von Modellen im Blick auf gefundene Identität und ersehnte Erfüllung", wobei diese Entwürfe einer „Grammatik der Sehnsucht", wie sie in theologischen Aussagen über Gott beheimatet sei, vergleichbar wäre.[23] Der Religionspädagoge Peter Biehl spricht aufgrund dieses Möglichkeitsangebots einer Welt gar von einem „offenbarenden Charakter" von nicht nur religiöser, sondern auch dichterischer Sprache, in welcher die religiöse Sprache den offenbarenden Charakter dichterischer Sprache durch die Verbindung eines Ur-Bezugspunktes – Gott – modifiziere,[24] wobei die spezifischen Bereiche von Religion/Theologie und Literatur wieder zu verschwinden scheinen. Unter Berücksichtigung dieser Vielzahl von Aspekten lässt sich nur konstatieren, dass Literatur ein äußerst schwierig zu definierender Begriff ist. Doch steht eine primär literaturwissenschaftliche Begriffsbestimmung nicht im Zentrum des Interesses einer theologischen Beschäftigung mit Literatur. Die herausgestellten Aspekte zeigen vielmehr, dass Literatur auch von der anthropologischen Bedeutung (auch für die Theologie) her bestimmt werden kann: Literatur wird im Folgenden verstanden als Medium der Darstellung und Selbstvergewisserung menschlichen Bewusstseins in der erlebten Wirklichkeit und auf mögliche Wirklichkeit hin.

Verwirrung stiftet im Forschungsfeld von „Theologie und Literatur"[25] jedoch nicht nur der oft nicht weiter reflektierte Literaturbegriff. Divergierend ist vor allem die zweite Bezugsgröße *Theologie* – beziehungsweise der in einigen Studien vor allem im angloamerikanischen Bereich verwendete Begriff *Religion*.[26] Unter Theologie wird meist aus systematisch-theologi-

[22] Langenhorst, Georg: Theologie und Literatur. Ein Handbuch. Darmstadt: Wissenschaftliche Buchgesellschaft, 2005, S. 234.

[23] Ebd.

[24] Vgl. Biehl, Peter: Religiöse Sprache und Alltagserfahrung. Zur Aufgabe einer poetischen Didaktik. In: Themen der praktischen Theologie – Theologia Practica 18 (1983), S. 101–109, S. 104 f.

[25] So lautet beispielsweise der Titel des Bandes mit den Akten des Tübinger Kongresses „Theologie und Literatur". Vgl. auch darin: Küng, Hans: Theologie und Literatur: Gegenseitige Herausforderung. In: Jens, Walter/Küng, Hans/Kuschel, Karl-Josef (Hgg.): Theologie und Literatur. Zum Stand des Dialogs. München: Kindler, 1986, S. 24–29, sowie Kuschel, Karl-Josef: Theologie und Literatur heute: Themen und Konsequenzen. In: Jens, Walter/Küng, Hans/Kuschel, Karl-Josef (Hgg.): Theologie und Literatur. Zum Stand des Dialogs. München: Kindler, 1986, S. 199–222.

[26] Vgl. beispielsweise: Tate, Andrew: Literature and religion. London: Maney, 2009. (The yearbook of English studies; 39,1/2); Gunn, Giles B.: Literature and religion. New York: Harper

scher Sicht die argumentative und wissenschaftliche „Reflexion und Artikulation des christlichen Glaubens (und seiner Traditionen, Motive und Überzeugungen)“[27] verstanden, wobei man zwischen dem eher deskriptiv ausgerichteten biblisch-historischen Zugang, dem sich vor allem Studien über Bibel und Literatur verpflichtet fühlen, und dem vorwiegend theoretischen und handlungsorientierten Strang der systematisch-praktischen Theologie differenzieren kann.[28] Der theologischen Disziplin gemein ist dabei die Grundform der „Diskursivität“[29], dem von einer bestimmten Vorstellung zu einer bestimmten Aussage logisch fortschreitenden Denken.[30] Gegenüber dieser diskursiven Rationalität der Theologie präzisiert Raberger die Narrativität, die ästhetische Expressivität, als Wesensmerkmal der Literatur.[31] Somit betont er gerade die Differenz zwischen Literatur und Theologie, da fälschlicherweise die Wahrhaftigkeit der Erzählung häufig gegen die Wahrheit des Arguments gesetzt und damit Unterschiedliches gegeneinander aufgewogen werde, und fordert, dass im Gegenüber der Theologie nicht der Begriff der Literatur sondern der der Literaturwissenschaft stehen solle.[32] Als Vergleichs- und Bezugsgröße von Literatur sieht er die Verkündigung als Vermittlungsgestalt der Glaubensgeschichten, da Glaube ebenfalls kein diskursives Unternehmen und keine argumentative Auseinandersetzung sei.[33] Ob Literatur jedoch mit Verkündigung zusammengebracht werden kann, was literarischen Texten implizit eine vergleichbare verkündigende oder zumindest eine auf Veränderung zielende Absicht zuspricht, sei bezweifelt, da literarische Texte so schnell wiederum auf eine bestimmte Funktion reduziert und gerade nicht mehr in ihrer autonomen Ganzheit wahrgenommen werden könnten. Außerdem wird im Folgenden kritisch angefragt werden, ob man Literatur allein unter dem Aspekt der Narrativität fassen kann. Offensichtlich besteht jedoch eine

& Row, 1971; Jasper, David: The Study of Literature and Religion. An Introduction. Basingstoke; Houndmills, Hampshire [u. a.]: Macmillan, 1989. (Studies in Literature and Religion) Aber auch in der deutschsprachigen Forschung werden Begriffe wie Religion oder Religiosität verwendet: Bleicher, Joan Kristin: Literatur und Religiosität. Frankfurt am Main, Berlin, Bern [u. a.]: Peter Lang, 1993. (Forschungen zur Literatur- und Kulturgeschichte; 35)

[27] Bauke-Ruegg: Theologische Poetik und literarische Theologie?, S. 26.

[28] Vgl. ebd., S. 25–35. Vgl. auch: Wiedenhofer, Siegfried: Theologie. In: Lexikon für Theologie und Kirche. 3. völlig neu bearbeitete Auflage. Sonderausgabe. Bd. 9. Freiburg: Herder, 2009, Sp. 1435–1444.

[29] Raberger, Walter: Die Differenz von Literatur und Theologie. In: Theologisch-praktische Quartalschrift 152 (2004), S. 49–60, S. 40.

[30] Schischkoff, Georgi: Philosophisches Wörterbuch. Stuttgart: Alfred Kröner, 1965. (Kröners Taschenausgabe; 13), S. 116.

[31] Vgl. Raberger: Die Differenz von Literatur und Theologie, S. 40.

[32] Vgl. ebd., S. 39 f.

[33] Vgl. ebd., S. 40.

Differenz zwischen dem Lesen von literarischen Texten und wissenschaftlicher Texterschließung, die mithilfe eines Gedankens von Jürgen Habermas präzisiert werden kann:

> „Der Leser, der zu den Geltungsansprüchen innerhalb des Textes [gemeint eines literarischen Textes] so Stellung nimmt wie ‚draußen' im Alltag, greift durch den Text hindurch auf eine Sache – und zerstört die Fiktion. In dieser Art verhält sich der Leser zu philosophischen und wissenschaftlichen Texten. Von diesen wird er zu einer Kritik aufgefordert, die sich auf die innerhalb des Textes erhobenen Geltungsansprüche richtet. Seine Kritik bezieht sich nicht, wie die ästhetische, auf den Text und die von diesem vollzogene Operation der Welterschließung, sondern auf das im Text über etwas in der Welt Gesagte."[34]

Theologie bezieht sich daher argumentativ „auf die Geltungsproblematik dessen, was in der Literatur als Weltverhalten und Erlebnisgestalt zum *Ausdruck* kommt und im Medium der Sprache vermittelt wird"[35], ebenso, wie sie sich auf biblische Offenbarungen, religiöse Traditionen und Glaubensüberzeugungen bezieht und diese zum Ausgangspunkt ihrer systematischen Reflexion macht. Literatur als Narration und Theologie als Reflexion müssen sich jedoch beide ihrer Grenzen bewusst sein: „[W]eder [ein] Denken noch [ein] Erzählen vermögen sich des Unbedingten zu vergewissern."[36]

Im Folgenden wird der konstatierten Differenz durch eine klare begriffliche Trennung Rechnung getragen, weswegen die Begriffe Theologie und Religion, Literatur und Literaturwissenschaft in bewusster und angemessener Weise verwendet werden. Es wird jedoch ausdrücklich betont, dass bei aller Rede von Religion und Literatur und der Theologie als sekundären Reflexion derselben eine klare Zuordnung von Narrativität und Diskursivität nicht sinnvoll ist, da sowohl religiöse Themen und Traditionen sowie literarische Texte unter Umständen stark durch diskursive Gedankengänge – wie beispielsweise theologische Argumentationen oder allgemein logische Folgerungen – geprägt sind.

Nochmals: Literatur wird als Medium der Selbstvergewisserung und Selbstauslegung menschlichen Bewusstseins in der erlebten und möglichen Wirklichkeit verstanden und hinsichtlich ihrer anthropologischen Bedeu-

[34] Habermas, Jürgen: „Philosophie und Wissenschaft als Literatur?" In: Habermas, Jürgen: Nachmetaphysisches Denken. Philosophische Aufsätze. Frankfurt am Main: Suhrkamp, ²1988, S. 242–263, S. 262.

[35] Raberger: Die Differenz von Literatur und Theologie, S. 45.

[36] Ebd., S. 48.

tung untersucht, während religiöse und theologisch reflektierte Aussagen und Themen in literarischen Texten literaturwissenschaftlich analysiert und anschließend theologisch interpretiert werden.

3. Gegenseitige Verwiesenheit von Literatur und Religion

Da Literatur sich auf vielfältige Weise durch Wirklichkeit inspiriert und auf Wirklichkeit und Möglichkeit bezogen sieht, wird sie in verschiedenen wissenschaftlichen Gebieten, sei es der Kultur-, Geschichts- oder Politikwissenschaft, der Psychologie und Soziologie oder der Theologie oft als Seismograph für Entwicklungen, Strömungen oder Tendenzen geschätzt. In dieser Bedeutung wird Literatur, wie das Zweite Vatikanische Konzil betont, auch für die Kirche bedeutsam, deren zentrales Anliegen „zur Erfüllung dieses ihres Auftrags [...] die Pflicht [obliegt], nach den *Zeichen der Zeit* zu forschen und sie im Licht des Evangeliums zu deuten"[37]. Die pastorale Konstitution über die Kirche in der Welt von heute ‚*Gaudium et spes*' bezieht sich explizit auf die Bedeutung von Literatur und Kunst:

> „Auf ihre Weise sind auch Literatur und Kunst für das Leben der Kirche von großer Bedeutung. Denn sie bemühen sich um das Verständnis des eigentümlichen Wesens des Menschen, seiner Probleme und seiner Erfahrungen bei dem Versuch, sich selbst und die Welt zu erkennen und zu vollenden; sie gehen darauf aus, die Situation des Menschen in Geschichte und Universum zu erhellen, sein Elend und seine Freude, seine Not und seine Kraft zu schildern und ein besseres Los des Menschen vorausahnen zu lassen."[38]

Das Konzil drückt damit seine positive Wertschätzung von Kunst und Literatur aus und dies prinzipiell unabhängig von jeder weltanschaulichen Ausrichtung. Auch wenn im Anschluss vor allem von Künstlern gesprochen wird, von denen sich die Konzilsväter wünschen, dass sie „in Kontakt mit der christlichen Gemeinde" kommen, schafft das Zweite Vatikanische Konzil „eine grundsätzlich neue Beziehung von Kirche und Welt, von Kirche und Kunst", wie Papst Johannes Paul II. rückblickend erläutert. Damit ist die von ihm beschriebene Haltung der „Abwehr, Distanzierung und [des] Widerspruch[s] im Namen des christlichen Glaubens" und das Misstrauen

[37] Gaudium et spes. Die pastorale Konstitution über die Kirche in der Welt von heute. In: Rahner, Karl; Vorgrimler, Herbert (Hgg.): Kleines Konzilskompendium. Sämtliche Texte des Zweiten Vatikanums. Freiburg; Basel; Wien: Herder, [31]2004, im Folgenden zitiert als: GS 4.
[38] GS 62.

gegenüber dem modernen Geist und seinen vielfältigen Ausdrucksgestalten überwunden.[39] Diese durch die Konzilsväter begründete neue Beziehung versteht Johannes Paul II.

> „als Beziehung der Zuwendung, der Öffnung, des Dialogs... Die Welt ist eine eigenständige Wirklichkeit, sie hat ihre Eigengesetzlichkeit. Davon ist auch die Autonomie der Kultur betroffen. Diese Autonomie ist, recht verstanden, kein Protest gegen Gott oder gegen die Aussagen des christlichen Glaubens; sie ist vielmehr der Ausdruck dessen, daß die Welt Gottes eigene, in die Freiheit entlassene Schöpfung ist, dem Menschen zur Kultur und Verantwortung übergeben und anvertraut. Damit ist die Voraussetzung gegeben, daß die Kirche in ein neues Verhältnis zur Kultur und Kunst eintritt, in ein Verhältnis der Partnerschaft, der Freiheit und des Dialogs."[40]

Die von Johannes Paul II. der Literatur explizit gewürdigte Autonomie der Kultur bedeutet keinesfalls Beziehungslosigkeit zum Religiösen, sondern stellt die Bedingung für die Möglichkeit für eine eigenständige, produktive und herausfordernde Auseinandersetzung von Literatur und Religion und umgekehrt dar.[41] Die eigenständige Wirklichkeit der Welt wird ernst genommen, sie wird nicht weiter als Protest gegen Gott oder den christlichen Glauben verstanden, sondern als Ausprägungen des in die Freiheit entlassenen Menschen. Diese Sichtweise ermöglicht eine wechselseitige Verständigung von Gläubigen und Nichtgläubigen jenseits von Modellen der klassischen oder auch der indirekten Apologetik, wie sie im Anschluss an Karl Rahners Rede vom „anonymen Christen" gedacht werden kann; es ermöglicht eine Verständigung, indem „die Aufmerksamkeit von der theologischen auf die *anthropologische* Ebene verlagert und auf die vergleichbare existenzielle Situation von Gläubigen und Nichtgläubigen hingewiesen [wird]."[42] Glauben wie Nicht-Glauben sind beiderseits nicht vor Erschütterungen bewahrt. Literatur ist hierbei ein mögliches Ausdrucksmedium für die Reflexion und Beschreibung menschlicher Lebenswelten mit ihren persönlichen und existenziellen Fragen und Anfragen. Literarische Texte können so für die Theologie „den Zugang zu eben diesen Le-

[39] Johannes Paul II.: Die Kirche braucht die Kunst – braucht die Kunst die Kirche? In: Kunst und Kirche 44,1 (1981), S. 38–41, S. 39.

[40] Ebd., S. 39.

[41] Langenhorst, Georg: Theologie und Literatur 2001 – eine Standortbestimmung. In: Stimmen der Zeit 219 (2001), S. 121–132, S. 121.

[42] Tück, Jan-Heiner: Hintergrundgeräusche. Liebe, Tod und Trauer in der Gegenwartsliteratur. Ostfildern, Matthias-Grünewald-Verlag, 2010, S. 21. Zu den möglichen Konstellationen zwischen Glauben und Nichtglauben vgl. auch S. 19–23.

benswelten (wieder) eröffnen oder erleichtern“[43] und bieten sich zur Untersuchung an, ob und inwiefern menschliche Selbstvergewisserung in der Moderne „literarisch implizit mit Sinn- und Glaubensdiskursen verbunden werden“[44].

Dabei standen vor allem in der theologischen Auseinandersetzung mit Literatur oftmals literarische Texte im Fokus, welche explizit als „christliche Literatur“ bezeichnet wurden. Viele sogenannte „christliche Dichter“ empfanden diese Bezeichnung jedoch als zu eng und lehnten sie folglich ab,[45] weshalb man sich stets bewusst sein muss, dass es sich lediglich um Sekundärzuschreibungen von Literaturkritikern handelt. Bei aller ‚Unschärfe des Begriffs'[46] kann man bei einigen der christlichen Religion nahestehenden Literaten dennoch unterschiedliche Gemeinsamkeiten in ihren literarischen Texten festmachen. Gisbert Kranz bestimmt christliche Literatur von der Autorintention her, sie werde in einem bestimmten christlichen „Geist“ verfasst, einem christlichen Verständnis von Gott, Mensch und Welt, ohne dessen Berücksichtigung der Text nicht adäquat interpretiert werden könne.[47] Neben diesem Verständnis der christlichen Literatur als Auslegung der erfahrenen Wirklichkeit auf den Glauben hin, gibt es weitere Versuche, christliche Literatur über christliche Themen wie Sünde, Gnade und Erlösung zu definieren, wie es beispielsweise die Schriftsteller Curt Hohoff oder Elisabeth Langgässer explizit benennen.[48] Blütezeit der christlichen Dichtung in Deutschland war die unmittelbare Nachkriegszeit von 1945–1955, in der die philosophische und literarische katholische Bewegung des französischen Renouveau catholique, die sich in Frankreich vor allem gegen die Trennung von Staat und Kirche wendete, sich auch auf andere europäische

[43] Bauke-Ruegg: Theologische Poetik und literarische Theologie?, S. X.

[44] Tück: Hintergrundgeräusche, S. 27.

[45] Vgl. Linnerz, Heinz: Gibt es heute christliche Dichtung? Recklinghausen: Paulus-Verlag, 1960, S. 87. Vgl. auch die Äußerungen zeitgenössischer Autoren wie beispielsweise Martin Walser im Artikel: Die Angst der Dichter beim Bekenntnis. In: Publikforum 10 (2015), S. 34 f.

[46] Vgl. Kranz, Gisbert: Lexikon der christlichen Weltliteratur. Freiburg; Basel; Wien: Herder, 1978, Sp. 14.

[47] Vgl. ebd., Sp. 4.

[48] Vgl. Hohoff, Curt: Was ist das Christliche in der christlichen Literatur? In: Grenzmann, Wilhelm (Hg.): Was ist das Christliche in der christlichen Literatur? München: Karl Zink, 1960, S. 75–109, S. 83: „[E]s [=das Christliche] ist das Thema von Sünde, Gnade und Erlösung des Menschen durch Christus. Dies ist das eigentliche Thema der Heiligen Schrift beider Testamente, und dieses Thema muss sich noch spiegeln in den letzten und naivsten Produkten einer Literatur, die christlich genannt werden will.“; vgl. auch: Langgässer, Elisabeth: Das Christliche der christlichen Dichtung. Vorträge und Briefe. Olten; Freiburg im Breisgau: Walter, 1961, S. 21: „Denn die Fabel der Heilsgeschichte ist immer und überall die gleiche. Ihre Elemente heißen Sünde, Gnade, Erlösung, und wenn diese Elemente auch in jeder einzelnen menschlichen Seele andere Farben annehmen, so ist doch die Grundstruktur des Erlösungsvorgangs einfach und unveränderlich wie das Mysterium selbst […].“

Staaten, darunter Deutschland, ausdehnte und zu der Autoren wie Werner Bergengruen (1892–1964), Elisabeth Langgässer (1899–1950), Gertrud von Le Fort (1876–1971), Edzard Schaper (1908–1984) und Reinhold Schneider (1903–1958), um nur einige bekannte Beispiele zu nennen, im weitesten Sinne zuzuordnen sind.[49] Bereits 1966 beantwortete Werner Ross bei einem Symposium über „Moderne Literatur und christlichen Glauben" allerdings die seinem Beitrag vorangestellte programmatische Ausgangsfrage „Ist die christliche Literatur zu Ende?" mit einem eindeutigen Ja, da diese „christliche Literatur von gestern" auf die Fragen und Nöte der Gegenwart sowie deren ästhetischen Ansprüche „keine Antwort" geben könne.[50] Jedoch ist es schwierig, generell von explizit christlicher Literatur zu sprechen, denn der Literaturlesende läuft wieder Gefahr, literarische Texte vorschnell als christlich zu taxieren, einseitig zu vereinnahmen oder als „Bilderbuch der Dogmatik"[51] zu gebrauchen, ohne den Text als autonomes Gesamtkunstwerk – auch mit seinen Anfragen und kritischen Stimmen – wahrzunehmen. Die Offenheit des Zweiten Vatikanischen Konzils und vor allem die Stellungnahme Papst Johannes Pauls II. mit seiner Würdigung der Autonomie der Literatur ermöglichen einen anderen theologischen Umgang mit literarischen Texten. Es gibt auch Texte, „deren Verfasser dezidiert nichtchristlich sind, die aber Elemente, Textpassagen und Motive aufweisen, die Lesern und Leserinnen [als] ‚christliches' Gedankengut [bekannt sind]"[52]. Eine theologische Untersuchung von literarischen Texten der Moderne darf sich gerade nicht auf christliche Literatur beschränken, die christliche Vorstellung poetisch verarbeiten und zum Ausdruck bringen, will man sich nicht nur im innerkirchlichen und innerreligiösen Raum bewegen und „vollständig auf ein Dasein im Elfenbeinturm kaprizieren, dessen Demontage nur noch eine Frage der Zeit zu sein scheint"[53]. Das Zweite Vatikanische Konzil betont gerade die anthropologische Dimension von Literatur und Kunst, die sich „um das Verständnis des eigentümlichen Wesens des Menschen, seiner Probleme und seiner Erfahrungen bei dem Versuch, sich selbst und die Welt zu erkennen und zu vollenden [bemühen]"[54].

Bei einer solchen Betonung der anthropologischen Komponente ist der von Theologen und Literaturwissenschaftlern zu befragende Textkorpus

[49] Vgl. Bauke-Ruegg: Theologische Poetik und literarische Theologie?, S. 112.

[50] Vgl. Ross, Werner: Ist die christliche Literatur zu Ende? In: Henrich, Franz (Hrsg.): Moderne Literatur und christlicher Glaube. Würzburg: Echter-Verlag, 1968, S. 127–146. (Studien und Berichte der Katholischen Akademie in Bayern, Bd. 41), S. 129; 135.

[51] Hahn: Glaube und moderne Literatur, S. 9.

[52] Bauke-Ruegg: Theologische Poetik und literarische Theologie?, S. 122.

[53] Ebd., S. X.

[54] GS 62.

keineswegs explizit auf christliche Literatur und religiöse Motive fokussiert, sondern muss generell alle literarischen Texte beinhalten, da in ihnen Menschsein Ausdruck findet. Ein solcher Umgang mit Literatur ist unabsehbar; er kann zur „Herausforderung für eine gläubige Weltinterpretation“[55] werden und birgt das „Risiko“, „liebgewordene theologische Vorstellungen auf einmal nicht mehr gebrauchen zu können“[56]. Doch sich mit „eine[r] gewissen Spielfreude und Risikobereitschaft“[57] auf autonome Dichtungen der Moderne einzulassen, bietet eine große Chance, „das Risiko lohnt, weil das Gespräch Einblicke gestattet, die weder die Theologie noch die Literaturwissenschaft solistisch zustande bringen“[58]. Aus diesem Grund sollen literarische Texte der Moderne unvoreingenommen in ihrer ästhetischen Aussage betrachtet werden mit dem Ziel, „Wege nachzuschreiten, die man vorher nicht abschätzen konnte, und von dort aus das, was man bisher kannte, in neuem Licht zu sehen“[59].

4. Hermeneutische Entwicklungslinien im Forschungsfeld Literatur und Religion

Um sich auf literarische Texte der Moderne einzulassen, ist es sinnvoll, sich einer theologischen Hermeneutik zu vergewissern, mit der man literarische Texte theologisch lesen und deuten kann. Bevor ein eigener Ansatz entwickelt und herausgearbeitet wird, erfolgt ein kurzer Forschungsabriss über den vor allem seit Anfang der 70er Jahre sich etablierenden eigenständigen akademischen Forschungsbereich von Literatur und Religion im deutschsprachigen Raum, der sich an der Schnittstelle zwischen den Bezugswissenschaften von Theologie und Literaturwissenschaft sowie Ästhetik herausgebildet hat.[60] Georg Langenhorst, der 2005 ein Handbuch für *Theologie und Literatur* publiziert hat, in dem er neben dem Aufzeigen von Perspektiven für weitere Auseinandersetzungen vor allem die Diskussionen in diesem Forschungsfeld zusammenfasst, bemerkt einleitend, dass „eine lückenlose Erfassung der Forschungsliteratur […] dabei bei bestem Bemü-

[55] Tück: Hintergrundgeräusche, S. 26.
[56] Bauke-Ruegg: Theologische Poetik und literarische Theologie?, S. XI.
[57] Ebd.
[58] Tück: Hintergrundgeräusche, S. 9.
[59] Kutzer, Mirja: In Wahrheit erfunden. Dichtung als Ort theologischer Erkenntnis. Regensburg: Friedrich Pustet, 2006. (ratio fidei. Beiträge zur philosophischen Rechenschaft der Theologie; 30), S. 13.
[60] Langenhorst: Theologie und Literatur, S. 9.

hen unmöglich [ist]“[61]. Ein kurzer, kommentierter Überblick der Grundzüge repräsentativer Positionen soll an dieser Stelle daher genügen.

4.1. Literatur und Religion in der wissenschaftlichen Reflexion – Einige Wegbereiter

Über Jahrhunderte hinweg wurde eine schier unüberbrückbare Kluft zwischen Religion und Literatur, Offenbarung und Fiktionalität konstatiert, die sich – Karl-Josef Kuschel folgend – mit dem Begriff der „Konfrontation“ umschreiben lässt.[62] Sören Kierkegaard weist beispielsweise in „Entweder-oder“ (1843) die ästhetische Lebensanschauung scharf zurück, denn „das Ästhetische liegt in der Relativität“[63] und stellt dem ästhetischen Lebensentwurf einen ethischen sowie einen religiösen gegenüber, der einzig ein Leben in Sinn und Wahrhaftigkeit verbürgt.[64] „[M]an muss wählen, entweder das Ästhetische zum Totalgedanken zu machen und so alles auf diese Weise zu erklären oder das Religiöse.“[65], so schreibt Kierkegaard über sein Gesamtwerk nachsinnierend in einem Tagebucheintrag im Jahr 1849. Die Wahrheit des einen Gottes wird einem subjektivistischen Welt- und Religionsverständnis in Literatur gegenübergestellt, weshalb Literatur nur als Konkurrenz mit einem unerhörten Anspruch betrachtet werden kann, welche Ästhetik, menschliche Erfahrung und Anthropologie anstelle von Transzendenz, Offenbarung und Theologie setzt.[66] Das Verhältnis von Literatur und Theologie wird faktisch auf einen Konflikt von Ideologie und Wahrheit reduziert,[67] wobei Literatur nur als Ausschmückung der Dogmatik oder als negative Kontrastfolie zur schärferen Profilierung der eigenen theologischen Wahrheit Existenzrecht eingeräumt wird.

Als Wegbereiter einer nunmehr ausdrücklich positiven Bezugnahme auf literarische Texte können vor allem Paul Tillich auf evangelischer Seite sowie die katholischen Theologen Romano Guardini und Hans Urs von Balthasar

---

[61] Ebd., S. 11.

[62] Vgl. ebd., S. 13; Kuschel, Karl Josef: „Vielleicht hält Gott sich einige Dichter…“. Literarisch-theologische Porträts. Mainz: Matthias-Grünewald-Verlag, 1991 (Rothenfelser Reihe), S. 380.

[63] Kierkegaard, Sören/ Diem, Hermann (Hg.)/Rest, Walter /(Hg.): Entweder-Oder. Teil I. Unter Mitwirkung von Niels Thulstrup und der Kopenhagener Kierkegaard-Gesellschaft. München: Deutscher Taschenbuch Verlag, 1988, S. 178.

[64] Vgl. Langenhorst: Theologie und Literatur, S. 14.

[65] Kierkegaard, Sören/ Haecker, Theodor (Hg.): Die Tagebücher. In zwei Bänden ausgewählt und übersetzt von Theodor Haecker. Zweiter Band (1849–1855). Innsbruck, Brenner-Verlag, 1923, S. 108.

[66] Vgl. Kuschel: „Vielleicht hält Gott sich einige Dichter…“, S. 381.

[67] Vgl. ebd., S. 383.

betrachtet werden. In „Religion und Kultur“ (1948) und später explizit in seinem Essay über „Aspekte einer religiösen Analyse der Kultur“ (1959) versucht Paul Tillich, „die Kluft zwischen Religion und Kultur“ zu überbrücken, indem er Religion als „unbedingtes Angegangensein, Zustand des Ergriffenseins von etwas Unbedingtem, Heiligem, Absolutem“[68] versteht und folgert: „Religion ist die Substanz der Kultur und Kultur die Form der Religion.“[69] Tillich versteht das Verhältnis von Kultur und Religion in einer relationalen Verbundenheit und entwickelt daher das hermeneutische Grundprinzip der Korrelation: „Die Methode der Korrelation erklärt die Inhalte des christlichen Glaubens durch existentielles Fragen und theologisches Antworten in wechselseitiger Abhängigkeit.“[70] Diesen existentiell-anthropologischen Fragehorizont sieht Tillich in literarischen Texten als menschliche Selbstinterpretation zum Ausdruck gebracht, weshalb sie als Gegenstand einer theologischen Analyse helfen können, „die menschliche Situation als existentielle Fragedimension zu beleuchten, auf welche die christliche Botschaft die verlässlichen Antworten gibt.“[71] Die Theologie kann so in der profanen Kunst, Kultur und Literatur das entdecken, was uns unbedingt angeht. Bei aller Wertschätzung menschlichen Fragens läuft eine so verstandene theologische Beschäftigung jedoch Gefahr, die profane Kunst und Kultur oder einzelne literarische Texte als das Absolute und Endgültige zu verstehen. Außerdem kritisiert Kuschel zurecht, dass die Korrelationsmethode die Begegnung von Literatur und Theologie auf ein Frage-Antwort-Schema reduziere, wobei doch die christliche Offenbarung keineswegs den Anspruch auf „Lösung“ aller Fragen stellt und letzte Urfragen des Menschen, wie beispielsweise die angesichts des faktischen Leids immer wieder neu gestellte Theodizeefrage, gerade nicht gelöst sondern erst aufgerichtet werden.[72]

Theologisch-literarische Reflexionsansätze im katholischen Bereich setzen anders an. Romano Guardini betrachtet den Dichter aufgrund seiner

[68] Tillich, Paul: Religion und Kultur. In: Tillich, Paul/Albrecht, Renate (Hg.): Die religiöse Substanz der Kultur. Schriften zur Theologie der Kultur. Gesammelte Werke Bd. 9. Stuttgart: Evangelisches Verlagswerk, 1967, S. 82–94., S. 86. (ursprünglich veröffentlicht 1948)

[69] Tillich, Paul: Aspekte einer religiösen Analyse der Kultur. In: Tillich, Paul/Albrecht, Renate (Hg.): Die religiöse Substanz der Kultur. Schriften zur Theologie der Kultur. Gesammelte Werke Bd. 9. Stuttgart: Evangelisches Verlagswerk, 1967, S. 100–109, S. 101 f. (ursprünglich veröffentlicht 1959) Weiter schreibt Tillich: „Religion als das, was uns unbedingt angeht, ist die sinngebende Substanz der Kultur, und Kultur ist die Gesamtheit der Formen, in denen das Grundanliegen der Religion seinen Ausdruck findet.“ Damit möchte Tillich endgültig einen „Dualismus von Religion und Kultur“ überwinden.

[70] Tillich, Paul: Systematische Theologie. Berlin; New York: de Gruyter, 1958, S. 74.

[71] Langenhorst: Theologie und Literatur, S. 22.

[72] Vgl. Kuschel: „Vielleicht hält Gott sich einige Dichter…“, S. 384.

Fähigkeit, hellsichtiger, tiefgründiger und klarer als andere die Wahrheit zu sehen und zu benennen, als „Seher".[73] Aus seinen zahlreichen Beschäftigungen mit literarischen Texten, wie beispielsweise Dante, Goethe, Shakespeare, Mörike aber vor allem großen Monographien über Dostojewski (1932), Hölderlin (1939) und Rilke (1953), speist sich Guardinis Überzeugung, dass Dichter echte Propheten sein können, in deren Werk eine göttliche Stimme hörbar sei, wodurch das hervortrete, das „nicht primär und einfachhin gegeben ist, sondern als ein Dahinterliegendes, Verborgenes, Eigentliches durch sie hindurch zur Gegebenheit gelangt"[74]. Guardini spricht sogar von einem „Charakter der Offenbarungen", auch wenn er sofort einschränkend hinzufügt: „das Wort in einem allgemeinen Sinn genommen"[75]. Abgesehen von der Nähe zu einem kunstreligiösen Verständnis von Literatur bei einer radikal und womöglich falsch interpretierten Rezeption von Guardinis Kunstansicht, zeichnet sich Guardinis Position dadurch aus, dass es ihm nicht um eine wissenschaftliche Auseinandersetzung mit literarischen Texten geht, sondern um seine ganz persönliche, individuelle Lesart, geleitet von „philosophischen Absichten".[76] Nicht so sehr die Tatsache, dass Guardini laut Selbstaussage zentrale Studien der philologischen Sekundärliteratur bewusst nicht gelesen habe,[77] sondern der begründete Vorwurf Ziolkowskis, dass er einem Mörike-Text „[a]n entscheidender Stelle [...] seinen eigenen Glauben, seine eigene Erwartung [aufoktroyiert]"[78] habe und so „das Religiöse" finde, wo er es gesucht habe, macht Guardinis Verständnis vom Dichter als „Seher"[79] für eine wissenschaftliche Beschäftigung im Forschungsfeld von Literatur und Theologie schwer anschlussfähig, wobei zu fragen wäre, ob Guardini dies überhaupt im Sinn gehabt hätte.

Der in Germanistik promovierte Theologe Hans Urs von Balthasar versucht in seiner „Theodramatik" „das Ganze der christlichen Theologie von der Ästhetik her neu durchzudenken"[80], indem er aus dem Bereich des Literarischen einen kreativen Anstoß für die Theologie vorfindet und so die Kategorien des Dramas verwendet, um die Bundesgeschichte zwischen der

[73] Vgl. Langenhorst: Theologie und Literatur, S. 30.
[74] Guardini, Romano: Religion und Offenbarung. Würzburg: Werkbund-Verlag, 1958. (Religion und Offenbarung; 1), S. 84; vgl. auch Langenhorst: Theologie und Literatur, S. 30.
[75] Guardini: Religion und Offenbarung, S. 84.
[76] Vgl. Langenhorst: Theologie und Literatur, S. 31.
[77] Vgl. Guardini, Romano/Henrich, Franz (Hg.): Hölderlin. Weltbild und Frömmigkeit. Mainz: Matthias-Gründewald-Verlag/Paderborn: Schöningh, [4]1996, S. 13 f. Guardini schreibt, er möchte gerade nicht an der literatur- oder geistesgeschichtlichen Forschung mitarbeiten.
[78] Ziolkowski: Theologie und Literatur, S. 119.
[79] Guardini: Hölderlin, S. 10.
[80] Langenhorst: Theologie und Literatur, S. 33.

unendlichen Freiheit Gottes und der endlichen Freiheit des Menschen zu zeichnen. Es wird hierbei schnell ersichtlich, dass Literatur zwar zu einem intensiven Beschäftigungsfeld für Theologen wird, jedoch vor allem nur als „formale[] Inspiration[] und inhaltliche[] Bestätigung[] von bereits binnentheologisch Gewusstem“[81] erachtet wird, was auch darin ersichtlich wird, dass von Balthasar sich hauptsächlich mit Werken des sogenannten „Renouveau catholique“ beschäftigte – er übersetzte beispielsweise Werke von *Paul Claudel* oder schrieb eine Monographie über *Reinhold Schneider* (1953). Kuschel resümiert folglich: „Die Ästhetik liefert ihm die Gestalt der Theologie, der kirchlich verfasste Glaube den Gehalt.“[82], weshalb ein wirklicher Austausch zwischen Literatur und Religion, Literaturwissenschaft und Theologie, ein „Sich-Einlassen“ auf die in der Literatur zur ästhetischen Darstellung gebrachten erfahrenen Wirklichkeit des Menschen und ein „Sich-Beschäftigen“ mit dessen anthropologischen und zum Teil religiös-theologischen Erfahrung, nicht erfolgen kann. Kuschel merkt an, dass diese Balthasarsche Theologie nicht „[d]ialogisch im Sinne solidarischer Wahrheitsfindung mit nichttheologischen oder nichtchristlichen Zeugnissen“[83] sei, womit er das Schlagwort zum Maßstab der Bewährung setzt, welches die späten 60er und 70er Jahre prägt: „Dialog“.

4.2. Das Dialogparadigma

Die Literaturwissenschaftlerin, Lyrikerin und Theologin Dorothee Sölle gibt den zentralen Impuls zu einer hermeneutisch-theoretischen Neubesinnung der Verhältnisbestimmung von Theologie und Literatur und legt neben der Mitbegründung (1967) eines ersten Mediums und wichtigen Publikationsorgans für theologisch-literarische Studien, dem bis 1981 ganze 15 Bände umfassenden „Almanach für Theologie und Literatur“, ihre germanistische Habilitationsschrift „Realisation“ (1970) vor und prägte damit entscheidend die Forschungen des nächsten Jahrzehntes.[84] Sölle knüpft dabei an die vorangehenden Erkenntnisse Tillichs zur „Theologie der Kultur“ und Korrelation sowie an Erich Auerbachs „figuraler Methode“[85] und

[81] Ebd., S. 36.

[82] Kuschel, Karl-Josef: Theologen und ihre Dichter. Analysen zur Funktion der Literatur bei Rudolf Bultmann und Hans Urs von Balthasar. In: Theologische Quartalschrift 172 (1992), S. 98–116, S. 113.

[83] Ebd., S. 112.

[84] Vgl. Langenhorst: Theologie und Literatur, S. 56 f.

[85] Die figurale Methode wurde von dem Germanisten und Romanisten Erich Auerbach in Anlehnung an die Methode aus der Bibelexegese – der Interpretation der Ereignisse im Alten

an die Säkularisierungsüberlegungen von Albrecht Schöne[86] an und stellt ihrer Beschäftigung mit Literatur folgende daraus resultierende Prämissen voran:

> „Wir gehen hier von den Voraussetzungen aus, daß sich das unbedingt Angehende, ‚the ultimate concern', im Kunstwerk verbirgt und die Theologie die Aufgabe hat, dieses Verborgene zu entdecken. Sie [= die Theologie] findet in der Sprache der Kunst eine nicht-religiöse Interpretation der religiösen Erfahrungen der theologischen Begriffe."[87]

Da die Literatur nicht mehr mit klassisch theologischen Begriffen wie „Sünde", „Erlösung" oder „Gnade" spricht und Theologie aber in der Literatur das „unbedingt Angehende" findet, muss mit anderen Sprachkategorien operiert werden. Die Hauptthese Sölles lautet daher:

> „Die Funktion religiöser Sprache in der Literatur besteht darin, weltlich zu realisieren, was die überlieferte religiöse Sprache verschlüsselt aussprach. Realisation ist die weltliche Konkretion dessen, was in der Sprache der Religion ‚gegeben' oder versprochen ist."[88]

Im Gegensatz zum Säkularisierungsbegriff signalisiert der Begriff Realisation – von französisch réaliser, was soviel bedeutet wie verwirklichen, gestalten, ausführen – keinen Verlust sondern einen „Gewinn an Sprache, an Ausdrucksmöglichkeit, an angeeigneter Welt"[89], dessen in der Auseinandersetzung mit Literatur gewonnenes Verständnis die Theologie brauche, damit sie durch die weltliche Konkretisierung „wirkliche, gegenwärtige, wirkende Sprache"[90] und nicht zeit- und kontextlos, sprachlos und damit letzten Endes bedeutungslos werde.[91] Wenn sich Theologie für literarische Texte interessiere, dann behandle sie „in einem gewissen Sinn[...] die

---

Testament als imago der im Neuen Testament erfüllten veritas – zur Interpretationsgrundlage für theologisch-literarische Deutungen übernommen. In der figuralen Wirklichkeitsauffassung bedeutet „ein auf Erden geschehener Vorgang, unbeschadet seiner konkreten Wirklichkeitskraft hier und jetzt, nicht nur sich selbst, sondern zugleich auch einen anderen, den er vorankündigt oder bestätigend wiederholt". Vgl. hierzu Sölle, Dorothee: Studien zum Verhältnis von Theologie und Dichtung nach der Aufklärung. Darmstadt; Neuwied: Hermann Luchterhand, 1973. (Theologie und Politik; 6), S. 49–52, hier zitiert S. 50.

[86] Schöne betrachtet die dichterische Verwendung von religiöser Sprache als Profanierung und Säkularisierung. Vgl. Sölle: Studien zum Verhältnis von Theologie und Dichtung, S. 52–56.

[87] Ebd., S. 20 f.

[88] Ebd., S. 29.

[89] Ebd., S. 30.

[90] Ebd., S. 30.

[91] Vgl. Langenhorst: Theologie und Literatur, S. 60.

Dichter wie Theologen, die in einer fremden, erst zu lernenden Sprache von der gleichen Sache handeln."[92] Zwei kritische Anmerkungen seien an Sölles Realisationskonzept sowie explizit an diese Aussage gerichtet. Zum einen gilt zu klären, ob die Literatur in ihrer weltlich realisierenden Sprache wirklich „bessere Theologie" sei, wobei der Glaube folglich nichts Eigenes mehr kennen würde, sondern anzunehmen wäre, dass er „total in der Anonymität der weltlichen Sprache als gesunkenes Kulturgut unter[gehen]"[93] würde und „der ästhetische Text unter den Kriterien der ‚Realisation' [...] ebenso zu einer Autorität [würde], wie er es unter dem Aspekt einer geheiligten Kulturtradition bereits war"[94]. Zum anderen wird angenommen, dass Dichter und Theologen „von der gleichen Sache handeln"[95] oder um den Begriff der Realisation nochmals zu bemühen und ein Beispiel Sölles zu zitieren: „Büchner [...] realisiert dichterisch, was die religiöse Sprache intendierte."[96] Die aktivische Formulierung „Büchner realisiert" ist dabei problematisch, da Büchner hier im Allgemeinen nicht nur ein theologisches Interesse sondern auch die Vermittlung einer religiösen – wenn nicht gar christlichen – Botschaft unterstellt wird. Die konkreten Anfragen, wie vor allem die von ihm so scharf formulierte Theodizeefrage[97] sowie beispielshaft das Anti-Märchen im Woyzeck, welches eindrücklich vor Augen stellt, dass im Himmel gerade kein Trost erhofft werden könne, sondern der Mensch auf sich allein gestellt sei,[98] können so leicht unberücksichtigt bleiben. Auf einen solchen konkreten Gestaltungswillen eines Autors rückschließen zu wollen, ist generell problematisch und dies umso mehr, solange es um religiöse Glaubensüberzeugungen geht.

Aus diesem Grund spricht Dietmar Mieth, der seine Habilitationsschrift „Dichtung, Glaube und Moral" unter Analyse und Interpretation des mittelhochdeutschen Tristanromans Gottfrieds von Straßburg und der Josephsromane Thomas Manns über „den ethischen Mehrwert des Ästhetischen" verfasst hat, von einer „Teilerfahrung", wobei Dichtung nicht als Ersatz von Theologie fungiere „sondern als Bestandteil zeitlicher mensch-

[92] Sölle, Dorothee: Zum Dialog zwischen Theologie und Literaturwissenschaft. In: Internationale Dialogzeitschrift 2 (1969), S. 296–318, S. 318.

[93] Mieth, Dietmar: Dichtung, Glaube und Moral. Studien zur Begründung einer narrativen Ethik mit einer Interpretation zum Tristanroman Gottfrieds von Straßburg. Mainz: Matthias-Grünewald-Verlag, 1976. (Tübinger theologische Studien; 7), S. 89.

[94] Ebd., S. 99.

[95] Sölle: Studien zum Verhältnis von Theologie und Dichtung, S. 318.

[96] Ebd., S. 30.

[97] „Aber ich, wär' ich allmächtig, sehen Sie, wenn ich so wäre, und ich könnte das Leiden nicht ertragen, ich würde retten, retten [...]" Büchner, Georg: Lenz. Stuttgart, Reclam, 2002, S. 31.

[98] Büchner, Georg/Dedner, Burghard (Hg.): Woyzeck. Studienausgabe. Stuttgart: Reclam, 1999, Szene 18.

licher Erfahrung, die zu den Erfahrungen des Glaubens verlängert werden kann oder diesen widersteht"[99]. Er betont die Notwendigkeit einer klaren Trennung der literarisch-fiktionalen Wirklichkeit von der Realität des göttlichen Bereichs,[100] um dann jedoch Parallelstrukturen und Abweichungen zwischen Dichtung und Glauben aufweisen zu können, was wiederum zu einer theologischen Reflexion des erhobenen Befundes führen sollte.[101] Während Dietmar Mieth Literatur vor allem aus moraltheologischer Perspektive betrachtet und den „Roman" als eine „Ethik" sieht, „sofern er erzählend Moral reflektiert"[102] und durch die ästhetische Erfahrung eine moralische Erfahrung produzieren kann,[103] beschäftigt sich Karl-Josef Kuschel in seinen langjährigen Literaturstudien seit 1978 unter der Prämisse, Literatur für keinerlei theologischen Zweck zu vereinnahmen, in einem allgemeineren Sinn mit dem Verhältnis von Literatur und Theologie. Unter Wahrung der Eigenständigkeit der „Gesprächspartner" Theologie und Literatur versucht Kuschel Berührungspunkte und Spannungen, gegenseitige Entsprechungen und Konfrontationen herauszuarbeiten und das Gespräch als gegenseitige Herausforderung zu verstehen, vor allem in dem Bereich, wo man sich überschneidet: „in der Darstellung der Wirklichkeit des Menschen und seiner Welt"[104]. Indem er Literatur stets als autonome Selbstzeugnisse der Dichter ernst nimmt und Theologie nicht als Antwortgeber auf alle existentiellen Fragen versteht, versucht er die Schwächen der Konfrontations- und Korrelationstheorien zu vermeiden und demgegenüber die „Methode der strukturellen Analogie" zwischen literarischen und theologischen Aussagen stark zu machen und so sowohl Entsprechungen der literarischen und der christlichen Wirklichkeitsdeutung, also Entsprechungen „des Eigenen im Fremden", wahrzunehmen als auch das Widersprüchliche zur christlichen Wirklichkeitsauffassung als Fremdes und Trennendes gelten zu lassen.[105] Der Vorteil gegenüber den anderen Modellen besteht in der Zielformulierung einer Theologie, die für ihr eigenes Verständnis und Reden von Gott und seiner Welt sich auf den Geist der Moderne verpflichtet und den Dialog mit der Literatur sucht, ohne sich

[99] Mieth: Dichtung, Glaube und Moral, S. 93.

[100] Vgl. Ebd. Mieth nennt diese dem spezifisch theologischen Totalitätsanspruch gerecht werdende Kategorie „Möglichkeit".

[101] Vgl. Langenhorst: Theologie und Literatur, S. 63 f.

[102] Mieth, Dietmar: Identität – wie wird sie erzählt? In: Mieth, Dietmar (Hg.): Erzählen und Moral. Narrativität im Spannungsfeld von Ethik und Ästhetik. Tübingen: Attempto-Verlag, 2000, S. 71–82, S. 79 f.

[103] Vgl. Mieth: Identität, S. 80.

[104] Kuschel, Karl-Josef: Jesus in der deutschsprachigen Gegenwartsliteratur. Mit einem Vorwort von Walter Jens. Zürich, Köln: Benzinger Verlag, 1978. (Ökumenische Theologie; 1). S. 4.

[105] Vgl. Kuschel: „Vielleicht hält Gott sich einige Dichter…?", S. 384 f.

vollständig an kulturelle Vorstellungen anzupassen und ihr eigenes Profil zu verlieren. In zahlreichen Studien, in denen sich Kuschel mit sehr vielen und unterschiedlichen Dichtern und literarischen Werken auseinandersetzt, literarisch-theologische Porträts erstellt und dabei stets nach der literarischen Zeichnung von Mensch, Gott und Jesus sucht, versucht Kuschel literarische Kriterien einer heute angemessenen und glaubwürdigen Rede vom christlichen Gott – „Theopoetik" –, von Jesus – „Christopoetik" – und vom Menschen – „Poetik des Menschen" – zu entwickeln.[106] Dabei hat er sich vor allem im Forschungsfeld Literatur und Theologie verdient gemacht, indem er beispielsweise zahlreiche Gespräche mit Schriftstellerinnen und Schriftstellern führte und publizierte sowie Konferenzen und Tagungen mitorganisierte, wie zum Beispiel die stark rezipierte und zukunftsweisende Tübinger Konferenz von 1984, an der sowohl Theologen, Literaturwissenschaftler als auch Schriftstellerinnen und Schriftsteller teilnahmen.[107] Diese von manchen Rezipienten etwas despektierlich genannte „Kuschelschule"[108] mit ihrem Dialogparadigma wurde vor allem auch im angelsächsischen Raum unterschiedlich aufgenommen. Ulrich Simon nahm in der Oxforder Fachzeitschrift *Literature and Theology*, dem zentralen englischsprachigen Publikationsorgan für theologische und literaturwissenschaftliche Studien, unvermittelt Bezug auf diese Konferenz und benannte zentrale Unterschiede zu diesem interdisziplinären Feld in der deutsch- und englischsprachigen Welt:

> „It must be admitted at the outset that an English dialogue will be somewhat different in tone. We tend to expect some elegance of expression, a mixture of humour, technical expertise, and goodwill. The German style hammers away in erudite slogans, neologisms understood only by the initiated, and almost always in terms of conflict. The polemical note is sharp. It has the virtue of unmasking non-existent harmonies, deceptions of agreement, and sentimental nudges in the direction of the beautiful. If he [=the reader] expects pleasure from this dialogue he gets none, or only very little."[109]

[106] Vgl. beispielsweise: Kuschel, Karl-Josef: Im Spiegel der Dichter. Mensch, Gott und Jesus in der Literatur des 20. Jahrhunderts. Düsseldorf: Patmos-Verlag, 2000.

[107] Vgl. Jens, Walter/Küng, Hans/Kuschel, Karl-Josef (Hgg.): Theologie und Literatur. Zum Stand des Dialogs. München: Kindler, 1986.

[108] Bossart, Rolf: Die theologische Lesbarkeit von Literatur im 20. Jahrhundert. Studien zu einer verdrängten Hermeneutik. Würzburg: Königshausen & Neumann, 2009. (Epistemata. Würzburger wissenschaftliche Schriften;685), S. 21.

[109] Simon, Ulrich: Review Article. Theologie und Literatur: Zum Stand des Dialogs. In: Journal of Literature & Theology 1,2 (1987), S. 228–236, S. 228.

Dialog zwischen Literatur und Theologie wird in unterschiedlich sprachigen Forschungsbereichen unterschiedlich verstanden. Die englischsprachige Forschung konzentriert sich vor allem, wie Ziolkowski bei der Tübinger Konferenz herausstellt und was in der Oxforder Fachzeitschrift auch als solches würdigend herausgestellt wird, auf die formale Frage des „Wie" anstelle des „Was" im Blick auf Religion.[110] Ullrich Simon fügt hinzu: „literature must not ask theological questions in order to examine faith or unbelief. It is enough to analyze structural and linguistic characteristics. It is wrong to detect ‚religious reality beyond aesthetic forms', as Sölle suggests."[111] Wie auch immer dieser Dialog aussehen mag – ob er eher inhaltlich zwischen Theologie und Literatur geführt wird oder mit Konzentration auf formale Fragen – das Dialogverständnis ist in jedem Fall grundlegend, auch wenn es in der angelsächsischen Forschung mal eher auf die Seite der Theologie oder der Literatur ausschlägt: „Wir müssen beiden Seiten des Dialogs respektieren, sowohl die Literatur – deren Unabhängigkeit von Scott ignoriert wurde – als auch die Theologie – vor der Steiner so wenig Respekt zeigt."[112] Auch Bauke-Ruegg kommt 2004 am Ende seiner umfassenden „systematisch-theologische[n] Streifzüge" auf das Dialog-Paradigma zurück: „Theologie und Literatur sind für ihren je eigenen Vollzug mit all ihren signifikanten und keinesfalls voreilig aufzuhebenden Differenzen wechselseitig aufeinander und auf den offenen Dialog miteinander angewiesen."[113]

4.3. Abschied vom Dialogparadigma

Ein Dialog als „sprachlich verfasstes interpersonales Mitteilungs- und Austauschgeschehen", bei dem „der Andere als er selbst zu Wort kommt wie ich selber", zwischen Theologie und Literatur ist wohl kaum als solcher Dialog realisierbar und wohl eher „eine – strategisch durchaus hilfreiche – idealtypische Wunschvorstellung als ein tatsächlich adäquater Analysebegriff"[114]. Statt eines wirklichen Dialoges bleibt eher ein „gescheitertes Gesprächsangebot der Theologie", welche Literatur als Hilfswissenschaft, Be-

[110] Vgl. Ziolkowski: Theologie und Literatur, besonders S. 126.

[111] Simon: Review Article, S. 231.

[112] Wright, Terry: Von der Moderne zur Postmoderne. Internationale Entwicklungslinien von „Literatur und Theologie". In: Garhammer, Erich/Langenhorst, Georg (Hgg.): Schreiben ist Totenerweckung. Theologie und Literatur. Würzburg: Echter Verlag GmbH, 2005, S. 70–98, S. 98. Vgl. auch: Wright, Terry: Religion and Literature from the modern to the postmodern: Scott, Steiner and Detweiler. In: Literature & Theology 19,1 (2005), S. 3–21.

[113] Bauke-Ruegg: Theologische Poetik und literarische Theologie?, S. 596.

[114] Langenhorst: Theologie und Literatur, S. 214.

reitstellerin von Methoden und Mahnerin vor Missbrauch schätzt,[115] jedoch in kein konstruktives dialogisches Verhältnis mit ihr eintreten kann. Der Literaturwissenschaftler Johannes Anderegg bemerkt zu den bleibenden Vorbehalten der beiden Disziplinen: „Die Theologie fürchtet sich, zu Recht, vor den Relativierungen, die eine literaturwissenschaftliche Sicht nach sich ziehen kann, und die Literaturwissenschaft [...] will, ebenfalls zu Recht, jede Eingrenzung der Perspektive vermeiden, die für die Theologie konstitutiv zu sein scheint."[116] Aus diesem Grund will Georg Langenhorst das Ausbleiben des Dialogs nicht nur benennen und akzeptieren, sondern daraus auch die rechten Schlüsse ziehen und ein „eindeutige[s] Plädoyer sich von der Vorstellung eines ‚Dialogs von Theologie und Literatur' zu verabschieden"[117] aussprechen. Ein nach wissenschaftlichen Kriterien geführter Dialog zwischen Literatur und Theologie erscheint als problematisch, da eine akademische, wissenschaftliche Disziplin und authentische, subjektive Kunstwerke auf unterschiedlichen Ebenen zu verorten sind,[118] und sich Theologie „argumentativ auf die Geltungsproblematik dessen bezieht, was in der Literatur als Weltverhalten und Erlebnisgestalt zum *Ausdruck* kommt und im Medium der Sprache vermittelt wird"[119]. Ein Wissenschaftler und ein Künstler können sich wohl kaum auf gleicher Ebene herausfordern, es sei denn, es findet ein „innerer Dialog" statt, wenn Dichter zugleich Literaturwissenschaftler oder Theologen, beziehungsweise Literaturwissenschaftler und Theologen sind.[120] Der idealistische Begriff Dialog verschleiert zugleich die Schwierigkeiten einer Interaktion der beiden Größen und klärt nicht, an wen die „Antwort" oder das Ergebnis des Dialogs eigentlich gerichtet ist. Literaturwissenschaftler rezipieren selten theologische Studien in diesem Themenfeld und Literaten interessieren sich selten für die Auslegungen der Theologen, vor allem, wenn es sich um religiöse Interpretationen handelt. Langenhorst sieht folglich in Kuschels Ziel einer „gegenseitigen kritischen Herausforderung"[121] „ein Konstrukt zum theologischen, von außen angeregten Selbstgespräch, zur theologischen Selbstvergewisserung"[122]. Auch wenn Langenhorst sich so deutlich vom Dialogparadigma,

[115] Ebd., S. 216.

[116] Anderegg, Johannes: Schöpfung und Zyklik. Über religiöse Texte in literaturwissenschaftlicher Perspektive. In: Zeitschrift für Pädagogik und Theologie 54 (2002), S. 327–336, S. 328.

[117] Langenhorst: Theologie und Literatur, S. 214., vgl. auch S. 217.

[118] Vgl. ebd., S. 217.

[119] Raberger: Die Differenz von Literatur und Theologie, S. 45.

[120] Dorothee Sölle und Paul Konrad Kurz sind Poeten und Wissenschaftler; Hans Urs von Baltahsar, Dorothee Sölle, Karl-Josef Kuschel, Dietmar Mieth und Georg Langenhorst sind jeweils Literaturwissenschaftler und Theologen.

[121] Kuschel: Jesus in der deutschsprachigen Gegenwartsliteratur, S. 3.

[122] Langenhorst: Theologie und Literatur, S. 221.

welches das Forschungsfeld von Literatur und Theologie über Jahrzehnte bestimmte und immer noch prägt, verabschiedet, stellt er dennoch die aus der Begegnung von Literatur und Theologie resultierenden Gewinndimensionen heraus, welche er als Textspiegelung, Sprachsensibilisierung, Erfahrungserweiterung, Wirklichkeitserschließung und Möglichkeitsandeutung benennt.[123] Dennoch entsteht der Eindruck, „dass sich hinter dem Interesse an der Gegenwartsliteratur letztlich das Interesse für Gegenwartsfragen verbirgt, nicht das für die Literarizität der Literatur"[124]. Der Literaturwissenschaftler und Rezensent von Langenhorsts Handbuch, Weidner, begrüßt zwar die Kritik an der irreführenden Rede des Dialogs, ist jedoch „überrascht, wie schnell hier das Kind mit dem Bade, die Interdisziplinarität mit dem Dialog, verschüttet wird" und Theologie und Literatur nicht mehr als ein Spannungsfeld, sondern Literatur als eine „Subdisziplin" der Theologie erachtet wird.[125] Abgesehen davon, dass Langenhorst sich hauptsächlich für einen theologischen Zugang interessiert und literaturwissenschaftliche Fachtermini so gut wie gar nicht verwendet, scheint ein produktives und auf neue Erkenntnisse zielendes Verhältnis von Literatur und Theologie trotz der am Ende angeführten Gewinndimensionen eher in den Hintergrund zu rücken. Die berechtigte Kritik am Dialogbegriff in dieser Radikalität erschwert ein theologisches Arbeiten mit Literatur, will man deren Autonomie und ästhetischen Anspruch auch aus literaturwissenschaftlicher Sicht ernstnehmen. Doch auch von germanistischer Seite wird um der Eigenbedeutung von Literatur willen vor einer zu schnellen „harmonischen Zurechtmodellierung" der beiden Disziplinen als „Begegnung, Gespräch, Austausch [oder] Dialog"[126] gewarnt. Die jeweils andere Disziplin muss als eigenständiger Forschungsbereich mit eigenständigen Methoden und Fragerichtungen anerkannt werden. Eine neuere Studie von Rolf Bossart, deren „akademischer Qualifikationsgrad" von Georg Langenhorst aufgrund mangelnder Recherche scharf angezweifelt wird,[127] lässt das Dialogparadigma auch vollständig hinter sich, worin Langenhorst einen „Rückfall in oder Widerstoß zu dem allerersten Modell der Beziehung von

[123] Vgl. hierzu: Langenhorst: Theologie und Literatur, S. 229–235; vgl. auch Langenhorst: Theologie und Literatur 2001, S. 125–128.

[124] Daniel Weidner: Von der Theologie zur Literatur und zurück. Rezension zu Georg Langenhorsts „Theologie und Literatur". http://www.iaslonline.de/index.php?vorgang_id=1452 [zuletzt abgerufen am 30.04.2013], Abschnitt 10.

[125] Weidner: Von der Theologie zur Literatur und zurück, Abschnitt 24.

[126] Braungart: Literaturwissenschaft und Theologie, S. 68.

[127] Georg Langenhorst: Rezension zu Rolf Bossarts „ Die theologische Lesbarkeit von Literatur im 20. Jahrhundert. http://www.theologie-und-literatur.de/fileadmin/user_upload/Theologie_und_Literatur/Rezension_Bossert.pdf [zuletzt abgerufen am 30.04.2013], S. 1.

Theologie und Literatur […], zu der ‚Konfrontationsmethode'"[128] sieht. Bossart erarbeitet auf theoretischer Basis – er analysiert keinen einzigen literarischen Text – das „Konzept einer interessegeleiteten Lektüre" – einer „theologischen Lesung"[129]. Er fordert auf, den Text zum „Objekt der Begierde" zu machen und „den Text als Objekt [zu] missbrauch[en]", da man das Recht habe, „aus dem Text herauszugreifen, was [man zur Deutung] gebrauchen"[130] könne. Abgesehen von diesem radikalen Umgang Bossarts mit literarischen Texten, der das ästhetische Werk in seiner Vielstimmigkeit und Bedeutungsvielfalt verkennt, geht seine theologische Lektüre jedoch zurecht davon aus, dass sich in profanen Texten Erfahrungen wie Mangel und Not, Sehnen und Wünschen und Heilsvorstellungen niederschlagen.[131] Während die meisten der dargestellten Positionen stets vor einer Instrumentalisierung der Literatur zu theologischen Zwecken warnen, stellt Bossart die Frage: „Zu was sonst, als zu theologischen Zwecken soll die Theologie sich mit Literatur befassen?" und ordnet die Theologie unter andere Wissenschaften ein, wie beispielsweise die Medizin, die sich zu medizinischen Zwecken der Herzen bedient.[132] Prinzipiell ist Bossart darin recht zu geben, doch gilt es andererseits zu bedenken, dass auch andere Gebiete über das Herz, um bei diesem Beispiel zu bleiben, beanspruchen, Aussagen treffen zu können, wie beispielsweise literarische, poetische Texte oder musikalische Darstellungen. Die Wirklichkeit des Herzens wird so auf unterschiedliche Weise beschrieben und gedeutet. Aus diesem Grund verkürzt eine rein „theologische Lesung" den ästhetischen Anspruch der Kunst. Sie ist neben vielen anderen eine mögliche und für die Theologie besonders wichtige Lesart, doch gehen bei einer allein auf das Suchen nach theologischen Motiven gerichteten „theologischen Lesung" andere und vielleicht ebenso wichtige Dimensionen der beschriebenen Wirklichkeit des literarischen Textes verloren. Auch diesen Aspekt gilt es bei der Entwicklung einer Hermeneutik zu bedenken.

Laut Bossart sei jedoch „nicht jede Literatur […] theologisch lesbar", beziehungsweise „bündnisfähig"[133], da nur Texte für eine theologische Deutung interessant seien, die auf Gewissheit aus sind und selbst Antworten

[128] Ebd., S. 3: Langenhorst merkt an, dass es sich um eine „interessante Variante" handle: „Wo die vormoderne Konfrontationsmethode eher vor der Lektüre von Literatur warnt, fordert Bossart gerade zu einer intensiven Lektüre in eigener Perspektive auf. Schade jedoch: Wie seine ‚Lesbarkeit' konkret aussehen kann, zeigt er nicht an einem einzigen Beispiel."

[129] Bossart: Die theologische Lesbarkeit von Literatur im 20. Jahrhundert, S. 18.

[130] Ebd., S. 195.

[131] Ebd., S. 16; vgl. auch Boer, Dick: Anfang gut, Ende gut. Zur theologischen Lesbarkeit von Literatur. In: Das Argument 293 (2011), S. 559–565, S. 559.

[132] Bossart: Die theologische Lesbarkeit von Literatur im 20. Jahrhundert, S. 21.

[133] Ebd., S. 189.

geben und nicht nur Fragen stellen.[134] Doch im Sinne einer lauteren – auch theologischen – Beschäftigung mit literarischen Texten kann nur die Devise gelten: Entweder ich betrachte alle literarischen Texte, ohne von vornherein Einschränkungen auf Texte zu machen, auf die man theologisch „antworten" könne ohne auszusondern, was eine theologische Rede von Gott und dem Menschen in Frage stellen könnte, oder meine Beschäftigung und damit die angestrebte Theologie zieht sich wieder in besagten „Elfenbeinturm"[135] zurück. Wenn man die anthropologischen und zum Teil religiösen Fragen und Entwürfe literarischer Texte ernst nehmen und annehmen will, dann darf man gerade nicht vorab auswählen, wie es beispielsweise bei der Beschäftigung mit explizit christlicher Literatur vorgekommen ist. „Sich auf Dichtung einzulassen bedeutet, Wege nachzuschreiten, die man vorher nicht abschätzen konnte, und von dort aus das, was man bisher kannte, in neuem Licht zu sehen."[136]

5. Der „gute Leser"? – Die Internarrativitätstheorie als Methode zur Analyse und Interpretation literarischer Texte

Aus dem forschungsgeschichtlichen Überblick der letzten Jahrzehnte und der Beschäftigung mit den Vor- und Nachteilen der einzelnen theoretischen Modelle und Lesarten soll im Folgenden eine Hermeneutik zum Umgang mit literarischen Texten entwickelt werden, die es ermöglicht, sich auf alle Texte einzulassen und das Verhältnis von Literatur und Religion, Theologie und Literaturwissenschaft zu begreifen, ohne das zu recht kritisierte Konzept eines „Dialogs" bemühen zu müssen. Dennoch ist es im Sinne der vielseitigen Bezugspartner wichtig, die positive gegenseitige Verwiesenheit, das faktisch vorhandene Aufeinandertreffen von Religion, Literatur, Theologie und Literaturwissenschaft zu erkennen und methodisch sauber damit zu arbeiten. In einem ersten Schritt muss daher eine Methode entwickelt werden, mit der literarische Texte hinsichtlich religiöser Elemente analysiert werden können, wobei der Blickwinkel nicht allein auf genuin religiöse Sprachformen, Themen und Motive beschränkt werden soll, um nicht andere mögliche Bedeutungsdimensionen und Interpretationsansätze zu übergehen, die gerade auch für eine Interpretation in theologischem Interesse bedeutend sein können. Es wird daher vor allem um die Erschließung der anthropologischen Dimension der Literatur gehen, um das

[134] Vgl. ebd.
[135] Bauke-Ruegg: Theologische Poetik und literarische Theologie?, S. X.
[136] Kutzer: In Wahrheit erfunden, S. 13.

Aufzeigen von menschlicher Erfahrung und Selbstvergewisserung in der Moderne, um das Aufspüren, wie sich Menschsein heute ausdrückt, wobei zu überprüfen sein wird, ob und wie diese Selbstvergewisserung in Auseinandersetzung – sei es als Übernahme oder als Abgrenzung – mit religiösen Sprachformen, Themen und Motiven erfolgt.

5.1. Impulse aus Intertextualitätstheorien

Seit den 70er Jahren wird in der literaturwissenschaftlichen Auseinandersetzung mit literarischen Texten immer stärker die Wechsel- und Referenzbeziehung von konkreten literarischen Texten zu konstitutiven und zugrundeliegenden anderen Texten entdeckt und zum Gegenstand der Untersuchung gemacht, worin Tanja Gojny, die eine breit angelegte Studie zu biblischen Spuren in der Lyrik Erich Frieds herausgebracht hat, völlig zurecht ein „großes Potential für den interdisziplinären Dialog zwischen Theologie und Literatur- und Sprachwissenschaft“[137] sieht. Das schon altbekannte Phänomen der Bezugnahme von Texten auf andere Texte, für das seit jeher die unterschiedlichsten Begriffe wie Adaptation, Imitatio etc. verwendet wurden, wurde 1967 von Julia Kristeva zum ersten Mal auf den Begriff der „intertextualité“ gebracht.[138] Im Anschluss daran wurde eine Vielzahl von Intertextualitätstheorien mit unterschiedlichen und sich zum Teil widersprechenden Annahmen und Terminologien erarbeitet, um jeweils Nuancen über das allgemein anerkannte komplexe Phänomen des Text-Text-Bezuges zu benennen.[139] Doch nicht nur in literaturwissenschaftlichen Studien wird mit diesem Ansatz gearbeitet, sondern auch theologisch orientierte Arbeiten rezipieren vereinzelt die Intertextualitätstheorie. Das Erlanger Lyrik-Projekt beispielsweise – initiiert 1995 durch Martin Nikol – beschäftigt sich mit lyrischen Texten nach 1945, untersucht sie hinsichtlich ihrer biblischen Spuren und versteht sie als Klangräume, in denen die dynamische „Polyphonie“, die Vielzahl von Stimmen gleichzeitig

[137] Gojny, Tanja: Biblische Spuren in der Lyrik Erich Frieds. Zum intertextuellen Wechselspiel von Bibel und Literatur. Mainz: Matthias-Grünewald-Verlag, 2004. (Theologie und Literatur; 17), S. 22.

[138] Broich, Ulrich: Intertextualität. In: Reallexikon der deutschen Literaturwissenschaft, hg. von Fricke, Harald (Neubearbeitung des Reallexikons der deutschen Literaturgeschichte). Bd. 2: H-O, hg. von Jan Dirk Müller, gemeinsam mit Georg Braungart. Berlin u. a.: de Gruyter [3]2000, S. 175–179, S. 176.

[139] Lachmann, Renate: Ebenen des Intertextualitätsbegriffs. In: Stierle, Kalrheinz/Warning, Rainer: Das Gespräch. München: Fink, [2]1996, S. 133–138. (Poetik und Hermeneutik; 11), S. 133.

wahrgenommen werden kann.[140] Gojny, die in diesem Projekt mit dem intertextuellen Ansatz arbeitet, um Bezüge auf biblische zu Texte analysieren und deren Funktion für die Rezeption bestimmen zu können, versteht Gedichte mit biblischen Spuren als „Auslegungen" der entsprechenden Prätexte, das heißt auch als Auslegungen der Schrift. Sie zeichnet Berührungslinien zwischen der jüdischen Hermeneutik des Midrasch und dem Wechselspiel von Bibel mit moderner Lyrik[141] und nennt diese Methode „eine andere *art* der Auslegung"[142]. So können literarische Texte mit biblischen Spuren unter gleichzeitigem Aufweisen ihrer biblischen Bezüge in ihrer Autonomie und ihrem ästhetischen Anspruch wahrgenommen und interpretiert werden, ohne den Schriftstellerinnen und Schriftstellern zu unterstellen, dass sie explizit die Bibel auslegen wollten. Diese „autonome Schriftauslegung, die sich an keine Kriterien gebunden weiß" und daher im kirchlichen Raum undenkbar ist, stellt so dennoch eine fremde, andere Stimme dar, „ohne [deren] Wahrnehmen […] es keinen Dialog geben [kann], nicht einmal ein interessantes Selbstgespräch"[143]. Auch Gojny kommt so am Ende ihrer Studie auf den Begriff des Dialogs zu sprechen, wobei wiederum nicht klar wird, zwischen wem der Dialog geführt werden solle.

Im Folgenden soll nun im Anschluss an Gojny eine Methode entwickelt werden, mit der wie oben beschrieben, literarische Texte nicht nur hinsichtlich biblischer, sondern allgemein religiöser Elemente mithilfe einer erweiterten Intertextualitätstheorie analysiert werden können, ohne andere Anklänge auszublenden. Ziel ist eine Methode, welche die Mehrstimmigkeit der Texte wahrnehmen und interpretieren kann und mit der man generell das Verhältnis von Religion und Literatur sowie Theologie und Literaturwissenschaft sowie weitere mögliche Bezüge in diesem Themenfeld strukturell beschreiben kann.

[140] Vgl. Gojny, Tanja/Deeg, Alexander/Nicol, Martin: Vernetzte Texte. Bibel und moderne Lyrik im Wechselspiel. In: Praktische Theologie 37 (2002), S. 298–311, S. 304 f., Homepage des Lyrik-Projektes: http://www.lyrik-projekt.de/index.php

[141] Vgl. Gojny: Biblische Spuren, S. 432–442 oder 471–483. Vgl. auch Gojny/Deeg/Nicol: Vernetzte Texte, S. 303–304.

[142] Gojny: Biblische Spuren, S. 431. Dabei hebt Gojny den englisch-deutschen Doppelsinn des Wortes *art* hervor.

[143] Gojny: Biblische Spuren, S. 492.

5.2. Erweiterung der Intertextualitätstheorie zur Internarrativitätstheorie

Ausgangspunkt der Überlegungen sind literaturwissenschaftliche Ansätze zu Intertextualitätstheorien und die bereits angedachte Verwendung dieser Methode in der Theologie. Grundsätzlich muss man zwischen zwei verschiedenen Schulen der Intertextualitätstheorien unterscheiden: Es gibt vor allem im Strukturalismus die Tendenz, den Begriff Intertextualität auf konkret nachweisbare Züge zwischen Texten zu beschränken[144] und somit als spezifisches Moment einzelner literarischer Texte oder Textsorten[145] operationalisierbar zu machen. Intertextualität lässt sich so deutlich von Nicht-Intertextualität unterscheiden und „die Sinnkonstitution, die durch die Verknüpfung zweier oder mehrerer Texte geschieht"[146], kann so deutlich zu erfassen sein. Es stellt sich jedoch die Frage, ob man immer sicher unterscheiden kann, wann es sich um Intertextualität handelt oder eben nicht, weswegen die poststrukturalistische Konzeption davon ausgeht, dass prinzipiell jeder Text in all seinen Elementen intertextuell sei und stets auf andere Texte verweise. Kristeva, die den Intertextualitätsbegriff entscheidend geprägt hat, formuliert daher: „[T]out texte se construit comme mosaïque de citations, tout texte est absorption et transformation d'un autre texte."[147] Diese zu Recht auch erinnerte prinzipielle Eigenschaft der Intertextualität von Texten allgemein führt in einigen Definitionen allerdings auch dazu, dass eine radikale Dezentrierung von Subjekt und Text erfolgt. Harold Bloom beschreibt den ständigen Bezug von Texten oder einzelnen Wörtern auf andere Quellen als „there are *no* texts, but only relationships *between* texts"[148], ein Phänomen, das Roland Barthes mit dem Bild eines Raumes beschreibt, eines „chambre d'échos"[149], in dem die Echos zahlloser Texte unaufhörlich und voneinander untrennbar widerhallen.[150] Die Biographie des Autors ist somit ebenso nur ein Art „Text", die dekonstruiert werden kann. Nach Roland Barthes' Postulat vom „Tod des Autors" („la mort de

[144] Vgl. Broich: Intertextualität, S. 176.

[145] Vgl. Pfister, Manfred: Konzepte der Intertextualität. In: Broich, Ulrich/Pfister, Manfred (Hgg.): Intertextualität. Formen, Funktionen, anglistische Fallstudien. Tübingen: Max Niemeyer, 1985, S. 14). Vgl. Lachmann, Renate: Gedächtnis und Literatur. Intertextualität in der russischen Moderne. Frankfurt am Main: Suhrkamp, 1990, S. 56.

[146] Gojny: Biblische Spuren, S. 25.

[147] Kristeva, Julia: Semeiotike. Recherches pour une sémanalyse. Paris: Édition du Seuil, 1969, S. 146.

[148] Bloom, Harold: A map of misreading. New York: Oxford Univ. Press, 1975, S. 3.

[149] Barthes, Roland: Roland Barthes par Roland Barthes. Paris: Édition du Seuil, 1975. (Écrivains de toujours ; 96), S. 78.

[150] Vgl. Broich: Intertextualität, S. 176.

l'auteur"[151]) wird der konkrete Autor eines Textes zur reinen Projektionsfläche des intertextuellen Wechselspiels. Im Vordergrund steht nur noch der Text mit seinen weiteren Text-Text-Bezügen. Bei einer solch radikalen Intertextualitätsdefinition gilt es kritisch anzumerken, „wo" genau der Ort der Intertextualität zu situieren ist. Entsteht Intertextualität bei der Textproduktion oder erst durch die Textrezeption, ist sie eine „dem Text inhärente Eigenschaft", die wiederum intersubjektiv erschlossen werden kann oder besteht sie vielmehr konkret-semantisch aber nur abstrakt textuell-substantiell aufgrund ihres Inhalts? Renate Lachmann grenzt beispielsweise eine produktionsästhetische und rezeptionsästhetische Intertextualität voneinander ab, wobei erstere laut Manfred Pfister wiederum in intendierte oder „zufällige[] und oft unbewusste[] Reminiszenzen des Autors"[152] differenziert werden kann und generell mit Wilhelm Füger von „nichtmarkierter", das heißt unbewusster und verborgener, und „markierter" Intertextualität bei bewusstem Prätextbezug gesprochen werden kann.[153] Ein Vermittlungsmodell zwischen eher text- oder stärker rezeptionsorientierten Ansätzen hat Susanne Holthuis vorgelegt. Sie spricht zunächst von einer „intertextuellen Disposition"[154] eines Textes, die sich darin äußert, dass im Text bestimmte Intertextualitätssignale vorliegen, wobei die „intertextuellen Qualitäten [...] zwar vom Text her motiviert werden [können], aber vollzogen werden sie in der Interaktion zwischen Text und Leser, seinen Kenntnismengen und Rezeptionserwartungen"[155].

Folglich gilt zu resümieren, dass unter Intertextualität im weiteren Verlauf der Arbeit sowohl das poststrukturalistische weitere Intertextualitätsverständnis zugrunde gelegt wird, wonach davon ausgegangen werden kann, dass es auf sehr vielfältige und vielfache Weise intertextuelle Bezüge geben kann. Ergänzend wird die von der strukturalistischen Methode beschriebene Intertextualität im engeren Sinn als konkreter Bezug, beispielsweise im wörtlichen Zitat, herangezogen. Entgegen einer radikalen poststrukturalistischen Lesart sollen der Autor des Textes sowie sein Rezipient stets als konstitutiv für die Intertextualität mitgedacht werden.

In der literarischen Praxis der modernen Literatur ist Intertextualität eines der dichterischen Verfahren schlechthin, wie es beispielsweise Robert

[151] Roland Barthes schrieb einen Aufsatz mit gleichnamigem Titel in: Barthes, Roland: La mort de l'auteur. In : Roland Barthes : Le bruissement de la langue. Paris : Édition du Seuil, 1984, S. 61–67. Vgl. auch Eagleton: Einführung in die Literaturtheorie, S. 119–129.

[152] Pfister: Konzepte der Intertextualität, S. 23.

[153] Füger, Wilhelm: Intertextualia Orwelliana. Untersuchungen zur Theorie und Praxis der Markierung von Intertextualität. In: Poetica 21 (1989), S. 179–200, v. a. S. 180.

[154] Holthuis, Susanne: Intertextualität. Aspekte einer rezeptionsorientierten Konzeption. Tübingen: Stauffenburg-Verlag, 1993. (Stauffenburg-Colloquium; 28), S. 32.

[155] Ebd., S. 31.

Musil kritisch bemerkt hat: „So könnte man wahrscheinlich welchen Schriftsteller immer ‚zerlegen' […] und würde nichts in ihm finden als seine zerstückelten Vorgänger, die keineswegs völlig ‚abgebaut' und ‚neu assimiliert' sind, sondern in unregelmäßigen Brocken erhalten geblieben."[156] Um jedoch den Intertextualitätsbegriff weiter zu bestimmen, ist nicht nur der Bezug zu anderen Texten als entscheidend herauszustellen, sondern gerade auch das, was einen Text ausmacht. Lässt sich dieser tatsächlich vollständig „zerlegen" und findet man nicht mehr als „seine zerstückelten Vorgänger"? Literatur erschöpft sich gerade nicht im Nachbuchstabieren oder Kombinieren tradierter Diskurse;[157] sie erlangt dort Bedeutung, wo sie spielerisch ihr vorausliegende Texte rezipiert, kombiniert und variiert und so eine neue literarische Wirklichkeit konstituiert.

5.2.1. Textdefinitionen und ihre Beschränkungen

Das Medium Text lässt sich nicht nur auf die linguistische Sicht als verschriftlichtes, „[…] materiell faß- und speicherbare[s] Zwischenresultat [] von kognitiven Sprech- und Schreibprozessen, die als grammatisch-semantische Struktureinheit geprägt und auf die Erreichung von Handlungszielen der Textproduzenten gerichtet sind"[158], beschränken. Texte werden insgesamt als „sinnvolle kommunikative Handlung intendiert [und] rezipiert"[159] und mit einem ästhetischen Mehrwert betrachtet. Es wird stets eine konkrete sprachliche Form gewählt, mit der sich das Intendierte so und nur genau so zur Zufriedenheit seines Autors ausdrücken lässt. Jedoch gibt es neben dieser engen Textdefinition auch weiter gefasste Textbegriffe, die auch mündliches Sprechen und nonverbale Ausdrucksmittel wie Gestik, Mimik oder Bilder umfassen. Sven Sager, ein Linguist, der sich mit der heutigen hypermedialen Kultur beschäftigt, spricht in Zeiten des *world wide web* von Hypertexten, die „nicht mehr aus einem einheitlichen sukzessive zu rezipierenden linearen Text sondern aus einem Konglomerat oder Komplex von Texten [bestehen], zwischen denen Referenzverknüpfungen [vorherr-

---

[156] Musil, Robert/Frisé, Adolf (Hg.): Robert Musil. Gesammelte Werke. Band 2: Prosa und Stücke, kleine Prosa, Aphorismen, Autobiographisches, Essays und Reden, Kritik. Reinbek bei Hamburg: Rowohlt, 1978, S. 1206 f.

[157] Vgl. Mautner: Nichts Endgültiges, S. 8. Mautner bezieht sich dabei vor allem auf das spielerische Durchbrechen von Konventionen und den Aufweis von Polyvalenzen.

[158] Heinemann, Wolfgang: Zur Eingrenzung des Intertextualitätsbegriffs aus textlinguistischer Sicht. In: Klein, Josef/Fix, Ulla (Hgg.): Textbeziehungen. Linguistische und literaturwissenschaftliche Beiträge zur Intertextualität. Tübingen: Stauffenburg, 1997, S. 21–37, S. 31.

[159] Bußmann, Hadumod (Hg.)/Gerstner-Link, Claudia: Lexikon der Sprachwissenschaft. Vierte, durchgesehene und bibliographisch ergänzte Auflage unter Mitarbeit von Hartmut Lauffer. Stuttgart: Kröner, 2008.; hier: Artikel „Text", S. 719.

schen]“[160]. Als Text wird so ein „semiotischer Komplex“ verstanden, der nicht nur den Schrifttext, sondern eine netzartige Verknüpfung unterschiedlicher, inhaltlich einheitlicher semiotischer Einheiten wie beispielsweise Bilder, Töne oder Filme beinhaltet.[161] Jedoch gibt es solche Interferenzen und Inter*text*ualitäten nicht erst in Zeiten der digitalen Kommunikation. Gerade Universalgenies, wie beispielsweise E.T.A. Hoffmann, die in mehreren Künsten bewandert sind, nutzen das Zusammenwirken und „Zitieren“ von Musik, wie beispielsweise in der Erzählung *Don Juan* (1813) [162] oder Bildern und Musik in der Erzählung *Die Fermate* (1815)[163]. Eine Inter*text*ualität ist somit auch mit Bildern oder Musik möglich, wobei dieser Kreuzpunkt verschiedener Medien folglich auch Intermedialität genannt wird.[164] Auch der Lebenskontext eines Schriftstellers kann in einem weiteren Sinn als „Text“ bezeichnet werden, obwohl er nicht wie im Fall eines Bildes oder eines Musikstückes als klar umrissene Größe festzumachen ist. Karlheinz Stierle weist des Weiteren darauf hin, dass auch bei einem eindeutigen Verweis auf einen sprachlichen Text dieser Text „gar nicht als Text hereingespielt [werden muss], sondern als Erinnerung an die Lektüre eines Textes, das heißt als angeeigneter, umgesetzter, in Sinn oder Imagination überführter Text“[165].

Das Inter*text*ualitäts-Konzept ist daher nur begrenzt und nur im konkreten Fall in der Lage, das auszudrücken, was sich faktisch bei der Produktion und Rezeption von literarischen Texten abspielt; beziehungsweise man müsste einen sehr weiten Begriff eines Textes annehmen, der die eigentlichen Charakteristika eines Textes sprengt. Es müsste also zunächst ein Begriff gefunden werden, der dieses umfassendere und über den eigentlichen Text hinausgehende Textverständnis adäquat benennen lässt.

---

[160] Sager, Sven: Intertextualität und die Interaktivität von Hypertexten. In: Klein, Josef/Fix, Ulla (Hgg.): Textbeziehungen. Linguistische und literaturwissenschaftliche Beiträge zur Intertextualität. Tübingen: Stauffenburg, 1997, S. 109–123. (Stauffenburg-Linguistik), S. 116.

[161] Dieser Hypertext hat so im Gegensatz zu linearen Texten eine assoziative Struktur, die dem vernetzten menschlichen Denken nahe liegt.

[162] Der Protagonist des *Don Juan*, der „reisende Enthusiast“, kommt in den Genuss einer Aufführung des *Don Giovanni* von Wolfgang Amadeus Mozart, wobei sich für ihn die Sphären des Alltäglichen und der Phantasie überlagern. Interessant ist, dass diese Novelle auch in der „Allgemeinen musikalischen Zeitung“ abgedruckt wurde, was die Interpretationen nachfolgender Don Giovanni-Aufführungen nachhaltig beeinflusste.

[163] Die „Fermate“ ist eine Musikernovelle, in der E.T.A. Hoffmann mit der ausführlichen Beschreibung des gleichnamigen Bildes von Johann Erdmann Hummel beginnt.

[164] Pekar, Th.: Intertextualität. In: Historisches Wörterbuch der Rhetorik, hg. V. Ueding, Gert, mitbegr. Von Jens, Walter. Bd. 4. Darmstadt: Wissenschaftliche Buchgesellschaft, 1998, Sp. 526–533, Sp. 529.

[165] Stierle, Karlheinz: Werk und Intertextualität. In: Stierle, Karlheinz/Warning, Rainer: Das Gespräch. München: Fink, [2]1996, S. 139–150. (Poetik und Hermeneutik; 11), S. 146.

5.2.2. Der Begriff *Narration* als neuer Terminus technicus und das Konzept der *Internarrativität*

Wenn man sich auf religiöse Vorstellungen rückbesinnt, zeigt die Erfahrung, dass man sich selten auf einen konkreten Text beruft, sondern immer auch auf das, was stets mitgedacht wird. Es bleibt in der Schwebe, auf was man sich beispielsweise konkret bezieht, wenn man so etwas wie „christliche Erlösung“ denkt. Greift man auf eine Bibelstelle, auf ein Dogma, auf ein theologisches Traktat, eine bestimmte Auslegung, auf eine Frömmigkeitsgeschichte oder einfach auf die religiöse Tradition an sich zurück? Und selbst wenn man sich speziell auf eine Bibelstelle oder ein Dogma bezieht, so schwingt dabei auch der unmittelbare Kontext, die kirchliche Auslegung oder die Frömmigkeitstradition mit. Vor allem in nicht primär religiös geprägten Kreisen bezieht man sich oft auf das, wovon man meint, dass es die christliche Erlösungsvorstellung sei oder wovon man denkt, dass viele dies als christliche Erlösungsvorstellung sehen. Entweder beruft man sich auf eine individuelle, durch persönliche Erfahrungen geprägte Vorstellung oder man greift auf *eine* – wie ich meine – allgemein angenommene Vorstellung, wie beispielsweise Erlösung von der Sünde zurück. Gerade in Bezug auf religiöse Themen und Motive, Erzählungen und Traditionen handelt es sich immer um Zuschreibungen, um Denkkonstrukte, neben denen auch andere möglich sind. Aus diesem Grund ist es schwierig, bei faktisch vorhandenen religiösen Bezügen in literarischen Texten – dasselbe ist natürlich auch für literarische Bezüge in religiösen Texten zu denken – von Inter*text*ualität zu sprechen, da oftmals nicht auf einzelne Texte rekurriert wird. Um nicht einen sehr weiten und unscharfen Textbegriff zugrunde zu legen, wird ein neuer Terminus technicus mit einer modifizierten Methode verwendet: Es wird folglich von Narrationen und Inter*narrativ*ität die Rede sein.

Bevor der Begriff der Narrationen genauer aus literaturwissenschaftlicher und theologischer Sicht erläutert und die Theorie der Internarrativität in ihren Vorteilen für eine theologische Beschäftigung mit literarischen Texten und umgekehrt plausibel gemacht wird, soll kurz erwähnt werden, wie der Narrationsbegriff gedacht werden kann. Narration leitet sich von dem lateinischen Verb *narrare* ab, was in seiner Grundbedeutung mit etwas erzählen, kundtun oder schlicht reden/sprechen übersetzt werden kann. Mit der Bezeichnung Narrationen kann folglich im weitesten Sinn auf alle Erzählungen Bezug genommen werden, wie analog hierzu die Narratologie als interdisziplinäre Methode der Erzählforschung jede Art des Erzählens[166] zum Gegenstand ihrer systematischen Beschreibung der Darstellungsform eines konkreten Textes macht. Der Begriff Narration eignet sich daher als Oberbegriff für alle möglichen Texte mit ihren jeweiligen Kontexten. Des Weiteren können jegliche Traditionen, Konzeptionen, jede Art von Überlieferungen oder kulturstiftende Dokumente, kirchliche oder theologische Vorstellungen sowie Lieder oder allgemein Musik aber auch mündliche Erzählungen[167] unter diesem Begriff gefasst werden.

Da nicht mehr nur das Wechselspiel von konkreten Texten gedacht wird, sondern der weiter zu bestimmende Narrationsbegriff als Ausgangsbasis verwendet wird, muss folglich das Intertextualitätskonzept zu einem Konzept der Internarrativität umgedacht werden. Intertextualität wird weiterhin als ein wichtiger literaturwissenschaftlicher Sammelbegriff für eine konkrete Bezugnahme und ein konkretes Zitieren von konkreten Texten verwendet, wobei Intertextualität nur als „ein Moment einer komplexeren Beziehung [gedacht wird], die über die bloße Textgestalt hinausreicht"[168]. Es geht folglich nicht nur um die spezifisch inter*textuelle* Relation, sondern vielmehr um das generelle Verhältnis von Narrationen. Durch die denotative Artikulation eines literarischen Textes, in dem auf irgendeine Weise ein anderer Text hereingespielt wird, kommt auch ein anderer Text unartikuliert, also konnotativ zum Ausdruck, was somit besser mit dem auch den Kontext umfassenden Begriff Narration bezeichnet werden kann.[169] Intertextualität stellt so einen Spezialfall von Internarrativität dar, da hier als Narrationen konkrete Texte im Wechselverhältnis stehen.

5.3. Theologischer und literaturwissenschaftlicher Kommentar zum Begriff *Narration*

Eine Internarrativitätstheorie ist sowohl aus theologischer als auch aus literaturwissenschaftlicher Sicht geeignet für die Auseinandersetzung mit dem produktiven Wechselspiel von Religion und Literatur, Literaturwissenschaft und Theologie. Der Begriff Narration wird zum einen in beiden

[166] Darunter fallen neben klassischer Epik auch andere Erzählungen wie beispielsweise Reden oder so etwas wie Witze.

[167] Aus methodischen Gründen ist es schwierig, sich mit mündlichen Erzählungen zu beschäftigen, da sie ein flüchtiges und nur selten überliefertes Medium darstellen. Beim Konzept der Internarrativität ist es dennoch möglich darauf hinzuweisen, dass solche Erzählungen genauso Einklang in literarische Texte gefunden haben, was im Einzelfall auch zu einer vielversprechenden Interpretation führen kann.

[168] Stierle: Werk und Intertextualität, S. 146.

[169] Vgl. ebd., S. 144.

Fachrichtungen verwendet, auch wenn dahinter wohl kaum ein klar umrissenes und eindeutig definiertes Konzept steht. In der Theologie gibt es so beispielsweise, initiiert im deutschsprachigen Raum durch Harald Weinrich und Johann Baptist Metz, eine „narrative Theologie“, wobei aufgrund der „Vielfalt von unter Umständen stark divergierenden und nicht selten Programm- und Entwurfscharakter aufweisenden Ansätzen“[170] von einer narrativen Theologie im Singular überhaupt nicht die Rede sein kann.[171] Theologie fußt auf jüdisch-christlichen Erzählungen, in denen sich historische und fiktionale Erzählweisen überkreuzen, weswegen bereits hier eine Interdisziplinarität bei der Beschäftigung mit christlicher Theologie und zumindest ein Dialog mit Historiographie und Literaturwissenschaft sowie das Hinzuziehen von kulturwissenschaftlichen Erkenntnissen vonnöten ist.[172]

Aus literaturwissenschaftlicher, gattungspoetischer Sicht wird der Begriff Narrativik vor allem für Erzählungen der Epik verwendet,[173] jedoch wird in einer Narration prinzipiell ein „als Handlungsablauf fassbares Geschehen“[174] mitgeteilt; „[d]ie Narration ‚erzählt' also und unterscheidet sich damit superstruktural grundlegend von der Argumentation und Deskription“[175]. Aus diesem Grund kann in einem weiten Sinn das Verständnis einer Narration auch auf andere Gattungen wie Dramatik und Lyrik ausgeweitet werden, da von der Annahme ausgegangen wird, dass auch in diesen, sowie sich daraus ergebenden weiteren „Subgattungen“ prinzipiell etwas ‚erzählt' wird. Dennoch ist vor allem ein Blick in die Erzähltheorie, wie sie zu großen Teilen der französische Literaturwissenschaftler Gérard Genette entscheidend mitgeprägt hat, hilfreich, um eine grobe Begriffsbestimmung der Narration vorzunehmen. Genette unterscheidet in seiner modernen Er-

[170] Wenzel, Knut: Narrative Theologie. In: Lexikon für Theologie und Kirche. 3. Völlig neu bearbeitete Auflage. Sonderausgabe. Bd. 7. Freiburg: Herder, 2009, Sp. 640–643, Sp. 640.

[171] Eine ausführliche Auseinandersetzung mit „narrativen Theologien“ ist keineswegs zielführend für die Entwicklung einer Hermeneutik zur theologischen Auseinandersetzung mit literarischen Texten, weshalb ein kurzer Hinweis auf die einschlägigen Werke Weinrichs und Metz' genügen soll. Vgl. Weinrich, Harald: Narrative Theologie. In: Concilium 9 (1973), S. 329–333. Vgl. Metz, Johann Baptist: Glaube in Geschichte und Gesellschaft. Studien zu einer praktischen Fundamentaltheologie. Mainz: Matthias-Grünewald-Verlag, [5]1992. (Welt der Theologie). Dietmar Mieth weist zudem auf die theologisch-ethische Relevanz des Narrativen hin. Vgl. Mieth: Dichtung, Glaube und Moral, S. 41–50.

[172] Vgl. Wenzel: Narrative Theologie, Sp. 643.

[173] Vgl. Wilpert, Gero von: Sachwörterbuch der Literatur. Stuttgart: Kröner, [7]1989, S. 606.

[174] Knape, J.: Narratio. In: Historisches Wörterbuch der Rhetorik, hg. V. Ueding, Gert, mitbegr. Von Jens, Walter. Bd. 6. Darmstadt: Wissenschaftliche Buchgesellschaft, 2003, Sp. 98–106, Sp. 98.

[175] Ebd. vgl. Auch: Dijk, Teun A. van: Textwissenschaft. Eine interdisziplinäre Einführung. Deutsche Übersetzung von Christoph Sauer. Tübingen: Max Niemeyer, 1980, S. 140–151.

zähltheorie drei narratologisch-analytische Ebenen der Erzählung:[176] *histoire* (Geschichte) als Gesamtheit der erzählten Ereignisse, das heißt die Ebene der Handlungstiefenstruktur mit ihrem narrativen Inhalt, *récit* (Erzählung), den schriftlichen oder mündlichen Diskurs als narrative Ausdrucksweise auf der textlichen Oberflächenstruktur, sowie *narration*, worunter Genette den „reale[n] oder fiktive[n] Akt versteht, der diesen Diskurs hervorbringt, also die Tatsache des Erzählens als solche“[177] auf Performanzebene. Auch wenn Genette den Begriff „narration“ explizit lediglich für eine Ebene der Erzählung verwendet, um die konkrete Performanz von der Handlungstiefen- und Oberflächenstruktur zu unterscheiden, soll der Begriff Narration hier keineswegs ausschließlich für diese Ebene gebraucht werden, zumal Genette betont, dass er diese „drei Aspekte des Narrativen“ zur Unterscheidung nur je mit einem eindeutigen Terminus bezeichnen möchte. Im Folgenden soll daher Narration als Oberbegriff für die drei narratologisch-analytischen Ebenen bestimmt werden. Viel entscheidender ist neben dieser begrifflichen Definition nämlich die Tatsache, dass man in einer Erzählung, Genette folgend, verschiedene narrative Ebenen unterscheiden kann und dass diese Unterscheidungsmöglichkeit kein spezifisch literaturwissenschaftliches Phänomen ist. Auch in der Theologie kann man zwischen einer narrativen Tiefenstruktur, worunter man in Anlehnung an Genette die Gesamtheit aller christlich-jüdischen Erzähltraditionen – die Heilsgeschichte generell – verstehen kann, und den konkreten Einzelnarrationen, beziehungsweise Erzählgattungen, der biblischen und theologischen Textgenres unterscheiden, wobei sich hier ebenso die Frage stellt, in welcher Relation diese narrative Tiefenstruktur zu den einzelnen biblisch theologischen Narrationen sowie anderweitiger Narrationen zu bestimmen ist.[178] Der Begriff Narration beinhaltet folglich mehrere Ebenen unterschiedlicher Konkretionen, das heißt bei der Arbeit mit der Internarrativitätstheorie kann die einzelne Narration (récit) im Verhältnis zu der narrativem Tiefenstruktur (histoire) begriffen, analysiert und gedeutet werden.

In der klassisch-rhetorischen Redeteillehre wird die Narration nach dem Exordium und vor der Argumentatio textuell eingebettet und soll erzählerisch die Ausgangslage vergegenwärtigen, auf das sich die anschließende, logisch-syllogistisch strukturierte und beweisende Argumentatio bezieht.[179] Es wird hier folglich ein Unterschied zwischen einem rein erzählenden und argumentativen Reden gezogen, dessen Verhältnis genauso wie in der nar-

[176] Im Folgenden vgl. Genette, Gérard/Vogt, Jürgen (Hg.): Die Erzählung. Aus dem Französischen von Andreas Knop. München: Fink, 1994, S. 199; vgl. Auch S. 16.

[177] Ebd., S. 199.

[178] Wenzel: Narrative Theologie, Sp. 643.

[179] Knape: Narratio, Sp. 98.

rativen Theologie überdacht werden muss. „Weist die Erzählung selbst eine semantisch innovative und erkenntnishafte Qualität auf (Ricoeur), oder ist sie nur beziehungsweise primär Material der – von ihr dann zu unterscheidenden – theologischen Reflexion (Ritschl)" und kann so nur das „Story-Material" für einen daran anschließenden argumentativen Diskurs bereitstellen?[180] Trotz der prinzipiellen Legitimität dieser Frage muss dennoch genauer differenziert werden. Selbstverständlich greifen theologische Reflexionen auf Narrationen zurück und legen diese systematisch theologisch aus. Doch kann einer Narration nicht jede Ebene der Reflexion und Argumentation abgesprochen werden, da jede Erzählung aus einer bestimmten Intention heraus und mit einer bestimmten Selbstreflexion und Selbstvergewisserung entsteht. Knut Wenzel betont so, dass keine Erzählung bei sich selbst beginne, sondern immer eine revisionäre Aneignung eines Stoffes darstelle und den Menschen in seiner Einzigkeit und seiner Weltlichkeit sowohl als Schreibenden und Erzählenden sowie als Be- und Geschriebenen – beziehungsweise Erzählten – zeige.[181] „Insofern das Subjekt narrativ als Erzähler und als Erzählter figuriert, legt die Erzählung das Selbst als ein Selbst-Verhältnis aus."[182] Dieses „hermeneutisch greifbare Wechselverhältnis von Deutung und Gedeutetwerden" – das Selbst beschreibt sich mithilfe der Geschichten und schreibt sich zugleich in sie ein[183] – ist „de[r] Kern dessen, was man [jenseits des vermeintlichen Gegensatzes von diskursiver Argumentation und synthetisierender Narration] die Reflexion der Erzählung nennen kann"[184].

Narrationen sind folglich immer schon durchdrungen von Reflexionen und Argumentationen. Alles was erzählt wird, ist bereits reflexiv geworden und auf sich zugestellt. Vor allem in christlicher Perspektive ist die Erzählung eine Möglichkeitsbedingung generationenübergreifender, geschichtlicher Solidarität. Walter Benjamin spricht von der „*schwache*[n] messianische[n] Kraft", welche „jedem Geschlecht"[185] mitgegeben ist. Es ist Aufgabe des Chronisten, die Ereignisse unterschiedslos zu erzählen und dabei nichts „für die Geschichte verloren zu geben", da die Vergangenheit einen Anspruch an die Lebenden stellt.[186] Vermittels einer Narration kann das Leid

[180] Wenzel: Narrative Theologie, Sp. 643.
[181] Vgl. Wenzel, Knut: Zu einer theologischen Hermeneutik der Narration. In: Theologie und Philosophie 71 (1996), S. 161–186, S.173
[182] Ebd., S. 174.
[183] Vgl. ebd., S. 175.
[184] Ebd., S. 183.
[185] Benjamin, Walter: Über den Begriff der Geschichte. In: Benjamin, Walter/Tiedemann, Rolf/Schweppenhäuser, Hermann (Hgg.): Gesammelte Schriften. Bd. 1. Gesammelte Schriften Teil 2. Frankfurt am Main: Suhrkamp, 1974, S. 691–704, hier S. 694.
[186] Vgl. ebd.

der Geschichte erinnert und der Toten gedacht werden. Doch nicht nur des Leids kann gedacht werden, sondern auch das in der Selbstoffenbarung spürbar gewordene Versprechen Gottes an den Menschen will erinnert werden, wobei dies zugleich für den Zeitraum der Lektüre je neu aktualisiert werden kann. Einer „anamnestischen christlichen Erzählung ist eine zweipolige Ausrichtung inhärent; zugleich ist sie Memoria der Toten wie auch Memoria des Lebens, des Sterbens und der Auferweckung Jesu Christi."[187] „Nicht dinghaft, nicht substantialistisch, aber als erinnertes und als erhofftes ist Heil ‚präsent'."[188] Narrationen werden folglich von theologischer Diskursivität abgegrenzt, beinhalten jedoch zugleich auch reflexive Momente und zum Teil argumentative Strukturen.

Nach dieser literaturwissenschaftlich und theologisch orientierten Begriffsbestimmung von Narration als konkrete Erzählung (récit), die ein in der Handlungstiefenstruktur bedeutsames Ereignis (histoire) auf eine bestimmte Diskursweise erzählt (narration) und dabei durch das Einschreiben des Autors in sein Beschriebenes zugleich eine Selbstvergewisserung sowie vor allem in religiösen Texten Einholung und Aktualisierung des Geschehens bedeutet, muss noch das „inter" zwischen den Bereichen Religion und Literatur beleuchtet werden. Was ist die Bedingung der Möglichkeit, dass Literatur und Religion gemeinsame Berührungspunkte aufweisen, sodass mithilfe der Methode der Internarrativität die jeweils zugrundeliegenden Narrationen eruiert werden können?

5.4. Die Notwendigkeit des Erzählens – religiöse und profane Narrationen im Versuch, das Nicht-Darstellbare darzustellen

„Narrare necesse est" – mit diesem programmatischen Titel unterstreicht Odo Marquard seine These, dass „wir Menschen [...] erzählen müssen. Das war so und bleibt so"[189]. Seit Menschengedenken erzählen sich Menschen Geschichten, um mit dieser Art „Kulturtechnik" Ordnung und Sinn in die Vielschichtigkeit und Bedrohlichkeit der Welt einzuschreiben, bestimmte Phänomene und anthropologische Grundkonstellationen beispielsweise in Mythen, Legenden und Fabeln zu erklären und diese Ordnung auch für spätere Generationen zu tradieren. Laut Marquard stirbt das Geschichten-Erzählen auch in der hoch technisierten Welt nicht ab – im Gegenteil: „Je moderner die Welt wird, desto unvermeidlicher wird das Er-

[187] Wenzel: Zu einer theologischen Hermeneutik der Narration, S. 162.
[188] Ebd., S. 169.
[189] Marquard, Odo: Narrare necesse est. In: Die politische Meinung 362 (2000), S. 93–95, S. 93

zählen", weil dadurch Leerstellen der „rationalisierungsermöglichenden Neutralisierung der lebensweltlichen Geschichten"[190] kompensiert werden können. Erzählen kann in einer zwecks Rationalisierung ‚geschichtslos' gewordenen Welt den historischen Sinn ausbilden, zur europäischen Wissenschaft die Parallelgeschichte des europäischen Romans entwerfen, der die Lebenswelt kompensatorisch festhält, und als Geisteswissenschaft, als „erzählende Wissenschaft", auf die Geschichtslosigkeit der modernen Welt antworten.[191] „Je mehr wir rationalisieren, umso mehr müssen wir erzählen."[192] Erzählen kompensiert also über alle Zeiten hinweg und nach Marquard vor allem auch in der Moderne das Gefühl eines allgemein verstandenen Mangels und gibt sich – theologisch gesprochen – als

> „Antwort auf die Unmöglichkeit zu verstehen, die Grundverfaßtheiten des Subjekts, nämlich sich selbst zugleich gegenüber der Welt und in ihr vorzufinden, sowie des eigenen Grunds nicht habhaft zu sein, noch einmal zu einer subjektfundamentierenden Einheit zu fügen"[193].

Sowohl literarische Texte als auch religiöse Deutungen (theologische Reflexionen, Glaubenslehren etc.) beschäftigen sich mit den gleichen Grundbedürfnissen des in der Welt befindlichen verunsicherten Menschen, der durch Geschichten Sinn konstituiert. Prinzipiell schreibt sich in Narrationen immer eine Ebene der Fiktionalität ein, da sie sich der Problematik gewahr wird, dass sie zwar bedeutungskonstituierend (sinnstiftend) ist, jedoch nicht die Wirklichkeit als ganze klar erfassen kann. „[D]as überlieferte Mimesiskonzept [erfährt] spätestens in der Literatur der klassischen Moderne eine Transformation hin zur Frage nach der Darstellbarkeit des Nicht-Darstellbaren."[194] Das Leben in seiner Komplexität, seinen Schönheiten aber auch Abgründen nicht ganz erfassen zu können und immer nur die selbst subjektiv erlebte und somit per se begrenzte Wirklichkeit sprachlich zum Ausdruck bringen zu können, macht sich in vielen Leerstellen und der Polyphonie der Stimmen in literarischen Texten bemerkbar. Der auktoriale Erzähler erhebt vor allem in der Moderne bei Weitem nicht den Anspruch, *alles* hinreichend erzählen zu können. In religiösen Deutungen ist immer die Ambivalenz des sich offenbarenden und doch zugleich sich dem Menschen entziehenden Gottes präsent. So wenig die Literatur mit der Frage nach der Darstellbarkeit des Nicht-Darstellbaren zu einem Ende kommt, „so wenig

---

[190] Ebd., S. 94.
[191] Vgl. ebd., S. 94 f.
[192] Ebd., S. 95
[193] Wenzel: Zu einer theologischen Hermeneutik der Narration, S. 173 f.
[194] Ebd., S. 180.

zielt ihre theologische Herausforderung auf ihre endgültige Beantwortung und auf die Lösung des in ihr sich artikulierenden, epistemologischen und poetologischen Problems«[195]. Knut Wenzel betont dagegen vielmehr, dass beide sich „als Weisen der Aus-Schreibung dieser Frage“[196] manifestieren. Narrationen religiöser oder profaner Art sind in ihrem Anliegen und ihren Begrenzungen folglich nicht so verschieden, wie oft angenommen. Der wirkliche Unterschied besteht lediglich darin, dass religiöse Narrationen Wirklichkeit vor der erhofften und geglaubten Existenz Gottes erfahren und in dieser Zuversicht den Menschen als von Gott angenommenes, freies Wesen in seiner Kontingenz umzeichnen. Die Erzählung als Antwort auf die Unmöglichkeit, die Wirklichkeit vollständig zu verstehen und als Versuch, das Nicht-Darstellbare darzustellen, sind Anliegen profaner und religiöser Narrationen, weswegen eine Internarrativitätstheorie gerade bei diesen beiden Bezugsgrößen Literatur und Religion sinnvoll und gewinnbringend erscheint.

5.5. Gewinndimensionen der Internarrativitätstheorie

Die in ihrer Idee erläuterte Internarrativitätstheorie als Methode zur Arbeit mit literarischen Texten muss sich noch in der Beschäftigung mit Texten von Döblin, Lavant und Dürrenmatt bewähren. Es seien jedoch an dieser Stelle schon einige Hinweise auf die erwarteten Gewinndimensionen dieser Methode gegeben.

Aufgrund ihrer prinzipiellen Offenheit hinsichtlich jederlei Fragerichtung eignet sich die Internarrativitätstheorie, um literarische Texte nicht nur selektiv auf der Suche nach genuin religiösen Motiven zu lesen, sondern andere Bedeutungsdimensionen und Interpretationsansätze sichtbar zu machen, welche für eine anschließende theologische Interpretation gerade wichtig sein können. Die anthropologische Dimension literarischer Texte kann so unvoreingenommen erschlossen werden, wobei überprüft werden kann, ob und wie diese Selbstvergewisserung in Auseinandersetzung – sei es als Übernahme oder als Abgrenzung – mit religiösen Sprachformen, Themen und Motiven erfolgt. Gerade aber für eine intendierte theologische Interpretation literarischer Texte können mithilfe der Internarrativitätstheorie die in literarischen Texten anklingenden religiösen Narrationen, seien es religiöse Erzählungen wie Bibeltexte oder theologische Reflexionen, kirchliche Traditionen oder Lieder, und ihr Wechselspiel mit dem literari-

[195] Ebd.
[196] Ebd.

schen Text untersucht werden. Somit können auch Schriftstellerinnen und Schriftsteller in den Blick kommen, die nicht nur mit biblischen Texten arbeiten und folglich auch nur mit der Methode der Intertextualität wissenschaftlich untersucht werden könnten. Außerdem beschränkt sich die Beschäftigung auch nicht nur auf religiös geprägte Literatur, da genauso eine ablehnende Haltung, resultierend aus dem bestimmten Aufgreifen und Verarbeiten religiöser Narrationen, erfolgen kann, ohne abschließend den Text vorschnell als letztlich doch vom christlichen Geist geprägte Literatur zu interpretieren. Vor allem literarische Texte der Moderne können mit dieser Methode in ihrer Vielschichtigkeit und Vielstimmigkeit wahrgenommen und analysiert werden, indem die unterschiedlichsten Narrationen nachvollzogen und in ihrem konkreten Wechselspiel untereinander interpretiert werden können.

Nicht nur Texte, „die selber auf Gewissheit aus sind, die selber Antwort geben, Klärung versuchen, Entscheidungen ausprobieren“[197], sind dabei, wie Bossart behauptet, „theologisch lesbar“[198], sondern auch gerade Texte, die keine auf eine abschließende „Klärung der Sache“ hingerichtete Antwort geben, sondern Fragen stellen, können und müssen theologisch interpretiert werden, da in ihnen genauso oder vielleicht gerade erst recht die Situation des Menschen in der von radikaler Kontingenz geprägten Geschichte zum Ausdruck kommt. Abgesehen von der Möglichkeit, alle literarischen Texte mit ihren zugrundeliegenden Narrationen zu analysieren und interpretieren, besteht ein weiterer Vorteil der Internarrativitätstheorie darin, dass nicht einfach nur mehrere Dimensionen einander gegenübergestellt werden, was Georg Langenhorst mit dem Begriff Textspiegelung zurecht schon als Gewinndimension beschreibt,[199] sondern dass Internarrativität wie Intertextualität keine reine Quellen- oder Einflussforschung darstellt, sondern vielmehr „eine flexible Beziehung zwischen den Texten etabliert“[200] und von einer Art Interaktion zwischen Texten ausgeht. Eine solche flexible Beziehung setzt voraus, dass sowohl Literatur als auch Religion und Theologie offen sein müssen, für neue Impulse, Kritik und Anfragen. Methodisch gilt anzumerken, dass – ohne das Dialogparadigma zu bemühen – doch die

[197] Bossart: Die theologische Lesbarkeit von Literatur im 20. Jahrhundert, S. 189.

[198] Ebd.

[199] Vgl. Langenhorst: Theologie und Literatur, S. 230; Langenhorst: Theologie und Literatur 2001, S. 20; Langenhorst, Georg: Bibel und moderne Literatur: Perspektiven für Religionsunterricht und Religionspädagogik. In: Religionsunterricht an höheren Schulen 39 (1996), S. 288–300, S. 296.

[200] Preisendanz, Wolfgang: Zum Beitrag von R. Lachmann „Dialogizität und poetische Sprache“. In: Lachmann, Renate (Hg.): Dialogizität. München, Wilhelm Fink Verlag, 1982, S. 25–28. (Theorie und Geschichte der Literatur und der schönen Künste, A Hermeneutik – Semiotik – Rhetorik; 1), S. 28.

Wechselseitigkeit zum Ausdruck gebracht werden kann, wenn die internarrativen Bezugnahmen auf religiöse Narrationen neben dem Bedeutungspotential des Ausgangstextes auch dasjenige des aufgerufenen religiösen Prätextes erweitern. Renate Lachmann stellt hierzu in ihrer Studie über Intertextualität in der russischen Moderne folgende These auf:

> „Es scheint, als affiziere die im manifesten Text [=der Ausgangstext] durch die Intertextualität gewonnene Sinnkomplexion auch den Referenztext [der Text, auf den Bezug genommen wird], als erfasse der sinndynamisierende Prozess beide Texte, die evozierend-evoziert miteinander in Kontakt treten, und in diesem Sinne kann auch vom Dialog der Texte [...] die Rede sein. Der evozierend-referierende (und ursurpierende) Text stört den fremden Text gleichsam auf, bringt dessen zur Ruhe gekommenes Zeichengefüge in Bewegung und läßt ihn im nachhinein zum Aktanten werden, der mit Frage und Antwort ‚reagiert'."[201]

Denkt man vor allem den Rezipienten literarischer Texte hinzu, so muss auf jeden Fall festgehalten werden, dass die Verarbeitung der intertextuellen Relation durch den Leser möglicherweise zu einer „Re-Interpretation" nicht nur des Textes sondern reziprok auch des Referenztextes oder der Referenznarration führt.[202] Aus der faktischen Relation, die zwischen zwei oder mehreren Texten – genauer Narrationen – besteht, werden die in Wechselwirkung miteinander stehenden Narrationen stets neu angefragt und durch diese Kombination in einem neuen Licht erscheinen. Es liegt dann am Rezipienten, diese oft neuartigen Verknüpfungen von Narrationen in diesem konkreten Fall versuchen zu verstehen und zu interpretieren und darüber hinaus das Anzitierte neu zu überdenken.[203] Es wird also stets zu untersuchen sein, ob eine Narration aus dem religiösen Bereich herangezogen wird, welche Vorstellung genau rezipiert wird und welche nicht, und ob und wie das neu begründete Wechselverhältnis den Ausgangstext interpretiert sowie ob und wie dieses Wechselverhältnis auch den anklingenden ursprünglichen Referenztext verändert und neu interpretiert. Dabei soll nicht immer von zwei konkreten Größen gesprochen werden, vielmehr begegnet man gerade in moderner Literatur einem weiten Netz an internarrativen Bezügen, wobei eben nicht nur wirkliche inter*text*uellen Bezüge analysiert werden können, sondern genauso Internarrativitäten zwischen literarischem Text und religiösen Traditionen (auch nicht-christlicher Re-

[201] Lachmann: Gedächtnis und Literatur, S. 60.
[202] Vgl. Holthuis: Intertextualität, S. 215.
[203] Auf diese Weise und nur so kann von einem Dialog gesprochen werden.

ligionen), persönlichen Erfahrungen eines Autors, theologischen Reflexionen, kirchlicher Liturgie, um nur einige für diese Fragestellung relevante Beispiele zu nennen. Der Hauptgewinn einer Untersuchung literarischer Texte in Anlehnung an und in Erweiterung der Intertextualitätstheorie mit der Hermeneutik der Internarrativität ist, dass literarische Texte in ihrer Möglichkeit betrachtet werden, selbst ein Reflexionsmedium zu setzen, in dem sie sich als „eine differenzierende Distanznahme zu einem oder mehreren Texten präsentier[en] und diese Distanznahme in die Konkretheit des Werkes einschreib[en]"[204]. Eine intertextuelle Relation ist so immer auch eine hermeneutische Relation, denn die Art, mit der ein literarischer Text/eine Narration einen anderen Text beziehungsweise eine andere Narration vergegenwärtigt, sagt zugleich auch etwas darüber aus, wie der uns vorliegende Text sich zu dem Text beziehungsweise der Narration verhält, die er heraufruft.[205] Intertextualität und Internarrativität sind somit kein bedeutungsleerer oder intentionsloser Verweis, sie reflektieren immerzu auch darüber, was in einem solchen Bezug geschieht. Es wird im konkreten Einzelfall stets zu untersuchen sein, wie ein solcher Bezug auf eine Narration oder im konkreten Fall auf einen Text genau aussieht, ob es sich beispielsweise um eine ironische Distanznahme, Korrektur, Parodie, Überbietung oder einen zustimmenden Kommentar handelt und was dies dann wiederum für einen interpretierenden Rückschluss auf den literarischen Text bedeutet. Jeder Text macht so den hereingeholten Text sich und seinem Verständnis zu eigen, weswegen in diesem Fall auch nicht mehr von einem Dialog zwischen literarischen Texten und religiösen, biblischen Texten, Konzepten oder Traditionen gesprochen werden kann, da ein Dialog die Autonomie der jeweiligen Aktanten voraussetzt und doch gerade diese Autonomie in der internarrativen Relation aufgehoben scheint.[206] Für die Arbeit mit literarischen Texten tritt das Dialogparadigma bei dem Konzept der Internarrativität daher zurück. Vielmehr sollen Texte primär anthropologisch gelesen werden hinsichtlich der Frage, wie sich Menschsein heute ausdrückt.

[204] Stierle: Werk und Intertextualität, S. 141.
[205] Vgl. ebd., S. 145.
[206] Vgl. ebd., S. 147.

II. Dekonstruierende Konstruktion – Ästhetik moderner Literatur

Will man Texte anthropologisch lesen und sie nicht allein „aufgrund zitierter Motive und Figuren mit Hilfe außerliterarischer Kategorien“[207] interpretieren und sie so möglicherweise religiös entgegen ihrem Selbstverständnis vereinnahmen, so muss man sie, wie es beispielsweise die Forschungsergebnisse der Universität Konstanz im Rahmen des Sonderforschungsbereichs „511 Literatur und Anthropologie“[208] nahelegen, als Kulturausdeutung verstehen und die in ihnen zum Ausdruck gebrachten literarischen Konstruktionen des Menschseins mit den entsprechenden Konzeptualisierungen in anderen Disziplinen in Bezug setzen.[209] Der Ansatz des jungen germanistischen Forschungsfeldes der literarischen Anthropologie bietet für ein solches Textverständnis eine Vielzahl von Analyseparametern, die auch bei der theologischen Beschäftigung mit literarischen Texten wegweisend sein können. Die literarische Anthropologie forscht generell nach den sich ständig ändernden Bedingungen, die Repräsentationsweisen der Selbst- und Fremdwahrnehmung von Menschen in literarischen Texten hervorbringen. Mögliche Parameter der Untersuchung sind hierbei der konkrete Zeitraum, in dem literarische Texte entstehen oder rezipiert werden[210], ferner der Ort, beziehungsweise das soziale und ökonomische Umfeld, sowie allgemein philosophische, religiös-theologische oder naturwissenschaftliche Strömungen. Diese Einsicht setzt voraus, dass vor einer jeden wissenschaftlichen Beschäftigung mit einzelnen literarischen Texten der radikal historisch-kontingente Hintergrund in den Blick genommen werden muss. Aus diesem Grund wird zunächst in knappen Grundzügen eine Ästhetik[211] der Moderne rekonstruiert, wobei der Begriff der Ästhetik sowie der Begriff der Moderne selbst einer eigenen Reflexion bedürfen. Zum einen werden die Entstehungs- und Wirkungsbedingungen des Kunstwerks in der Moderne analysiert (Produktions- und Rezeptionsästhetik), zum anderen

[207] Mautner: Nichts Endgültiges, S. 13.

[208] http://www.uni-konstanz.de/FuF/ueberfak/sfb511/ [zuletzt eingesehen am 14.07.2015]

[209] Einen guten Einblick in das Forschungsfeld der literarischen Anthropologie findet man bei: Neumeyer, Harald: Historische und literarische Anthropologie. In: Nünning, Ansgar/ Nünning, Vera (Hgg.): Konzepte der Kulturwissenschaften. Stuttgart; Weimar: 2003, S. 108–131.

[210] Es versteht sich, dass zwischen Produktionsästhetik und Rezeptionsästhetik im konkreten Fall noch genauer unterschieden wird.

[211] Vgl. zur Komplexität des Ästhetik-Begriffs, seiner geschichtlich-philosophischen Entwicklung und unterschiedlichen Verwendung die entsprechenden Artikel in: Barck, Karlheinz/ Heininger, Jörg/Kliche, Dieter: Ästhetik/ästhetisch. In: Barck, Karlheinz [u.a.] (Hgg.): Ästhetische Grundbegriffe: historisches Wörterbuch in sieben Bänden. Bd. 1. Stuttgart; Weimar: Metzler, 2000, S. 308–400.

sollen aber auch der Kunstgenuss gemäß dem griechischen Begriff *aisthetikos* (d.h. die Sinne, Wahrnehmung betreffend) sowie die „daraus abgeleiteten Wertmaßstäbe[] für die künstlerische Beurteilung“[212] thematisiert werden. Gerade dieser Zusammenhang zwischen den gegebenen Rahmenbedingungen, den zeitspezifischen Wirklichkeits- und Menschenverständnissen und einem ästhetischen Empfinden, was sich schließlich in neuen literarischen Produktions- und Rezeptionstechniken niederschlägt, erscheint epochenübergreifend entscheidend. In der Rekonstruktion dieser Zusammenhänge ist es wichtig, die wechselseitigen Beeinflussungen von außerliterarischen und literarischen Faktoren zu berücksichtigen, da nicht nur Zeitgeschichte Literatur prägt, sondern umgekehrt auch Literatur Zeitgeschichte. Doch gerade der literarische Diskurs erweist sich im Verlauf der Moderne mit ihrem stark ausdifferenzierten Wissens- und Diskurssystem als Möglichkeit zur Integration zeitgleich verhandelter Wissensbestände unterschiedlichster Diskurse.

Zielsetzung dieser Arbeit ist es vor allem, den religiösen Diskurs der Moderne, der neben anderen Diskursen ästhetisch Eingang in literarische Texte findet, zu untersuchen, weshalb im folgenden Kapitel keineswegs der Anspruch auf eine umfassende Behandlung der literarischen Moderne erhoben wird. Hierzu sei auf einschlägige, ausführliche Literatur und Forschungsdiskussionen verwiesen.[213] Vielmehr sollen ein Grundverständnis der Moderne herausgearbeitet sowie einige Schlaglichter, Grundzüge, Diskurse und literarische Gestaltungstechniken aufgezeigt werden, die für die Auseinandersetzung mit dem Werk Döblins, Lavants und Dürrenmatts entscheidend [214] und für die theologische Beschäftigung mit Literatur in diesem Zeitraum generell wichtig sind.

[212] Wilpert: Sachwörterbuch der Literatur, S. 8.

[213] Vietta, Silvio: Die literarische Moderne. Eine problemgeschichtliche Darstellung der deutschsprachigen Literatur von Hölderlin bis Thomas Bernhard. Stuttgart: Metzler, 1992. Vgl. auch: Kiesel, Helmut: Geschichte der literarischen Moderne. Sprache, Ästhetik, Dichtung im zwanzigsten Jahrhundert. München: Beck, 2004.

[214] Da alle drei Autoren der modernen Literatur zuzurechnen sind, kann hier allgemein auf den Zeitraum sowie auf die allgemeinen philosophischen und religiös-theologischen Strömungen eingegangen werden. Der jeweilige Ort beziehungsweise das soziale und ökonomische Umfeld kann in diesem einführenden Kapitel nicht behandelt werden, da diesbezüglich große Unterschiede bestehen.

1. Der Begriff der „Moderne“: Zur Problematik des Epochenbegriffs

„Kein anderer literarischer Epochenbegriff wird so diffus gehandhabt wie der der Moderne.“[215] Nicht nur in der Literatur- und Kunstgeschichtsschreibung oder in der soziologischen oder philosophischen Debatte wird der Modernebegriff uneinheitlich verwendet, auch in der Literaturwissenschaft tut man sich schwer, einen Konsens über den Zeitraum, die Autoren und einiger Charakteristika zu finden. Doch ist sich die neuere Literaturwissenschaft bewusst, dass genaue Epocheneinteilungen nur hypothetischen Charakter haben. In Anlehnung an Foucault plädiert Alexander von Bormann für einen Epochenbegriff im Sinne eines „konstituierenden Modells“[216], wonach dieser keineswegs „naturgeschichtlichen Denkweisen“ entspringe, sondern es erlaube eine Fülle von Phänomenen auf bestimmte Perspektiven hin zu bündeln.[217] Der Epochenbegriff der Moderne soll nicht gänzlich in Frage gestellt oder als beliebig erachtet werden, sondern vielmehr als Verstehensmodell entwickelt und begriffen werden, dessen Tragfähigkeit sich an den historisch-sozialen Erscheinungen und den für die Literaturwissenschaft vor allem im Fokus stehenden Texten selbst ausweisen muss.[218] Um jedoch den Horizont aufzuzeigen, vor welchem diese Diskussion entbrennen und gleichzeitig die Rahmenbedingungen darzulegen, welche die später untersuchten Texte konstituieren, ist es sinnvoll, auf einzelne Datierungsversuche der Moderne einzugehen, die nicht zuletzt auch für den Versuch einer Wesensbestimmung der Moderne wegweisende Neuerungen benennen.

Der Literaturwissenschaftler und Romanist Hans Robert Jauß sieht in der Auseinandersetzung um die Vorrangstellung antiker oder moderner Dichtung, der *Querelle des Anciens et des Modernes* im ausgehenden 17. Jahrhundert in Frankreich, ein zentrales Ereignis für die Begriffsbestimmung der Moderne. Dieser Disput habe maßgeblich zu einer kritischen Reflexion des aus der Antike in die Gegenwart übertragenen Idealbildes und somit zu einer historisch relativen Bewertung ästhetischer Normen beigetragen.[219] Aus philosophischer Perspektive wird beispielsweise von Jürgen

[215] Vietta: Die literarische Moderne, S. 17.

[216] Bormann, Alexander von: Zum Umgang mit dem Epochenbegriff. In: Cramer, Thomas (Hg.): Literatur und Sprache im historischen Prozeß. Vorträge des deutschen Germanistentages. Bd. I. Tübingen: Max Niemeyer, 1983. S. 178–194, S. 183.

[217] Vgl. ebd., S. 181; vgl. Ebenso: Vietta: Die literarische Moderne, S. 33.

[218] Ebd., S. 34.

[219] Vgl. Jauß, Hans Robert: Literarische Tradition und gegenwärtiges Bewußtsein von Modernität. In: Jauß, Hans Robert (Hg.): Literaturgeschichte als Provokation. Frankfurt am Main: Suhrkamp, 1970, S. 11–66. (edition suhrkamp, 418), besonders S. 29–35.

Habermas oder Herbert Schnädelbach stärker das Denken Immanuel Kants und die Perspektive der Aufklärung als wesentlicher Indikator einer modernen Geisteshaltung gewürdigt.[220] Literaturwissenschaftler hingegen betonen bei der Epochenbestimmung vielfach die Wende vom 18. zum 19. Jahrhundert und das vor allem in der Frühromantik sich ausbildende und artikulierende moderne Kontingenz-Bewusstsein.[221]

Die meisten zeitlichen Bestimmungen der Moderne setzen jedoch etwas später an. Industrialisierung, Urbanisierung, Demokratisierung sowie die Entwicklung der modernen Naturwissenschaften und Medienkultur gelten als „zentrale außerliterarische Herausforderungen der Wirklichkeit und Kultur des 19. und 20. Jahrhunderts“[222], welche den „Durchbruch der Literatur zur Moderne [...] provoziert haben“[223] und die Lebensart und Lebenseinstellung der Menschen derart veränderten, dass die Dynamik sowie Flüchtigkeit, Fragmentierung und Unsicherheit der damaligen Zeit in der Literatur ihren Ausdruck finden. Insbesondere der Naturalismus wird in diesem Zusammenhang als Beginn der Moderne erachtet,[224] da er für die literarische Behandlung der sozialen Probleme moderner Großstädte richtungsweisend ist und die generelle Determiniertheit beispielsweise durch das Milieu literarisch umsetzt, indem er den Figuren so wenig Gestaltungswille und -möglichkeit einräumt[225] und folglich mit den bis dahin als Richtschnur geltenden Poetiken bricht, nach denen der Mensch noch als autonomes, handlungsfähiges Wesen gedacht wurde. In diese Zeit des Na-

[220] Habermas, Jürgen: Der philosophische Diskurs der Moderne. 12 Vorlesungen. Frankfurt am Main: Suhrkamp, 1985, S. 30 ff. Habermas begreift die Moderne als eine geschichtliche Epoche, in der „die Ablösung von exemplarischen Vergangenheiten und die Notwendigkeit, alles Normative aus sich selbst zu schöpfen, als ein geschichtliches Problem zum Bewußtsein kommt.“ Schnädelbach, Herbert: Kant – der Philosoph der Moderne. In: Schönrich, Gerhard/Kato, Yasushi (Hgg.): Kant in der Diskussion der Moderne. Frankfurt am Main: Suhrkamp, 1996, S. 11–26. (Suhrkamp-Taschenbuch-Wissenschaft; 1223).

[221] Werner, Hans Georg: Über die Modernität der literarischen Romantik in Deutschland. Berlin: Akad.-Verl., 1989. (Sächsische Akademie der Wissenschaften; 129,6) Vgl. auch den Sammelband: Maurer, Karl/Wehle, Winfried: Romantik: Aufbruch zur Moderne. Das 5. Romanistische Kolloquium. München: Fink, 1991.

[222] Esselborn, Hans: Der literarische Expressionismus als Schritt zur Moderne. In: Piechotta, Hans Joachim/Wuthenow, Ralph-Rainer/Sabine Rothemann (Hgg.): Die literarische Moderne in Europa. Bd. 1: Erscheinungsformen literarischer Prosa um die Jahrhundertwende. Opladen: Westdeutscher Verlag, 1994, S. 416–429.

[223] Ebd.

[224] „[D]er Naturalismus [wollte] die Literatur auf die Basis der modernen Wissenschaften stellen und auf die Behandlung der Probleme des modernen Lebens verpflichten.“ Kiesel: Geschichte der literarischen Moderne, S. 20.

[225] Vgl. z. B.: Alberti, Conrad: Die zwölf Artikel des Realismus. Ein literarisches Glaubensbekenntnis. In: Die Gesellschaft 5 Bd. I (1889), S. 2–11. (vollständiger Nachdruck: Kraus Reprint. Nendeln/Liechtenstein, 1970)

turalismus fällt auch die erste für Kunst und Literatur programmatische Benennung des erstmals substantivisch gebrauchten Begriffs *Moderne* durch den Literaturwissenschaftler Eugen Wolff (1886);[226] „seine maßgebliche Bestimmung erhielt der kaum geprägte Terminus aber erst durch Hermann Bahr"[227]. Während der Naturalismus sich noch auf den Gedanken von der wissenschaftlichen Erkennbarkeit der Welt stützt und so auf eine vermeintlich „objektive" Wirklichkeitsdarstellung der Kunst zielt, gibt es Datierungsversuche, die eher auf die radikale Neu-Interpretation des Subjektbegriffs und damit des Wahrheitsbegriffs durch eine Metaphysikkritik setzen und so die um die Jahrhundertwende einsetzende Nietzsche-Rezeption als Beginn der Moderne verstehen.[228] Hermann Bahr kritisiert so bei seiner Begriffsbestimmung der Moderne die naturalistische Verpflichtung auf die objektiv wahre Darstellung der Wirklichkeit und „das tägliche Lügen in den Schulen, von den Kanzeln, auf den Thronen"[229]: Man habe gar „kein anderes Gesetz als die Wahrheit, *wie jeder sie empfindet.*"[230]

Es gibt auch Gründe, den eigentlichen Beginn der Moderne noch später anzusetzen, indem man sich beispielsweise an den ästhetischen Neuerungen der experimentell verstandenen Kunst orientiert, die mit den Avantgarde-Bewegungen im frühen 20. Jahrhundert aufgekommen sind.[231] Angesichts der vielfältigen Datierungsversuche, welche alle zugleich wichtige Neuerungen eines „modern" verstandenen Literaturverständnisses angeben, ist es offensichtlich, dass eine literaturwissenschaftliche Einengung des Begriffs der Moderne als Bezeichnung für künstlerische Strömungen des ausgehenden 19. und frühen 20. Jahrhunderts, wie sie lange gepflegt wurde, der

---

[226] Wolff, Eugen: Die jüngste deutsche Literaturströmung und das Prinzip der Moderne (1888). (Literarische Volkshefte, Nr. 5) Wieder abgedruckt in: Wolff, Eugen: Die jüngste deutsche Literaturströmung und das Prinzip der Moderne (1888). In: Wunberg, Gotthart (Hg.): Die literarische Moderne: Dokumente zum Selbstverständnis der Literatur um die Jahrhundertwende. Frankfurt am Main: Athenäum Verlag, 1971, S. 3–42. (Athenäum Paperbacks Germanistik; 8) Vgl. auch Hoock, Birgit: Modernität als Paradox. Der Begriff der ‚Moderne' und seine Anwendung auf das Werk Alfred Döblins (bis 1933). Tübingen: Max Niemeyer, 1997. (Untersuchungen zur deutschen Literaturgeschichte; Bd. 93), S. 8. Vgl. ebenso Kiesel: Geschichte der literarischen Moderne, S. 19.

[227] Hoock: Modernität als Paradox, S. 8.

[228] Vgl. ebd., S. 9. Siehe auch: Meyer, Theo: Nietzsche als Paradigma der Moderne. In: Piechotta, Joachim/Wuthenow, Ralph-Rainer/Rothermann, Sabine (Hgg.): Die literarische Moderne in Europa. Bd. 1: Erscheinungsformen literarischer Prosa um die Jahrhundertwende. Opladen: Westdeutscher Verlag, 1994, S. 136–170.

[229] Bahr, Hermann: Moderne. In: Moderne Dichtung. Monatsschrift für Literatur und Kritik 1,1 (1890), S. 13–15. Digitalisat online verfügbar unter: http://www.uni-due.de/lyriktheorie/scans/1890_moderne.pdf [zuletzt abgerufen am 26.11.2013], hier S. 15.

[230] Ebd.

[231] Beispiele für solche Avantgarde-Bewegungen wären der Futurismus, Kubismus, Expressionismus, Surrealismus oder Dadaismus. Vgl. Hoock: Modernität als Paradox, S. 9.

gegenwärtigen terminologischen Situation nicht entspricht: Der Begriff *Moderne* wird zunehmend mehr im Sinne einer „Makroperiodisierung" verstanden, der die historische Gesamtentwicklung seit der europäischen Aufklärung beschreibt.[232] Auch Silvio Vietta spricht sich dafür aus, von einer Makroepoche auszugehen, in die verschiedene Mikroepochen wie Romantik, Naturalismus, Expressionismus und Gegenwartsliteratur eingeschrieben sind.[233]

Ein strikter Epochenbegriff mit scharfen Datierungsgrenzen[234] würde der Komplexität der Autoren und Texte keineswegs gerecht werden, denn bei aller grundlegenden Übereinstimmung bezüglich der später zu erörternden Themen zeichnet sich die Moderne gerade durch ihre Komplexität aus. Die Moderne ist eine „sich entfaltende *Bewegung*, freilich keine einheitliche, sondern eine, die gerade durch ihren *Pluralismus* gekennzeichnet ist."[235] Auch wenn Vietta vor allem die Kontinuität der Langzeitepoche immer wieder hervorstellt, bemerkt Walter Benjamin: „Die Moderne ist sich am wenigsten gleich geblieben"[236] und hebt so den ästhetischen Reichtum hervor. Tatsächlich lässt sich eine Vielzahl von Einzelentwicklungen benennen, wie beispielsweise die Wiener Moderne mit ihren spezifischen Charakteristika oder die Berliner Moderne.[237] Doch soll an dieser Stelle lediglich auf zwei grundsätzliche Bewegungen und Kunstverständnisse Bezug genommen werden, die parallel und kontrastiv abliefen: Avantgardismus und Ästhetizismus. Der oft heterogen verwendete Begriff der „Avantgarde" wird meist „zur Bezeichnung jener literarischen Bewegungen des 20. Jahrhunderts verwendet, die [...] das Leben von der Kunst her, nach künstlerischen Erfahrungen und Vorstellungen, auf eine radikale Weise

---

[232] Vgl. Žmegač, Viktor: Moderne/Modernität. In: Borchmeyer, Dieter/Žmegač, Viktor (Hgg.): Moderne Literatur in Grundbegriffen. 2., neu bearbeitete Auflage. Tübingen: Max Niemeyer, 1994, S. 278–285, S. 278.

[233] Vietta: Die literarische Moderne, S. 34 f.

[234] Aldo Venturelli bestimmt als Beginn der „Klassischen Moderne" beispielsweise das Jahr 1888, da es das letzte Jahr der geistigen Produktion Nietzsches war und 1933, das Ende der Weimarer Republik, als Endpunkt. Auch wenn diese zwei historischen Daten sicherlich wichtige Einschnitte markieren, so suggerieren sie dennoch eine klare Epochenabgrenzung, die der Diversität und der Freiheit der literarischen Texte jedoch nicht gerecht wird. Venturelli, Aldo: Robert Musil und die Idee einer „Klassischen Moderne". In: Ponzi, Mauro (Hg.): Klassische Moderne: ein Paradigma des 20. Jahrhunderts. Würzburg: Königshausen & Neumann, 2010, S. 17–33.

[235] Žmegač: Moderne/Modernität, S. 281.

[236] Benjamin, Walter: Charles Baudelaire. Ein Lyriker im Zeitalter des Hochkapitalismus. Das Paris des Second Empire bei Baudelaire. III. Die Moderne. In: Benjamin, Walter/Tiedemann, Rolf/Schweppenhäuser, Hermann (Hgg.): Gesammelte Schriften. Bd. 1. Gesammelte Schriften. Teil 2. Frankfurt am Main: Suhrkamp, 1974, S. 593.

[237] Helmut Kiesel führt diese beiden Strömungen beispielsweise ausführlicher aus. Kiesel: Geschichte der literarischen Moderne, S. 23–27.

umgestalten wollten und deswegen mit vielerlei traditionellen Formen und Praktiken des Lebens und der Kunst brachen."[238]. Diesem auf gesellschaftliche Nützlichkeit hin orientierten Kunstverständnis entgegen steht der Ästhetizismus, auch l'art pour l'art genannt, der die Kunst keinem ihr wesensfremden Zweck unterordnen will, sondern ihr Dasein allein um der Kunst willen bestimmt. Innerhalb dieses Rahmens, den diese beiden gleichzeitig aufkommenden und sich wechselseitig bedingenden gegensätzlichen Kunstauffassungen aufspannen, sind die literarischen Texte der Moderne zu situieren. Es wird daher auch ersichtlich, dass es bei einer Bestimmung der modernen Literatur nicht nur zeitliche Strömungen zu berücksichtigen gilt, sondern vielmehr auch ästhetische Grundpositionen mit in Betracht genommen werden müssen. Man sollte sich nicht nur „aus der allzu engen Vorstellung eines punktuellen Ursprungs" lösen, sondern auch kontrastiv ablaufende Strömungen wahrnehmen, um „[d]ie statische Relation von Historie und Moderne [...] durch eine dynamischere Perspektive zu ersetzen."[239]

Zielführender ist es, die literarische Moderne phänomenologisch zu beschreiben und sie mithilfe einiger sich in ihr entwickelnder Wesensmerkmale zu umreißen. Ebenso verhält es sich mit der Diskussion um die jüngste Phase, welche als Postmoderne deklariert wird. „Die literarische Moderne ist auch in der zweiten Hälfte des 20. Jahrhunderts keineswegs ermüdet, sondern produktiv und innovativ geblieben"[240], wie Helmut Kiesel einleitend bemerkt. Ebenso wie die Moderne selbst sich „literarisch als ein Prozeß der Akkumulation und der Selbstüberbietung [vollzieht]"[241], so sind auch die Übergänge zu der sogenannten postmodernen Literatur fließend. Die Postmoderne ist laut Welsch keine „Anti-Moderne" sondern löse lediglich die Versprechen der Moderne radikal ein.[242] Noch konsequenter als in der Moderne gilt das dialektische Grundprinzip des immer wieder erneut vollzogenen Bruchs mit den jeweils etablierten Regeln und Themen, weshalb im Gegensatz zur eher ernsthafteren Moderne die postmoderne Literatur noch spielerischer und teilweise bis zum – zur Unkenntlichkeit gesteigerten

[238] Kiesel: Geschichte der literarischen Moderne, S. 233.

[239] Riha, Karl: Prämoderne-Moderne-Postmoderne. Frankfurt am Main: Suhrkamp, 1995. (Suhrkamp-Taschenbuch Wissenschaft; 1160), S. 19.

[240] Kiesel: Geschichte der literarischen Moderne, S. 11.

[241] Vietta: Die literarische Moderne, S. 36.

[242] Welsch, Wolfgang: Unsere postmoderne Moderne. Weinheim: VCH, Acta Humaniora, 1987. Vgl. auch: Borchmeyer, Dieter: Postmoderne. In: Borchmeyer, Dieter/Žmegač, Viktor (Hgg.): Moderne Literatur in Grundbegriffen. 2., neu bearbeitete Auflage. Tübingen: Max Niemeyer, 1994, S. 347–360., S. 356.

– Spiel wird, „zum imaginären Museum, zum Babel der Zitate, zum permanenten ‚pla(y)giarism'"[243].

An dieser Stelle sollen keineswegs postmoderne Charakteristika oder Bewegungen im Detail nachvollzogen werden, da für die Beschäftigung mit den Autoren Döblin, Lavant und Dürrenmatt zunächst eine Analyse des übergreifend modernen Literaturverständnisses, wie in einigen Einzeluntersuchungen nachgewiesen wurde, grundlegend ist.[244] Für das Interesse dieser Arbeit steht lediglich die Einsicht in die Schwierigkeit einer genauen Epochenzuordnung und die These, moderne Epochen nicht allein durch historische Daten, Stilmittel oder mehr oder minder willkürlich angelegte Kriterien statisch einzuteilen, sondern gemäß der Arbeitsweise der literarischen Anthropologie nach den Bedingungen zu fragen, welche die Repräsentationsweisen der Selbst- und Fremdwahrnehmung von Menschen in literarischen Texten hervorbringen. Ausgehend von den Untersuchungsparametern der Zeit, des sozialen Umfeldes des Menschen sowie vor allem der philosophischen und religiös-theologischen Strömungen sollen einige grundlegende Eigenheiten der Moderne[245] beschrieben werden, die mal mehr und mal weniger in Texten literarisch Ausdruck finden und so im Hintergrund einer Analyse stehen. Die Bestimmung der „Moderne" – ein Begriff, der mit Schnädelbach ohnehin nicht als „*Singular*" zu verstehen ist,[246] – erfolgt daher vor allem anhand der zeitbedingten anthropologischen und religiösen Verunsicherung und den – so die These – daraus bedingten ästhetischen Prinzipien und literarischen Darstellungstechniken.

2. „Er hatte NICHTS." – Die anthropologische Situation des modernen Menschen

2.1. „[H]ienieden keine Wahrheit" – Moderne Verunsicherungen

„[D]ie Welt, die er hatte nutzen wollen", so der am Tod eines unschuldigen Kindes verzweifelnde Lenz in Büchners gleichnamiger Novelle um

[243] Ebd., S. 352. Borchmeyer greift mit dem Begriff „pla(y)giarism auf ein Wortspiel des Romanciers R. Federmann („Take it or Leave It", 1976) zurück.

[244] Zu diesem Zweck sei ebenfalls auf Einzelstudien verwiesen. Hoock stellt beispielsweise fest, dass „Döblins erzählerisches und essayistisches Werk [...] deutlich der Moderne zuzurechnen [ist]." Hoock: Modernität als Paradox, S. 295.

[245] Der Ort sowie das konkrete soziale und ökonomische Umfeld können, wie oben schon erläutert, an dieser Stelle nicht verallgemeinernd behandelt werden.

[246] Schnädelbach, Herbert: Gescheiterte Moderne? (1989). In: Ders (Hg.): Zur Rehabilitierung des animal rationale. Vorträge und Abhandlungen; 2. Frankfurt am Main: Suhrkamp, 1992, S. 431–447, hier S. 438.

1838, „hatte einen ungeheuren Riss, er hatte keinen Hass, keine Liebe, keine Hoffnung, eine schreckliche Leere und doch eine folternde Unruhe, sie auszufüllen. Er hatte NICHTS."[247] Das Nichts als Negation jeglicher Sicherheit und als Zweifeln an aller Erkenntnissicherheit auch im Diesseits steht hier sinnbildlich für die immer radikalere Destruktion der traditionellen Metaphysik in der Moderne. Sukzessive wird die abendländische, „onto-theologische"[248] Erkenntnistheorie in Frage gestellt, nach welcher Gott als Inbegriff des Seins und der Wahrheit die Existenz und Erkennbarkeit der Welt garantierte und Erkenntnis als Annäherung des Verstandes an die Dinge verstanden wurde gemäß der thomistischen Formel für den mittelalterlichen Wahrheitsbegriff: *adaequatio rei et intellectus.*[249]

In der Frühmoderne wird die Erkenntnisfähigkeit hingegen auf den Menschen hin zentriert und so von einer Perspektivierung der Erkenntnis ausgegangen. Bereits am Beginn der Neuzeit unterwirft so René Descartes mit seinem methodischen Zweifel die Wahrheit der Sinneserkenntnis einer radikalen Skepsis und lässt als einziges sicheres Fundament des Wissens das intuitiv entdeckte eigentliche Ich gelten (*Cogito, ergo sum.*). Descartes schließt zwar wieder auf die tragende Realität Gottes, da der Mensch in seinen Gedanken die Vorstellung eines vollkommenen Wesens bildet und diesem, wie beim ontologischen Argument des Gottesbeweises von Anselm von Canterbury, aufgrund seiner Vollkommenheit auch reale Existenz zukomme, doch begründet er durch diesen Akt der Selbstermächtigung und Selbstgewissheit des denkenden-vorstellenden Verstandes als Subjekt aller Erkenntnis die frühmoderne Philosophie und den modernen Rationalismus.[250]

Der von Bubner als „Zerstörer der Metaphysik"[251] bezeichnete Immanuel Kant erachtet metaphysische Fragestellungen zwar als „durch die Natur der Vernunft selbst aufgegeben", doch „übersteigen" sie in ihrer bisherigen

---

[247] Büchner, Georg: Lenz. Stuttgart, Reclam, 2002, 29.

[248] Vietta: Die literarische Moderne, S. 132: „Die Lehre vom Seienden (Ontologie) gipfelte in einer Lehre vom höchsten Seienden (Theologie)."

[249] Thomas von Aquin: Quaestiones disputatae de veritate. Q. 1, a.1. In: Thomas von Aquin/ Gelber, L. (Hg.)/Stein, Edith (Übers.): Des Hl. Thomas von Aquino Untersuchungen über die Wahrheit. Freiburg: Herder, 1952, S.11. Vgl. Vietta: Die literarische Moderne, S. 132.

[250] René Descartes : *Meditationes de prima philosophia.* Paris 1641. In: Descartes, René/Wohlers, Christian (Hg. u. Übers.): Meditationes de prima philosophia. Lateinisch-Deutsch. Hamburg: Felix Meiner, 2008. (Philosophische Bibliothek; 597) Descartes beginnt darin mit einem universalen Zweifel (Erste Meditation: De iis quae dubium revocari possunt, S.32 ff.), den er im Folgenden auch explizit als metaphysisch beschreibt (*Metaphysica dubitandi ratio*) und der alle bisherigen Formen des Wissens in Frage stellt. (Vgl. Dritte Meditation: De Deo, quod existat, insbesondere S. 72.). Vgl. auch Vietta: Die literarische Moderne, S. 23.

[251] Bubner, Rüdiger: Metaphysik und Erfahrung. Göttingen: Vandenhoeck & Ruprecht, 1991. (Neue Hefte für Philosophie; 30/31), S. 6.

Form „alles Vermögen der menschlichen Vernunft“[252]. Statt wie die traditionelle Metaphysik „absolute philosophische Wahrheiten über das Sein auszusprechen“[253], kann nach Kant mit der naturwissenschaftlichen Vernunft zunächst nur das gewusst werden, was auch selbst erkannt werden kann,[254] weshalb jedes Wissen so interpretationskritischem, perspektivischem Denken entspringe.[255] „Wahrheit wird danach nicht in Sätzen über das Sein selbst, sondern in Perspektiven gefunden, in welchen und durch welche das Sein interpretiert wird.“[256] Die Lektüre Kants stürzt Heinrich von Kleist so beispielsweise in eine tiefe Erkenntniskrise,[257] die ihn zur Schlussfolgerung kommen lässt, „daß hienieden keine Wahrheit zu finden ist“[258]. In einem Brief an seine Verlobte Willhelmine Zenge berichtet Kleist am 22. März 1801 von diesem Gedanken, der ihn so „schmerzhaft erschütter [te]“[259] und illustriert die Tätigkeit des Verstandes mit einem Bild:

> „Wenn alle Menschen statt der Augen grüne Gläser hätten, so würden sie urteilen müssen, die Gegenstände, welche sie dadurch erblicken, sind grün – und nie würden sie entscheiden können, ob ihr Auge ihnen die Dinge zeigt, wie sie sind, oder ob es nicht etwas zu ihnen hinzutut, was nicht ihnen, sondern dem Auge gehört. So ist es mit dem Verstande. Wir können nicht entscheiden, ob das, was wir Wahrheit nennen, wahrhaft Wahrheit ist, oder ob es uns nur so scheint.“[260]

Wenn das Vertrauen auf die Vernunft gebrochen ist und an einen allmächtigen Gott als tragender Sinn-Garant nicht mehr geglaubt werden kann – ebenfalls ein entscheidendes Merkmal der Moderne, auf welches später

[252] Kant, Immanuel: Kritik der reinen Vernunft, A VII. In: Kant, Immanuel/Mohr, Georg (Hg.): Immanuel Kant: Theoretische Philosophie. Texte und Kommentar. Bd. 1. Frankfurt am Main: Suhrkamp, 2004. (Suhrkamp Taschenbuch Wissenschaft; 1518), S. 11.

[253] Kaulbach, Friedrich: Philosophie des Perspektivismus. Bd. 1: Wahrheit und Perspektive bei Kant, Hegel und Nietzsche. Tübingen: Mohr, 1990, S. 211.

[254] Vgl. auch Hoock: Modernität als Paradox, S. 40.

[255] Vgl. Kaulbach: Philosophie des Perspektivismus, S. 211.

[256] Ebd., S. 212.

[257] Der Begriff Kleists „Kantkrise“ ist in der Kleist-Forschung jedoch umstritten, da beispielsweise deutlich gemacht wird, dass Kleists Kant Lektüre nicht der alleinige Grund seiner persönlichen Krise sei, sondern der Lektüre Kants „eher die Bedeutung eines sich längst anbahnenden, von Kants Philosophie nicht verursachten, sondern nur noch gedeckten Durchbruchs“ zukomme. Siehe Schmidt, Jochen: Heinrich von Kleist: Studien zu seiner poetischen Verfahrensweise. Tübingen: Max Niemeyer, 1974, S. 4.

[258] Kleist, Heinrich von: Brief an Wilhelmine von Zenge, 22. März 1801. In: Kleist, Heinrich von/Sembdner, Helmut: Sämtliche Werke und Briefe. Bd. 2. München: Carl Hanser, 1952, S. 647–653, hier S. 652.

[259] Kleist, Heinrich von: Brief an Wilhelmine von Zenge, 22. März 1801, ebd., S. 651.

[260] Kleist, Heinrich von: Brief an Wilhelmine von Zenge, 22. März 1801, ebd., S. 651.

noch ausführlich eingegangen wird –, so bleibt nur noch das „Nichts" Büchners, eine unbeschreibliche Leere.

Friedrich Nietzsche konfrontiert schließlich die Philosophie mit eben dieser Erfahrung des Nihilismus und bestreitet wie Kant den Anspruch der dogmatischen Metaphysik auf absolute Seinswahrheit, jedoch ohne wie Kant transzendental eine beständige und zweifelsfreie Erkenntnisbasis für eine auf möglichen Erfahrungen basierenden Metaphysik zu schaffen.[261] Alle philosophischen und religiösen Wahrheiten, alle Werte und Sinndeutungen erweisen sich für Nietzsche als nichtig, denn es ist schließlich immer der Mensch, der diese Sinndeutungen produziert, wie sie seinen jeweiligen Interessen entsprechen. Durch „Gleichsetzen des Nicht-Gleichen"[262] werden laut Nietzsche verbindliche Begriffe zur Bezeichnung von Dingen erfunden, weswegen sprachlich repräsentiert Wahrheit rein „anthropomorphisch", keineswegs aber „wahr an sich"[263] sei. Das Problem bestehe darin, dass „die originalen Anschauungsmetaphern [nicht länger] als Metaphern" sondern „als die Dinge selbst" verstanden werden, was den Menschen zwar ermöglicht, „mit einiger Ruhe, Sicherheit und Consequenz" zu leben,[264] da sie glauben, die wahre Welt zu erkennen, jedoch sich so „ewig Illusionen für Wahrheiten einhandeln"[265] müssen:

> „Was ist also Wahrheit? Ein bewegliches Heer von Metaphern, Metonymien, Anthropomorphismen kurz eine Summe von menschlichen Relationen, die, poetisch und rhetorisch gesteigert, übertragen, geschmückt wurden, und die nach langem Gebrauche einem Volke fest, canonisch und verbindlich dünken: die Wahrheiten sind Illusionen, von denen man vergessen hat, dass sie welche sind […]."[266]

Folglich kann keine Tatsache, kein Faktum rein „an sich" erfasst werden, sondern alles kann lediglich perspektivisch interpretiert werden: „gerade Thatsachen giebt es nicht, nur Interpretationen"[267]. Auch wenn Nietzsche so schließlich selbst mit dem Wahrheitsanspruch auftritt, die Wahrheit über die Wahrheit aufzudecken, wird dennoch der Gedanke deutlich, dass Sprache keinen adäquaten Bezug zur Wirklichkeit mehr zweifelsfrei her-

[261] Vgl. Hoock: Modernität als Paradox, S. 51.
[262] Nietzsche: Ueber Wahrheit und Lüge im aussermoralischen Sinne. KGW III, 2, S. 374.
[263] Ebd., S. 377.
[264] Ebd.
[265] Ebd., S. 372.
[266] Ebd., S. 374 f.
[267] Nietzsche: Nachgelassene Fragmente Ende 1886-Frühjahr 1887. KGW VIII, 1, S. , 7 (60), S. 323. (Vgl. auch Hoock: Modernität als Paradox, S. 54)

stellen kann. Die konsequente Folge der Metaphysikkritik ist somit die Problematisierung des Sprachgebrauchs, weswegen gern von einer Sprachkrise um die Jahrhundertwende gesprochen wird. Ein berühmtes und wohl ohne Kenntnis von Nietzsches sprachkritischem Essay *Wahrheit und Lüge* entstandenes literarisches Dokument der Sprachkrise zu Beginn der Moderne ist Hugo von Hofmannsthals *Brief des Lord Chandos* (1902), worin das sprachkritische Denken bis zur Pathographie eines Autors gesteigert wird: Infolge seiner sprachkritischen Einsicht verliert der Autor schließlich die Fähigkeit zum Schreiben.[268] Jedes sprachlich artikulierte Urteil und jedes scheinbare Fundament, welches den Begriffen Sinn und Bedeutung geben solle, ist ihm „so unbeweisbar, so lügenhaft, so löchrig wie nur möglich“[269], die Wörter zerfallen Chandos „im Munde wie modrige Pilze“[270].

Doch nicht nur das Erkenntnisvermögen und die Wahrheitsansprüche werden, wie sie in der Sprachkrise ihre Konsequenz finden, starkem Zweifel unterzogen, auch die Rolle des Subjekts selbst wird in der Moderne hinterfragt. Während Fichte das Subjekt noch als absolute Tätigkeit, als Produktivität des sein eigenes Sein Setzens beschreibt,[271] so interpretiert Nietzsche

> „das Ich selber als eine Construktion des Denkens, von gleichem Range, wie ‚Stoff‘ ‚Ding‘ ‚Substanz‘ ‚Individuum‘ ‚Zweck‘ ‚Zahl‘: also nur als

[268] Vgl. Kiesel: Geschichte der literarischen Moderne, S. 188. Kiesel sieht im Brief des Lord Chandos aufgrund einer von Hofmannsthal formulierten ähnlichen Erfahrung ein „authentisches Dokument einer krisenhaften Erschwerung des Schaffens [...], in die Hofmannsthal [...] durch die Erkenntniskritik und die Sprachreflexion des 19. Jahrhunderts gebracht worden war. Interessant ist hier ebenso zu erwähnen, dass Hofmannsthal diesen Brief auf das Jahr 1603 datierte und ihn dem angeblichen Schüler Francis Bacons, Philipp Lord Chandos, zuschrieb und somit die Zeit der Inauguration des neuen Weltbildes (Francis Bacon) und die moderne Krisenzeit zusammenfallen ließ. (Francis Bacon hatte wesentlich dazu beigetragen, dass in der wissenschaftlichen Beschäftigung mit der Welt Empirie, Induktion und Experimente die bis dahin wissenschaftlichen Prinzipien der Spekulation und Deduktion ablösten.) Vgl. Kiesel: Geschichte der literarischen Moderne, S. 189 f.

[269] Hofmannsthal, Hugo von: Ein Brief. In: Hofmannsthal, Hugo von/Hirsch, Rudolf (Hg.): Sämtliche Werke: Kritische Ausgabe. Bd. 31. Erfundene Gespräche und Briefe. Frankfurt am Main: Fischer, 1991, S. 45–55., hier S. 49. Hugo von Hofmannsthal abstrahiert sogleich von einem konkreten Beispiel und urteilt allgemein: „Es zerfiel mir alles in Teile, die Teile wieder in Teile, und nichts mehr ließ sich mit einem Begriff umspannen.“ Ebd., S. 49.

[270] Ebd.

[271] „Das *Ich setzt sich selbst,* und es *ist*, vermöge dieses bloßen Setzens durch sich selbst; und umgekehrt: Das Ich *ist*, und es *setzt* sein Sein, vermöge seines bloßen Seins.“ Fichte beschreibt dieses Sich-Selbst-Setzen des Ichs als „reine Tätigkeit desselben.“ Fichte, Johann Gottlieb: Grundlage der gesamten Wissenschaftslehre: als Handschrift für seine Zuhörer (1794), Neudruck auf der Grundlage der zweiten, von Fritz Medicus herausgegebenen Auflage von 1922 mit einem Sachregister von Alwin Diemer. Hamburg: Felix Meiner, 1961. (Philosophische Bibliothek; 246), §1., insbesondere S. 16. (6c) (I, 96)

regulative Fiktion, mit deren Hülfe eine Art Beständigkeit, folglich ‚Erkennbarkeit' in eine Welt des Werdens hineingelegt, hineingedichtet wird."[272]

Der Mensch als Subjekt empfinde, wie Nietzsche es schon in der Struktur der Sprache und in der Grammatik von Subjekt und Prädikat aufgespürt hat, ein „neurotische[s] Bedürfnis, für das Werden Verantwortlichkeit aufzuspüren"[273] und sei es doch nicht mehr als eine bloße Fiktion.[274] Der Erkenntnisanspruch des Menschen und der Anspruch der traditionellen ontotheologischen Metaphysik, „die von der Antike bis zur Neuzeit stets das Eine als ‚ursprüngliche[n] Ort der Wahrheit' angesehen, ‚die Qualitäten des Seins als einer Ganzheit' beschrieben hat und damit Seinsgewißheit schlechthin verbürgte, steht nun prinzipiell zur Disposition"[275]. Das zunehmende Hinterfragen von Totalität, Wahrheit und Erkenntnismöglichkeit erübrigt die Frage nach dem einen, Sinn spendenden Grund und wirft die noch viel existentieller beunruhigendere Frage auf, wie es ohne ein letztes Fundament möglich sei, zu leben: Nicht „wohin wir unterwegs sind", steht zur Debatte, sondern vielmehr, wie „unter der Bedingung zu leben [ist], nirgendwohin unterwegs zu sein"[276].

2.2. Das „durchbohrende Gefühl seines Nichts" – Kränkungen des Menschen in der Moderne

Diese Frage wird umso bedrängender, vergegenwärtigt man sich neben der metaphysischen Verunsicherung auch die Erschütterungen, die neue naturwissenschaftliche Erkenntnisse wie die von Max Planck begründete Quantentheorie oder Albert Einsteins Relativitätstheorie zur Folge haben, wonach physikalisch scheinbar als gesichert geltende Größen und Beschreibungskategorien bei genauerer Beobachtung der Wirklichkeit für unzureichend erklärt wurden und der vermeintlich objektive Betrachter

[272] Nietzsche: Nachgelassene Fragmente Herbst 1884-Herbst 1885, KGW VII, 3, S. 248 [35].

[273] Vattimo, Gianni: Jenseits vom Subjekt: Nietzsche, Heidegger und die Hermeneutik. Graz: Böhlau, 1986. (Edition Passagen; 10), S. 43.

[274] Vgl. Nietzsche: Nachgelassene Fragmente Herbst 1887, KGW VIII,2, S. 47 [9 (91)]

[275] Hoock: Modernität als Paradox, S. 34. Hoock verweist an dieser Stelle auf Tilmann Borsche (Borsche, Tilmann: Das Eine und die Antwort. Nietzsches Kritik des mystischen Ursprungs der Metaphysik. In: Abel, Günter/Salaquarda, Jörg (Hgg.): Krisis der Metaphysik. Wolfgang Müller-Lauter zum 65. Geburtstag. Berlin/New York: de Gruyter, 1989. S. 13–33, hier S. 15) und Leszek Kolakwoski (Kolakowski, Leszek: Die Gegenwärtigkeit des Mythos. Aus dem Polnischen von Peter Lachmann. München: Piper, ^{2}1974, S. 13).

[276] Vattimo: Jenseits vom Subjekt, S. 17.

Auswirkungen auf den physikalischen Messprozess hat. In diesem Kontext muss auch der sich zunehmend einschleichende Zweifel an der Stellung des Menschen in der Welt und das daraus resultierende negative Selbstwertgefühl gesehen werden, was Sigmund Freud mit den „drei schwere[n] Kränkungen“[277] der Menschheit umschreibt. Als erste Kränkung nennt Freud die Marginalisierung der Erde und somit des Menschen beginnend mit der Theorie des heliozentrischen Weltbildes von Kopernikus. Infolge von Kopernikus astronomischer Forschung und Annahme, dass die Sonne im Mittelpunkt des Universums stehe, änderte dies nicht nur das Welt- sondern auch das Menschen- und Gottesbild.[278] Nietzsche sieht in dem Kopernikanischen Modell seine radikale Einsicht in die Bedeutungslosigkeit des Menschen begründet: „Seit Kopernikus scheint der Mensch auf eine schiefe Ebene gerathen – er rollt immer schneller nunmehr aus dem Mittelpunkt weg – wohin? in's Nichts? in's d u r c h b o h r e n d e Gefühl seines Nichts.“[279] Nach Darwins Evolutionstheorie und deren Einordnung des Menschen in die Evolutionsgeschichte scheint außerdem eine teleologische Interpretation der Welt obsolet und dem Menschen drohte jedes Schöpfungsrecht abgesprochen zu werden. Diese Linie der Re-Interpretation des Menschenbildes kulminiert schließlich in der dritten Kränkung, in der psychologischen Verunsicherung, die Sigmund Freuds Untersuchung *Traumdeutung* um 1900 auslöst, wonach, wie er es beschreibt „ein Teil von deinem eigenen Seelenleben sich deiner Kenntnis und der Herrschaft deines Willens“ entziehe und somit „d a s I c h n i c h t H e r r s e i i n s e i n e m e i g e n e n H a u s“[280]. Diese Entdeckung des Unbewussten im angeblich selbst bestimmenden, rational agierenden Individuum führt neben dem ökonomischen und gesellschaftlichen Wandel im Zuge der Industrialisierung und dem damit einhergehenden Wandel von der manuellen, handwerklichen Arbeit hin zur Massenproduktion mithilfe von Maschinen zu einem zunehmenden Gefühl der Entfremdung. Gerade in Großstädten, wobei sicherlich keine so scharfen Grenzen zu der lange als „vormodern“ charakterisierten und nostalgisch verklärten Provinz gezogen werden dürfen, wurden die Folgeerscheinungen der Industrialisierung – oft werden dabei Massenhaftigkeit, Rastlosigkeit, Anonymisierung, Pluralismus, Sittenverfall

[277] Freud, Sigmund/Freud, Anna (Hg.): Eine Schwierigkeit der Psychoanalyse. Gesammelte Werke. Bd. 12 (Werke aus den Jahren 1917–1920). Frankfurt am Main: S. Fischer, ^{3}1966, S. 6 f.

[278] Zahlreiche Belege hierzu bietet: Blumenberg, Hans: Die Genesis der kopernikanischen Welt. Frankfurt am Main: Suhrkamp, 1975.

[279] Nietzsche: Zur Genealogie der Moral. Dritte Abhandlung. KGW VI,2, S. 422 [25].

[280] Freud: Eine Schwierigkeit der Psychoanalyse, S. 10 bzw. S. 11. Die Sperrung ist vom Autor übernommen.

und Gottlosigkeit angeführt[281] – kritisch produktiv in literarischen Texten wie beispielsweise in der Großstadtlyrik zwischen 1900 und 1930 verarbeitet.

Neben diesen soziologisch beschreibbaren Veränderungen im Zuge der Industrialisierung, den Erschütterungen der geistesgeschichtlichen und naturwissenschaftlichen Entwicklungen ist es jedoch vor allem Nietzsches Metaphysikkritik, welche ein oberstes Prinzip und damit „einen einheitlichen und verlässlichen Interpretationshorizont für Welt und Ich" grundsätzlich in Frage stellte und so „die epistemische und ontologische Daseinssicherheit des Menschen tief erschüttert hat"[282]. Der allem Halt gebende Ordo-Zusammenhang des Mittelalters, dessen man sich affirmativ bewusst werden konnte, zerbricht in der Moderne. „[A]us der Totalität transzendent(al)er Eingebundenheit entlassen tritt das Subjekt – ebenso wie die von ihm wahrgenommene Wirklichkeit – in seiner ganzen Relativität und Kontingenz zutage."[283] Es gibt keine offensichtlichen letzten Wahrheiten, keinen verbindlichen Wertekanon mehr, die Moderne ist, wie Herbert Schnädelbach später formuliert, dadurch geprägt, dass sie plural und dezentriert ist, das heißt, dass kein kulturelles Teilsystem mehr beanspruchen kann, andere zu dominieren. Was Friedrich Nietzsche in seiner „Wahrheitskritik" implizit schon angedacht hat, bringt Schnädelbach nun mit dem Schlagwort der „vollständigen Reflexivität" der modernen Kulturen auf den Begriff: Man wird sich bewusst, dass das naturreligiöse oder das offenbarungsreligiöse Jenseits der Kultur sowie die daraus abgeleiteten Vorstellungen und Normen selbst wiederum ein kulturelles Produkt des Menschen sind und somit kontingent. „Die Moderne sieht sich, ohne Möglichkeit der Ausflucht, auf sich selbst verwiesen"[284] und muss folglich „ihre Normativität aus sich selber schöpfen"[285]. Schnädelbach macht dieses Denken der Moderne bereits an Kant fest:

> „Kant ist der Philosoph der Moderne, weil in seinem Denken die vollständige Reflexivität der Kultur zum erstenmal begrifflich Gestalt annimmt. Greifbar ist dies zunächst in dem halsbrecherischen Versuch einer Selbstkritik der Vernunft, in der sie Angeklagter, Ankläger, Richter und Gesetzbuch zugleich ist – alles in einer Person. Das Ergebnis lautet: Die Verbindungen zwischen der Vernunft und dem Absoluten haben sich als Illusionen erwiesen; die Vorstellung, das Denken setze uns in eine Beziehung zum intelligiblen

[281] Vgl. Kiesel: Geschichte der literarischen Moderne, S. 55.
[282] Hoock: Modernität als Paradox, S. 15.
[283] Ebd., S. 16.
[284] Habermas: Der philosophische Diskurs der Moderne, S. 16.
[285] Ebd.

Zentrum der Welt, in dessen Perspektive wir dann das Vorhandene und uns selbst erkennen und verstehen können, ist ein endgültig ausgeträumter intellektueller Traum. Beim Erwachen sieht sich die Vernunft mit ihrer Endlichkeit und Profanität aber auch mit dem Problem ihrer inneren Einheit konfrontiert."[286]

Was Jürgen Habermas und Herbert Schnädelbach Ende des 20. und Anfang des 21. Jahrhunderts formulieren, wurde in der Zeit um 1900 bereits geahnt, jedoch herrschte trotz der großen Pluralität und fehlenden Zentralperspektive ein „elementarer Einheitswunsch", der „die melancholische Beschreibung der ganzheitslosen Realität"[287] zur Folge hat. Doch ist dieser Einheitswunsch so stark, dass auch auf vielfältige Weise der Versuch unternommen wird, die Verunsicherungen, die von einer so erfahrenen und durchdachten Wirklichkeit ausgehen und die das Leben noch massiv gefährden, durch neue Totalitätsentwürfe zu kompensieren.[288]

Literatur der Moderne soll folglich nicht mithilfe von kontrovers zu diskutierenden historischen Daten definiert werden, sondern im Anschluss an Birgit Hoock als „Wendepunkt neuzeitlichen Denkens, an welchem die herkömmlichen Einheits- und Ganzheitsvorstellungen obsolet geworden sind, ohne daß bereits eine (postmoderne) Akzeptanz der daraus resultierenden Pluralität und Kontingenz festzustellen wäre."[289] Die Postmoderne, will man diese überhaupt als solche bezeichnen, ist demnach von der Moderne dadurch abzugrenzen, dass sie der Pluralität und Verabschiedung restriktiver Einheitsperspektiven zustimmen kann.[290]

2.3. Utopie, Fragment und Autonomie – Aspekte des Literatur-Verständnisses in der Moderne

In der Moderne hingegen sehen sich gerade Literaten angesichts dieser Situation in der Verantwortung, gegen die auftretenden Orientierungsdefizite anzuschreiben und diesen mit ästhetischen und weltanschaulich-religiösen Konzepten entgegenzutreten.[291] Somit artikuliert sich die – wenn man den Begriff so verwenden will – literarische Moderne als „*kritische* Gegenstimme gegen die Einseitigkeit der rationalistisch-technisch-ökono-

[286] Schnädelbach: Kant – der Philosoph der Moderne, S. 11.
[287] Welsch: Unsere postmoderne Moderne, S. 175.
[288] Vgl. Hoock: Modernität als Paradox, S. 30.
[289] Ebd., S. 32.
[290] Vgl. Borchmeyer: Postmoderne, S. 355.
[291] Vgl. Hoock: Modernität als Paradox, S. 32.

mischen Moderne"[292] und entwirft im Bereich der Anthropologie, Religion und Poetik oft Gegenwelten. Der These einer prinzipiellen Differenz zwischen zwei Arten von Moderne, der rationalistisch-technisch-ökonomischen und der literarischen und ästhetischen, widerspricht Claudia Klinger im Handbuch der ästhetischen Grundbegriffe jedoch deutlich, da Kunst nicht schlechthin außerhalb der Gesellschaft stehe, sondern von dieser vielmehr als jenseits ihrer selbst imaginiert sowie positioniert werde.[293] Es liegt „an der in gewissem Sinne paradoxen Struktur der modernen Gesellschaft, daß diese einer Position jenseits ihrer selbst bedarf"[294]. Die Moderne braucht in sich Bewegungen, die „Protest gegen die moderne Rationalität" äußern, „wenn sie nicht", wie Peter Bürger schreibt, „an sich selber zugrunde gehen will"[295]. „Aufgrund der paradoxen Funktionalität des Nicht-Funktionalen" – Roland Barthes spricht hier von der Nützlichkeit des Nutzlosen[296] – „rückt die Kunst in eine Art säkulare Transzendenz und somit strukturell an die Stelle, an der traditionell Religion stand."[297] Max Horkheimer verwendet hierfür den Begriff der Utopie: „Seitdem sie autonom wurde, hat Kunst die Utopie bewahrt, die aus der Religion entwich."[298] Durch dieses „utopische[] Potential"[299] vermag die Literatur mit ästhetischen Mitteln Alternativen zur rationalistischen Moderne zu gestalten und entwirft so eine „hypothetisch mögliche[], d.h. unter Setzung bestimmter Axiome denkbare[]/vorstellbare[] Welt […], entworfen in räumlicher oder zeitlicher Projektion als Gegenbild (Negation) zu den explizit oder implizit kritisierten gesellschaftlichen Mißständen der jeweiligen Zeit."[300] Aufgrund dieser „utopischen" Funktion von Literatur ist auch ersichtlich, dass Kunst gerade in der Moderne notwendig ist. Aufgrund der selbstreflexiven Einsicht in das kontingente Entstehen der Gesellschaft und dem Verlust der

[292] Vietta: Die literarische Moderne, S. 28.

[293] Vgl. Klinger, Cornelia: Modern/Moderne/Modernismus. In: Barck, Kalrheinz [u.a.] (Hg.): Ästhetische Grundbegriffe: historisches Wörterbuch in sieben Bänden. Bd. 4. Stuttgart; Weimar: Metzler, 2002, S. 121–167, hier S. 157.

[294] Vgl. Ebd., S. 158.

[295] Bürger, Peter: Prosa der Moderne. Unter Mitarbeit von Christa Bürger. Frankfurt am Main: Suhrkamp, 1988, S. 17.

[296] Vgl. „C'est l'inutilité même du texte, qui est utile […]." Barthes, Roland: Le plaisir du texte. Paris: Édition du Seuil, 1973. (Collection „Tel Quel"), S. 40.

[297] Klinger: Modern/Moderne/Modernismus, S. 158.

[298] Horkheimer, Max: Neue Kunst und Massenkultur (1941). In: Horkheimer, Max/Schmidt, Alfred/Schmid, Noerr, Gunzelin (Hgg.): Gesammelte Schriften (1936–1941). Bd. 4. Frankfurt am Main: S. Fischer, 1988, S. 419–438, hier S. 421.

[299] Vietta: Die literarische Moderne, S. 47.

[300] Mähl, Hans-Joachim: Philosophischer Chiliasmus. Zur Utopiereflexion bei den Frühromantikern. In: Vietta, Silvio (Hg.): Die literarische Frühromantik. Göttingen: Vandenhoeck & Ruprecht, 1983, S. 149–179. (Kleine Vandenhoeck-Reihe; 1488), hier S. 150.

Zentralperspektive erscheint die Konzeption eines transzendentalen Verankerungs- und Zielpunktes prinzipiell unmöglich. Nach wie vor sieht sich die moderne Gesellschaft aber vor die Aufgabe gestellt, ihre Einheit und ihren Zusammenhang dennoch vorstellbar zu machen, das heißt sich als Totalität zu repräsentieren und über die gegenwärtigen Verhältnisse hinauszudenken, indem sie rückwärtsgewandt ihre Gemeinschaft in einem Ursprung verankert und zugleich auch eine Zukunft entwirft.[301] Die durch Erkenntnis-, Wahrheits- und Religionskritik verlorene Transzendenz muss somit durch eine dem Funktionszusammenhang der modernen Gesellschaft entzogene Gegenwelt substituiert werden, wie dies vor allem Literatur und Kunst mit ihrem utopischen Potential können.

Peter Bürger macht auf einen weiteren Grund aufmerksam, warum die moderne Gesellschaft Gegenwelten benötigt, indem er das Bewusstsein der Freiheit als das eigentliche Selbstbewusstsein des auf sich gestellten Individuums in der Moderne beschreibt.[302] Nachdem diese Freiheit in der Aufklärung vor allem in Auseinandersetzung und Emanzipation von jenseitigen Schicksalsmächten errungen wurde und der Mensch sich fortan als ein frei handelndes Subjekt denkt,[303] gestaltet sich die konkrete, erfahrene Wirklichkeit jedoch als ganz anders. Der Mensch, der gestaltend in die Welt eingreifen will, macht die Erfahrung, dass die Welt schon als fertige vorhanden ist. Der Mensch erlebt sich in vielem gerade nicht als frei, sondern als abhängig von einem Geschehen, das ökonomisch, politisch und gesellschaftlich genau bestimmt ist. Er sieht sich konfrontiert mit einer von Menschen gemachten Geschichte, die ihm erneut als etwas Schicksalhaftes entgegentritt, über das er keinerlei Gewalt zu haben scheint.[304] Der formalen Freiheit steht so die materielle Bedingtheit gegenüber. „Aus dieser Erfahrung entsteht das moderne Bedürfnis nach Kunst."[305] Auf der Suche nach einem sinnstiftenden Grund und in oft kritischem Gegenentwurf zur rationalistischen Moderne wird „in dem Maße, wie die Geschichte sich ihm [dem Menschen] als Feld möglicher Sinnerfahrungen entzieht, die Kunst zum Ort einer imaginären Selbstverwirklichung."[306] Die Kunst ist eine Sphäre, in der die Subjektivität des Individuums tatsächlich die Resultate seines Handelns vollständig bestimmt.[307] Im freien Spiel und der kreativ

[301] Vgl. Klinger: Modern/Moderne/Modernismus, S. 158.
[302] Vgl. Bürger: Prosa der Moderne, S. 448.
[303] Der Naturalismus findet hingegen hierzu eine andere Antwort: Der Mensch ist gerade nicht der frei denkende und handelnde, sondern er ist determiniert durch das Milieu, sein Erbgut etc. Die Freiheit wird also gerade wieder negiert.
[304] Vgl. Bürger: Prosa der Moderne, S. 448.
[305] Ebd.
[306] Ebd.
[307] Vgl. Ebd., S. 447.

kombinatorischen Anordnung der Wörter, Motive und Themen jagt das Subjekt der eigenen Verwirklichung nach, merkt allerdings zugleich, dass diese literarische Utopie an der Erfahrung des Subjekts mit der Welt scheitert. Darin besteht die Aporie der modernen Kunst: die autonome Sphäre der Kunst, die Absonderung von der theoretisch-wissenschaftlich-rationalen Welt ist „zugleich Bedingung ihrer Möglichkeit und Negation ihres Wahrheitsanspruchs“[308], denn diese „Abtrennung von der Lebenspraxis, dere[r] sie bedarf, ist zugleich das Falsche, das dem Wahrheitsanspruch der Kunst widerstreitet“[309].

Insbesondere die Vorstellung, dass ein Kunstwerk so das Absolute darstellen kann, bricht zusammen. Das Fragmentarische wird daher zum Entscheidenden. Es beansprucht keinerlei Zentralperspektive mehr, zeigt das Unfertige, auf Zukunft Bezogene, die Utopie, und weist allein auch durch seine Form darauf hin, dass alles, was geschaffen wird, fragmentarischen Charakters ist. Und dennoch besteht in der Moderne der zentrale Wunsch nach Einheit: Komplementär zur funktionalen Differenzierung, Pluralisierung und Fragmentierung soll das Subjekt als Instanz der Zentrierung und Einheitsstiftung fungieren.[310] Die Notwendigkeit der Kunst in der modernen Kultur zeigt sich demnach auch darin, dass der Künstler für solch eine Zentrierungsleistung als besonders fähig erachtet wird, wird er doch „als besonders bewußt und sensibel gegenüber dem ‚Weltriss‘[311] angesehen, der die transzendental verbürgte Einheit des Seins zerstört hat, und [...] für fähig gehalten, aus der Tiefe seiner exzeptionellen Subjektivität heraus einen Weg zur Heilung des Weltrisses zu weisen“[312]. Die Voraussetzung dafür, dass der Künstler „einen mehr als nur subjektiven Sinn finden, eine mehr als nur subjektive Einheit stiften“[313] kann, sieht Klinger in dem Autonomie- und Authentizitätsanspruch des Künstlers, womit neben Autonomie und Authentizität mit dem Begriff der Alterität die „ästhetische Ideologie der Moderne“ umrissen wäre.[314]

Eine spezifisch moderne Errungenschaft ist dabei die Autonomie der Kunst, die Unabhängigkeit gegenüber jeder Art von äußerer Einflussnahme auf die Kunst, sei es auf den Künstler, der sich in der Moderne frei über Normen und Konventionen hinwegsetzen kann und frei von Anforderun-

[308] Ebd., S. 450.

[309] Ebd.

[310] Vgl.: Klinger: Modern/Moderne/Modernismus, S. 154.

[311] Der Begriff „Weltriß“ ist geprägt von Heinrich Heine, der in seinen Reisebildern (Kapitel IV) die Zerrissenheit der gesamten Welt beklagt.

[312] Klinger: Modern/Moderne/Modernismus, S. 155.

[313] Ebd.

[314] Vgl. ebd., S. 150.

gen ideologischer, politischer oder religiöser Art, oder auf den Rezipienten, der eine eigene ästhetische Erfahrung mit dem Kunstwerk machen kann oder sei es hinsichtlich des Kunstwerks selbst. Moderne Kunst ist zweckfreie Kunst, es besteht keine moralisch-didaktische Verpflichtung, wie es beispielsweise das Jahrhunderte lang Orientierung gebende Prinzip *prodesse et delectare* artikuliert, es besteht kein Zwang mehr zur Verschönerung einer äußeren Wirklichkeit. Im Gegenteil: Die Wirklichkeit und die Selbstauslegung der menschlichen Situation darf unverklärt gezeigt werden. Die Authentizität der Kunst entsteht ja gerade durch die subjektiv wahrgenommene Wirklichkeit, durch das unmittelbare Erleben, welches in der Kunst dann in ästhetisch verarbeiteter Form seinen Ausdruck findet. Diese ästhetische Verarbeitung bedingt die Alterität, die Fremdheit der Kunst. „Fremdheit zur Welt ist ein Moment der Kunst."[315] Kunst eröffnet eine Zwischenwelt, sie transzendiert und transferiert alltägliche Gegebenheiten und Erfahrungen und ermöglicht so eine produktive Distanz zur Wirklichkeit.

Doch bevor die Frage erörtert wird, mit welchen literarisch-ästhetischen Mitteln eine solche Distanz in der modernen Literatur möglich wird und wie generell moderne Weltansichten das Kunstverständnis und die literarischen Darstellungstechniken prägen, soll zunächst der festgestellte Verlust der Zentralperspektive nicht nur von philosophisch-anthropologischer Perspektive beleuchtet werden, sondern – da gerade eine Einbindung in die religiös-theologische Vorstellung einer durch eine bestimmte Ordnung geschaffenen Schöpfung diesen Gedanken förderte – gezielt auf die religiöse Situation in der Moderne eingegangen werden.

3. Religiöses in der Moderne – Literarische Auseinandersetzungen mit einem fragwürdig gewordenen Gott

3.1. Geschichtliche Einordnung des religiösen Diskurses in der Moderne

„[... D]u hast alles nach Maß, Zahl und Gewicht geordnet" (Weish 11, 21). Über lange Jahrhunderte hinweg war der christliche Glaube und die Vorstellung eines wohlbestimmten ordo-Zusammenhanges, nach welchem Gott alles geschaffen hat, „das unbestritten-selbstverständliche Vorzeichen für alle Lebensbereiche, die integrierende und zumindest dem Anspruch

[315] Adorno, Theodor W. / Adorno, Gretel (Hg.) / Tiedemann, Rolf (Hg.): Ästhetische Theorie. Gesammelte Schriften Bd. 7. Frankfurt am Main: Suhrkamp, 1970, S. 274.

nach bestimmende Klammer für Gesellschaft und Kultur"[316]. Die vor allem mit der Aufklärung einsetzenden Säkularisierungsprozesse führten spätestens in der Moderne zur überwiegenden Ablösung der menschlichen Weltvorstellungen, Sinnkonzeptionen und Handlungsnormen von religiösen und/oder respektive konfessionell-kirchlich bestimmten Vorgaben. Folglich ergaben sich vielerlei Spannungen zwischen der Moderne mit ihren Vertretern säkularer und autonomer Denkpositionen und der Religion sowie deren kirchlichen Vertretern. Konfessionell sind hierbei Unterschiede auszumachen. Während viele intellektuelle Denker und Autoren aus protestantischem Milieu entstammen, wie der protestantische Pfarrersohn Gottfried Benn 1934 nicht ohne Stolz in seinem Essay *Das deutsche Pfarrhaus* bemerkte,[317] und somit Wesentliches zur Modernisierung der deutschen Literatur beitrugen – man denke nur an namhafte Autoren wie Gottsched, Lessing, Wieland, Lenz, Jean Paul, die Brüder Schlegel, Nietzsche und Benn selbst – verschärften sich die Spannungen zwischen dem modernen Bewusstsein und dem Katholizismus bis zu Beginn des 20. Jahrhunderts durch dezidiert anti-modernistische Verlautbarungen des Heiligen Stuhls zunehmend:[318] Um die in den Augen der Kirche als Irrtümer zu verstehenden Prinzipien der Moderne, wie beispielsweise Rationalismus, Liberalismus, Volkssouveränität, Glaubens- und Kultfreiheit, Säkularisierung etc., zurückzuweisen, erließ Papst Pius IX 1864 den später als „Syllabus errorum modernorum" bezeichneten *Syllabus complectens praecipuos nostrae aetatis errores.* Knapp 40 Jahre später erschien ein neuer *Index librorum prohibitorum*, welcher erst 1965 nach dem Zweiten Vatikanischen Konzil endgültig abgeschafft wurde. Gleichzeitig kam jedoch europaweit eine Gegenbewegung auf, der es um die Versöhnung von Katholizismus und Moderne ging und dieses nicht zuletzt durch eine neue katholische Literatur zu bewerkstelligen versuchte.[319] Doch diese katholische Literatur wurde ästhetisch kaum akzeptiert und rezipiert, da sie als rückständig galt. Die intellektuelle literarische Diskussion verabschiedete sich mehr und mehr

[316] Vgl. Ruh, Ulrich: Literatur und Säkularisierungsprozess. In: Der Deutschunterricht 50 (1998), S. 7–13, S. 8.

[317] Vgl. Benn, Gottfried: Das deutsche Pfarrhaus. In: Benn, Gottfried/Schuster, Gerhard (Hg.): Sämtliche Werke. Bd. 4. Prosa: 2. (1933–1945). Stuttgart: Klett-Cotta, 1989, S. 113–116, hier S. 114. Benn beruft sich dabei auf den altkatholischen Essayisten Johann Friedrich von Schulte, der die bis 1900 erschienenen 1600 Biographien von berühmten deutschen Denkern untersuchte und herausgefunden habe, dass das evangelische Pfarrhaus über 50 Prozent der bedeutenden Geister hervorgebracht habe.

[318] Vgl. Kiesel: Geschichte der literarischen Moderne, S. 65–68.

[319] Als Beispiel könnte hierfür die 1903 von Carl Muth gegründete Zeitschrift *Hochland* angeführt werden.

von einem Glauben, christlich die Welt in ihrer Totalität und in ihrem letztgründenden Sinn erkennen zu können.

Auch den religiösen Diskurs betreffend haben Philosophen und Literaten längst das zentrale Problem der Moderne benannt: Der Mensch weiß, dass er derjenige ist, der die Welt eingerichtet hat. Das Prinzip des Sich-Vollständig-Reflexiv-Werdens von Kulturen findet etwa beim Religionskritiker Ludwig Feuerbach ein Beispiel, der den Gottesglauben damit erklärt, dass Gott eine projektive Vergegenständlichung des menschlichen Wesens durch den Menschen selbst sei. Die religiösen Selbstverständlichkeiten brechen somit für breite Bevölkerungsgruppen weg und in dem Augenblick, wo menschliches Leidempfinden nicht mehr in einer göttlichen Ordnung gerechtfertigt erscheint, „wird das Elend profan, und [das heißt] es ist schlechterdings nicht mehr zu rechtfertigen“[320]. Diese Verlusterfahrung und die daraus resultierenden Konsequenzen sind für eine Religiosität in der Moderne konstitutiv, deren grundlegende Kennzeichen im Folgenden näher erläutert werden.

3.2. „Christus! ist kein Gott?“– Religiöse Fragen und Anfragen im Spiegel literarischer Texte der Moderne

Charakteristisch für die Religiosität der literarischen Moderne ist zunächst die antikirchliche und undogmatische Form der Religiosität, die sich also keineswegs im Raum der institutionell organisierten Religion bewegt.[321] Das wird allein schon daran ersichtlich, dass die meisten kirchlichen Vertreter in literarischen Texten negativ konnotiert – in Kafkas Prozess erscheinen die Kirchendiener als „berufsmäßige Schleicher“[322] – oder durch ironisch-satirische Inszenierungen der Lächerlichkeit preisgegeben werden, wie beispielsweise der Geistliche in Friedrich Dürrenmatts *Der Besuch der alten Dame*[323]. Es gibt zwar auch die Konversion hin zum Katholizismus, wie wir sie von Alfred Döblin kennen, doch stellen solche Fälle eher Ausnahmen

[320] Bürger: Prosa der Moderne, S. 13.

[321] Vgl. Vietta: Die literarische Moderne, S. 115.

[322] Kafka, Franz: Der Proceß. Stuttgart: Reclam, 2007. (Reclams Universal-Bibliothek; 9676), S. 188.

[323] Der Pfarrer, eigentlich moralische Instanz, unterscheidet sich von seinen anderen Mitbürgern in Nichts, verrät er den Beschuldigten Ill doch ebenso, indem schon die neue Glocke, finanziert durch den zukünftigen Mord an der ehemals geschädigten und sich nun rächenden Claire Zachanassian, ertönt. Ill entgegnet hierauf nur ernüchtert: „Auch Sie, Pfarrer! Auch Sie!“, worauf der Pfarrer entgegnet: „Flieh! Wir sind schwach, Christen und Heiden. Flieh, die Glocke dröhnt in Güllen, die Glocke des Verrats. Flieh, führe uns nicht in Versuchung, indem du bleibst.“ Dürrenmatt: Besuch der alten Dame (WA 5, 75 f.)

dar, deren mögliche Beweggründe später noch zu erläutern sind. Durch die allgemein sich in der Moderne durchsetzende Erkenntniskritik erscheint ferner auch die rettende Vorstellung eines Jenseits unglaubwürdig, weshalb, wie bereits in der Utopie-Vorstellung angeklungen, das Diesseitige vor allem ab der Romantik eine Sakralisierung erfährt. In der Literatur Anfang des 20. Jahrhunderts scheint die Vorstellung eines Glaubens an ein Jenseits als Option noch präsent zu sein, doch diese synthetische Verbindung des Diesseits und Jenseits wird als unmöglich wahrgenommen, weshalb in Kafkas Texten die Dimension des Religiösen vielmehr als ein „unerlöstes Zerissensein zwischen zwei Welten“[324] hervortritt:

> „Er ist ein freier und gesicherter Bürger der Erde, denn er ist an eine Kette gelegt, die lang genug ist, um ihm alle irdischen Räume freizugeben, und doch nur so lang, daß nichts ihn über die Grenzen der Erde reißen kann. Gleichzeitig aber ist er auch ein freier und gesicherter Bürger des Himmels, denn er ist auch an eine ähnlich berechnete Himmelskette gelegt. Will er nun auf die Erde, drosselt ihn das Halsband des Himmels, will er in den Himmel, jenes der Erde. Und trotzdem hat er alle Möglichkeiten und fühlt es, ja er weigert sich sogar, das Ganze auf einen Fehler bei der ersten Fesselung zurückzuführen.[325]

Diese von Kafka mit dem Bild der zwei Ketten symbolisierte existentielle Grundstruktur des menschlichen Daseins zeichnet sich nicht nur dadurch aus, dass es dem Menschen nicht möglich ist, beide Dimensionen des Diesseits und des Jenseits zu vereinen, sondern es zeigt die Unmöglichkeit sich ganz im Diesseits oder Jenseits aufzuhalten, da der Mensch zugleich um die andere Dimension weiß und dies ihn zudem „drosselt“. Gleichzeitig erscheint Religiosität, hier der Bereich des Himmels, als völlig unbestimmter Bereich. Wenn Gott affirmiert werden könne, so scheint dies – als Konsequenz der modernen Erkenntniskrise – nur in unbestimmter, mystischer Weise möglich zu sein, weshalb sich religiöse Aussagen in literarischen Texten einer negativen Theologie annähern. Charakteristisch für die Religiosität der literarischen Moderne ist zudem eine Autonomie und Freiheit im Umgang mit religiösem Material, was vor allem in der überwiegend „synkretistisch-eklektischen Verwendung der Topik des Mythos und der Religion“[326] zum Ausdruck kommt. Bereits Novalis notiert sich nach der

---

[324] Vietta: Die literarische Moderne, S. 116.

[325] Kafka, Franz; Born, Jürgen (Hg.)/Schillemeit, Jost (Hg.) [u. a.]: Schriften, Tagebücher, Briefe Kritische Ausgabe. Bd. II. Nachgelassene Schriften und Fragmente II. Frankfurt am Main Fischer, 1992, hier S. 127 f.

[326] Vietta: Die literarische Moderne, S. 118.

Lektüre von Friedrich Schlegels *Ideen:* „Der Künstler ist durchaus irreligiös – daher kann er in Religion wie in Bronze arbeiten.“[327] Die Irreligiosität ist hier, wie Vietta es interpretiert, nicht als grundsätzliche Ferne zur Religiosität zu verstehen, sondern bedeutet lediglich einen Abstand zu aller dogmatisch-kirchlich aufgefassten Religion.[328] Entscheidender ist an dieser Äußerung die Vorstellung, dass man, losgelöst von einer konfessionell bestimmten Religion, mit den religiösen Traditionen wie mit einem leicht zu bearbeitenden Material aus Bronze umgehen kann.

Voraussetzung und Kulminationspunkt dieser aufgezeigten Kennzeichen moderner Religiosität ist schließlich Nietzsches Diktum vom Tod Gottes, das die literarische Rede im Hinblick auf Religion und Glaube am deutlichsten wiedergibt und nachfolgende Literaten entschieden geprägt hat. Neben Nietzsches Erkenntnis- und Wahrheitskritik ist vor allem die Verkündigung von Gottes Tod durch den „tollen Menschen“, „der am hellen Vormittage eine Laterne anzündete, auf den Markt lief und unaufhörlich schrie ‚Ich suche Gott! Ich suche Gott!‘“[329] für die literarische Moderne ein exemplarisches und für Literaten um die Jahrhundertwende, wie beispielsweise Alfred Döblin, Gottfried Benn, Thomas Mann oder Hermann Hesse, ein einschneidendes und befreiendes Erlebnis:

> „Der tolle Mensch sprang mitten unter sie [=die, welche nicht an Gott glaubten] und durchbohrte sie mit seinen Blicken. ‚Wohin ist Gott? rief er, ich will es euch sagen! Wir haben ihn getödtet, – ihr und ich! Wir Alle sind seine Mörder! Aber wie haben wir diess gemacht? Wie vermochten wir das Meer auszutrinken? Wer gab uns den Schwamm, um den Horizont wegzuwischen? Was thaten wir, als wir diese Erde von ihrer Sonne losketteten? Wohin bewegt sie sich nun? Wohin bewegen wir uns? Fort von allen Sonnen? Stürzen wir nicht fortwährend? Und rückwärts, seitwärts, vorwärts, nach allen Seiten? Giebt es noch ein Oben und ein Unten? Irren wir nicht wie durch ein unendliches Nichts? Haucht uns nicht der leere Raum an? Ist es nicht kälter geworden? Kommt nicht immerfort die Nacht und mehr Nacht? Müssen nicht Laternen am Vormittage angezündet werden? Hören wir Nichts von dem Lärm der Todtengräber, welche Gott begraben? Riechen wir

[327] Novalis: Randbemerkungen zu Friedrich Schlegels „Ideen“. In: Novalis (Friedrich von Hardenberg)/Kluckhohn, Paul (Hg.)/Samuel, Richard (Hg.): Novalis. Schriften. Die Werke Friedrich von Hardenbergs. Bd. 3. Das philosophische Werk II. Darmstadt: Wissenschaftliche Buchgesellschaft, [2]1968, S. 479–493, hier S. 488.

[328] Vgl. Vietta: Die literarische Moderne, S. 118.

[329] Nietzsche: Die fröhliche Wissenschaft. Drittes Buch. KGW V, 2, S. 158, [125].

noch Nichts von der göttlichen Verwesung? – auch Götter verwesen! Gott ist todt! Gott bleibt todt! Und wir haben ihn getödtet!“[330]

Friedrich Nietzsche formuliert mit einer außerordentlichen sprachlichen Gewalt dieses Diktum und hebt durch zahlreiche aussagekräftige, als Fragen formulierte Vergleiche die Außergewöhnlichkeit und die Konsequenzen dieser Erkenntnis hervor. Die transzendente Welt, für die Gott steht,[331] ist ohne wirkende Kraft, sie hat ihre Halt stiftende Kraft eingebüßt und es bleibt nichts mehr, wonach der Mensch sich richten könnte. Mit dem Tod Gottes ist somit das ganze Deutungsmuster der abendländischen Theologie zusammengebrochen; der Tod Gottes bedeutet einen „grundstürzenden Horizont-Verlust, der [… das] Denken, Dichten und Existieren aus ihrer – zugleich sinnstiftenden – Verankerung reißt, infolgedessen boden-, halt- und orientierungslos macht sowie angsttreibende Ungeborgenheit preisgibt“[332]. Verbunden mit der Einsicht, dass trotz des ungebrochenen Wahrheitswunsches kein sicherer Weg zur Wahrheit führt, bleibt für viele moderne Denker schließlich nur die Einsicht in eine Orientierungslosigkeit, da nichts anderes in der Lage wäre, diese entstandene Leerstelle einzunehmen.[333] Den modernen Menschen ergreift so ein „horror vacui“[334], wie Nietzsche schreibt. Mit dem Wissen, diese Leerstelle nicht einfach ersetzen zu können, wie dies in der romantischen Utopie noch möglich gewesen zu sein schien, oder mit dem Wissen, dass dieses Ersetzen nur ein vorrübergehend tröstendes und fragmentarisches ist, schreiben die Literaten bereits vor Nietzsches Postulat keineswegs verklärend oder etwas Neues positiv setzend, sondern vielfach eben diese Leerstelle anprangernd. Bereits Hölderlins „Hyperion“ (1797–1799) klagt „Ich weiß, der Himmel ist ausgestorben, entvölkert….“[335] und Jean Paul prägt knapp hundert Jahre vor

[330] Ebd., S. 158 f., [125].

[331] Vgl. Nietzsche: Nachgelassene Fragmente Ende 1886 – Frühjahr 1887. KGW VIII, 1 S. 325 [7 (62)]: „Es scheint mir wichtig, dass man d a s All, die Einheit, los wird, irgend eine Kraft, ein Unbedingtes; man würde nicht umhin können, es als höchste Instanz zu nehmen und Gott zu taufen.“

[332] Söring, Jürgen: Dichtkunst und Götter. In: Sorg, Retro/Würffel, Stefan Bodo (Hgg.): Gott und Götze in der Literatur der Moderne. München: Fink, 1999, S. 25–40, S. 33.

[333] Vgl. Borsche, Tilmann: Intuition und Imagination. Der erkenntnistheoretische Perspektivenwechsel von Descartes zu Nietzsche. In: Djuric, Mihailo/Simon, Josef (Hgg.): Kunst und Wissenschaft bei Nietzsche. Würzburg: Königshausen & Neumann 1986, 26–44, S. 39.

[334] Nietzsche: Zur Genealogie der Moral. Dritte Abhandlung. KGW VI,2, S. 357 [1]. Der Mensch „b r a u c h t e i n Z i e l, – und eher will er noch das N i c h t s wollen, als n i c h t wollen.“

[335] Hölderlin, Friedrich: Hyperion oder der Eremit in Griechenland. In: Hölderlin, Friedrich/ Beissner, Friedrich (Hg.): Hölderlin. Sämtliche Werke. Bd. 3 Hyperion. Stuttgart: W. Kohlhammer Verlag, 1957, S. 87. Doch Hyperion weist zugleich darauf hin, dass es „noch […] eine Stelle [gebe], wo der alte Himmel und die alte Erde [ihm] lacht.“

Nietzsche in seiner *Rede des Toten Christus vom Weltgebäude herab, daß kein Gott sei* bereits die Ahnung vom Toten Gott. Jean Paul entwickelt zwar noch nicht den Gedanken, dass der Mensch es sei, der Gott getötet habe, auch ist diese Ahnung bloß präsent in Form eines Traumes, doch kommt der Schrecken über den leeren Himmel und die daraus resultierende Orientierungslosigkeit und unglückliche Leere beeindruckend zur Geltung. Im Traum begegnet dem lyrischen Ich in einer apokalyptischen Endzeit der tote Christus, der auf die Frage der Toten „Christus! ist kein Gott?" nur antworten kann: „es ist keiner."[336]

> „Christus fuhr fort: „Ich ging durch die Welten, ich stieg in die Sonnen und flog mit den Milchstraßen durch die Wüsten des Himmels; aber es ist kein Gott. Ich stieg herab, soweit das Sein seine Schatten wirft, und schauete in den Abgrund und rief: ‚Vater, wo bist du?' aber ich hörte nur den ewigen Sturm, den niemand regiert, und der schimmernde Regenbogen aus Wesen stand ohne eine Sonne, die ihn schuf, über dem Abgrunde und tropfte hinunter. Und als ich aufblickte zur unermeßlichen Welt nach dem göttlichen Auge, starrte sie mich mit einer leeren bodenlosen Augenhöhle an; und die Ewigkeit lag auf dem Chaos und zernagte es und wiederkäuete sich. – Schreiet fort, Mißtöne, zerschreiet die Schatten; denn Er ist nicht!'
> Die entfärbten Schatten zerflatterten, wie weißer Dunst, den der Frost gestaltet, im warmen Hauche zerrinnt; und alles wurde leer. Da kamen, schrecklich für das Herz, die gestorbenen Kinder, die im Gottesacker erwacht waren, in den Tempel und warfen sich vor die hohe Gestalt am Altare und sagten: ‚Jesus! haben wir keinen Vater?' – Und er antwortete mit strömenden Tränen: ‚Wir sind alle Waisen, ich und ihr, wir sind ohne Vater.'
> Da kreischten die Mißtöne heftiger – die zitternden Tempelmauern rückten auseinander – und der Tempel und die Kinder sanken unter – und die ganze Erde und die Sonne sanken nach [...] Hier schauete Christus hinab, und sein Auge wurde voll Tränen, und er sagte: [...] ‚Ach ihr überglücklichen Erdenbewohner, ihr glaubt Ihn noch. [...] Ihr Unglücklichen, nach dem Tode werden sie [eure Wunden] nicht geschlossen [...] und es kommt kein Morgen und keine heilende Hand und kein unendlicher Vater!'„[337]

Während es bei Jean Paul dem Menschen möglich ist, aus diesem furchtbaren Traum zu erwachen, aus der schrecklichen Finsternis in das

[336] Paul, Jean: Rede des toten Christus vom Weltgebäude herab, dass kein Gott sei. In: Paul, Jean/ Lohmann, Gustav (Hg.): Jean Paul. Werke. Zweiter Band. Siebenkäs. München: Carl Hanser, 1959, S. 266–271, S. 269.
[337] Ebd., S. 269–271.

friedliche Sonnenlicht des Abends zu gleiten und den „unermeßlich ausgedehnte[n] Glockenhammer“[338], der die letzte Stunde anschlug, als ferne Abendglocke zu erkennen und vor Freude zu weinen, dass seine Seele „wieder Gott anbeten konnte“[339], gestaltet sich dieser Albtraum im 20. Jahrhundert für viele hingegen als radikale Realität.

Die Mahnung des Träumenden „Sterblicher neben mir, wenn du noch lebest, so bete Ihn an: sonst hast du Ihn auf ewig verloren.“[340] setzt voraus, dass man diesen Gott noch anbeten möchte, an ihm festhalten und ihn lebendig halten *will*, was die Religionskritiker und beispielsweise Bertolt Brecht ein Jahrhundert später als „Selbsttäuschung“ entlarven und aus einem Gefühl der Verlassenheit erklären:

> „Als die wimmelnde Masse der Wesen auf dem fliegenden Stern sich kennengelernt und ihre unbegreifliche Verlassenheit empfunden hatte, hatte sie schwitzend Gott erfunden, den niemand sah, also daß keiner sagen konnte, es gäbe ihn nicht, er habe ihn nicht gesehen.“[341]

Die friedliche Harmonie, die den ganzen Schrecken des Traumes umkehrt und quasi in Negation die Negation der Heilzusage wieder aufhebt, verneint bereits 1835 die literarische Figur Danton in Büchners *Dantons Tod* wiederum: „Da ist keine Hoffnung im Tod, er ist nur eine einfachere, das Leben eine verwickeltere, organisirtere Fäulniß, das ist der ganze Unterschied!“[342] Doch wird hier nicht nur die Hoffnung auf eine Verkehrung der Wirklichkeit, auf eine Rettung nach dem Tod verabschiedet. Auch das Leben wird so als „Fäulniß“ erachtet und somit mit einer eigentlich eminent der Verwesung und dem Tod zukommenden Vokabel beschrieben und geringgeschätzt.

---

[338] Ebd., S. 270 f.

[339] Ebd., S. 271.

[340] Ebd.

[341] Brecht, Bertolt/Hauptmann, Elisabeth (Hg.): Gesammelte Werke. Bd. 20. Schriften zur Politik und Gesellschaft. Frankfurt am Main: Suhrkamp, 1976, S. 5. Brecht über Gott: „Gott, das war das hohe C der Romantik. Der Abendhimmel über dem Schlachtfeld, die Gemeinsamkeit der Leichen, ferne Militärmärsche, der Alkohol der Geschichte, das war die Romantik der Schlachtfelder, die Zuflucht der Sterbenden und der Mörder“. (Ebd., S. 4) Auch hier redet er vom „peinlichen Geschehnis“: „Der Mann, der am Krebs verendete, suchte mit allen Mitteln die Poesie dieses peinlichen Geschehnisses auf die Zunge zu kriegen, er malte sich Bilder vom Leid der Erde, die ihn ausspie, vom Schmerz der Hinterbleibenden oder der grandiosen und ihn ergreifenden Ironie ihrer Gleichgültigkeit, und vom Dunkel, das ihn aufnahm. Er hüllte sich ein in Mitleid und Bewunderung und täuschte sich.“ (S. 4 f.)

[342] Büchner, Georg: Dantons Tod. In: Büchner, Georg/Lehmann, Werner R. (Hg.): Georg Büchner. Sämtliche Werke und Briefe. Bd. 1: Dichtungen und Übersetzungen mit Dokumentationen zur Stoffgeschichte. Hamburg: Christian Wegner, 1969, S. 7–75, hier S. 61.

Die literarische Moderne variiert mit, vor, oder nach Nietzsches Diktum das Motiv des Todes Gottes, sie trägt Züge des Nihilismus, die sich vor allem auch auf das diesseitige Leben beziehen, weiß aber dennoch um die traditionelle Bedeutung der religiösen Heilssymbole. Ein eindrückliches Beispiel hierfür ist Franz Kafkas *Der Proceß*, indem Josef K. vor einem ihm gänzlich undurchschaubaren Gericht angeklagt wird, „ohne daß er etwas Böses getan hätte“[343], wie es im berühmten ersten Satz des Romans heißt. Der Sakralrum des Doms, in welchem Josef K. einen Geistlichen trifft, wird so selbst zum „Symbol des religiösen Heilsentzugs“[344], da alle traditionellen Heilszeichen entweder vom Protagonisten nicht wahrgenommen oder sofort mit etwas Beängstigendem interpretiert werden. Das große „Dreieck von Kerzenlichtern“[345], was die aus biblischen Texten ausgedeutete göttliche Trinität und somit Gottes Zuwendung zum Menschen symbolisiert, wird von Josef K. sogleich mit den „berufsmäßige[n] Schleicher[n]“[346], den Priestern, die die Kerzen angezündet haben, assoziiert und folglich mit dem kriecherischen und unberechenbaren Verhalten der Prozesswelt in Verbindung gebracht. Das ewige Licht stört Josef K. beim Betrachten des Altarbildes, wobei K. auch hier wiederum gerade nicht den zentralen religiösen Bildgehalt der Grablegung Christi und den in der Tradition als Erlösung gedeuteten Tod aufnimmt, sondern sich vor allem für einen „große[n], gepanzerte[n] Ritter, der am äußersten Rande des Bildes dargestellt war“[347] interessiert. Diese zunehmende Unverständlichkeit der traditionellen Heilsbotschaft kulminiert in der sogenannten Türhüterlegende, die der Geistliche Josef K. erzählt und die mit dem Charakter einer Parabel sinnbildlich auch für K.s eigenes Schicksal steht.[348] Ein Mann vom Lande bittet um Einlass in das Gesetz, vor welchem ein Türhüter steht, der ihm auch auf mehrfaches Bitten des Mannes den Zutritt jedoch verweigert. Der Mann vom Lande wartet unermüdlich um Einlass bittend bis zu seinem Lebensende vor der Tür, doch der Türhüter verwehrt ihm den Durchgang mit dem Hinweis, dass nach dieser Tür außerdem noch weitere Tore zu überwinden seien. Kurz vor dem Tod des Mannes vom Lande verschließt der Türhüter schließlich die Tür und

[343] Kafka: Der Proceß, S. 7.

[344] Vietta: Die literarische Moderne, S. 125.

[345] Kafka: Der Prozeß, S. 188.

[346] Ebd.

[347] Ebd., S. 189.

[348] Vgl. Kafka: Der Prozeß, S. 197 f. Neben der Parallelität der beiden Figuren ist hierfür besonders das vorausgehende und anschließende Gespräch zwischen Josef K. und dem Geistlichen ein Hinweis, in dem Josef K. die Parabel auf sich bezogen selbst auslegt. Vgl. hierzu auch: Mautner, Josef P.: Erlösung? In: Schmidinger, Heinrich (Hg.): Die Bibel in der deutschsprachigen Literatur des 20. Jahrhunderts. Band 1: Formen und Motive. Mainz: Matthias-Grünewald-Verlag, 1999, S. 453–477, S. 466 f.

antwortet auf die Frage des inzwischen deutlich gealterten Mannes, warum denn kein anderer Einlass zum Gesetz gebeten habe, dass dieser Eingang ja schließlich nur für ihn bestimmt gewesen sei. Die Szenerie im Dom und die intradiegetische Erzählung der Türhüterlegende exponieren „eine typisch moderne Ambivalenz der Religiosität“[349]. Einerseits sind die Zeichen einer religiösen Heilserwartung in der Symbolik der Kerzen und des Altarbildes sowie lichtmetaphorisch im unverlöschlichen Glanz des Gesetzes noch deutlich sichtbar, andererseits wird auf beklemmende Weise deutlich, dass diese Heilsversprechen Josef K. nicht mehr erreichen und das, was noch sichtbar scheint, jener „Glanz, der unverlöschlich aus der Türe des Gesetzes bricht“[350], sichtlich unerreichbar und somit unbestimmt ist.[351] Die Dimension der Transzendenz scheint jeweils gegenwärtig, aber vornehmlich nur in der Negation, als Entzug und als Verdunklung der religiösen Heilsbotschaft, weswegen die Kafka-Forschung der Erzählwelt Kafkas immer wieder Anklänge an eine negative Theologie zuschreibt.[352]

Bei aller Ablehnung, den vielerlei negierenden Tendenzen und der scharfen Kirchenkritik behielt die Literatur der Moderne indessen eine große Affinität zur Religion, erfolgt dies auch, wie gezeigt, in synkretistischer und entdogmatisierter Form. Gerade der Katholizismus übt aus verschiedenen Gründen auch in der Moderne eine beeindruckende Faszination auf Literaten aus, da er einen künstlerisch reizvollen Fundus an kultischen und liturgischen Handlungen sowie an effektvoll einsetzbaren Traditionen bietet und so als Quelle und Vorbild einer kultischen, rituellen und formbetonten Ästhetik dienen kann.[353] Wolfgang Braungart hat beispielsweise auf das Werk des ehemaligen Messdieners Stefan Georges hingewiesen, dessen Kindheit von katholischen Riten und Bräuchen so stark geprägt war, dass er, auch wenn er sich im Erwachsenenalter weit vom katholischen Glauben entfernt habe, christologische, eucharistische und marianische Vorstellungen in seinen literarischen Texten verarbeitet habe und so einen „ästheti-

[349] Vietta: Die literarische Moderne, S. 128.

[350] Kafka: Der Proceß, S. 198.

[351] Vgl. Vietta: Die literarische Moderne, S. 128.

[352] Vgl. ebd. Vgl. auch Schoeps, Hans-Joachim: Theologische Motive in der Dichtung Franz Kafkas. In: Neue Rundschau 62 (1951), S. 21–37. Vgl. auch zur negativen Theologie in Kafkas „Das Schloß“: Philippi, Klaus-Peter: Reflexion und Wirklichkeit: Untersuchungen zu Kafkas Roman „Das Schloss“. Tübingen: Max Niemeyer, 1966. (Studien zur deutschen Literatur; 5) (Vgl. insbesondere das Kapitel: „Kafkas innerweltliche negative Gotteserfahrung“ S. 220 ff.) Zu weiterer Forschungsliteratur sei verwiesen auf den Forschungsbericht von Beicken, Peter: Franz Kafka: Eine kritische Einführung in die Forschung. Frankfurt: Athenäum-Fischer-Taschenbuch-Verlag, 1974. (Fischer-Athenäum-Taschenbücher; 2014) (Siehe insbesondere S. 176–188.)

[353] Vgl. Kiesel: Geschichte der literarischen Moderne, S. 69.

schen Katholizismus" geschaffen habe, der aller katholischer Dogmatik entbehre.[354]

Doch verleihen katholische Riten und Symbole Texten durch ihren vormodernen Charakter nicht nur eine „fast exotisch wirkende Farbigkeit" und sind daher kein rein ästhetisches Spiel, sondern verdeutlichen, wie es in Günter Grass' Blechtrommel studiert werden kann, „den dämonischen Charakter des Geschehens und die messianischen Ansprüche des Helden und Erzählers"[355]. Neben der Faszination durch seine traditionsreichen und rational nicht einholbaren Vorstellungen darf indessen nicht das in einer als kontingent erlebten Lebenswelt umso schärfer hervortretende metaphysische Bedürfnis nach Halt, das Verlangen, die Welt als eine sinnvolle zu erfahren und der Wunsch, an die Beständigkeit der menschlichen Werte glauben zu können, verkannt werden. Nach dem Zerfall der metaphysischen Einheitsvorstellungen, im Zustand der transzendentalen Obdachlosigkeit, wie Georg Lukács die Situation des modernen Menschen beschreibt,[356] wird dieser zum problematischen Individuum, zum Melancholiker. Aus diesem Grund sucht der Mensch und insbesondere auch der das menschliche Leben feinfühlig wahrnehmende und ihm Ausdruck gebende Literat nach neuen Totalitätskonzepten und um die Schwierigkeiten einer rein diesseitigen Verankerung wissend, sucht er vielfach in religiösen Sinnangeboten. Alfred Döblin beschäftigt sich beispielsweise mit dem Judentum, dem Buddhismus oder dem Taoismus, um schließlich 1941 zum katholischen Glauben zu konvertieren. Eine solche Wendung zur Religion wird den Literaten jedoch sogleich als Schwäche ausgelegt, als „Unfähigkeit, auf uns selbst zu vertrauen, die Bürde unserer Einsamkeit zu ertragen [...] und einzusehen, daß wir unseren Grund in uns selbst haben und daß keine universale Ordnung der Dinge uns schützt"[357].

[354] Vgl. Braungart, Wolfgang: Ästhetischer Katholizismus. Stefan Georges Rituale der Literatur. Tübingen: Max Niemeyer, 1997 (communicatio; 15), S. 183, 192 ff. Vgl. auch Kiesel: Geschichte der literarischen Moderne, S. 69.

[355] Kiesel: Geschichte der literarischen Moderne, S. 71. Vgl. Grass, Günter: Die Blechtrommel. Roman. München: dtv, [4]1996, insbesondere das Kapitel: „Kein Wunder", S. 152–165.

[356] Lukács, Georg: Die Theorie des Romans: Ein geschichtsphilosophischer Versuch über die Formen der großen Epik. Neuwied; Berlin: Luchterhand, [3]1965.

[357] Kolakowski, Leszek: Horror metaphysicus: Das Sein und das Nichts. Aus dem Englischen von Friedrich Griese. München/Zürich: Piper, 1989, S. 37. Diese schon von Nietzsche inspirierte Lesart wird vor allem in der sogenannten Postmoderne verstärkt vertreten. Kolakowski unterzieht diese Lesart jedoch sofort dem berechtigten Zweifel: „Im übrigen folgt aus der Tatsache, daß wir eine Ordnung brauchen, noch nicht, daß es keine Ordnung gibt, auch wenn Nietzsche zu Recht darauf hinweist, daß man Argumenten, die für Überzeugungen vorgebracht werden, welche unseren Wünschen entsprechen, von vorneherein mit Argwohn begegnen sollte. Angenommen, wir benötigen eine Ordnung und wir wünschen, daß sie

Diese negative Wertung einer religiös-hoffenden Position erklärt wohl auch den großen ästhetischen Vorbehalt gegen religiös und zumal katholisch „verdächtige" Literatur.[358] Ein dezidiertes Vertreten der katholischen Anschauungen erscheint als ein *crimen laesae modernitatis*[359] oder wie Gottfried Benn es nach der Lektüre von Döblins Texten nach seiner Konversion zum katholischen Glauben ausdrückt: „Gott ist ein schlechtes Stilprinzip"[360]. Sobald ein literarischer Text vermuten lassen könnte, dass sein Autor gläubig sei – nebenbei bemerkt: ein literaturwissenschaftlich höchst fragwürdiger Rückschluss –, steht der Vorwurf im Raum, man habe sich in eine aufs Jenseits orientierte Welt geflüchtet und sich über die Erbarmungslosigkeit der Welt hinweggetröstet.

Will man die Religiosität der Moderne daher umreißen, so ergibt sich ein divergierendes Bild. Auf der einen Seite muss man von einem „paradoxe[n] Begriff von Religiosität [ausgehen], dessen Gewissheit nicht im Glauben an Gott und Transzendenz gründet, sondern in subjektiver Erfahrung und Gefühl"[361]. Hierin wird die Nähe von Ästhetik und Religion in der Moderne ersichtlich, da sich die religiöse Transzendenz in die Immanenz des innerlichen und damit von der Ästhetik kaum zu unterscheidenden Gefühls zurückzieht und so Offenbarungen als Kunst verstanden werden und die Kunst in traditionell religiöse Bereiche vordringt und Aufgaben der Religion einzunehmen versucht, wie es bei einer Kunstreligion der Fall ist.[362] Die Tendenz der Säkularisierung in der Moderne läuft somit parallel zu einer Sakralisierung und einer Substituierung der durch die Metaphysikkritik wegbrechenden Einheitsperspektive. Auf der anderen Seite ist der Glaube an einen personalen geschichtsmächtigen Gott zumindest in seinen Symbolen präsent und zeugt von einer Hoffnung, die in der Moderne nur schwer glaubwürdig zu sein scheint.

Der grundlegende philosophisch theologische Wandel vom ordo-Denken zur Ungesichertheit der menschlichen Erkenntnis und der religiösen Erfahrung hat auch Auswirkungen auf die literarische Ästhetik und ihre Darstellungstechniken. Nachdem nun philosophisch, theologisch und literarisch der Horizont aufgezeigt wurde, in dem die Literaten der Moderne

wirklich sei – so spricht das nicht dagegen, daß sie wirklich ist und nicht bloß Produkt unseres Wunschdenkens." Ebd., S. 38.

[358] Vgl. Kiesel: Geschichte der literarischen Moderne, S. 72.

[359] Vgl. ebd.

[360] Benn, Gottfried: Doppelleben. In: Benn, Gottfried/Schuster, Gerhard (Hg.): Sämtliche Werke. Bd. 5. Prosa: 3. (1946–1950). Stuttgart: Klett-Cotta, 1991, S. 83–176, hier S. 166.

[361] Müller, Ernst: Religion/Religiosität. In: Barck, Kalrheinz [u.a.] (Hg.): Ästhetische Grundbegriffe: historisches Wörterbuch in sieben Bänden. Bd. 1. Stuttgart; Weimar: Metzler, 2003, S. 227–263, hier S. 229.

[362] Vgl. ebd.

sich bewegen, soll das Augenmerk nun spezifischer auf die literaturwissenschaftlich beschreibbaren Charakteristika moderner Texte gelegt werden, um anschließend das literarische Schaffen der Autoren Döblin, Lavant und Dürrenmatt verstehen, interpretieren und einordnen zu können.

4. Dekonstruktionen – Auswirkungen der anthropologischen und metaphysischen Unsicherheit auf eine literarische Ästhetik und ihre Darstellungstechniken

> „Gott hat alles nach Zahl, Maß und Gewicht geschaffen. Die natürlichen Dinge sind an sich selber schön: und wenn also die Kunst auch was schönes hervorbringen will, so muß sie dem Muster der Natur nachahmen."[363]

Die alle Lebensbereiche durchdringende Vorstellung von Ordnung, Harmonie und Regelmaß hat lange Zeit auch das Kunst- und Literaturverständnis bestimmt. 1732 verweist so Christoph Gottsched in seiner *Critischen Dichtkunst* auf die Ordnung der Welt und Natur, deren Regeln und Gesetze auch die Kunst gehorchen muss, da sie wie die Malerei und Musik unter dem Auftrag stehe, „Spiegel der allumfassenden Ordnung zu sein"[364] und die gottgewollte Ordnung so genau als möglich nachzuzeichnen, damit diese vermittelte Ordnung, gemäß dem Horazschen *delectare et prodesse* auch zu einer Ordnung im Leben ermutigen könne. Texte der literarischen Moderne hingegen vermitteln eine große Skepsis gegenüber dem Wahrnehmen und Verstehen der Wirklichkeit und lehnen eine direkte Abbildung von Wirklichkeit strikt ab. Erzählen in der Moderne geht gerade nicht mehr von einer gottgewollten Ordnung aus, sondern zeigt sich unter dem Vorzeichen metaphysischer Kritik als „Ort, wo die Verunsicherung des Ich geprobt und bis ins Letzte ausdifferenziert werden kann"[365]. Der moderne Freiheits- und Selbstbestimmungsgedanke und der daraus resultierende reflexive und kritische Grundzug der Moderne geht aus der sich selbst begründenden Vernunft hervor und so wie die kritische Vernunft seit der Aufklärung das ordo-Weltbild und die als sicher geltenden Erkenntnismöglichkeiten nach und nach dekonstruiert, übernimmt auch die literarische Moderne dieses dekonstruierende Prinzip. Auch die literarische Moderne hat so mit ihren spezifisch literarischen Mitteln beispielsweise der

[363] Gottsched, Johann Christoph: Versuch einer Critischen Dichtkunst. In: Gottsched, Johann Christoph/Birke, Joachim/Birke, Brigitte (Hgg.): Ausgewählte Werke. Bd. 6,1. Berlin; New York: Walter de Gruyter, 1973, S. 113–493, hier S. 183.

[364] Steinmetz, Horst: Moderne Literatur lesen. Eine Einführung. München: Beck, 1997, S. 102.

[365] Mautner: Nichts Endgültiges, S. 19.

Ironie, der Satire, der Parodie oder der Ästhetik des Hässlichen, gleichsam Anteil am fortlaufenden Prozess der Dekonstruktion der traditionellen Metaphysik.[366] Doch worin besteht die typisch moderne Funktionsweise dieser schon in der Antike nachgewiesenen ästhetischen Formen?

Der Begriff *Dekonstruktion* ist durch Jacques Derrida geprägt, der in seiner *Grammatologie* und in *L'écriture et la différence* den Begriff verwendet, um die moderne Philosophie von Nietzsche, Freud und Heidegger zu charakterisieren und auszudrücken, dass sie die abendländische Denk- und Metaphysikgeschichte zu destruieren versuchen und dabei gleichwohl aber genau dieser Denkgeschichte mitsamt ihrer Begrifflichkeit verhaftet blieben.[367] Die Erkenntnis Derridas, dass wir „keinen einzigen destruktiven Satz bilden [können], der nicht schon der Form, der Logik, den impliziten Erfordernissen dessen sich gefügt hätte, was er gerade in Frage stellen wollte"[368], gilt auch für das beschreibbare dekonstruierende Verfahren der literarischen Texte selbst: Sie setzten sich kritisch mit eben dieser abendländischen Metaphysikgeschichte auseinander, dekonstruieren sie durch ästhetische Formen wie Parodie oder Ironie und „gleichwohl [sind sie] nicht radikal aus dem Bann des von ihnen parodistisch, satirisch, ironisch Kritisierten entlassen [...]"[369]. Doch lässt sich der Begriff der Dekonstruktion nicht allein auf ein destruierendes Moment reduzieren, in ihm ist ebenso eine konstruktive Dimension gedacht. Die literarische Moderne konstruiert, indem sie sich destruktiv mit der abendländischen Denkgeschichte auseinandersetzt, wiederum eine neue Textform sowie eine neue Aussage. Das destruktive Moment wird so in Konstruktivität umgewidmet.[370] Allerdings soll das Verfahren der Dekonstruktion nicht auf ästhetische Formen wie Parodie, Satire oder Ironie, für welche Vietta dies zurecht entwickelt, beschränkt werden, sondern als „epochenspezifische Verfahrensweise" allgemein begriffen werden.

366 Vgl. Vietta: Die literarische Moderne, S. 27. Auf die Verfahren der Ironie, Satire, Parodie und Ästhetik des Hässlichen wird im anschließenden Kapitel noch näher eingegangen.

367 Vgl. Vietta: Die literarische Moderne, S. 193.

368 Derrida, Jacques: Die Schrift und die Differenz. Aus dem Französischen von Rodolphe Gasché. Frankfurt am Main: Suhrkamp, 1972, S. 425.

369 Vietta: Die literarische Moderne, S. 193.

370 Vgl. ebd., S. 196.

4.1. Ästhetische Prinzipien und literarische Darstellungstechniken der Moderne

„Erzählen in der Moderne ist Erzählen unter erschwerten Bedingungen."[371] Die gesellschaftlichen Verhältnisse, in denen Literaten stehen und denen sie in ihren Texten produktiv Ausdruck verleihen, werden zunehmend komplexer, sodass der Autor den totalisierenden Blick auf das Geschehen preiszugeben gezwungen ist. Die Dekonstruktion setzt in der Folge auch bei dem an, was für Literatur (und nicht nur spezifisch für Epik) elementar erscheint: beim Erzählen selbst. Je mehr Reflexionen und denkerische Analysen zum Teil des Erzählten selbst werden, je mehr der Mensch in seinem Erkenntnisanspruch zweifelt, umso schwieriger gestaltet sich die Fabel selbst: „In einem Zeitalter gesteigerter Bewußtwerdung wird die Fabel zum Problem."[372] Das *Was* des Erzählens rückt daher immer mehr aus dem Fokus und komplementär hierzu gestaltet sich die Frage nach dem *Wie* als entscheidend,[373] womit die Rolle des Erzählers in epischen Texten grundlegend zu untersuchen ist. Literaturwissenschaftlich muss die Unterscheidung von Autor und Erzähler strikt eingehalten werden, da der Erzähler und nicht der Autor den Roman erzählt. Der Erzähler ist „in aller Erzählkunst niemals der bekannte oder noch unbekannte Autor [...], sondern eine Rolle, die der Autor erfindet und einnimmt."[374]

Der erdachte traditionelle auktoriale Erzähler bleibt seinen Figuren stets überlegen, er lenkt souverän die Handlung und die Figuren. In modernen Texten hingegen, die in einem Kontext stehen, in dem alles Vertrauen auf einen ordo-Zusammenhang und gesicherte Erkenntnisse erschüttert wurde, gibt es zumeist keinen solchen souveränen Erzähler mehr, der omnipotent alles weiß, ordnet und lenkt und alle kausalen Zusammenhänge erklärt. Doch nicht nur innerhalb des literarischen Textes wandelt sich die Erzählerrolle, auch der Autor selbst relativiert seine Bedeutung als Autor für den Text, indem er seine schöpferische Originalität negiert.[375] In der Moderne häufen sich die Aussagen von Schriftstellern, die andeuten, dass sie sich eigentlich nur als „Instrument", als „Medium", als „Sprachrohr von Reden

---

[371] Bürger: Prosa der Moderne, S. 390.

[372] Kurz, Paul Konrad: Gestaltwandel des modernen Romans. In: Kurz, Paul Konrad (Hg.): Über moderne Literatur. Standorte und Deutungen. Bd. I. Frankfurt am Main: Josef Knecht, 1967, S. 7–37, S. 24.

[373] Auf literarische Techniken und deren Folgerungen wird später noch genauer eingegangen. Als Beispiel sei hier zunächst nur mal auf das epische Theater mit seinen Verfremdungseffekten verwiesen.

[374] Kayser, Wolfgang: Wer erzählt den Roman? In: Neue Rundschau 68 (1957), S. 444–459, hier S. 451.

[375] Vgl. Kiesel: Geschichte der literarischen Moderne, S. 134.

oder Schreiber von Texten" erfahren und verstehen, „die [ihnen] – von wem auch immer – insinuiert oder geradezu diktiert worden seien"[376]. Rainer Maria Rilke habe immer wieder behauptet, dass eine ihm unbekannte Macht dichte und er nichts anderes tun könne „als das Diktat dieses inneren Andrangs rein und gehorsam hinzunehmen"[377], Else Lasker-Schüler prägt die Äußerung „Ich bin […] eine Dichterin, vielmehr – es wird in mir gedichtet, es dichtet in mir"[378] und Alfred Döblin schreibt über den „Zwangscharakter" des Sprachstils: „[…]: *jedem Sprachstil wohnt eine Produktivkraft und ein Zwangscharakter inne,* und zwar ein formaler und ein ideeller. [… M]an glaubt zu sprechen und man wird gesprochen, oder man glaubt zu schreiben und man wird geschrieben."[379] Mit diesem subjektiven Gefühl des Autors geht der Verzicht auf das Ausspielen seiner rezeptionsbestimmenden Leitungs- und Deutungskompetenz einher, weswegen sich nicht nur der Status des Autors verändert, sondern auch der Text selbst.[380] Der umfassenden Verantwortlichkeit für den Text ledig, können inhomogene Texte entstehen, die keineswegs auf ein formales Versagen oder eine Schwäche in der Linearität deuten, sondern als „Kennzeichen einer gesteigerten und nicht reglementierten künstlerischen Sensibilität"[381] erachtet werden. Umberto Eco hat solche Texte als typisch modern bezeichnet und den Ausdruck des „offenen Kunstwerkes"[382] geprägt. Dieses „produktive Programm"[383] der Künstler, wie es Eco nennt, erfordert einen aktiven Rezipienten, der ausgehend von seiner eigenen existentiellen Erfahrung quasi zum Co-Autor wird und die vielfältigen vom Text aufgeworfenen Fragen sinnkonstituierend für sich beantwortet, wobei Eco gerade eine Vielfalt an möglichen

---

[376] Ebd., S. 131.

[377] Rilke, Rainer Maria: Brief an die Gräfin Sizzo über die Entstehung der *Sonette an Orpheus* (12. April 1923). In: Rilke, Rainer Maria/Nalewski, Horst (Hg.): Briefe. Bd. 2 (1919–1926). Frankfurt am Main; Leipzig: Insel-Verlag, 1991, S. 294–300, hier S. 297. Vgl. Kiesel: Geschichte der literarischen Moderne, S. 131.

[378] Else Lasker-Schüler im Januar 1937 in einem Brief an die Redaktion der *Neuen Züricher Zeitung.* Lasker-Schüler, Else/Kemp, Friedhelm (Hg.): Gesammelte Werke. Bd. 3. Verse und Prosa aus dem Nachlass. München: Kösel, 1961, S. 43.

[379] Döblin in seinem Akademievortrag *Der Bau des epischen Werks* (1928/29). Erstdruck in: Jahrbuch der Sektion für Dichtkunst (Preußische Akademie der Künste) 1 (1929), S. 228–262. Vgl. auch den Neudruck, nach welchem die programmatische Rede zitiert wurde: Döblin, Alfred/Kleinschmidt, Erich (Hg.): Schriften zu Ästhetik, Poetik und Literatur. Olten; Freiburg im Breisgau: Walter-Verlag, 1989. (Ausgewählte Werke in Einzelbänden), S. 243. Die Formulierung „man glaubt zu schreiben und man wird geschrieben" findet sich allerdings auch schon in Döblins Essay *Der Schriftsteller und der Staat* von 1921.

[380] Vgl. Kiesel: Geschichte der literarischen Moderne, S. 134.

[381] Ebd.

[382] Vgl. Eco, Umberto: Das offene Kunstwerk. Frankfurt am Main: Suhrkamp, 1973, S. 27–59.

[383] Ebd., S. 32.

Interpretationen zulässt.[384] Michel Foucault und Roland Barthes radikalisieren diese Vorstellung angesichts dieser modernen Dekonstruktionen und sprechen vom „Tod“ oder vom „Verschwinden des Autors“[385], da Foucault, der anstelle des Autors nur noch vom „Schreibenden“ spricht, den Autor im Text nicht mehr anwesend finde, da er nur Zeichen verwendete, die letztlich nicht sein Eigentum seien.[386] Bachtin schreibt so über den modernen Roman:

> „Der Prosaschriftsteller reinigt die Wörter nicht von den ihm fremden Intentionen und Tönen, löscht die in ihnen angelegten Keime der sozialen Redevielfalt nicht aus, verfremdet die sprachlichen Gesichter und Redeweisen (die potentiellen Erzählergestalten) nicht, die hinter den Wörtern und Formen der Sprache aufscheinen, sondern ordnet alle diese Wörter und Formen in verschiedenen Distanzen vom letzten Sinnzentrum seines Werkes, von seinem eigenen intentionalen Zentrum an.“[387]

Auch in dieser Äußerung Bachtins ist die Vorstellung präsent, dass es keine Universalperspektive mehr gibt, keine einheitliche Instanz, aus der heraus alles gelesen und gedeutet wird. Der Autor ist quasi nicht rezeptionssteuernd im Text vorhanden, aber, und dies ist zugleich als Kritik an der Position Barthes und Foucaults zu verstehen, er ist auch nicht gänzlich „tot“, denn hinter der Anordnung der Wörter mit ihren jeweiligen Konnotationen steht doch eine ordnende Instanz, die in einer artistischen Leistung alles um ein Sinnzentrum gruppiert. Bachtin folgert weiter: „Der Autor solidarisiert sich nicht voll und ganz mit diesen Wörtern“, sondern er „akzentuiert“ sie auf besondere Weise, ohne dabei als „Autor des Wortes [...] in ihnen zum Ausdruck [zu kommen]: er *zeigt* sie als ein Rededing eigener Art, sie sind für ihn völlig objekthaft“[388]. Nebenbei bemerkt ist daher gerade die Internarrativitätstheorie in besonderer Weise geeignet, moderne Texte generell und auch im Besonderen hinsichtlich ihres christlichen Gedankenguts zu analysieren, da diese Theorie eben davon ausgeht, dass in Texten viele Narrationen eingewoben sind und die Beziehung zwischen eben diesen

---

384 Vgl. ebd., S. 32 f und 41.

385 Barthes, Roland: La mort de l'auteur (1968); Foucault, Michel: Was ist ein Autor (1969), zitiert aus dem Sammelband: Foucault, Michel: Was ist ein Autor (1969). In: Jannidis, Fotis (Hg.): Texte zur Theorie der Autorschaft. Stuttgart: Reclam, 2000, S. 198–232, hier S. 181 ff. und 194 ff.

386 Vgl. Schmitz-Emmans, Monika: Schrift und Abwesenheit: Historische Paradigmen zu einer Poetik der Entzifferung und des Schreibens. München: Fink, 1995, S. 439.

387 Bachtin, Michail/Grübe, Rainer (Hg.): Die Ästhetik des Wortes. Frankfurt am Main: Suhrkamp, 1979. (Edition Suhrkamp; 967), S. 190.

388 Ebd.

Narrationen zum Hypertext (Ausgangstext) die eigentliche Bedeutung des Textes ausmacht.

Nachdem nun festgestellt wurde, dass aufgrund der erörterten modernen Bedingungen der Autor seine traditionell ihm eigene Position relativiert und folglich „dekonstruiert“ zu haben scheint, stellt sich die Frage, wie sich dies in den literarischen Texten konkret zeigt. Es sollen im Folgenden zwei Möglichkeiten angedacht werden, welche in literarischen Texten der Moderne vielfach vorliegen: Zum einen ist dies kontingentes Erzählen, zum andern ein subjektiv geprägtes, mehrperspektivisches Erzählen.

4.1.1. Vom aufkeimenden Bewusstsein von Kontingenz zum kontingenten Erzählen

Moderne Literatur ist sich des kontingenten Ursprungs aller Normen, aller Traditionen und Gesellschaftsformen bewusst und macht die Kontingenz selbst zum Thema. Kontingenz lässt sich aber genau genommen nicht erzählen, sie entzieht sich dem erzählerischen Zugriff.[389] Jedoch hat der moderne Autor literarische Techniken entwickelt, welche die traditionellen Einstellungen gegenüber dem Erzählten umgehen. Im Gegensatz zu traditionellen Erzählungen, die einen genau bestimmten Anfang sowie ein ebenso klar festzumachendes Ende aufweisen und in denen die Ereignisse von ihrem Schluss her erzählt werden, wobei jedem Handlungselement ein logischer, sinnstiftender Platz im Gesamten zugesprochen werden kann, fehlt im tatsächlich gelebten Leben der ordnende Blick vom Ende her. Die einzelnen Ereignisse und Lebensphasen folgen in kontingenter Weise aufeinander, da Entscheidungen getroffen werden müssen, die den weiteren Fortgang in eine ungewisse Zukunft bestimmen. Moderne Literatur will nach dieser „Logik des Lebens erzählen[:] Sie will sagen, wie es wirklich ist, behält also die realistische Zielvorstellung bei, muß sich aber der Verfahren des Realismus in dem Maße entledigen, wie sie sich bewußt wird, daß es eine wahre Erzählung nicht gibt“[390]. Wenn Literatur als menschliche Selbstauslegung begriffen wird, sind die Gegenwelten, die literarische Texte entwerfen, *mögliche* Gegenwelten und das Aufzeigen von Leerstellen erfolgt nur in konkreter Auseinandersetzung mit der erfahrenen Welt. Eine literarische Form, die diese Kontingenz ernst nehmen und sie auch sprachlich und formal zum Ausdruck bringen will, ist beispielsweise die Tagebuchform. In einem Tagebuch werden die einzelnen Ereignisse nicht vom Ende her erzählt, sondern es wird in seiner Beliebigkeit das festgehalten, was dem

[389] Vgl. Bürger: Prosa der Moderne, S. 391.
[390] Ebd.

Subjekt widerfährt, weswegen diese Textsorte als gegenüber der Kontingenz offene Form erachtet werden kann.[391] Exemplarisch könnte man hier auf Jean Paul Sartres Roman *La Nausée* (1938) verweisen, welcher die Kontingenz nicht nur inhaltlich thematisiert, sondern auch in seiner Tagebuchform Niederschlag finden lässt. In ähnlicher Weise vermitteln Christine Lavants *Aufzeichnungen aus einem Irrenhaus* den Eindruck einer subjektiv kontingent erfahrenen Wirklichkeit, deren Ereignisse unmittelbar und ohne eine handlungslogisch stringent aufbauende Erzählhaltung aneinandergereiht werden. Doch muss bei dieser stark durch das unmittelbare, subjektive Erleben geleiteten Erzählform auch bedacht werden, dass die „Wahrnehmungsfähigkeit des aufzeichnenden Ich [...] gleichsam einen Filter [bildet], der sich vor die Realität schiebt“[392] und der indirekt auf ein anordnendes, dem Ganzen letzten Endes doch zumindest eine gewisse Einheit gebendes Prinzip schließen lässt.

4.1.2. Von der subjektiven Erfahrung der Wirklichkeit zum mehrperspektivischen Erzählen

Die stark von einem subjektiven Erleben der kontingenten Wirklichkeit ausgehende Erzählform des Tagebuchs beziehungsweise der Aufzeichnungen weist schon darauf hin, dass Wirklichkeitssichten nebeneinander bestehen und dass von einer Wirklichkeit ‚an sich' unabhängig von unserer menschlich-subjektiven Wahrnehmung und unserer eigenen reflexiven Bewusstseinsstruktur gar nicht gesprochen werden kann. Das bedeutet für die moderne Literatur, dass sie „im Medium der fiktionalen Welt der Erzählung eben auch nicht mehr von einer Erzählwirklichkeit ‚an sich' ausgehen kann, sondern [...] den *subjektiven* Charakter der *Wirklichkeitswelten* des Erzählers und seiner Figuren in der Erzähltheorie mitreflektieren“[393] muss. In einem modernen literarischen Text stehen somit zum Teil divergierende Ich-Perspektiven gegenüber; Gesellschaft gestaltet sich folglich als Perspektivenkonflikt.[394] Es ist nicht mehr der verdächtig gewordene allwissende Erzähler, der die einzelnen Ereignisse verortet und deutet, sondern er überlässt die Auswahl und Sicht des Berichteten seinen Figuren. Traditionell ist dies bei der Ich-Erzählung der Fall, jedoch kann beispielsweise

[391] Vgl. ebd.

[392] Ebd.

[393] Vietta, Silvio: Moderne Erzähltheorie: Narratologie der Romanliteratur der klassischen Moderne. In: Ponzi, Mauro (Hg.): Klassische Moderne: ein Paradigma des 20. Jahrhunderts. Würzburg: Königshausen & Neumann, 2010, S. 77–87, S. 83. Die Kursivschreibung des Originals ist beibehalten.

[394] Vgl. ebd., S. 82.

auch in einem Inneren Monolog die für die Ich-Erzählung charakteristische Distanz zwischen erlebendem und erzählendem Ich zugunsten einer unvermittelten Teilhabe des Lesers am Bewusstseinsprozess der jeweiligen Figur aufgehoben werden.[395] Der ansonsten möglicherweise präsente Erzähler tritt im Inneren Monolog so hinter die sich scheinbar frei entfaltende Gedanken- und Gefühlswelt der Figur zurück.

Beeinflusst von den psychologischen Forschungen von William James, der von einem kontinuierlich ablaufenden Bewusstseinsstrom ausgeht, entwickelte sich auch in der Literaturproduktion eine auf diesen Erkenntnissen aufbauende Erzähltechnik, welche die Literaturwissenschaft folglich als *stream of consciousness* bezeichnet hat. Mit dieser Erzähltechnik, die erstmals Leo Tolstoi für seinen Roman *Anna Karenina* geprägt hatte und die oft ungenau mit dem inneren Monolog gleichgesetzt wird, können in einer noch radikaleren Weise die ungeordneten, assoziativen, unmittelbaren Wahrnehmungen, Empfindungen einer oder mehrerer Figuren in ihrer oft kryptischen oder auf bloße Lautfolgen oder Wortfetzen beschränkten Weise sprachlich zum Ausdruck gebracht werden. Joseph K. in Kafkas *Proceß*, Ulrich in Musils *Der Mann ohne Eigenschaften* oder Franz Biberkopf in Döblins *Berlin Alexanderplatz* haben so ihre subjektiv entworfene Weltansicht, die sich zum Teil deutlich von den Wirklichkeitsperspektiven anderer Figuren abheben. Die Mehrperspektivität ist folglich ebenso ein Merkmal moderner literarischer Texte.

Der moderne Versuch, die Kontingenz des alltäglichen Lebens in seiner Struktur auch in literarischen Texten zu erfassen, führt allerdings wiederum paradoxerweise zu einer Perfektionierung der Illusion,[396] da hinter der Freiheit der Figuren ja wiederum eine der unmittelbaren Aufmerksamkeit des Lesers entrückte Erzähler-Instanz steht, die letztlich die subjektiv entworfenen Welten der Figuren hervorbringt und zu einem Ganzen ordnet. Conditio sine qua non literarischer Texte scheint folglich das Zurückgehen auf eine letzte Autor-Instanz zu sein, die – selbst wenn sie unterschiedliche Perspektiven aufgreift und auch schon bestehende Texte anderer Herkunft integriert, wie es beispielsweise bei Collage- und Montagetechnik der Fall ist, – alles gemäß ihrer subjektiv empfundenen Wirklichkeit in den subjektiven Brechungen der Romanfiguren gestaltet. Das wohl „ausgeprägteste[] Stilmittel[] der modernen Literatur/Kunst“[397], das den experimentellen und fragmentarischen Charakter des modernen Literaturverständnisses wider-

[395] Vgl. Bürger: Prosa der Moderne, S. 394.

[396] Vgl. ebd.

[397] Žmegač, Viktor: Montage/Collage. In: Borchmeyer, Dieter/Žmegač, Viktor (Hgg.): Moderne Literatur in Grundbegriffen. 2., neu bearbeitete Auflage. Tübingen: Max Niemeyer, 1994, S. 286–291, S. 286.

spiegelt, ist die Montage- und Collage-Technik. Mit dem Oberbegriff der Montage wird ein Verfahren bezeichnet, in dem man fremde Textsegmente in einen eigenen Text aufnimmt und sie mit eigenem verbindet, während die Collage-Technik einen Extremfall darstellt, da der Text ausschließlich entlehnte und aus verschiedenen Quellen stammende Elemente beinhaltet.[398]

Der Autor kann durch quasi kontingentes Erzählen in Tagebuchform, durch Perspektivierung der Erzählrede und mithilfe der Montage-Technik zwar Andeutungen machen, doch schließlich nicht gänzlich den Anspruch erheben, auf rationale Weise *die* Wirklichkeit literarisch zum Ausdruck zu bringen, da eine solch universale Perspektive in einer immer komplexer werdenden und sich als so komplexen Welt bewusst wahrnehmenden Moderne nicht mehr eingenommen werden kann. Doch gibt es noch einen anderen Weg, die Unwahrheit traditionellen Erzählens zu lösen: Der Autor kann „die Fiktion als Fiktion erkennbar machen" und so den begründeten Zweifel des Rezipienten an der Realität des Berichteten eigens ansprechen und selbst deutlich machen, „daß die Wahrheit des Textes von der Realität des Berichteten unabhängig ist"[399].

Literarische Texte haben eine „andere" Wahrheit, eine Aussage, die zwar nicht „real", aber in ihrem künstlerischen Anspruch, in ihrer metaphorischen Aussage gerade „wahr ist". Man könnte von einer überzeitlichen, überindividuellen, einer ästhetischen Wahrheit sprechen, auf die literarische Texte aufmerksam machen, weshalb man, wie Peter Bürger es vorschlägt, die „Wahrheit der Erzählung" von der „Realität des Dargestellten" unterscheiden muss.[400] In der modernen deutschen Literatur gibt es wohl kaum einen Literaten, der mit seinem Werk auf dieses Erkenntnisproblem deutlicher verwiesen hat als Franz Kafka. Walter Benjamin bemerkt über Kafkas Schaffen, dass er „alle erdenklichen Vorkehrungen gegen die Auslegung seiner Texte getroffen"[401] habe und verweist damit gerade auf die Unmöglichkeit, Kafkas Texte aufgrund ihrer Rätselhaftigkeit eindeutig auszulegen, beziehungsweise auf den scheinbaren Willkürakt, einem Deutungsversuch gegenüber anderen den Vorrang zu gewähren. Seine Texte verschließen sich einer eindeutigen Interpretation, ohne jedoch undeutbar zu werden.[402] Es liegt gerade in der Natur von Kafkas Prosa, dass sie individuell-psycholo-

[398] Vgl. ebd.

[399] Bürger: Prosa der Moderne, S. 395.

[400] Ebd.

[401] Benjamin, Walter: Franz Kafka. Zur zehnten Wiederkehr seines Todestages. In: Benjamin, Walter/Tiedemann, Rolf (Hg.): Gesammelte Schriften. Bd. 2. Aufsätze, Essays, Vorträge. Zweiter Teil. Frankfurt am Main: Suhrkamp, 1977, S. 409–438, hier S. 422.

[402] Adorno, Theodor W.: Aufzeichnungen zu Kafka. In: Ders.: Prismen: Kulturkritik und Gesellschaft. Berlin; Frankfurt am Main: Suhrkamp, 1955, S. 302–342, hier S. 303 f.

gisch, religionsphilosophisch oder historisch-gesellschaftlich interpretiert werden kann, womit Kafka jedoch gerade keine eindeutige „Wahrheitsperspektive" vorgibt, sondern das Hervorbringen der „ästhetischen Wahrheit" dem Leser zuweist.[403] Dieser muss sich folglich nur bewusst sein, dass die Wahrheit, die er im Text vorfindet, letzten Endes immer nur seine Wahrheit ist.

Das Problem der Darstellung der komplex gewordenen Wirklichkeit, die Unmöglichkeit, eine Zentralperspektive einzunehmen, findet folglich mit den literarischen Darstellungstechniken der Perspektivierung ihren Ausdruck und durch die daraus resultierende Bewusstwerdung dieses Problems – unterstützt durch die Darstellung der Fiktion als Fiktion – wird das Problem, die „Wahrheit" zu finden von der Ebene des Autors auf die Ebene des Rezipienten verlagert, der sich allerdings fortan auch dessen klar werden muss, dass seine interpretierende Sichtweise ebenso wenig eine Zentralperspektive sein kann.

Literarische Texte der Moderne verlieren so den Charakter eines Versprechens, das eine endgültige Orientierung in der komplexen Welt und eine sichere Lösung der von ihnen selbst aufgeworfenen und dargestellten Probleme in Aussicht stellt. Venturelli, der gerade den experimentellen Charakter der Textkonstruktion und den fortwährenden Prozesscharakter als ausschlaggebendes Element der Moderne erachtet, resümiert: „Es gibt gewißerweise keine definitiven, in sich abgeschlossenen Texte mehr, sondern nur die unendliche Entfaltung einer ewigen Konstruktions- und Strukturierungsarbeit [und es wäre zu ergänzen: Dekonstruktionsarbeit] ohne möglichen Schlußpunkt."[404] Alles muss, wie Jürgen Habermas es in seiner Diskursethik für moderne Gesellschaften beschreibt, stets kommunikativ neu ausgehandelt werden oder es darf, wie Derrida es für die Lektüre von Texten fordert, nie eine abschließende Interpretation zugelassen werden. Dies ist auch eine Charakteristik moderner Texte, die offen sind für vielerlei Deutungen, solange man sich bewusst ist, dass man selbst nur eine mögliche Deutung und Rezeptionsweise einnimmt. Neben dieser Dekonstruktion der Zentralperspektive sowie der sicheren Aussageabsicht des Autors beziehungsweise des Rezipienten ist jedoch auch ein Erzählverfahren notwendig, das diese dekonstruierende Haltung formal widerspiegelt und somit auch deutlich macht, dass die Texte auch für zum Teil divergierende Interpretationen offen sind. Außerdem werden mit der Dekonstruktion von traditionellen Erzählweisen kanonisch geltende Normen hinterfragt und in ihrem historisch kontingenten Entstehen entlarvt und neu ausgehandelt. Im

[403] Vgl. Bürger: Prosa der Moderne, S. 397.

[404] Venturelli: Robert Musil und die Idee einer „Klassischen Moderne", S. 19.

Folgenden sollen daher die wichtigsten formalen und sprachlichen Dekonstruktionen sowie die daraus neu „konstruierten" literarischen Darstellungsmittel kurz vorgestellt werden, da diese zum Verständnis moderner Texte und insbesondere des Werkes der drei ausgewählten Autoren unabdingbar sind.

4.2. Sprachliche und narrative Dekonstruktionen vor dem Hintergrund moderner Verunsicherung

Nicht nur die Sprache wird in moderner Literatur einem Prozess der Dekonstruktion unterzogen, indem Wörter aus ihren konventionellen und semantischen Einbindungen herausgelöst und montageartig neu zusammengestellt werden. Auch die strikten Gattungsgrenzen werden aufgehoben. Diese Dekonstruktion und Entgrenzung der Formen impliziert auch andere Kunstarten, indem beispielsweise in Theateraufführungen Text- oder Hörbeispiele auf die Bühne projiziert werden oder Darstellungstechniken anderer neuer Medien in literarische Texte Eingang finden, wie beispielsweise filmische Schnittmethoden in epischen Texten. Somit kommen die Uferlosigkeit und gleichzeitig der fragmentarische Charakter der Werke auch formal zum Ausdruck. Abgesehen von diesen die allgemeinen Grenzen aufhebenden Tendenzen moderner literarischer Texte gibt es, wie bereits kurz erwähnt, auch konkrete literarische Gattungen oder Techniken, welche aufgrund ihrer dekonstruierenden Technik moderne Denkweisen und moderne Anfragen ob ihrer Form schon artikulieren.

Die *Parodie* beispielsweise dekonstruiert per se immer ihre Vorlage, indem sie deren Wertsystem destruiert und deren meist positive Aussage der Lächerlichkeit preisgibt. Doch durch solch einen radikalen Bruch mit der Tradition und den verfremdeten Zugriff auf die abgenutzten Versatzstücke konstruiert sie – ohne ein positives Gegenbild zu schaffen – eine spezifisch moderne Sicht und setzt sich so über bestehende Vorstellungen hinweg.[405] Während die *Satire* wie die Parodie, nur ungleich schärfer, ein Ereignis oder Objekt als Missstand bloßstellt und kritisch entlarvt, versucht die vor allem in modernen Texten häufig zugrunde liegende Haltung und Stilform der *Ironie* neben der Entlarvung von Scheinwissen positiv „in der zerrissenen Moderne durch kombinatorische Identifikation von Gegensätzen […] noch

[405] Vgl. Höfele, Andreas: Parodie. In: Borchmeyer, Dieter/Žmegač, Viktor (Hgg.): Moderne Literatur in Grundbegriffen. 2., neu bearbeitete Auflage. Tübingen: Max Niemeyer, 1994, S. 340–343, S. 341 f.

den Anspruch der Ganzheit zu retten“[406]. Gleichwohl ist sich die Ironie allerdings der Unauflösbarkeit der Widersprüche bewusst und gestaltet sich als ein „unendlicher Prozeß der Annäherung an ein Ideal der Perfektibilität, deren Unerreichbarkeit gleichwohl bewußt ist“[407]. Die Ironie wird somit gerade in der Moderne zur vielfach eingesetzten literarischen Technik, um die aufgrund der Metaphysik- und Erkenntniskritik vielfach pessimistisch gewordene Weltsicht, die dennoch neben dem gleichzeitigen Einheitsstreben steht, literarisch auszudrücken, da sie neben der Dekonstruktion von Ideen und Werten dennoch die Utopie als Zielsetzung beinhaltet, zugleich aber auch deren letztendliche Unerreichbarkeit mitreflektiert.[408]

Ähnlich wie die Ironie ein positives Gegenbild aufscheinen lässt, um es gerade durch die ironische Verwendung gleich wieder zu verwerfen, kann auch die in der Moderne verwendete Allegorie zur Verlustanzeige werden.[409] Das barocke Konzept der *Allegorie*, das in Doppelung von Bild und Sinn den Begriff im Bild immer noch vollständig erhalten sieht, wird bei modernen Allegorikern verkehrt: Der alte Konsensus von Bild und Sinn, die Welt der Bedeutungen, die der barocke Allegoriker durch Sinnprojektion der eigentlich nichtigen Dinge aufgebaut hat, zerrinnt, sodass „die Bedeutungen der dargestellten Objekte […] ihre Priorität verlieren zugunsten der Objekte selbst, deren Aussage damit zur *Verlustanzeige* wird“[410]. Denn unterbleibt bei der Allegorie die Sinnprojektion, so wird „die Nichtigkeit absolut und die Allegorie zur Aussage des Sinnverlusts“[411]. Es bedarf allerdings einer stillen Übereinkunft zwischen Künstler und Rezipienten, um die eigentliche, traditionelle Bedeutung der Allegorie und gerade diesen Sinnverlust erfassen zu können.

Eine andere moderne literarische Gestaltungstechnik, bei der ebenfalls das Wissen des „Normalen“ vorausgesetzt wird, um dann die ungewohnte und überraschende Verwendung als solche auch erkennen zu können, ist die

[406] Vietta: Die literarische Moderne, S. 199.

[407] Ebd.

[408] Vgl. ebd.

[409] Vgl. Gaede, Friedrich: Allegorie. In: Borchmeyer, Dieter/Žmegač, Viktor (Hgg.): Moderne Literatur in Grundbegriffen. 2., neu bearbeitete Auflage. Tübingen: Max Niemeyer, 1994, S. 30–32.

[410] Ebd., S. 30. Vgl. vor allem Benjamin, Walter: Ursprung des deutschen Trauerspiels In: Benjamin, Walter/Tiedemann, Rolf/Schweppenhäuser, Hermann (Hgg.): Gesammelte Schriften. Bd. 1. Gesammelte Schriften Teil 1. Frankfurt am Main: Suhrkamp, 1974, S. 203–430.

[411] Gaede: Allegorie, S. 31. Gaede führt als Beispiel etwa die Allegorie des Schiffs an, „das als Kirchen- und Narrenschiff allegorischen Ruhm gewann, in Brechts gleichnamigen Gedicht [aber] zur Verkörperung des Selbst, das seine Erlösung (=Himmel) sucht und nicht mehr finden kann: ‚Und seit jener hinblich […] fühl ich tief, daß ich vergehen soll‘. Der Tod Gottes nimmt dem Schiff das Ziel und macht die eigene Vergänglichkeit absolut.“ (S. 31 f.)

Verfremdung. Dieses Verfahren der Dekontextualisierung und Dekonstruktion, bei welchem Handlungen „aus ihren vorgegebenen mentalen Kontexten gelöst und durch ein absichtlich inadäquates Vorstellungssystem relativiert erscheinen“[412], eignet sich ebenfalls gut für eine Kritik am Wahrheitsbegriff, da die scheinbar objektiv geltende Wahrheit von besagten Handlungen oder Motiven ja gerade in Frage gestellt wird.[413] Eine der Verfremdung ähnliche Kunstform, bei der noch stärker die Dekonstruktion im Vordergrund steht, ist die *Groteske*, die willkürlich verzerrte, übersteigerte, verkehrte Darstellung von Gegenständen, die folglich lächerlich, absurd oder schaurig wirken. Charakteristisch für die Groteske ist „die Kombination von eigentlich Unkombinierbarem[414], von Elementen, die in einem geordneten Weltbild neben- oder gegeneinander existieren: häßlich und schön, krumm und gerade, scheußlich und lächerlich, grauenvoll und komisch“[415]. Gerade in der Moderne, in welcher der Glaube an eine heile und geordnete Welt verloren ging, eignet sich die Groteske, um eben diesen Verlust auszudrücken. Die intendierte Wirkung ist, beim Leser Lachen und Grauen hervorzurufen. Doch soll das Grauen und Hässliche nicht mehr wie bis ins Ende des 19. Jahrhunderts nur als Kontrastprinzip und Steigerungsmittel des Schönen verstanden werden, sondern als eigenwertiges Faszinosum Einzug in literarische Texte erhalten. Die sogenannte „Ästhetik des Hässlichen“, eine ästhetische und literarische Dekonstruktion, die sich am direktesten gegen die ästhetischen Leitnormen, gegen die Ästhetik des Schönen und gegen die sie tragende Metaphysik wendet,[416] stellt die hässlichen und disharmonischen Züge der modernen Welt durch literarische Gestaltungstechniken wie beispielsweise Verfremdung und Groteske unverfälscht dar, statt sie im ästhetischen Schein zu kompensieren. Doch soll damit nicht nur der traditionelle metaphysisch-theologische Schönheits-

[412] Vgl. Žmegač, Viktor: Verfremdung. In: Borchmeyer, Dieter/Žmegač, Viktor (Hgg.): Moderne Literatur in Grundbegriffen. 2., neu bearbeitete Auflage. Tübingen: Max Niemeyer, 1994, S. 453–457, S. 454.

[413] Bertolt Brecht prägt für das moderne epische Theater den Begriff des Verfremdungseffekts. Dieses literarische Stilmittel beschreibt sein Anliegen, jegliche Illusion des Theaters durch Kommentare, Lieder oder regieführende Elemente wie beispielswiese das Umziehen auf der Bühne oder das Sichtbarwerdenlassen der Lichtquellen zu zerstören, um dem Zuschauer es zu ermöglichen, eine kritische Distanz zum Dargestellten einzunehmen und sich somit der Veränderbarkeit der Geschichte gewahr zu werden.

[414] Das Wort Groteske leitet sich von italienisch „grotta“ ab, da in Höhlen, „Grotten“, aus spätrömischer Zeit Wandverzierungen überliefert sind, in denen die Vermischung von Nichtzusammengehörendem zum Stilprinzip geworden war. Vgl. Fischer, Jens Malte: Groteske. In: Borchmeyer, Dieter/Žmegač, Viktor (Hgg.): Moderne Literatur in Grundbegriffen. 2., neu bearbeitete Auflage. Tübingen: Max Niemeyer, 1994, S. 185–188, S. 185.

[415] Ebd., S. 186.

[416] Vgl. Vietta: Die literarische Moderne, S. 219.

begriff, die Schönheit als Erscheinungsform des Göttlichen oder als Abbild der platonischen Ideen, zurückgewiesen werden, sondern das Widerwärtige, das Böse, die Krankheit, das physische und metaphysische Leid als Modalitäten der Existenz in der Moderne dargestellt werden. Das Schöne scheint so durch die Realität schon dekonstruiert und kann in dekonstruierenden literarischen Darstellungstechniken als solches zum Ausdruck gebracht werden.

Insgesamt lässt sich somit festhalten, dass das eingangs erläuterte Prinzip der Dekonstruktion sich in besonderer Weise eignet, literarisch die Epoche der Moderne sowohl geistesgeschichtlich als auch literaturwissenschaftlich zu beschreiben. Dekonstruktion benennt so „einen fortlaufenden Prozess der inneren Analyse und Kritik", der nicht von außen aufgezwungen, sondern Ausdruck der verändert wahrgenommenen Wirklichkeit ist, der sich literarisch in neuen – dabei viele traditionelle Erzählweisen dekonstruierenden – Gestaltungstechniken in den Texten niederschlägt. Dass dies einen nie endenden Prozess der immer wieder neuen kritischen Selbstreflexion, Erneuerung, Kritisierung und Fortschreibung des Vorhandenen darstellt, versteht sich von selbst, wenn akzeptiert wird, dass keine scheinbar feststehende Norm, kein literarischer Text sowie kein religiöses Symbol eine definitive Bedeutung haben, denn „in einer Welt der Ambivalenzen [kann] nichts Endgültiges geschrieben werden „[417].

Eine weitere Dekonstruktion ist, wenn man so will, auch die Intertextualität beziehungsweise Internarrativität, da im intertextuellen/internarrativen Spiel Zitate, Motive oder allgemeiner Narrationen aus ihrem jeweiligen Kontext gerissen werden – das heißt, der ursprüngliche Kontext wird zerstört – und in ein neues Verhältnis gesetzt werden, womit eine neue Konstruktion, eine neue Sinnkonstitution erfolgt. Intertextuelle und internarrative Referenzen sind kein rein bedeutungsleeres und intentionsloses Spiel, sondern oft Bedingung dafür, dass es beispielsweise zu einer ironischen oder parodistischen Dekonstruktion kommen kann. Denn die Weise, wie eine Narration – respektive ein Text – eine andere Narration vergegenwärtigt, sagt etwas darüber aus, wie die Narration sich zu der Narration verhält, die sie heraufruft, was literaturwissenschaftlich dann beispielsweise als ironische Distanznahme, parodistische Bezugnahme, Verfremdung etc. analysiert werden kann. Das Konzept der Intertextualität beziehungsweise Internarrativität eignet sich, wie bereits erläutert, besonders für die Verhältnisbestimmung zwischen Religion und Literatur, weshalb im Folgenden – wissend um die dekonstruierende Bedeutung der Intertextualität/Internarrativität und ihrer einzelnen literarischen Gestaltungsmittel – der Um-

[417] Mautner: Nichts Endgültiges, S. 190.

gang mit spezifisch religiösen Texten, Themen und Narrationen in der Literatur der Moderne dargelegt wird.

4.3. Das Religiöse als ästhetisch-poetisches Spielmaterial – Umgang mit religiösen Texten, Themen und Narrationen in der modernen Literatur und die Sehnsucht nach bleibendem Glück

„Sie werden lachen: die Bibel." – So hat der religionskritische Bertolt Brecht kurz nach dem Erfolg mit seiner „Dreigroschenoper" auf die Frage geantwortet: „Welches Buch hat Ihnen in Ihrem Leben den stärksten Eindruck gemacht?"[418] Die Bibel bleibt, so Georg Langenhorst, selbst nach einer durchgreifenden Säkularisierung, nach der Metaphysikkrise und dem Bewusstsein ihrer kontingenten Entstehung „in allen drei Hauptgattungen, ja neben den Mythen der Antike der zentrale Bezugsrahmen unserer Kultur"[419]. Auch Thomas Mann verweist gern auf das „Buch der Bücher" und begründet das Lesen darin wie folgt:

> „Die Frage des Menschen, woher er kommt, wohin er geht, die Frage nach seiner Stellung im All ist uns allen in diesen aufwühlenden Jahrzehnten auf ganz neue Art zum geistig-religiösen Anliegen geworden, zu einem Problem, das sich jeder Lösung entziehen und bestimmt sein mag, ein Geheimnis zu bleiben, dem der Denker, der Anthropolog, der Altertumsforscher und Paläontolog, der Theolog, der Gesellschaftsphilosoph, der Dichter, jeder auf seine Art und mit seinen Mitteln, einen produktiven Tribut darzubringen sich gedrängt fühlt. Ist es zu verwundern, daß ich, in diese Richtung gelenkt, die Bibel aufschlug, um meinen Träumen und Wünschen Nahrung zu geben?"[420]

Thomas Mann scheint in diesem Zusammenhang biblische Texte als sinnstiftend zu verstehen, da er in ihnen Antwortmöglichkeiten für seine Träume und Wünsche sieht und ihnen – zumindest neben der Anthropologie, der Paläontologie, der Theologie, der Geschichtsphilosophie und der

[418] Bertolt Brecht: Interview. In: Die Dame, Beilage: Die losen Blätter, Heft 1, 1. Okt.1928, S. 16., zitiert nach: Brecht, Bertolt/Hecht, Werner/Knopf, Jan (Hgg.) [u. a.]: Werke. Große kommentierte Frankfurter und Berliner Ausgabe, Bd.21: Schriften 1914–1933. Frankfurt am Main: Suhrkamp, 1992, S. 248; 697 f.

[419] Langenhorst: Bibel und Literatur, S. 411.

[420] Thomas Mann: Vom Buch der Bücher und vom Joseph. In: Mann, Thomas: Gesammelte Werke in dreizehn Bänden. Bd. 13. Nachträge. Frankfurt am Main: Fischer, 1974, S. 199–206, hier S. 203.

Literatur – die Kompetenz zuschreibt, bezüglich der letzten Fragen des Mensch-Seins Orientierung zu gewähren. Doch ist solch ein – vielleicht auch für Thomas Mann nicht gerade charakteristischer – redlich sich bemühender Zugang zur Bibel bei Autoren im 20. Jahrhundert eher eine Ausnahme. Brechts vorausgeschobener Zusatz „Sie werden lachen" deutet schon unmissverständlich an, dass die Bibel ihm zwar wichtig zu sein scheint, doch wohl eher nicht in ihrer klassischen Bedeutung als Heilige Schrift, sondern vielmehr unter literarischen Gesichtspunkten als Konglomerat von aussagekräftigen alttestamentlichen Motiven und Mythen, von zum Teil unglaublichen Erzählungen und vor allem von einer kaum vergleichbaren Sprachgewalt. Die Prinzipien der Moderne haben sich so weit durchgesetzt, dass auch das Religiöse zum ästhetisch-poetischen Spielmaterial wird, das beispielsweise verfremdet, parodiert, ironisch gebraucht oder völlig neu kombiniert wird. Biblische Texte und Narrationen bilden da keine Ausnahme. Auch hier werden gezielt biblische Stoffe und Motive in künstlerischer Freiheit aufgegriffen und einer konsequenten Dekonstruktion unterzogen, wie es zum Beispiel Taboris *Goldbergvariationen* eindrücklich zeigen.[421] Die als Theater im Theater dargestellten biblischen Erzählungen bleiben ohne jegliche christlich-heilsgeschichtliche Perspektive. Die Theaterprobe, die „Heiligen Improvisationen"[422] oder das „schweinische[] Stück"[423], wie eine Figur das Theaterstück eingangs nennt, besteht aus einer Aneinanderreihung wichtiger biblischer Eckpfeiler – darunter die Schöpfungsgeschichte, die Sintflut, der Tanz um das Goldene Kalb, Abraham und Isaak – und kulminiert schließlich in der Passionsgeschichte. Tabori entwirft dabei eine mit Anspielungen und Ambivalenzen gespickte Collage, in der biblische Texte und sie dekonstruierende Kommentare und Zitate beispielsweise von Paul Celan[424] nebeneinander stehen. Verschiedene Figuren schlüpfen in die Rolle Gottes, über welchen Tabori schreibt, er wäre ein „Clown", der

[421] Taboris Goldbergvariationen werden zwar aufgrund der Radikalisierung des schon in der Moderne charakteristischen Prozesses der Dekonstruktion, wenn man so will, oft eher der Postmoderne zugeordnet. Da sie allerdings in eindrücklicher Weise das Thema Erlösung kreativ bearbeiten und eine strikte Trennung in Moderne und Postmoderne nicht möglich und nicht sinnvoll ist, sollen sie hier dennoch als Beispiel angeführt werden, wie biblische Texte zum ästhetischen Spielmaterial werden.

[422] Tabori, George: Die Goldberg-Variationen. Deutsch von Ursula Grützmacher-Tabori. In: Spectaculum 55. Sechs moderne Theaterstücke. Frankfurt am Main: Suhrkamp, 1993, S. 231–271, S. 260.

[423] Ebd., S. 234.

[424] „Es gibt noch Lieder zu singen jenseits der Menschen" S. 271. Warum Paul Celan anzitiert wird und warum gerade dieser als Hoffnungsbekundung (beispielsweise von Erich Fried) interpretierte Vers ausgerechnet vom Regisseur Mr. Jay kurz vor Schluss geäußert wird, müsste noch genauer untersucht werden.

> „von Gen I/1 bis zum Ende herumrennt, die Dinge zu organisieren versucht, und immer mißlingt es, alles geht schief; [... er ist] voll großer Ideen und Konzeptionen, die an der Realität zerschmettern, inmitten eines Chaos von Menschen, die nicht hören wollen, unaufhörlich ihre Unvollkommenheit beklagen, die doch nur ein Widerschein der seinen ist“[425].

Die biblische Erzählung vom schöpfungsmächtigen und geschichtsmächtigen Gott wird so zum einen einer radikalen Dekonstruktion und Umbewertung unterzogen, vielmehr wird aber die im Zentrum des Theaters im Theater stehende Passionsgeschichte neu geschrieben. Tabori löst das Kreuz aus seiner festgelegten Rolle und hebt die Identifikation mit dem Signifikat auf: das Kreuz ist in der radikal antimetaphorischen Aussage „Ein Kreuz ist ein Kreuz [...] ist ein Kreuz“[426] gerade *nicht* Zeichen des Heils.[427] Das Leiden und der Tod Jesu sowie das Leiden und der Tod aller Menschen bleiben in ihrer Einzigartigkeit und Sinnlosigkeit bestehen.[428]

Was sich in der Postmoderne, zu welcher Taboris *Goldbergvariationen*, wenn man so will, zuzuordnen sind, nur noch als gleichgültiges, reines ästhetisches Spiel an Assoziationen und ironisierenden Andeutungen biblischer Texte verstehen lässt, zeigt sich in der Moderne zu Beginn des 20. Jahrhunderts noch ernsthafter. Entscheidend ist, dass die grundlegenden Fragen, wie sie auch noch bei Tabori vorkommen, angeschnitten werden. Auch wenn affirmative Aussagen des Glaubens keine Rolle mehr zu spielen scheinen – es sei denn im Zerrbild – stellen sie verhalten subtil, offen beklagend oder satirisch den heillosen und erbarmungsbedürftigen Zustand der erlebten Welt bloß. Das zeigt ex negativo:

> „Die Sehnsucht nach Befreiung aus diesem desolaten Zustand und das Verlangen nach einem sinnvollen Leben, einer gesunden Umwelt, einem gerechten Miteinander, einer geglückten Partnerschaft, einer Befreiung von Schuld, einem sanften Sterben sind [...] nicht verstummt.“[429]

---

425 Tabori, George: Unterammergau oder Die guten Deutschen. In: Tabori, George: Unterammergau oder Die guten Deutschen. Übersetzung von Sandberg, Peter/Grützmacher-Tabori, Ursula. Frankfurt am Main: Suhrkamp, 1981. (Edition Suhrkamp; 1118), hier S. 26 f.

426 Tabori: Die Goldberg-Variationen S. 264.

427 Vgl. Mautner, Josef P.: „Ein Kreuz ist ein Kreuz ist ein Kreuz“. Eine Dekonstruktion. In: Ebach, Jürgen/Faber, Richard (Hgg.): Bibel und Literatur. München: Fink, 1995, S. 47–60., hier S. 58.

428 Vgl. ebd.

429 Motté, Magda: Auf der Suche nach dem verlorenen Gott. Religion in der Literatur der Gegenwart. Mainz: Matthias-Grünewald-Verlag, 1997. (Religion und Literatur; Bd. 6), S. 9.

Der Unterschied beispielsweise zur klassischen Narration ist nur, dass im modernen Roman wie im modernen Theater wie in der modernen Lyrik die Suche nach dem Lebenssinn kaum mehr in der Sinnfindung endet: Die Möglichkeit einer sicheren Sinnfindung wird negiert oder die Zustimmung zur Welt scheint nur noch fragmentarisch möglich.[430]

Bezeichnend für das frühe 20. Jahrhundert ist auch, dass man in solch einer Situation, in der das traditionell christlich-metaphysische ordo-Denken weggebrochen ist, nach Alternativen zu den westlichen Denkweisen sucht und sich verstärkt mit neuen spirituellen Wegen des Buddhismus oder Taoismus beschäftigt.[431] Breite Buddhismusrezeptionen in dieser Zeit zeigen, dass der südostasiatische Raum zum Sammelbecken utopischer Wunschvorstellungen wird, da hier die Theodizeefrage nicht gestellt wird. Doch Alfred Döblin, der in seinem Roman *Die drei Sprünge des Wang-lun* die entscheidende Frage stellt: „Stille sein, nicht widerstreben, kann ich das denn?" (WL, 495) wird darauf aufmerksam, dass die vom Buddhismus inspirierte Vorstellung des taoistischen Quietismus, dem Nicht-Widerstreben angesichts von Leid und Ungerechtigkeit, für seine Figuren auch keine befreiende und tröstende Alternative sein kann.[432] Vielfach ist in literarischen Texten der Moderne eine tiefe Beunruhigung zu spüren. Es fällt schwer, die Flüchtigkeit des frohen Moments zu akzeptieren und die Endlichkeit des Lebens einfach so hinzunehmen.

Bei aller schonungslosen Dekonstruktion und allem ästhetischen Spiel der Moderne, worin sich auch Döblin, Lavant und Dürrenmatt es, wie noch zu zeigen sein wird, verstehen, bleibt somit dennoch – auch in negativer Form – ein Mangel und positiv formuliert ein impliziter Wunsch bestehen. Für diese vielfach von Literaten direkt oder implizit ausgedrückte Sehnsucht nach religiöser Geborgenheit, dem Wunsch, sich nicht mit der so erlebten defizitären Wirklichkeit abfinden zu wollen, den Tod nicht das letzte Wort haben zu lassen und umgekehrt das erlebte Glück nicht bald schon als endgültig vergangen wissen zu müssen, für diese Sehnsucht kann theologisch der Begriff „Erlösungsbedürftigkeit" gebraucht werden.

[430] Vgl. Kurz: Gestaltwandel des modernen Romans, S. 14.

[431] Kocher, Ursula: Schweben in der Lotusblüte. Buddhismus als Thema der deutschen Literatur zu Beginn des 20. Jahrhunderts. In: Eckel, Winfried/Hilmes, Carola/Nell,Werner (Hgg.): Projektionen – Imaginationen – Erfahrungen. Indienbilder der europäischen Literatur. Remscheid: Gardez!-Verlag, 2008, S. 154–169, S. 158.

[432] Zur genauen Begründungsfigur sei verwiesen auf das Kapitel IV: „Der metaphysische Narr" auf metaphysischer Suche – Alfred Döblins literarisches „Heranpirschen an Einsichten".

5. Erlösung als Thema in moderner Literatur

Faktisch ist es schwierig, einen solch theologisch konnotierten Begriff einfach für literarische Texte anzuwenden, die in nicht christlichem und nicht kirchlichem Raum entstanden sind und rezipiert werden. Aus diesem Grund wird auch eindrücklich darauf hingewiesen, dass dieser Begriff nur als theologische Bezeichnung für eine – wie auch immer sie sich in den literarischen Texten äußert – Grundbefindlichkeit des Menschen Verwendung findet und damit immer zugleich auch schon eine Interpretation der Texte impliziert. Doch soll hier keineswegs voreilig eine theologische Vereinnahmung dieser Texte erfolgen. Vielmehr ist Untersuchungsgegenstand der Arbeit, ob das, was religiös und dann spezifisch christlich unter Erlösungsbedürftigkeit verstanden wird, eine geeignete Beschreibungskategorie für das ist, was sich in literarischen Texten Döblins, Lavants und Dürrenmatts äußert. Eine Untersuchung mit der eingangs erläuterten und begründeten Internarrativitätstheorie ist bei dieser Fragestellung besonders vielversprechend, da hier jeweils genau analysiert und erläutert werden kann, wann die Literaten selbst auf biblische beziehungsweise religiöse Erlösungsvorstellungen zurückgreifen und wie diese Bezugnahme konkret erfolgt. Die vorliegende Arbeit will daher weit vorsichtiger mit dem Begriff „Erlösung" umgehen, als es in dem bislang so wenig untersuchten Forschungsfeld der Fall ist.[433] Auch sollen unbegründete und vorschnelle Interpretationen wie „Und in der Tat wird Becker und Rosa die Erlösung schließlich zuteil."[434], um nur ein Beispiel einer Döblin-Interpretation herauszugreifen, vermieden werden, da hier weder erläutert wird, worin genau die Erlösung bestehen soll, wovon oder wozu eine Figur Erlösung erfährt noch welches Erlösungsverständnis gemeint ist.

Ein theologischer Kommentar zum Erlösungsbegriff wird am Ende der Arbeit erfolgen, da dieser nach der Besprechung und mit den Erkenntnissen der in den literarischen Texten geäußerten Hoffnungen, Zweifel und Be-

[433] Nach meiner Recherche gibt es, soweit ich weiß, lediglich einige Aufsätze zu diesem Thema, die allerdings sehr oberflächlich auf die grundsätzliche Frage nach Erlösung eingehen und die entsprechenden literarischen Werke keineswegs tiefgründiger analysieren. Meines Erachtens ist eine genaue Textarbeit gerade bei dieser Fragestellung sowie ein weiterer zu untersuchender Textkorpus jedoch unabdingbar. Vgl. Frühwald, Wolfgang: Das Thema „Erlösung" in der modernen deutschen Literatur. Der christliche Beitrag zum literarischen Dialog in den fünfziger und sechziger Jahren unseres Jahrhunderts. In: Lebendiges Zeugnis 36 (1981), S. 32–45. Vgl. auch Weiss, Walter: Erlösung als Thema der modernen Literatur? In: Salzburger Theologische Zeitschrift 1 (1997), S. 37–43. Vgl. Mautner: Erlösung?

[434] Weyembergh-Boussart, Monique: Alfred Döblin. Seine Religiosität in Persönlichkeit und Werk. Bonn: Bouvier, 1970. (Abhandlungen zur Kunst-, Musik- und Literaturwissenschaft; 76), S. 310.

stimmungen erörtert wird. Ausgehend von der biblisch begründeten und theologisch reflektierten Hoffnung auf Erlösung sollen die Erlösungsnarrationen, welche literarische Texte der Moderne geprägt haben, überdacht werden. Für das Erlösungsverständnis, wie es vielfach für literarische Texte analysiert wurde, ist die Ästhetik Hegels beziehungsweise seine begriffsbestimmte Auseinandersetzung mit der Erlösungs- und Versöhnungsidee, die er als Ausgangs- und Zielpunkt seines Denkens bestimmt, vor allem nach der zunehmenden Skepsis hinsichtlich eines von Gott begründeten sinnvoll eingerichteten ordo-Zusammenhangs entscheidend.[435] Erlösung ist bei Hegel als „versöhnte Rückkehr aus seinem Anderen zu sich selbst"[436] gedacht, was er folglich als den eigentlichen „Grundbegriff des absoluten Geistes"[437] bestimmt.[438] Er entwirft so eine auf die Zukunft hin ausgerichtete geschichtliche Teleologie der Kunst, die für das literaturgeschichtliche Denken und vor allem für die Ästhetik der klassischen Romanform dergestalt prägend geworden ist, da „diese Denkform [...] ihre Entsprechung in der ästhetischen Bevorzugung klassisch-bürgerlicher, teleologisch strukturierter Erzählformen [findet], in denen die Ambivalenz der handelnden Personen und der ‚verhandelten' Werte am Schluß der Erzählung in die erlösende Eindeutigkeit von Gut und Böse, von Wahr und Falsch, von Gerecht und Ungerecht transformiert werden"[439]. Adorno kritisiert an Hegel, dass „der Nachweis positiv vollbrachter Versöhnung" lediglich „postuliert" und, „als superiore Leistung des Bewußtseins angepriesen"[440] würde und offenbare, wie Norbert Wokart moniert, „wie sehr die philosophische Struktur seiner Weltgeschichte durch die Struktur und Inhalte der bürgerlichen Tag- und Wunschträume bestimmt" werde.[441] Auch in der Literatur müssen durch die sich vermehrt übergreifende religiöse Skepsis „Erlösung und Versöhnung, Erfüllung und Glück [...] also entweder trivialisiert oder gar zu Fiktionen werden, und so tritt an die Stelle der Wirklichkeit die

[435] Vgl. Wokart, Norbert: Bibel, Hegel und Groschenroman. In: Ebach, Jürgen/Faber, Richard (Hgg.): Bibel und Literatur. München: Fink, 1995, S. 31–45, S. 37. Vgl. auch Mautner: Erlösung?, S. 454–458.

[436] Hegel, Georg Wilhelm Friedrich: Vorlesungen über die Ästhetik. Zweiter Band. In: Hegel, Georg Wilhelm Friedrich/Glockner, Hermann (Hg.): Sämtliche Werke. Jubiläumsausgabe in zwanzig Bänden. Bd. 13. Stuttgart: Frommanns Verlag, 1953, S. 149.

[437] Ebd.

[438] „Der Versöhnung als Prinzip der Weltgeschichte entspricht als erkenntniskritisches Instrument die Synthese, durch die die Unterschiede des Andersseins der für sich bestehenden Momente des Begriffs aufgehoben werden." Wokart: Bibel, Hegel und Groschenroman, S. 37.

[439] Mautner: Erlösung?, S. 457. Mautner verweist hierbei auch auf: Zima, Peter: Roman und Ideologie: zur Sozialgeschichte des modernen Romans. München: Fink, 1986.

[440] Adorno, Theodor W./Tiedemann, Rolf (Hg.): Gesammelte Schriften. Band 6. Negative Dialektik. Frankfurt am Main: Suhrkamp, 1973, S. 329.

[441] Wokart: Bibel, Hegel und Groschenroman, S. 39.

Illusion"[442]. Was in fast jeder Lebenssituation Werbung, Freizeitparks oder esoterische Gruppierungen anbieten, um nur einige Beispiele zu nennen, gibt es auch in der Unterhaltungsliteratur, die Wokart mit dem Begriff Trivialisierung umschreibt – wobei er darunter nicht die ästhetische Kategorie der unbedachten Abwertung von Literatur verstehen will, sondern sich ausschließlich auf die philosophische Kategorie bezieht, und sie auf „die reduzierte Erscheinungsweise [beschränkt], in der die Ideen der Erlösung, Erfüllung und Versöhnung auftreten"[443]. Solche Trivialliteratur[444] ist für ein Massenpublikum geschrieben, deren geistige und emotionale Bedürfnisse und Werte sie zu stillen versucht und oft gestaltet sie sich als Liebesgeschichte mit derselben stereotypen Struktur, welche „die immerselbe Bewegung des einseitigen Insichseins der Subjekte und ihres Außersichseins im Geliebten zum Inhalt [hat], bis auch hier die Erfüllung als Versöhnung eintritt, indem man sich im anderen selber wieder findet"[445]. Die Nähe zur Hegelschen Ästhetik ist ersichtlich. Doch die Struktur mit dem vom Leser schon zu Beginn erwarteten „Happy-End" tritt in der gegenwärtigen Zeit vor allem auch in Hollywood-Filmen zutage, weswegen die Frage vom amerikanisch-jüdischen Schriftsteller und Literaturwissenschaftler Raymond Federman in seinen Notizen zu Steven Spielbergs Film *Schindlers Liste* (1993/1994) berechtigt ist: „Kann die Menschheit weiterleben ohne Erlösung? Nein; was ich meine, können Filme, können Hollywoodfilme ohne Erlösung überhaupt funktionieren?"[446] Wie Hegels philosophische Konstruktion ermöglichen diese trivialen Geschichten Fluchten in eine fiktive Welt, in eine utopische Gegenwelt, in der erdichtet wird, was sich im Leben niemals so einfach ereignet: Versöhnung, Erfüllung und Erlösung. Solche Formen von Erlösung sind nur Ersatzformen, bloße Surrogate für das eigentlich reale Leben und bedingen genau die gegenteilige Haltung, die bestehenden Verhältnisse zu affirmieren, sich mit seiner eigenen unerlösten Existenz abzufinden und über die Fiktion hinaus nichts Weiteres mehr zu erwarten: „Versöhnungslose Wirklichkeit und wirklichkeitslose Erlösung

[442] Ebd., S. 40.

[443] Ebd.

[444] Wokart gibt als Beispiel hierfür den heute als veraltet empfundenen Begriff des Groschenromans an. Die Charakteristika des Groschenromans können jedoch genauso gut auf heutige sogenannte „Trivialliteratur" angewandt werden.

[445] Wokart: Bibel, Hegel und Groschenroman, S. 41.

[446] Federman: Kritzeleien im Dunkeln. Oder: Welchen Preis haben Schindlers Töpfe und Pfannen? In: Lettre International 25 (1994), S. 106. Zu Schindlers Liste gibt Federman selbst eine Antwort: „Oskar [Schindler] ist der Wunschtraum jedes Produzenten. Er bringt Klasse und kinderleichte Erlösung ins grauenhafte Geschäft der Ausrottung."

stehen hier nebeneinander, ohne aufeinander bezogen zu werden und sich aneinander zu stoßen."[447]

Wenn literarische Texte hinsichtlich ihrer Erlösungsempfindlichkeit untersucht werden, so muss neben der zeitlichen Einordnung klar sein, über welche literarischen Texte gesprochen wird. Es gibt Literatur – Wokart nennt sie Trivialliteratur –, welche sich über die aus der defizitären Wirklichkeitserfahrung ergebenden Leerstellen und Zweifel hinwegtröstet, indem sie eine utopische Gegenwelt entwirft, die sich auf eine Illusion stützt und so das eigentliche Problem nur verdrängt. Eine Analyse solcher Literatur würde zwar die anthropologischen Grundkonstanten, die Sehnsüchte und Hoffnungen von Menschen hervortreten lassen, allerdings fehlt dabei der konkrete Blick auf den konkreten Menschen mit seinen konkreten Ängsten, weswegen solche Texte nicht im Fokus der vorliegenden Studie stehen. Auch religiös geprägte Texte, welche die christlich erlösende Botschaft tröstend in den Vordergrund stellen und dabei unter dem Verdacht stehen, die konkrete defizitäre Wirklichkeit zu übergehen, werden nicht Untersuchungsgegenstand der Arbeit sein.

Es gibt hingegen auch literarische Texte, die nicht über die Ambivalenzen hinweggehen, die nicht nur ein schnelles Quietiv suchen und die nicht im Glauben ohne Weiteres Trost finden, sondern sich an den Problemen der menschlichen Existenz abarbeiten und sich so als Selbstauslegung des Menschen verstehen lassen. Solche Texte zeigen Leerstellen auf, auch indem sie Gegenwelten eröffnen, die sich jedoch gerade nicht dadurch auszeichnen, dass sie Ambivalenzen einfach verklären, sondern menschliche Sehnsüchte thematisieren und mögliches Scheitern offen darstellen und anklagen. Diese Texte setzen sich mit religiösen Erlösungsvorstellungen und Sinnangeboten auseinander und dekonstruieren diese mitunter auch, wie Mautner es als charakteristisch für moderne Texte sieht, die auf die Dekonstruktion von Hegels philosophischer Ästhetik aufbauen.[448] Es gibt bislang nur wenig Forschungsliteratur, die sich einschlägig mit dem Thema der Erlösung in moderner Literatur beschäftigt und manche gehen nur sehr oberflächlich auf die grundsätzliche Frage nach Erlösung ein und analysieren die entsprechenden literarischen Werke keineswegs tiefgründiger. Eine genaue Textarbeit sowie ein umfangreicherer Textkorpus als Untersuchungsgegenstand wären gerade bei dieser Fragestellung unabdingbar. Wolfgang Frühwald stellt zwar zurecht fest, dass

[447] Wokart: Bibel Hegel und Groschenroman, S. 44, vgl. auch S. 43.

[448] Vgl. Mautner: Erlösung?, S. 463.

„moderne christliche Literatur also [...] nicht eine Literatur derer [ist], die Jesus zu besitzen vorgeben, die ihrer Erlösung und ihres Heiles sicher sind, sondern derer, die ihn suchen und nach Erlösung schreien, denen das ‚Eli, Eli, lama sabachtani' näher liegt als die Freude der Frauen am Ostermorgen"[449].

Doch beschränkt Frühwald sich in seiner Untersuchung auf christliche Literatur – wobei darüber zu streiten wäre, ob Max Frisch hierzu zu zählen ist – und reduziert Erlösung auf das Kreuzesgeschehen und untersucht folglich nur Texte mit „dem großen literarischen Thema des Leidens und der Kreuzigung"[450]. Demgegenüber soll ein weiteres, nicht nur ein auf Erlösung von den Sünden durch den Kreuzestod des Gottessohnes reduziertes, Erlösungsverständnis zugrunde liegen. Der Literaturwissenschaftler Walter Weiss versieht den Titel seines Aufsatzes *Erlösung als Thema der modernen Literatur?* bewusst mit einem Fragezeichen, da er in modernen Texten eine Tendenz zur Anti-Utopie und eine zunehmende Fragwürdigkeit der Beschwörung universaler Weltordnungen sieht und nur noch von einem paradoxen Erlösungsaugenblick sprechen mag. Weiss stellt zurecht die Erlösungsskepsis als ein wesentliches Charakteristikum in der modernen Literatur dar, allerdings liegt seiner assoziativen Aneinanderreihung von literarischen Texten, die dem Autor zufolge etwas mit Erlösung oder Rettung zu tun haben, ein sehr diffuser und nicht klar umrissener Erlösungsbegriff zugrunde. Freilich spiegeln sich Erlösungsvorstellungen nicht allein in der Rezeption biblischer Themen, Motive und Figuren, die Literatur des 20. Jahrhunderts beschäftigt sich auch nicht in erster Linie mit dem theologisch definierten Begriff von Erlösung; vielmehr steht der Prozess der Dekonstruktion einer begriffsbestimmten und teleologisch ausgerichteten Ästhetik und somit die Fragwürdigkeit der Erlösung im Vordergrund.[451] „Erlösung ist im Horizont der Moderne fragwürdig und somit zu einem ästhetischen Problem geworden."[452] Mit dem Wirksamwerden der Aufklärung ist, wie gezeigt, nicht nur die Vorstellung von der Welt als theonomem ordo-Zusammenhang zerbrochen, auch die damit verbundene klassisch-theologische Erlösungskonzeption wurde angesichts der großen Diskrepanz zwischen konkreter Weltwahrnehmung und religiöser Botschaft in Frage gestellt.

Auch wenn die Begriffe Gott und Erlösung im Werk Franz Kafkas kaum vorkommen – „Wer nicht versteht, was Kafka den Gebrauch dieses Namens

[449] Frühwald: Das Thema „Erlösung" in der modernen deutschen Literatur, S. 33.
[450] Ebd., S. 34.
[451] Vgl. Mautner: Erlösung?, S. 454 f.
[452] Ebd., S. 455.

verbietet,“ , so Walter Benjamin, „versteht von ihm keine Zeile“[453] – so hat doch kaum ein Literat der Moderne so eindrücklich nicht nur die Erzählformen des klassisch-bürgerlichen Romans dekonstruiert, sondern auch die Fragwürdigkeit der Erlösung in einem für die Moderne traditionsbildenden Text behandelt. Ohne Walter Benjamins Kafka Interpretation einen alleingültigen Stellenwert zuzusprechen, weisen sein Kafka-Essay in der *Jüdischen Rundschau* sowie einige ihn ergänzende Briefzeugnisse, Gespräche und Notizen aber doch auf eine grundlegende Disposition in Kafkas Wirken hin. Walter Benjamin rekurriert auf die Dialektik zwischen „Halacha“, der religiösen Lehre, und den sie auslegenden Erzählungen des rabbinischen Schrifttums, der „Haggadah“, um Kafkas eigene Erzählungen als „Haggadah“ zu interpretieren, welche die „Halacha“ kommentieren.[454] Benjamin verweist allerdings auf das „Janushafte“ der Kafkaschen Texte, die im Bewusstsein geschrieben sind, dass die „Halacha“ verlorengegangen ist: „Dieser Kommentator hat zwar heilige Schriften, aber sie sind ihm verloren gegangen. Fragt sich also: was kann er kommentieren?“[455] Doch gerade im Kommentar der Haggadah bleibt die Halacha gegenwärtig, oder, um es auf die Frage nach Erlösung zu beziehen: „Das Bewusstsein des Messianischen hält er [Kafka] präsent, indem er die Abwesenheit von Erlösung ausspricht.“[456] Auch Walter Benjamin hält vor allem angesichts ihrer Zerstörung an der „Möglichkeit der Erlösung“[457] fest, wenn er im Eingedenken vergangener Leiden sich mit den Hilflosen solidarisiert, denn nicht um deretwillen, die alle möglichen Hoffnungen versprechen, sondern „nur um der Hoffnungslosen willen ist uns die Hoffnung gegeben“[458]. Doch auch Walter Benjamins „Kommentierung“ der theologischen Tradition bleibt wie bei Kafka negativ bestimmt, denn in der Gottsuche komme der Mensch eben nicht an der Erfahrung des „Nichts“ vorbei,[459] weswegen Benjamin folgert:

---

[453] Benjamin, Walter/Schweppenhäuser, Hermann (Hg.): Benjamin über Kafka: Texte, Briefzeugnisse, Aufzeichnungen. Frankfurt am Main: Suhrkamp, 1981. (Suhrkamp-Taschenbuch Wissenschaft; 341), S. 146.

[454] Vgl. ebd., S. 43.

[455] Ebd., S. 89 f.

[456] Mautner: Erlösung?, S. 460.

[457] Benjamin: Benjamin über Kafka, S. 34. Faber weist darauf hin, dass die Erlösung negativtheologisch als „die Last-vom-Rücken-Nehmen“ identifiziert wird, wenn Benjamin äußert: „Ob Mensch, ob Pferd ist nicht … so wichtig, wenn nur die Last vom Rücken genommen ist“. Benjamin: Benjamin über Kafka, S. 38. Faber, Richard: Profane Theologie hellenischer, christlicher und jüdischer Provenienz. Über Walter Benjamins Kafka-Studien. In: Ebach, Jürgen/Faber, Richard (Hgg.): Bibel und Literatur. München: Fink, 1995, S. 61–80, S. 79.

[458] Benjamin, Walter: Goethes Wahlverwandtschaften. In: Benjamin, Walter/Tiedemann, Rolf/Schweppenhäuser, Hermann (Hgg.): Gesammelte Schriften. Bd. 1. Gesammelte Schriften Teil 1. Frankfurt am Main: Suhrkamp, 1974, S. 123–201, hier S. 201.

[459] Mautner: Erlösung?, S. 461.

„ich habe versucht zu zeigen, wie Kafka auf der Kehrseite dieses ‚Nichts', in seinem Futter, wenn ich so sagen darf, die Erlösung zu ertasten gesucht hat."[460] Wie in der schon erwähnten Türhüterlegende im *Proceß*-Fragment der ungeheure Zwischenraum zwischen dem Mann vom Lande und dem Gesetz die Unerreichbarkeit der Erlösung signalisiert, so bringt diese Situation ein Aphorismus Kafkas in aller Prägnanz zum Ausdruck:

> „Es gibt ein Ziel, aber keinen Weg; was wir Weg nennen, ist Zögern."[461]

Das Ziel steht klar vor Augen, doch ist es, wie die Halacha in Benjamins Kafka-Interpretation verloren, ja es bleibt im Unklaren, ob dieser Ort überhaupt erreicht werden kann, da durch eine semantische Verschiebung der „Weg" mit „Zögern" assoziiert wird und damit etwas Gegebenes in eine subjektive Einstellung überführt wird.[462] Bei Kafka zieht sich so – eine ähnliche Grundkonstellation ließe sich auch für andere Erzählungen nachweisen – die Unerreichbarkeit von Erlösung und die radikale Negativität von Gottes Transzendenz durch das gesamte Werk, weswegen Günther Anders so beispielsweise vom „Erlösungshunger"[463] und Mautner vom „Schmerz über ihr Nicht(mehr)sein"[464] spricht.

Wissend um die literarischen und allgemein philosophisch-geistesgeschichtlichen Tendenzen soll im Zentrum dieser Arbeit ausgewählte moderne Literatur des 20. Jahrhunderts mithilfe der Internarrativitätstheorie auf die religiösen Bezüge untersucht werden und dabei insbesondere auf die Frage nach Erlösung eingegangen werden. Auch wenn die Untersuchungsfrage eine breite Textgrundlage fordert, muss der Textkorpus nach den eingangs erläuterten Kriterien auf drei aussagekräftige Literaten, Alfred Döblin, Christine Lavant und Friedrich Dürrenmatt, beschränkt werden, wobei wiederum keineswegs das gesamte Oeuvre der jeweiligen Autoren behandelt werden kann. Die Texte werden vielmehr exemplarisch hinsichtlich ihrer religiösen Bezüge insbesondere hinsichtlich ihrer Vorstellungen und Abgrenzung von religiösen und vor allem christlichen Erlösungsangeboten ausgewählt und untersucht. Aus dieser thematischen und zu unterschiedlichen Überzeugungen führenden Kontrastivität ergibt sich ein spannendes Diskussionsfeld im interdisziplinären Bereich von Theologie und Literaturwissenschaft, in dem die Frage nach dem Menschsein und

[460] Benjamin: Benjamin über Kafka, S. 77.
[461] Kafka: Nachgelassene Schriften und Fragmente II, S. 118 f.
[462] Vgl. Bürger: Prosa der Moderne, S. 303.
[463] Anders, Günther: Mensch ohne Welt: Schriften zur Kunst und Literatur. München: Beck, ²1993. (Beck'sche Reihe; 1011), S.116.
[464] Mautner: Erlösung?, S. 467.

die Hoffnung auf einen als möglich geglaubten erlösenden Gott in der Moderne am Leben bleibt.

III. „Meine Gedanken lassen nicht von mir" – Studien zu literarischen Auseinandersetzungen mit Erlösungsnarrationen

1. „Der metaphysische Narr" auf metaphysischer Suche – Alfred Döblins literarisches „Heranpirschen an Einsichten"

„Ich bin stolz darauf, mich auf mein Ich zurückgezogen zu haben. Aber es ist furchtbar stumm, mein Ich." (Nov II/2, 220)[465] Diese Worte aus dem Mund einer Romanfigur Alfred Döblins zeigen die Denkbewegung eines modernen Menschen, der sich auf das ihm einzig gewisse Moment zurückzieht – auf sein eigenes Bewusstsein um seine Existenz – und der dann vor der Aufgabe steht, sich und sein Wesen selbst zu bestimmen. Angesichts der im Roman exemplarisch beschriebenen Kriegsleiden und der daraus resultierenden „Hilflosigkeit", dem „Finstern[en] de[s] Schmerz[es]" und dem „stummen Ingrimm" der Menschen, ist der Glaube an die Existenz eines allmächtigen und gütigen Gottes, der im Roman sich „müh[t], wenigstens zeitweise ihrer Herr zu werden, jedoch nur, um zu erkennen, wie ihm alles entglitt" (Nov I, 200), höchst zweifelhaft. Doch der mit Stolz auf sich selbst zurückkehrende Mensch erfährt auch im eigenen Ich eine Verunsicherung, „es ist furchtbar stumm, mein Ich" (Nov II/2, 220), und das Verhältnis von Ich und Welt muss ebenso stets neu überdacht und konstituiert werden. Alfred Döblin setzt sich mit dieser Verhältnis- und Wesensbestimmung und dem darin verborgenen Konfliktpotential schreibend auseinander und bemerkt rückblickend: „So ist meine Schreiberei [i]mmer solche unbeendete Bemühung gewesen, ein Heranpirschen an Einsichten. Ich habe im Laufe der Jahre eine Anzahl Bücher geschrieben. Kein Buch ist fertig." (SLW, 181) Das Prozesshafte seiner Einsichten und die nie zu einem abschließenden Ende kommende, aber dennoch nicht versiegende Bemühung um das Finden einer „Instanz in mir, [einem] festen und hellen Punkt, der mich wissen läßt, was ich tun und lassen muß" (Nov II/2, 225) – wie es dieselbe Romanfigur in *November 1918* formuliert – ist charakteristisch für Döblins gesamtes episches Werk, das im Folgenden mithilfe der Methodik der Internarrativität hinsichtlich verschiedener Möglichkeiten der Sinnstiftung, genauer hinsichtlich verschiedener Vorstellungen von Erlösung untersucht wird.

[465] Alle Zitate aus Döblins Werken werden mit einer der Übersicht entnehmbaren Abkürzung und der jeweiligen Seitenzahl angegeben. Hier: Döblin, Alfred: November 1918. Eine deutsche Revolution. Erzählwerk in drei Teilen. München: dtv, 1995. (Der Teilband: II/2 Heimkehr der Fronttruppen), S. 220.

1. Hinführung

1.1. Die Kunst des Erzählens – Erneuerung der Romanform im 20. Jahrhundert

Während die realistische und quasi-biographische Epik eines 19. Jahrhunderts, wie es beispielsweise im Erzählstil von Gottfried Kellers *Der grüne Heinrich* oder in Theodor Fontantes *Effi Briest* vorliegt, im 20. Jahrhundert längst nicht mehr überzeugend wirkte,[466] bemerken Zeitgenossen Döblins, „daß es mit der Kunst des Erzählens zu Ende geht."[467] Neben dem eben zitierten Walter Benjamin, der 1930 seine Rezension zu Döblins *Berlin Alexanderplatz* auch unter dem Titel *Krisis des Romans* publiziert,[468] sprechen auch namhafte Autoren wie Robert Musil, Thomas Mann, Otto Flake und Alfred Döblin selbst von einer solchen Krise.[469] Abgesehen von unterschiedlichen Akzenten und Terminologien stimmen alle darin überein, dass die in Fluss geratenen gesellschaftlichen Verhältnisse „in der traditionellen Romanform weder angemessen reflektiert noch in einen neuen Ordnungsentwurf überführt werden konnten."[470] Das von Adorno formulierte Paradox „es läßt sich nicht mehr erzählen, während die Form des Romans Erzählung verlangt."[471] kann vom Autor jedoch als solches aufgegriffen sowie bewusst gemacht werden, da gerade die Form des Romans eine große Wandel- und Anpassungsfähigkeit besitzt und der Roman insbesondere durch Döblins Restitutionsbemühungen zur „repräsentative[n] Dichtungsform"[472] seines Zeitalters wurde und nachfolgende Generationen und Schreibpoetiken nachhaltig beeinflusst.[473] Döblin bestimmt den Roman nicht aus seiner finalen oder kausalen Verknüpfung heraus, welche in der Moderne gerade skeptisch hinterfragt wird, sondern seine Ganzheit bestehe

[466] Vgl. Kiesel, Helmut: Geschichte der literarischen Moderne. Sprache, Ästhetik, Dichtung im zwanzigsten Jahrhundert. München: Beck, 2004, S. 317.

[467] Benjamin, Walter: Der Erzähler. Betrachtungen zum Werk Nicolai Lesskows. In: Benjamin, Walter/Tiedemann, Rolf (Hg.)/Schweppenhäuser, Hermann (Hg.): Walter Benjamin. Gesammelte Schriften. Bd. 2.2. Frankfurt/M: Suhrkamp, 1977, S. 438–465, hier S. 439.

[468] Benjamin, Walter: Krisis des Romans. Zu Döblins „Berlin Alexanderplatz". In: Benjamin, Walter/Tiedemann-Bartels, Hella (Hg.): Walter Benjamin. Gesammelte Schriften. Bd. 3. Frankfurt/M.: Suhrkamp, 1972, S. 230–236.

[469] Vgl. Kiesel: Geschichte der literarischen Moderne, S. 315 f.

[470] Ebd., S. 316.

[471] Adorno, Theodor W.: Form und Gehalt des zeitgenössischen Romans. In: Akzente 1 (1954), S. 410–416, hier S. 411.

[472] Schramke, Jürgen: Zur Theorie des modernen Romans. München: C.H. Beck, 1974, S. 14.

[473] Brechts episches Theater ist beispielsweise durch Döblins Wang-lun inspiriert. Vgl. Schoeller, Wilfried F.: Alfred Döblin. Eine Biographie. München: Carl Hanser, 2011, S.159 f.

in der Selbstständigkeit der einzelnen Teile.[474] Der Roman wird so zu einem Gebilde, das viele Stile und verschiedenartige Stimmen umschließt, so eine Dialogisierung und Hybridisierung mehrerer Sprachen darstellt und folglich mit dem Zustand der kontingenten Welt vereinbar wird. Aus diesem Grund eignet sich die Internarrativitätstheorie in besonderer Weise, Döblins Texte hinsichtlich ihrer vielschichtigen Narrationen und deren Wechselspiele untereinander zu analysieren, zumal im Gegensatz zum realistischen Schriftsteller des 19. Jahrhunderts, welcher wissenschaftliche Wirklichkeitstreue anstrebt, der moderne Autor die erfahrene Wirklichkeit mittels Ironie, Satire und Groteske zu enthüllen sucht und gerade so die Problematik des modernen Menschen zum Ausdruck bringt.[475] Döblin entwickelt außerdem in der ästhetischen Schrift *Der Bau des epischen Werks*, welche den theoretischen Hintergrund zu seinem die traditionelle Romanform revolutionierenden Roman *Berlin Alexanderplatz* darstellt, eine neue Epik, in welcher der Autor explizit „im epischen Werk mitsprechen [und …] in diese Welt hineinspringen" „darf und […] soll und muß" (SÄPL, 226) und so in ein kooperatives Verhältnis zu seinen Romanfiguren und dem Romanstoff tritt und auch den Leser in diese Kooperation mit hineinnimmt.[476] Da das dichtende Ich des Autors in einen Teil, welcher „mit Werten des ganzen Milieus, des Standes, der Klasse, der Volksschicht, des Volkstums durchsetzt [ist]", zerfällt, jedoch auch eine individuelle und „sehr persönliche[] Instanz" beinhaltet (SÄPL, 233), sind nicht nur Einflüsse des den Autor umgebenden und prägenden Umfeldes am Schreibprozess beteiligt, sondern auch biographische Lebenserfahrungen und Ereignisse, was einige Interpreten dazu verleitet, Döblin sehr stark autobiographisch zu lesen, wie auch einschlägige Titel anzeigen.[477] Autobiographische Interpretationen und In-

[474] Vgl. Maiworm, Heinrich: Epos der Neuzeit. In: Stammler, Wolfgang (Hg.): Deutsche Philologie im Aufriß. Bd. 2. Berlin: Erich Schmidt, ²1960, Sp. 685–748, insbesondere Sp. 687 und 692. Döblin schreibt, man müsse einen Roman „wie ein[en] Regenwurm in zehn Stücke" schneiden können und jeder Teil müsse sich dann selbst bewegen. (BR, 126).

[475] Vgl. Rothe, Wolfgang: Metaphysischer Realismus. Literarische Außenseiter zwischen Links und Rechts. In: Rothe, Wolfgang (Hg.): Die deutsche Literatur in der Weimarer Republik. Stuttgart: Reclam, 1974, S. 255–280, hier S. 256.

[476] Vgl. BeW, 228 ff, 233. Vgl. auch beispielsweise Hoock, Birgit: Modernität als Paradox. Der Begriff der ‚Moderne' und seine Anwendung auf das Werk Alfred Döblins (bis 1933). Tübingen: Max Niemeyer, 1997. (Untersuchungen zur deutschen Literaturgeschichte; Bd. 93), S. 246 f. und Bohnen, Klaus: Erzählen aus mythischer Erinnerung. Ein Versuch zu Döblins *Berlin Alexanderplatz.* In: Jahrbuch der deutschen Schillergesellschaft 28 (1984), S. 446–460, hier S. 452 f.

[477] Beispiele wären die Untersuchung von Emde, Friedrich: Alfred Döblin. Sein Weg zum Christentum. Tübingen: Narr, 1999. (Mannheimer Beiträge zur Sprach- und Literaturwissenschaft; 41) oder Weyembergh-Boussart, Monique: Alfred Döblin. Seine Religiosität in Persönlichkeit und Werk. Bonn: Bouvier, 1970. (Abhandlungen zur Kunst-, Musik- und

terpretationen seines literarischen Werkes gehen eine methodisch problematische Symbiose ein. Aus diesem Grund soll im Vorfeld der Beschäftigung mit Döblins Werk diese Frage sowie der Untersuchungsgegenstand genau umrissen werden.

1.2. Döblin oder Döblins Texte? Der Gegenstand der Untersuchung

„Von seinem Leben inszenierte er vor allem die Verweigerung, Auskünfte darüber zu geben.", so schreibt der Biograph Schoeller, nachdem er dennoch umfassende Dokumente und Informationen über Alfred Döblin zusammengetragen und in über 800 Seiten kategorisierend für den interessierten Leser niedergeschrieben hat. Und Döblin schrieb tatsächlich keine Autobiographie, da für ihn eine wirkliche Autobiographie überhaupt nicht zu verfassen sei, weil man nicht wirklich an sich herankomme und immer nur irgendein Bild projiziere: „Denn man kann nicht zugleich der Mann sein, der in den Spiegel schaut, und der Spiegel.", so Döblin (SLW, 330 f.). Doch mit eben dieser Skepsis gegenüber einer bestimmten Selbstinszenierung sollte man generell auch allen Texten begegnen, von denen wie im Falle der *Schicksalsreise* oft behauptet wird, es handle sich um ein autobiographisches Buch, da diese Texte ebenso mit einer sehr bestimmten Intention geschrieben sind und damit nur ein bestimmtes Abbild einer Person widerspiegeln. Aus diesem Grund und weil es auch schlicht unmöglich ist, mit letzter Gewissheit über eine Person oder gar deren Glaubenssuche und Glaubensmotive zu schreiben, sammle man noch so viele Fakten, soll der Fokus auf literarische Texte gelegt werden. Vordergründig Themen, Thesen und Figuren aus literarischen Texten sollen analysiert und interpretiert werden, wozu selbstverständlich auch solche literarische Texte gehören, die vielmehr eine philosophisch reflektierte und essayistische Feder führt. Es sollen daher Positionen diskutiert werden, ohne ein abschließendes Bild über Döblins „Weg zum Christentum" oder über „seine Religiosität" – so lauten Buchtitel der Forschungsliteratur – zu zeichnen, denn solche können zwar mehr oder minder plausibel gemacht, aber immer nur Annäherungen sein. Da ich Literatur als Selbstauslegung und Selbstvergewisserung menschlichen Bewusstseins und somit als ausgedeutete Erfahrungen verstehe, sind biographische Eckdaten relevant und interessant, jedoch nie zu verabsolutieren. Nach einer kurzen ersten Einordnung von Döblins Leben und Werk stehen demnach vor allem seine literarischen Texte philosophischer, aber vor allem epischer Art im Vordergrund.

Literaturwissenschaft; 76) Doch auch bei weiteren zahlreichen Veröffentlichungen findet eine Vermischung von Persönlichem und seinem literarischen Werk statt.

Alfred Döblin wurde 1878 als Sohn jüdischer Eltern in Stettin geboren. Er führte ein unruhiges, vor allem durch zahlreiche Ortswechsel und Katastrophen geprägtes Leben, wie beispielsweise die frühe Flucht seines Vaters, die Schwierigkeit des Schreibens neben seiner Haupttätigkeit als Arzt, sowie vor allem die antisemitistische Haltung zur Zeit des Nationalsozialismus und der daraus resultierenden schwierigen Flucht quer durch Europa. Nachdem er mit seiner Frau und einem seiner vier Söhne in den USA Zuflucht gefunden hatte, geriet er in seiner Heimat Deutschland in Vergessenheit, welche er auch trotz seiner schnellen Rückkehr bereits kurz nach Kriegsende kaum wieder überwinden konnte. Erfolglos nach erneuter Anerkennung als Schriftsteller strebend, starb Döblin nach langer Krankheit und vielen Aufenthalten in Kliniken und Anstalten 1957 in Emmendingen. Zu Döblins biographischem Hintergrund gehört vor allem jedoch seine frühe Prägung durch „beunruhigende" Autoren, die Döblins Wirklichkeitswahrnehmung durch entscheidende Fragen beeinflussten. Obwohl der Schüler Döblin auf großes Unverständnis stieß, als man unter seinen Schulbüchern Schopenhauer, Kant, Hölderlin, Spinoza und Nietzsche fand (SLW, 66[478]) und keiner seine Begeisterung darüber hinaus für Kleist und Dostojewski verstehen konnte,[479] sind es Elementarsituationen des menschlichen Daseins, Fragen nach dem Verhältnis von Ich und Welt sowie nach Gott und dem, was an seine Stelle treten könnte, die Döblin schon als Schüler beschäftigen und sein späteres literarisches Wirken prägen. Vor allem Friedrich Nietzsches Philosophie „verfolgte" Döblin „atemlos". (SR 130) Döblin schreibt rückblickend, dass er Nietzsches Gedanken auf sich wirken ließ, ohne sie einseitig einfach zu übernehmen oder abzulehnen, und dennoch bedeuteten sie für ihn eine „Aufhellung" und „Erschütterung" zugleich (SR 130). Inspiriert von Nietzsches Gedanken und vor allem von seiner These vom Tode Gottes ist der Aufsatz mit dem programmatischen Titel *Jenseits von Gott* Zeugnis von Döblins früher Auseinandersetzung mit Religion und lässt den philosophischen Ausgangspunkt seines literarischen Schaffens erahnen.

[478] Der Ordinarius bemerkte dazu: „Sie können auch was Besseres tun, als Das zu lesen." (SLW, 66)

[479] Vgl. Schoeller: Alfred Döblin, S. 46 und 54.

2. Die „eingetrocknet[e ...] Blüte“ Gott und der emporkeimende Mensch –Ausgangspunkt und Problemstellung in Döblins literarischem Schaffen

2.1. „Los von Gott!“ – Religionskritik und metaphysisches Bedürfnis

Nietzsche folgend stellt Döblin 1919 mehrfach die Behauptung auf, dass es keinen Gott gebe (SPG, 82[480]; JvG). Doch hält Döblin dieser Einsicht die überraschende Erfahrung entgegen, dass dieser Gott nicht einmal für die „Ungläubigen“ wirklich tot sei. (JvG, 381) Als „wurzellos[e]“, „eingetrocknet[e]“, „historische Blüte“ (JvG 382), als „absurdes Philosophem aus der Kindheit der Menschheit“ (JvG 383) und als altersschwaches „Gespenst“ (JvG 381, 382), das „spöttisch immer wieder vor uns aufsteht“ (JvG 381), gehe er selbst unter Atheisten herum. Auch in der Verneinung stehe Gott „leichenhaft“ in ihm „herum“, obwohl er ihn nicht wolle und nicht brauche (JvG 382). Statt Gott wie „eine rostig gewordene Maschine überlebtester Konstruktion“ „zum alten Eisen zu werfen“, unternehme man die „üble und peinliche Anstrengung“, sie noch zu verwenden beziehungsweise Gott „noch irgendwie unterzubringen“ (JvG 387 f.). Da Döblin Nietzsche folgend die christliche Jenseitsreligion lediglich als eine tröstliche Erfindung der im Diesseits zu kurz kommenden Menschen betrachtet,[481] die Döblin zufolge nur einem „pathologischen Bedürfnisse ihre Erfindung verdankt“ (WzM, 18)[482], fordert er endgültig: „Es muß dazu kommen: Gott muß beseitigt werden; erst muß es heißen: los von Gott.“ (JvG, 383) Döblin rekonstruiert die das Dasein sichernde Bedeutung der Religion in der Geschichte, doch stellt er als einzig sichere Erkenntnis des modernen Menschen den Menschen selbst fest. „Was wird aus ihr [= der Welt]“ – so folgert Döblin und verabschiedet Gott als Mittelpunkt der Welt – „wenn sie sich um die Sonne dreht? Dies ist jetzt die Generalfrage. Die seelischen Konsequenzen des Kopernikus sind noch nicht gezogen.“ (SÄPL, 190). Neben der daraus gefolgerten Einsicht von der „verlorenen zentralen Stellung in der Welt“ und der Einsicht „in die Belanglosigkeit des tierisch-menschlichen Einzelwesens“, die Döblin als charakteristisch für seine Epoche bezeichnet, feiert er

---

[480] Die Vertreibung der Gespenster (1919). (SPG, 71–82)

[481] Vgl. Nietzsche: KGW VI, 3, S. 366 f. Vgl. auch den Anfang von Döblins Essay *Buddho und die Natur* (BN, 1192), in dem Döblins Buddhismus-Begeisterung zum Ausdruck kommt. Vgl. auch Kiesel, Helmut: Literarische Trauerarbeit. Das Exil- und Spätwerk Alfred Döblins. Tübingen: Max Niemeyer, 1986. (Studien zur deutschen Literatur; 89), hier S. 159.

[482] Der Titel des Aufsatzes lautet *Der Wille zur Macht als Erkenntnis bei Friedrich Nietzsche* (1902). Ähnlich auch Döblin: Das Jenseits sei „eine gedankliche Zurechtmachung für menschliche Bedürfnisse“. (WuV, 192)

ein „Freiheits- und Unabhängigkeitsgefühl“, das gerade aus der Gewißheit stamme, „nicht für ein Jenseits zu leben und alles von sich aus leisten zu müssen“. (GdnZ, 172) Die hier vertretene Position versteht die ausschließliche Orientierung auf das Jenseits nicht als beängstigend, im Gegenteil, das Freiheitsgefühl wird als „Antrieb zu kräftigster Aktivität“ empfunden und der Mensch fühle sich keineswegs ob seiner begrenzten Möglichkeiten überfordert: „Es kommt ganz und gar nicht zur Verzweiflung nach dem Schwinden der Jenseitsgläubigkeit.“ (SÄPL, 172 f.) Vielmehr zeigt sich eine optimistische Einstellung hinsichtlich dessen, was der Mensch aus sich leisten könne, wenn er die Denkalternative eines Gottes und einer Religion obsolet erscheinen lässt, zumal diese angeklagt werden, nicht nur die Bedürfnisse des Menschen nicht nur nicht zu erfüllen, sondern im Gegenteil den Menschen krank zu machen, wie Döblins mit 18 Jahren erster literarischer Entwurf, die Erzählung *Modern,* verdeutlicht: Durch das Beten wird die soziale Not einer jungen Frau keineswegs gelindert, sondern vielmehr ins Unerträgliche gesteigert.[483]

Dieser vor allem in *Jenseits von Gott* prägnant zum Ausdruck gebrachten Einsicht widerstreitet dennoch ein zutiefst „emotional motiviertes metaphysisches Bedürfnis“[484]. Auch wenn ein deutliches Unbehagen an einer metaphysisch begründeten Erkenntnis und Moral geäußert wird, bleibt dennoch ein anthropologisch tief verwurzelter, diffus metaphysischer Wunsch zurück, der auch durch philosophische Überlegung und trotzigen Willensakt nicht zu beseitigen ist:[485] „Er [= Gott] findet sich in mir vor, wie etwas Selbstständiges, das ich nicht aus meinem Haus weisen kann, ja das mitbesitzend in diesem Hause wohnt.“ (JvG, 382) Döblin unterscheidet genau zwischen einer „Süße der Andacht“, die er keinesfalls „verachtet“, und der Identifikation der Andacht mit der absurden „Phrase ‚Gott‘“ (JvG, 382 f.) und will demnach nicht nur das Gespenst Gott beseitigen, sondern auch „zu etwas anderem hinzufinden, wonach [er] offenbar dränge“ (JvG, 382). Ob angesichts dieser Suche gleich von einem „Horror vacui“[486] gesprochen werden kann, sei dahingestellt, diese Deutung widerspricht dem zuvor zitierten positiv konnotierten Unabhängigkeits- und Freiheitsgefühl, jedoch spricht Döblin wohl die „Ohnmacht des Einzelwesen, dem nicht von

[483] Vgl. Modern. Ein Bild aus der Gegenwart. Vgl. auch Kiesel: Literarische Trauerarbeit, S. 152: „Frömmigkeit und Gebet erweisen sich gegenüber den Schäden der kapitalistischen Gesellschaftsordnung, die in *Modern* registriert werden, als untaugliche Heilmittel.“

[484] Hoock: Modernität als Paradox, S. 193.

[485] Ebd.

[486] Kracauer, Siegfried: Die Wartenden. In: Ders.: Das Ornament der Masse. Essays. Frankfurt/M.: Suhrkamp, 1963, S. 106–119, hier S. 109. Hoock bringt diese Vorstellung mit der Döblinschen Position in Verbindung.

Haus aus Existenz zusteht" (JvG, 393) an und sucht, wie Hoock folgert, daher „sein Dasein [...] in größeren einheitlichen Zusammenhängen zu definieren"[487]. Auch nach der Verabschiedung der traditionellen Religion proklamiert der Autor von *Jenseits von Gott* emphatisch die Suche nach neuem Sinn und Orientierung. „Hin zu den Quellen, zum Sinn des Lebens, zur Religion.[488] Das Zentrum finden. Sich reinigen, sich erkennen." (JvG, 395)

Worin genau diese neue Orientierung bestehen könnte, bleibt nach wie vor offen. Es bleibt die ausdrückliche Thematisierung des „für die Moderne grundlegende[n] Konflikt[s] zwischen metaphysisch-religiösem Totalitätsverlust und einem anhaltend starken metaphysischen Bedürfnis"[489], weshalb die Döblin-Forschung den Essay *Jenseits von Gott* sowohl „zu Döblins brillantesten religionskritischen Schriften zählt, zugleich aber [als] eines seiner aufschlußreichsten und ergreifendsten ‚Bekenntnisse'"[490] erachtet.

2.2. „Die Erde ist ein Jammernest!" – Die Situation des modernen Menschen

Eine Haltung des „zögernde[n] Geöffnetsein[s]"[491] weiß trotz allem stolzen Aktionismus und obschon eines Freiheits- und Unabhängigkeitsgefühls um die Grenzen des Wiss- und Erkennbaren und um das zu bestimmende Verhältnis von Ich und Welt, das Döblin zeit seines Lebens beschäftigte und, wie noch zu erläutern ist, zu zahlreichen Deutungen veranlasste. Der sich der grundlegenden Distanz zur Welt und zu sich selbst bewusste Mensch spürt, dass er sich selbst bestimmen muss und dieser Wesensbestimmung auch angesichts verschärfter Fragen nicht entgehen kann. Ein die menschliche Situation umschreibendes Gedicht aus Döblins Roman *Berlin Alexanderplatz* formuliert die Frage aller Fragen: „Nun frag ich dich, o Freund, mit Beben, was ist der Mensch, was ist das Leben?" (BA, 90). Es stellt außerdem die unmögliche Anfrage „Willst du, o Mensch, auf dieser Erden ein männliches Subjekte werden, dann überleg es dir genau, eh du dich von der weisen Frau ans Tageslicht befördern läßt! Die Erde ist ein Jammernest!" (BA, 90) Als ob es sich der Mensch selbst aussuchen könne, ob er geboren werden wolle und so dem „Jammernest", der leidvoll erfahrenen Existenz, entgehen könne, wirft der Autor die Frage auf, ob das Leben

[487] Hoock: Modernität als Paradox, S. 197.

[488] Döblin beteuert allerdings: „[...] aber nicht [...] diese Religion!" (JvG, 394).

[489] Hoock: Modernität als Paradox, S. 192.

[490] Kiesel: Literarische Trauerarbeit, S. 156.

[491] Hoock übernimmt diese Äußerung Kracauers, um den Zustand des Wartens auf einen „neuen Glauben" zu beschreiben. Vgl. Hoock: Modernität als Paradox, S. 204. Vgl. auch Kracauer: Die Wartenden, S. 116.

angesichts der Unwägbarkeiten und Begrenztheiten des Lebens überhaupt lebenswert wäre, oder ob es nicht besser wäre, gar nicht erst geboren worden zu sein. Diese schon von Sophokles (Ödipus auf Kolonós, V. 1224 f)[492] sowie in biblischen Texten wie Kohelet (Pred. 4,2 f.; 7,1) und bis in die neuzeitliche Literatur (beispielsweise Ilse Aichinger[493]) hinein aufgeworfene Frage beschäftigt Döblin in zahlreichen Romanen.[494] Angesichts der menschlichen Begrenztheit bei gleichzeitiger Sehnsucht nach Unbedingtem und Vollkommenen verschärft sich in seinem Werk diese Frage zunehmend. Der Kriegsheimkehrer Friedrich Becker aus Döblins Roman *November 1918* berichtet so schreckerfüllt von Toten, die ihm vor seinen Augen erscheinen und verlangen, dass er sie ansehe. Überfordert ob ihrer Forderungen erklärt Becker: „Es ist zu spät. Denn ich kann keine Toten erwecken. Sie brennen mir das Gehirn aus. Sie stehen immer wieder da, ich weiß schon alles, aber sie geben keine Ruhe." (Nov II/2, 79) Diese Erfahrung der Ambivalenz, Kontingenz und Endlichkeit des menschlichen Daseins wird vor allem dann in besonderer Weise als schmerzlich verspürt, wenn der menschlichen Vernunft eine tiefe Sehnsucht nach vollkommenem Sein und den die menschlichen Bedingtheiten übersteigenden Wünschen eingeschrieben ist. So erfährt der sich von der Möglichkeit eines allmächtigen und gütigen Gottes lossagende Mensch eine tiefe Melancholie, eine traurige Sehnsucht, dieser paradoxen Situation zu entkommen und eine hilfreiche „Quelle", einen tragenden „Sinn des Lebens", eine neue „Religion" zu finden, um Döblins Wortwahl aufzugreifen. (JvG, 395)

Döblins literarisches Werk kann als eine solche Suche bezeichnet werden, als eine „unbeendete Bemühung [...], ein Heranpirschen an Einsichten" (SLW, 181). Jedes Werk bedeute laut Döblin eine vorläufige Beruhigung und Döblin bekräftigt: „Und ich war befriedigt, gesättigt, bis mich wieder die Unruhe und die Leere bedrängten" (SR, 134). Besonders die frühen Romane entspringen dem Wunsch, den melancholisch stimmenden Totalitätsverlust nach der Verabschiedung Gottes aufheben zu können und sind so andau-

[492] Sophokles: Ödipus auf Kolonos, V. 1224 f: „Nie geboren zu sein, ist der/Wünsche größter", zitiert nach: Sophokles/Schneider, Reinhold (Hg.)/Donner, J.J.C. (Übers.): Ödipus auf Kolonos. Freiburg: Herder, 1948.

[493] Ilse Aichinger: „Ich halte meine Existenz für völlig unnötig. Egal, wie sie verlaufen ist, egal, was ich an Schönem und Schlechtem erlebt habe – ich habe es schon als Kind als eine absurde Zumutung empfunden, dass man plötzlich vorhanden ist. Da müßte man zumindest gefragt werden, ob man nicht einfach wegbleiben will. Dann wäre ich weggeblieben." Aichinger, Ilse: „Ich halte meine Existenz für völlig unnötig". In: Fässler, Simone (Hg.)/Hammerbacher, Franz (Hg): Ilse Aichinger. Unglaubwürdige Reisen. Frankfurt am Main: Fischer, 2005, S. 181–187, hier S. 181. (Das Interview war zuerst im Nachrichtenmagazin „profil" (Nummer 45/2003) veröffentlicht worden.)

[494] JR, SV, BA, Nov, etc.

ernder Ausdruck eines starken metaphysischen Bedürfnisses,[495] das zu unterschiedlichen Versuchen, das Individuum zu sichern, führt.

3. „Der Glaube erlosch; aber die Sehnsucht ist geblieben." – Döblins frühe Romane

3.1. Der „Schrei [...] nach Erlösung" in Döblins *Jagende Rosse* (1900)

Ein erster literarischer Versuch, solch eine den verunsicherten Menschen bergende Welt zu entwerfen, ist Döblins Romanerstling *Jagende Rosse* (1900), der „zwischen Schularbeiten und Nachhilfestunden" geschrieben und noch „vor dem Abiturium" (SLW, 80) fertiggestellt wurde. Dieser „lyrische[] Ich-Roman" (SLW, 80), wie Döblin ihn selbst bezeichnet, ist „den Manen Hölderlins in Liebe und Verehrung gewidmet" (JR, 26), was schon einen deutlichen Hinweis auf den Ideengeber gibt, den „geistigen Paten" und „Gott seiner Jugend"[496] (SR 128), dessen *Hyperion* Döblin „wo [er] ging und stand" (SLW, 80) „in einem zuletzt völlig aufgelösten Reclambändchen" mit sich herumtrug (SR, 128). Vor allem Hölderlins *Hyperion* scheint nicht nur einen großen Einfluss auf Stimmung, den sprachlichen Stil und Rhythmus sowie die Bildlichkeit ausgeübt zu haben. Auch der Grundduktus des Textes erinnert mit seinen ekstatisch-elegischen Ausrufen an das sehnsuchtsvolle und schwermütige Verlangen, „eines zu seyn, mit Allem", wie Hyperion in seinem zweiten Brief an Bellarmin schreibt: „Eines zu seyn mit Allem, was lebt, in seeliger Selbstvergessenheit wiederzukehren in's All der Natur, das ist der Gipfel der Gedanken und Freuden."[497] Diese Formel des *Hen kai Pan*, mit der Hölderlin eine „vorreflexive[], absolute[] Einheit allen Seins [beschreibt], die Welt und Ich gleichermaßen umschließt"[498], ist für Döblin, der ebenfalls Spinoza in seiner Jugend eifrig gelesen hat, eine mögliche Antwort auf die Suche nach einer „‚letzten Einheit, in welcher kein Unterschied mehr besteht zwischen meinem Ich und der übrigen Natur'" und in welcher so wieder ein „‚sicheres Weltgefühl'" erreicht werden könne (BaN, 1134).[499] Dem Orientierungs- und Sinndefizit des modernen Menschen wird so eine neue Totalität entgegengestellt, die – weiter reflektiert in der Schrift *Das Ich*

[495] Vgl. Kiesel: Geschichte der literarischen Moderne, S. 304.

[496] Döblin bezeichnet neben Hölderlin auch noch Kleist als „Götter meiner Jugend". (SR, 128)

[497] Hölderlin: Hyperion oder Der Eremit in Griechenland. In: Beissner, Friedrich (Hg.): Hölderlin: Sämtliche Werke. Große Stuttgarter Hölderlin-Ausgabe. Bd. 3. Stuttgart: Kohlhammer, 1957, S. 9.

[498] Hoock: Modernität als Paradox, S. 131.

[499] Döblin bezieht sich hierbei auf die „gottlose Mystik" Mauthners.

über der Natur – von einer „Sinngetragenheit“ der Welt ausgeht[500] und auch das Leiden des Menschen, welches Döblin als die bedrängendste „Frage aller Fragen“ (IüN, 217) wahrnimmt, in eine größere Ordnung eingebunden sieht.[501] Im Ganzen betrachtet kann nach dieser monistisch inspirierten Vorstellung die Welt so als preiswürdiger „Kosmos“ erachtet werden.[502] In Döblins frühem Roman *Jagende Rosse* wird dieser Denkhorizont literarisch gestaltet, indem ein lyrisches Ich sich wie Hyperion aus der ursprünglichen Einheit des Seins, aus sich selbst, „herausgedrängt“ (JR, 26) fühlt, auf sich selbst zurückgeworfen vorfindet, ohne jedoch eine neue Orientierung erlangt zu haben: „Ach, wo bin ich? Wohin treibe ich?“ (JR 27).[503] „Einsam“, „krank“ (JR, 27), „vergessen und verloren“ (JR, 26) beneidet das lyrische Ich die Daseinssicherheit der Vögel, die sicher wissen, wohin sie fliegen; es strebt wie Hyperion danach, den Totalitätsverlust zu überwinden und wie Goethes Ganymed, der durch den intertextuellen Bezug „Frühling, Geliebter!!!“ (JR, 29)[504] anklingt, eine naturmystische Vereinigung mit dem Ur-Einen zu erzielen und so die Individuation schmerzlich, aber lustvoll zu durchbrechen:

> „Ich bin nicht mehr ohne dich [=die Weite, das Ur-Eine]; du wirst mich von mir erlösen – / mit deinem letzten Grauen. / Dein letztes Grauen, – sieh, mein Herzblut schreit nach dir; / mir ist bang nach dir; mir ist bang nach dir, oh du. / Ach, nimm mich hin! / Verschling mich!“ (JR, 31) „Zur Erlösung will ich.“ (JR, 65)

Doch der dionysische Rauschzustand trägt das lyrische Ich nicht bleibend, sondern führt wie bei Hyperion in die Individuation zurück, in die schmerzliche Abtrennung vom Absoluten, welches das lyrische Ich keinen ewigen Sinn, sondern „nur Augenblickglück und –ziel“ (JR, 60) erfahren lässt. Nach der Erkenntnis, dass „nichts Ewiges“ ist, der rauschhafte Zustand nur einer Lüge entspringt und nur das „Nichts! / Nichts. / Nichts“ und „zerfetzt[e] und zerfressen[e] Seifenblasen“ zurückbleiben (JR, 57 f.), verharrt das lyrische Ich in der bösen Ahnung des Verlorenseins.

500 Vgl. beispielsweise IüN 1. Kapitel: Die Ausbreitung des Sinns in der Natur, insbesondere S. 7 f, 53, 80, 200, 213, 222, 242.

501 Vgl. Kiesel: Literarische Trauerarbeit, S. 179 f.

502 Vgl. IüN, 53; Briefe, S 183 f. (Brief an Heinz Gollong vom 2. Januar 1934). (UD, 477 f.)

503 Vgl. Hoock: Modernität als Paradox, S. 139.

504 In Goethes Ganymed heißt es: „Wie im Morgenglanze/ du rings mich anglühst,/ Frühling, Geliebter!“. Das lyrische Ich strebt darin eine das Ich selbst auslöschende Vereinigung mit der Natur an, um „Umfangend umfangen“ mit dem „allliebenden Vater“ zu sein, der eher monistisch verstanden wird. Goethe, Johann Wolfgang/Eibl, Karl (Hg.): Sämtliche Werke, Briefe, Tagebücher und Gespräche. Abteilung 1. Gedichte 1756–1799. Bd. 1. Frankfurt am Main: Dt. Klassiker-Verlag, 1987, S. 205.

„Zwischen Himmel und Erde sind wir geworfen; seht nun zu, / was ihr anfangt: ihr seid geboren; genug, daß ihr seid. / Elend, elend sind wir; wir wollen es nur gestehen. / Und wen eine dunkle Ahnung überkommt, eine dunkle Ahnung, der – mag verrückt werden, nur bald! / An irgendeine Himmelsecke lügt es sich einen Nagel, nur um leben zu können; da klammert es sich fest; erlogen ist alles [...]" (JR, 58)

In der Analyse des verzweifelten Daseins des Menschen resümiert das lyrische Ich wie in einem nachgelassenen Fragment Nietzsches,[505] dass die Lüge nötig sei, um zu leben, und dass es die Sehnsucht nach dem Absoluten trotz vermeintlich besseren Wissens nicht aufgeben könne: „Bin ich dir verfallen auf immer und muß mich hinwegsehnen über das Leben, über mein eigenes Leben, auf immer, auf immer? So bin ich gefangen und gefesselt an einen Traum, an ein Nichts und komme nicht los." (JR, 66) Sein „Denken", seine „Sehnsucht" und sein ganzes Sein erfährt das lyrische Ich so als eine „verzweifelte[] Narrheit" (JR, 59), wenn es weiterhin auf die verloren gewusste Einheit mit allem Seienden hofft. Somit kommt der literarische Entwurf zur Daseinsproblematik des modernen Menschen einer „Absage an ein Absolutheitsstreben [gleich], das angesichts der nachmetaphysischen Wirklichkeit keine Erfüllung mehr findet"[506]. „Das weiß ich nun: es ist umsonst. Mir winkt keine Erlösung." (JR, 65)

3.2. Vom „weißen Wein" hinter dem *Schwarzen Vorhang* – Die Suche nach Erfüllung im anderen in Döblins Roman *Der schwarze Vorhang* (1903)

Im wenige Jahre später entstandenen Roman *Der schwarze Vorhang* wird der Protagonist Johannes ebenfalls von Döblin als „metaphysisch versessen []" (Briefe, 21)[507] beurteilt, da er wie das lyrische Ich des Erstlingsromans in einer nachmetaphysischen Wirklichkeit neue metaphysische Sicherungsentwürfe sucht. Ausgangspunkt ist wiederum – dieses Mal im Text durch einen Zitateinschub aus Nietzsches *Zarathustra* explizit kenntlich gemacht[508] – das Wegbrechen einer stabilisierenden Instanz. Das vom Erzähler

[505] Nietzsche: Nachgelassene Fragmente Herbst 1887 – März 1888, KGW VIII, 2, S. 435[415]: „... es giebt nur Eine Welt und diese ist falsch, grausam, widersprüchlich, verführerisch, ohne Sinn ... Eine so beschaffene Welt ist die wahre Welt... *Wir haben Lüge nöthig*, um über diese Realität, diese ‚Wahrheit' zum Sieg zu kommen, das heißt, um zu *leben* ... Daß die Lüge nöthig ist, um zu leben, das gehört selbst noch mit zu diesem furchtbaren und fragwürdigen Charakter des Daseins...".

[506] Hoock: Modernität als Paradox, S. 162.

[507] Brief an Fritz Mauthner vom 24. Oktober 1903.

[508] „Hier genoß er seines Geistes und seiner Einsamkeit und wurde dessen zehn Jahre nicht müde". Zitat aus Nietzsches *Also sprach Zarathustra:* Zarathustras Vorrede. KGW VI, 1, S. 5.

als „Unheilerreger“ und „papierne[] Pandorabüchse“[509] bezeichnete Buch *Also sprach Zarathustra* erfährt Johannes als einen massiven „Angriff [...], der ihm mit Gewalt ein Unrecht antun wollte“, und dessen Botschaft vom Tod Gottes[510] er unter strömenden Tränen wahrnimmt (SV, 109). Auch hier begibt sich der Protagonist auf die Suche nach einer sein Dasein bergenden Instanz, und da Döblin von der gottlosen Mystik Fritz Mauthners angetan war[511] und seinen Roman Mauthner sogleich zur Beurteilung vorlegen wollte (Briefe, 21)[512], darf dieser als literarische Antwort auf Mauthners „ewige Frage der Menschheit“, ob ihre „Entwickelung durch die Liebe ebenso täuschungsvoll und unbefriedigend bleiben müsse, wie ihre Versuche, sich durch die Sprache zu vereinigen“[513], gedeutet werden.[514]

3.2.1. „Die fensterlose Monade“: Erlösungsbedürftigkeit und Erlösungshoffnungen im *Schwarzen Vorhang*

Ausgangspunkt des literarischen Antwortversuchs ist die Erfahrung, dass der Mensch an einer existentiellen Vereinsamung leidet, dass er „nicht satt in sich selbst ruhe“, sondern „zu Mann und Weib zersplittert, ewig über die eigenen Grenzen gedrängt, an fremdes Lebendiges getrieben werde.“ (SV, 128) Als Grund sieht Johannes das „Kainszeichen der Geschlechtlichkeit [...]: unstet und flüchtig sollst du sein [...]“ (SV, 128), zumal – wie der Geschlechtstrieb symbolisiert – der Mensch mit dem Ziel nach Vereinigung mit einem anderen Menschen über sich hinausstreben muss. Hier wird auf einen Bibelvers aus Gen 4, 12 in der Luther-Übersetzung rekurriert, welcher der zerbrochenen Einheit von Mann und Frau eine zweifache Ebene der Schuld einzieht: die Erbschuld in Folge des Sündenfalls und die Schuld am Mitmenschen im Bild des Brudermörders Kain. Doch der Text bleibt nicht bei diesem Gefühl des „Wir sind gebunden, verloren und verraten eins ans andere“ (SV, 128) stehen. Der Mensch soll unstet und flüchtig auf Erden sein, doch es gilt auch die Forderung – und so wird der Bibeltext weiter-

[509] SV, siehe Anmerkungen und Varianten S. 256.

[510] Auch wenn die Stelle vom Tod Gottes nicht explizit zitiert wird, ist doch zu vermuten, dass es gerade diese Botschaft des *Also sprach Zarathustra* ist, die Johannes in derart metaphysische Nöte bringt, dass sie eine starke körperliche Reaktion bei ihm auslösen. So auch Hoock: Modernität als Paradox, S. 165.

[511] Er bezeichnet als Linke Poot in Maskenball beispielsweise dessen Geschichte des Atheismus im Abendland als „heiße Quelle, an der wir uns wärmen“ (Mb, 110).

[512] Vgl. Brief an Fritz Mauthner vom 24. Oktober 1903.

[513] Mauthner, Fritz: Zur Sprache und zur Psychologie. In: Ders./Lütkehaus, Ludger (Hg.): Fritz Mauthner. Das philosophische Werk. Beiträge zu einer Kritik der Sprache Bd. 1. Wien [u. a.]: Böhlau, [3]1999, S. 42.

[514] Vgl. Hoock: Modernität als Paradox, S. 163. Vgl. auch Keller, Otto: Döblins Montageroman als Epos der Moderne. Die Struktur der Romane *Der Schwarze Vorhang, Die drei Sprünge des Wang-lun* und *Berlin Alexanderplatz.* München: Wilhelm Fink, 1980, S. 13–58.

geschrieben – „du sollst – lieben“ (SV, 128). Ein weiterer Verweis aus der Genesis unterstreicht diesen Gedankengang: „Oh, wie verstand er [=Johannes] das Wort, daß der Mensch nicht allein sein solle; oh, wie verstand er, daß es das Wort eines mitleidlosen, menschenstolzhassenden Gottes war.“ (SV, 128) Auch der Wunsch des Menschen, sich einem anderen menschlichen Leben anzuvertrauen, wird durch ein transzendentes Gebot „dass der Mensch nicht allein sein solle“ (Gen 2, 18) zusätzlich begründet, wobei diese transzendent untermauerte menschliche Wunschvorstellung fast wie ein zynischer Kommentar erscheint, da sie als Wort eines Gottes umschrieben wird, der den menschlichen Stolz mit Strafe ahndet und gegenüber der zerrissenen Existenz „mitleidlos“ verharrt. Der Wunsch, in einer absolut verstandenen Liebe zu einem anderen Menschen diese Einsamkeit zu verlassen und „den Weg zur Erlösung“[515] zu finden, prägt die Begegnung mit einer marianisch verklärten Frau, Irene. Johannes will sie zur notwendigen Ergänzung seines Ichs machen und durch sie und mit ihr zusammen die Ganzheit erlangen: „Aus einer Wurzel müssen wir gesprossen sein, sie und ich“ (SV, 161). In dieser Ganzheit könne er sich über das Tageswesen der Menschen erheben.[516] „Liebe, das war die Erfüllung seiner alten Sehnsucht und Unrast“ (SV, 159), doch bleibt die Art der Liebe weiter fraglich, da sie eine funktional verstandene und besitzergreifende Liebe ist, deren Ziel die Unterwerfung des anderen zur Wiederherstellung der Einheit seines fragmentierten Ichs ist. Bei aller körperlichen Nähe sind die „Liebenden“ einander doch entfernt, sie müssen erkennen, dass sie jeweils für sich leben, dass es nicht geschehen kann, „daß sich zwei Menschen lieben, sie müßten denn beide sterben und zu Staub werden; aber die Menschenseelen ergreifen und küssen sich nie“ (SV, 160). Eine wahre Liebe scheint bei den irdischen Begrenzt- und Bedingtheiten der Menschen nicht möglich, es scheint keine „Brücke“ (SV, 160) zu geben, mit der man das die unmittelbare Einheit Trennende überwinden könne. „Sie ist ein Andres, mein Andres; das ich nicht fassen kann [...] Zwischen uns Zufallssteinen redet keine Welle.“ (SV, 160) Keine Welle, ein Symbol, das schon im Erstlingsroman *Jagende Rosse* eine allumschließende größere Einheit verkörpert, kann die beiden einander unzugänglichen Subjekte verbinden, sie bleiben „vereinsamte Monaden“ (SV, 180): „Monaden sind wir und haben keine Fenster.“ (SV, 160) Der von Leibniz entlehnte Begriff der „fensterlosen Monaden“ veranschaulicht die Trennung der einzelnen in sich abgeschlossenen und die Welt aus ihrer je eigenen Perspektive wahrnehmenden Monaden, die zwar miteinander in-

[515] Keller: Döblins Montageroman als Epos der Moderne, S. 18.
[516] Vgl. ebd., S. 24 f.

teragieren, jedoch ihr eigenes Für-Sich-Sein nicht überwinden können.[517] Als Johannes bewusst wird, dass er durch die Liebe zu einem anderen nicht der irdischen Gebrochenheit und Fragmentierung des Ichs entgehen kann, greifen „Ichbesessenheit und Erlösungsdrang […] ineinander über und machen aus dem Menschen ein Scheusal“[518], indem sie den sehnsüchtigen Kuss in einen tödlichen Biss in den Hals der Geliebten verkehren lassen. Während bei Richard Wagner, Theodor Fontane oder auch einem Thomas Mann der Tod noch ein Element behält, das auf Einswerdung und Erfüllung hinweist, und somit „so etwas wie ein Weg aus dem Monadendasein in Ganzheit“ zu sein scheint,[519] haftet dem Tod Irenes keinerlei Spur von Transzendenz an, die auf eine Durchbrechung der Individuation und eine Vereinigung mit der großen Einheit allen Lebens im All-Einen hindeuten würde.[520] Johannes stürzt vielmehr beim näheren Anblick der toten Geliebten aus seinem rauschhaften Zustand:

> „Komm, du Glückselige, meine Wonne taumelt zu dir […] Komm, es ist Zeit. / Er starrte verwirrt auf die Tote, stand langsam auf. / Wer ist das? – Ich kenne den Klumpen nicht. Wo ist Irene? Den Klumpen kenne ich nicht. – Wer hat das getan?“ (SV, 203)

Angesichts der Toten wird Johannes die Sinnlosigkeit der Suche nach Vereinigung in der Liebe und im Tod offenbar: Er wollte lediglich sein „fensterloses Monadensein“ durchbrechen, „Ich wollte eine Tür öffnen.“ (SV, 203) Irene selbst war nur Mittel zum Zweck:

> „Von ihr ist nicht die Rede, ich wollte Irene nicht. Ich wollte keine Liebe. Meine Einsamkeit – wollte – ich – verlassen. […] und kein Tod macht meine schreiende Einsamkeit schweigen. Und – kein Tod löst mich, in alle Ewigkeit schließt mir die Tore auf! Kein Fenster habe ich zum Schauen.“ (SV, 204)

Weder die Liebe noch der Tod kann ihn aus dieser so schmerzlich empfundenen Entfremdung „lösen“ (SV, 196; 201), eine solche „Erlösung“ erweist sich wie auch in vielen anderen frühen Erzählungen Döblins als

---

[517] Vgl. Jacoby, Edmund: Prästabilierte Harmonie oder: die beste aller möglichen Welten. Gottfried Wilhelm Leibniz. In: Ders. (Hg): 50 Klassiker Philosophen. Hildesheim: Gerstenberg, 2004, S. 134–141, S. 136–138.

[518] Keller: Döblins Montageroman als Epos der Moderne, S. 28.

[519] Ebd., S. 30.

[520] Vgl. Hoock: Modernität als Paradox, S. 183.

unmöglich.[521] Letzte Konsequenz der Selbsttranszendierung ist somit im *Schwarzen Vorhang* die Auflösung des Selbst, worin Braungart die „innere Affinität des Romans zum weltanschaulichen Monismus der Zeit" sieht, „der im Text allgegenwärtig ist."[522] Doch auch damit bleibt die „fensterlose Monade" Johannes verschlossen. Er wird von selbstgelegten Flammen verschlungen. Die Unmöglichkeit einer so verstandenen Erlösung wird durch eine Narration, die mit einem satirischen Ton den ganzen Roman durchzieht, bereits zu Beginn angedeutet. Nach der erschütternden Nietzsche-Lektüre schreibt Johannes eine Parabel von einem mächtigen König, der in der überreichen Fülle seines Landes Zugang zu allen Köstlichkeiten hat – mit Ausnahme eines „weißen Wein[es]", den er liebt. „Alle Seligkeiten liegen über meinem Reiche; ich mag sie nicht, ich verachte sie. Nur dies einzige, was ich begehren muß, dieses winzige, diesen – lumpigen – weißen – „ (SV, 109). Johannes, der sich oft „ähnlich einem mächtigen Herrscher [fühlte], der sich auf weißen Wein versessen hatte" (SV, 130), hat sich, so insinuiert die parallele Führung der beiden Narrationen, auf eine von den Leiden seines Daseins befreiende Liebesbeziehung versteift, die aber wie der weiße Wein ein unerreichbares Ziel darstellt. So wie sich Johannes angesichts des anderen an seine selbstgeschriebene Parabel und seinen unmöglichen Wunsch erinnert (SV, 130), so ist auch die resignative Äußerung zu verstehen: „Der Glaube erlosch; aber die Sehnsucht ist geblieben" (SV, 193). Das Paradox, das schon in *Jagende Rosse* zu Tage trat, dass, um der Lüge wissend, die Lüge dennoch affirmiert werden müsse, ist auch hier in abgewandelter Form Thema. Trotz der Erkenntnis der Unmöglichkeit der Einswerdung mit dem anderen, bleibt die Sehnsucht und wird deswegen umso schmerzlicher empfunden. In eben diesem Zusammenhang sind auch einige zum Teil schon erwähnte internarrative Anklänge an christliches Gedankengut zu verstehen, die eine Gegenposition zur als orientierungslos erfahrenen Wirklichkeit aufzeigen.

3.2.2. Die Liebe und das Kreuz – Spiel mit christlichen Narrationen

Der bereits zitierte Einschub „daß der Mensch nicht allein sein solle" (SV, 128) stellt einen internarrativen Bezug zwischen der Situation des Menschen im *Schwarzen Vorhang* und dem biblisch fundierten Menschenbild der Schöpfungserzählung her. Angesichts der erfahrenen Zerrissenheit des Menschen in Mann und Frau wirkt die biblische Narration von

[521] Vgl. *Die Helferin* oder *Das Stiftsfräulein und der Tod.* Eine ähnliche Thematik, allerdings mit offenerem Schluss, findet sich auch in *Die Segelfahrt* und *Die Verwandlung.* Vgl. auch Weyembergh-Boussart: Alfred Döblin, S. 28 f.

[522] Braungart, Georg: Leibhafter Sinn: Der andere Diskurs der Moderne. Tübingen: Max Niemeyer, 1995. (Studien zur deutschen Literatur; 130), S. 321.

einer anfangs harmonischen, den Menschen als „*ein* Fleisch" ins Zentrum stellenden Schöpfung (Gen 2, 5–26) wie ein zynischer Kommentar zu einem unerreichbaren Wunsch. Auch die Gegenüberstellung der „Agapeliebe"[523], hervorgerufen durch Zitate aus dem ersten Korintherbrief[524], im Gegensatz zur „dummen Puppenliebe" (SV, 153), wie Johannes seine Liebe zu Irene versteht, enthüllt eine ähnliche Diskrepanz der internarrativen Bezüge. Eine weitere internarrative Korrelation aus dem Bereich des Christlichen ist eine entfernte Allusion an die Passionsgeschichte. Als Johannes Irene mit einem anderen Mann beobachtet und somit seinen „erlösenden" Vereinigungswunsch mit ihr gefährdet sieht, heißt es: „Kein Gott stand ihm bei. Den Kopf in den Nacken zurückgeworfen. Die Blicke klammern sich am Himmel fest, lassen ihn nicht. Er schrie zum zweiten Male. ‚Verlaß mich nicht.'" (SV 191 f.) Ohne die Passionsgeschichte Jesu explizit zu benennen, wird doch durch den charakteristischen Verweis auf das „Eli, eli, lama asabtani" (Mt 27,46; Mk 15,34) der dunkelste Moment des irdischen Jesus, die Gott-Verlassenheit des Gottessohnes am Kreuz, eingeblendet und dies der Gewissheit zum Trotz, dass es keinen Gott gibt, der Johannes beistehen könnte. Diese drei internarrativen Bezüge stellen allesamt ein Spiel mit dem verfügbar gewordenen christlichen Überlieferungsgut dar, das jedoch ausschließlich zur negativen Kontrastierung des Protagonisten dient. Es liegen auch Interpretationen vor, die darüber diskutieren, ob man in diesem Sinne Irene als marianische Figur interpretieren könne,[525] doch gibt es andere, deutlichere Hinweise ihr Sterben in den eben schon eröffneten Passionskontext einzuordnen. Hierzu muss die Haltung und Gestik Irenes genauer erläutert werden. Sie „preßte ihren Rücken fest gegen einen Baum, den ihre blassen Hände hinten umschlangen" (SV, 200). Der Baum weist eine gewisse Nähe zum Holz des Kreuzes auf.[526] Diese Assoziation wird noch näher fundiert durch die Bemerkung, dass sie „starr den Kopf zurück [preßte], als wäre sie an den Baum genagelt" (SV, 200). Verbunden mit dem verströmenden Blut, das aus ihrer Wunde tritt (SV, 200), evoziert diese sich ausstreckende Gebärde sowie der explizite Vergleich („als wäre sie an den Baum genagelt") die „Erlösertat Christi"[527]. Ohne jeglichen konkret intertextuellen Bezug wird so an eine Narration erinnert, deren Verhältnis zum literarischen Text noch zu

[523] Keller: Döblins Montageroman als Epos der Moderne, S. 41–43.

[524] „Wenn ich tausend Zungen hätte und hätte der Liebe nicht, so wäre ich nichts […]." (SV, 160)

[525] Vgl.: Hoock: Modernität und Paradox, S. 180 f. Siehe auch Keller: Döblins Montageroman als Epos der Moderne, S.27 f.

[526] Im Roman *November 1918* wird so beispielsweise das Holz des Kreuzes betont (Nov II/2, 288).

[527] Keller: Döblins Montageroman als Epos der Moderne, S. 28.

bestimmen ist. Mit dem erläuterten Bild wird die Narration aufgegriffen, so wie man sich der Überlieferung nach die Kreuzigung Jesu und seinen Opfertod vorstellt. Der so evozierte Stellvertretungs- und Sühnegedanke scheint allerdings säkular gebrochen und ist in die zwischenmenschliche Ebene verlagert. Außerdem wird der Opfertod Irenes, welche ihre bejahende Zustimmung hierzu gibt,[528] überlagert von der sadistischen Lust, die beide spüren. Insgesamt betrachtet ist nicht entschieden, wie der Tod Irenes genau gedeutet werden kann. Entscheidend ist aber, dass die biblische Erlösungsvorstellung durch den internarrativen Bezug des für die Tradition so bestimmend gewordenen Erlösungssymbols des Kreuzes vage anklingt, indessen aber nur die Unmöglichkeit einer so verstandenen Erlösung sowohl durch Irenes Lachen als auch durch Johannes' Sturz in Verzweiflung nach ihrem Tod umso deutlicher wird.

3.2.3. Der „metaphysische Narr"

Dass Döblin mit dem aus Verzweiflung zum Mörder gewordenen Protagonisten vornehmlich einen psychisch kranken Menschen mit einem „falschen Liebesbegriff" zeigen wollte und so seine medizinischen Fallstudien literarisch verarbeitete,[529] ist verkürzend und wird der verzweifelten Suche nach Orientierung und Sinn im anderen nicht gerecht. Das Problem der psychischen Verunsicherung wird im Roman weitaus komplexer dargestellt, da die aus dem natürlichen Geschlechtstrieb aufkommende sexuelle Desorientierung aus einer aus religiösen Gründen als anormal und als sündig stigmatisierten Einstellung zur Sexualität resultiert. Überfordert mit der aufkommenden sexuellen Lust des noch jungen Johannes (SV, 118), der aus Unkenntnis und Angst vor dem weiblichen Geschlecht (SV, 126 f.) eine homoerotische Liebe zu einem Schulkameraden und seinem Hund entwickelt, die vor allem dann gesteigert wird, wenn diese körperlich leiden,[530] hört Johannes die drohenden „dunkle[n] Worte aus der Bibel und dem Munde des Relilehrers" „über die heimlichen Strafen Gottes" und entwickelt ein „verschwiegene[s] Schuldgefühl", das aus der biblisch ererbten „Sündenschuld" und deren persönlicher Aktualisierung herrühre (SV 119 f.). Das heißt, die Religion und die Instanz, die in ihrem Selbstanspruch dem Menschen die frohe Botschaft, Heil und lebenspraktische Orientierung verheißen will, wird im literarischen Text *Schwarzer Vorhang* zu einem

[528] Vgl. SV, 195; 200.

[529] Vgl. Wambsganz, der zu dieser Deutung tendiert. Vgl. Wambsganz, Friedrich: Das Leid im Werk Alfred Döblins. Eine Analyse der späten Romane in Beziehung zum Gesamtwerk. Frankfurt am Main; Berlin; Bern [u. a.]: Lang, 1999. (Europäische Hochschulschriften: Reihe 1, Deutsche Sprache und Literatur; 1728), S. 182 f.

[530] Vgl. SV, 115; 116; 131. Die frühe sadistische Tendenz ist hier deutlich zu erkennen.

großen Teil dafür verantwortlich gemacht, dass der Mensch überhaupt erst in die Verunsicherung und Ich-Vereinsamung getrieben wird. Sowohl die Entzweiungserfahrung aus der Geschlechtlichkeit, die als Folge des Sündenfalls beschrieben wird, sowie das Nicht-Ausleben-Können des ebenfalls als sündig apostrophierten Sexualtriebes stellt den Menschen vor die Notwendigkeit, seine vereinsamte Stellung anzuerkennen und sein Wesen selbst zu bestimmen. Der Protagonist Johannes versucht sich so im anderen zu gewinnen, doch die eingangs gestellte „ewige Frage der Menschheit" Mauthners beantwortet Döblin in einem Brief an Axel Juncker so:

> „Der lyrische Kern ist: die Unmöglichkeit der völligen Vereinigung zweier Menschen selbst in der Liebe; das Wort ‚Liebe' täuscht eine solche Vereinigung, solchen innern Zusammenhang der Wesen vor; wirklich ist und lebt nur das Einzelne, Zusammenhanglose, der ‚Zufall', das Einsame, das vernichtend auf andere Einsame übergreift. –" (Briefe, 23)[531]

Wie im frühen Roman *Jagende Rosse* bereits gezeigt, muss Johannes am Ende der Einheitssuche feststellen, dass es nur täuschende „Begierden in anderer Form" sind, die zeitweise tragen, indessen die Frage „was bleibt nach den Begierden?" (SLW, 81) unbeantwortet bleibt.[532] Alle Versuche der Wiedergewinnung einer metaphysischen Einheit werden zuletzt als Täuschungen eines „metaphysikversessenen Ich[s]" entlarvt, das nach „metaphysischer Erlösung"[533] verlangt, sich allerdings nur in fiktiven Konstruktionen verstrickt, die keinen dauerhaften Halt bieten können. Die so dargestellte Reaktion des modernen Menschen auf die Grundverfasstheit der kontingenten und fragmentierten Wirklichkeit lässt sich im Bild der „metaphysischen Versessenheit" (SV) oder besser noch im Motiv des „metaphysische[n] Narr[en]" (JR, 65) subsumieren, einem sich selbst zum problematischen Individuum gewordenen Menschen, der ruhelos seinem Bedürfnis nach Metaphysik nacheifert und dabei aber ob der Sinnlosigkeit seines vergeblichen Strebens in die Verzweiflung und in den Wahnsinn getrieben wird.[534]

[531] Brief an Axel Juncker vom 9. April 1904. (Hervorhebungen vom Autor)

[532] Vgl. auch Hoock: Modernität als Paradox, S. 186.

[533] Ebd., S. 188.

[534] Vgl. ebd., S. 111.

Dieselbe Grundsituation, die Döblin in seinem gesamten erzählerischen und essayistischen Werk behandelt – die Verunsicherung des Subjekts – steht auch im Zentrum seines ersten großen literarischen Erfolgs, der stilbildend für eine ganze Reihe namhafter Autoren wurde:[535] der Roman *Die drei Sprünge des Wang-lun.*[536] Die in China spielende Geschichte um den Protagonisten Wang-lun erzählt von dessen fundamentaler Erschütterung durch den ungerechten Tod eines Freundes, wobei wiederum die grundlegende, dieses Mal nur anders akzentuierte Frage im Raum steht, wie der Mensch angesichts des unberechenbaren Lebens Halt und Orientierung finden kann. Ausgehend von der Trauer über den Tod des Freundes Su-koh und der empfundenen Ungerechtigkeit „Su-koh war ungerettet geblieben." (WL, 39), versucht Wang-lun dieses ungerechte Sterben durch das Töten des Mörders zu vergelten. Er spürt allerdings bald, dass Rache keine befriedigende Lösung ist, da sie das erlittene Leid nicht rückgängig machen kann. Nach einer langen Meditation über den Weg der Erlösung mit einem Mönch erlangt Wang-lun die Einsicht, dass Handeln misslingen muss und bekennt sich daher zum Nicht-Handeln:

> „Man hat nicht gut an uns getan: das ist das Schicksal. Man wird nicht gut an uns tun: das ist das Schicksal. Ich habe es auf allen Wegen, auf den Äckern, Straßen, Bergen, von den alten Leuten gehört, daß nur eins hilft gegen das Schicksal: nicht widerstreben. Ein Frosch kann keinen Storch verschlingen." (WL, 81)

Wang-lun bekennt sich so zum Quietismus, zur Widerstandslosigkeit dem Leben gegenüber, und nimmt eine resignative, quasi stoische Haltung ein: „Ich muß den Tod über mich ergehen lassen und das Leben über mich ergehen lassen und beides unwichtig nehmen, nicht zögern, nicht hasten." (WL, 81) Überzeugt, dass die einzig sinnvolle Lebenseinstellung nur im Prinzip des Nicht-Widerstrebens bestehen kann, gründet er einen „Bund der Wahrhaft Schwachen" und predigt den Anhängern die Lehre vom Wu-Wei, vom Nicht-Handeln. Der Mensch solle sich durch das Tao, durch den sinnvollen Weg der Weltordnung führen lassen und sich aller Begierden entledigen, um sich schließlich ganz im Tao aufzulösen.[537] Die Lösung des

---

[535] Wang-lun beeinflusste namhafte Schriftsteller wie Bert Brecht, Lion Feuchtwanger, Anna Seghers und wurde vor allem zum Anschauungsfeld für die Entwicklung des epischen Theaters. (Vgl. Schoeller: Alfred Döblin, S. 160)

[536] Vgl. Emde: Alfred Döblin, S. 19.

[537] Vgl. Weyembergh-Boussart: Alfred Döblin, S. 63.

Problems der Verunsicherung des Ichs angesichts des Unrechts besteht also gerade nicht im Auflehnen gegen das Schicksal, auch nicht in einer Kompensationshandlung oder einer Suche nach metaphysischem Ersatz, sondern im duldsamen Annehmendes einem Leid zufügenden Schicksals. In letzter Konsequenz bedeutet diese Haltung allerdings auch den „Verzicht auf das eigene Ich und dessen Auflösung“[538]. Dargestellt wird diese Konsequenz in einem Traum des sterbenden Wang. Wang schmiegt sich im Traum an den Stamm eines Sykomore-Baumes, der ihn ganz „umhüllt“ (WL, 482). Er wird ihm zu einem ihn umschließenden „grüne[n] Sarg“ und Wang geht in der Natur auf.[539] Diese Auflösung des Ichs in der Natur steht auch am Ende anderer literarischer Texte Döblins, beispielsweise verschwindet die Figur Michael Fischer in *Die Ermordung einer Butterblume* in dem Dunkel des Bergwaldes (EB, 77), der Roman *Berge, Meere und Giganten* (1924) endet mit der „Vision der zu Landschaft gewordenen Menschenleiber“[540] und Kaiser Ferdinand in Döblins *Wallenstein* (1920), der alle Versuche, seiner Ich-Verunsicherung mit den klassischen Sinnvermittlungsinstanzen Religion und Familie zu begegnen, als gescheitert erklärt, entgleitet der Welt schließlich ebenso im Wald.[541] Die Instanz, die im kontingent ablaufenden Leben überhaupt noch handeln könnte, verzichtet so gerade auf diese Fähigkeit und findet, wie im *Wang-lun* ausführlich thematisiert, nach der Lehre des Wu-Wei Ruhe im „Nicht-mehr-sein“, in der Selbstauflösung und Entindividualisierung. Doch auch hier erfolgt wie in den anderen literarischen Entwürfen zur Frage nach Halt und Orientierung am Schluss wiederum eine skeptische Anfrage: Hai-tang, die Frau des kaiserlichen Generals, die durch die von Wang-lun angestifteten Unruhen zwei Söhne verloren hat (WL, 494), erinnert sich an die nach dem Wu-Wei heilbringende Maxime „Stille sein, nicht widerstreben, oh, nicht widerstreben.“ (WL, 495) Doch angesichts des Unrechts, das ihren Söhnen und ihr widerfuhr und dem Wunsch, „Frieden für die toten jungen Kinder“[542] zu erlangen, fragt sich Hai-tang: „Stille sein, nicht widerstreben, kann ich es denn?“ (WL, 495) Diese skeptische Anfrage an die im Roman vorgestellte Lösung auf die Frage nach dem verunsicherten Subjekt bleibt im letzten Satz des Romans unbe-

[538] Emde: Alfred Döblin, S. 33.

[539] Außerhalb des Traumes stirbt Wang-lun in den Flammen eines selbst gelegten Feuers (WL, 485 f.), was ebenfalls als ein Auflösen in der Natur interpretiert werden kann.

[540] Isermann, Thomas: Das Ich und die Vielheiten. Döblins Konversion zwischen Naturphilosophie und Mystik. In: Sauerland, Karol (Hg.): Alfred Döblin – Judentum und Katholizismus. Berlin: Duncker & Humblot, 2010, S. 113–133. (Literarische Landschaften; 12), S. 128.

[541] Vgl. Döblin, der dazu schreibt: „Wie Wang-lun erlosch Ferdinand vor der ‚Welt'.“ (E, 166); Vgl. ebenso Isermann: Das Ich und die Vielheiten, S. 128.

[542] Hai-tang fordert in diesem Zug auch Strafe für den Mörder ihrer Kinder (WL, 494).

antwortet stehen. Das Buch endet so mit jenem für Döblins Werke charakteristischen „Fragezeichen" und „wirft am Ende einem neuen den Ball zu" (E, 166).

4. „Mir kann keener" – Selbstbehauptung in dem Roman Berlin Alexanderplatz (1929)

In *Berlin Alexanderplatz* (1929), in Döblins wohl unumstritten größtem und nachhaltigstem literarischen Erfolg, wird auch der Protagonist Franz Biberkopf, wie bereits in den ersten Zeilen des Vorwortes exponiert wird, „in einen regelrechten Kampf verwickelt mit etwas, das von außen kommt, das unberechenbar ist und wie ein Schicksal aussieht." (BA, 11) Doch als Alternative zur vor allem im Roman *Wang-lun* vorgestellten Wu-Wei-Lehre des Nicht-Widerstrebens, entgegnet Biberkopf dem „Schicksal" mit der größten Selbstbehauptung: „Mir kann keener" (BA, 44). Doch angesichts des rasant ablaufenden Lebens in der aufstrebenden Metropole Berlin, angesichts der bevölkerungs- und verkehrstechnischen sowie medialen Veränderungen mit ihrer Fülle von Reizen und Orientierungsmustern gestaltet sich ein selbstbestimmtes Leben als schwierig.

4.1. „Mir haben sie verplempert" – Die Situation des modernen Individuums

In keinem anderen Roman gestaltet Döblin die Situation des Individuums in der modernen Welt so eindrücklich wie in *Berlin Alexanderplatz.* Franz Biberkopf, der nach vier Jahren Gefängnisstrafe für Totschlag an seiner ehemaligen Freundin Ida wieder entlassen wird, kehrt in die Großstadt Berlin zurück, die sich inzwischen dynamisch weiterentwickelt und verändert hat. Vom Krieg noch traumatisiert, von der Revolution enttäuscht, unter der Inflation und Arbeitslosigkeit leidend, überrollt von der gesellschaftlich rasanten Entwicklung, einsam in der zunehmenden Anonymität und in einem Klima der Aggressivität und Moralvergessenheit verroht, hat Biberkopf alle Deformationen seiner Zeit, „alle Pathologien der Moderne" in sich aufgesogen und verkörpert einen Menschen, der von seiner Zeit deformiert wurde:[543] „Mir haben sie verplempert. […] Ich bin kein Mensch mehr." (BA, 36) Doch Biberkopfs Selbstentfremdung ist kein Einzelfall.

[543] Vgl. Kiesel: Geschichte der literarischen Moderne, S. 340.

Auch andere Menschen sind „verwüstete Mensch[en]“[544]; Menschen sind identitätslose Exemplare, deren namentliche Identität austauschbar ist[545] und die wie der zufällige Überfluss einer kontingenten Welt wirken, die ihre zu großen Reserven willkürlich ausgießt.[546] Menschen werden zum bloßen „Es“: „Es hatte fröhliche Gesichter, es lachte, wartete auf der Schutzinsel gegenüber Aschinger zu zweit oder zu dritt, rauchte, blätterte in Zeitungen. So stand das da wie die Laternen [...].“ (BA, 16). Komplementär zu diesem „subjektlosen Leben“[547] werden die Stadt und ihre Objekte personifiziert (BA, 165), was die Angst des ohnehin schon mit der Entwicklung kaum Schritt halten könnenden und verunsicherten Menschen zeigt. Die Situation des Menschen wird aber vor allem durch auffallend viele internarrative Bezüge verdeutlicht, die biblischen Ursprungs sind.

4.1.1. „Denn es geht dem Menschen wie dem Vieh“ – Biblische Narrationen in *Berlin Alexanderplatz*

Zu Beginn des zweiten Buchs werden städtische Institutionen aufgeführt. Für Biberkopf scheint sich „das Paradies aufzutun“[548], weswegen das Kapitel auch mit einer sprachlich an der Bibel orientierten Narration der Situation des Menschen im Paradies beginnt.

> „Es lebten einmal im Paradies zwei Menschen, Adam und Eva. Sie waren vom Herrn hergesetzt, der auch Tiere und Pflanzen und Himmel und Erde gemacht hatte. Und das Paradies war der herrliche Garten Eden. [...] das war eine einzige Freude den ganzen Tag im Paradies.“ (BA, 49)

Die paraphrasierenden Nacherzählungen aus Gen 1 werden mehrmals unvermittelt in den Text eingeschoben und stehen für die von Franz ersehnte Ruhe und Ordnung[549] und schenken Biberkopf, über dem „die Häuser“ und „die Dächer“ wiederholt einstürzen wollen (BA, 95) – ein Bild,

[544] Vgl. Anders, Günther: Der verwüstete Mensch. Über Welt- und Sprachlosigkeit in Döblins „Berlin Alexanderplatz“. In: Benseler, Frank (Hg.): Festschrift zum achtzigsten Geburtstag von Georg Lukacs. Neuwied: Luchterhand, 1965, S. 420–442.

[545] Mieze, die Freundin Franz Biberkopfs, heißt eigentlich Emilie Parsunke, doch Eva, die eigentlich Emilie heißt, nennt sie wegen ihrer russischen Backenknochen Sonja. (Hier ist ein Verweis auf den in vielen Punkten ähnlichen Roman Dostojewskis zu sehen.) Doch Franz „kann so fremde Namen nicht leiden“ und nennt sie deshalb Marie, weil noch keine seiner Affären so hieß und er „sone [...] gern haben [möchte]“, beziehungsweise er verwendet meist ihren Spitznamen Mieze oder Miezeken. (BA, 257)

[546] Vgl. Anders: Der verwüstete Mensch, S. 420 und 425.

[547] Ebd., S. 427.

[548] Kiesel: Geschichte der literarischen Moderne, S. 338.

[549] Vgl. Keller: Döblins Montageroman als Epos der Moderne, S. 149. Vgl auch. Franz: „Und es muß Ruhe werden, damit man arbeiten und leben kann.“ (BA, 94)

das die Panik des kleinen Menschen in dem verwirrenden Labyrinth der großen Häuserschluchten ausdrückt – Zuversicht und Halt (BA, 95). Doch diese Wunschvorstellung eines glücklichen, ruhigen Lebens wird schon bei dem ersten internarrativen Bezug ironisiert. Nicht nur die für Märchen typische Einleitungsphrase „Es lebten einmal…“ sondern vor allem die Weiterführung der Paradies-Narration mit einem Kinderlied stellen die Paradiesvorstellung zugleich in Frage:

> „[D]as war eine einzige Freude den ganzen Tag im Paradies. So wollen wir fröhlich beginnen. Wir wollen singen und uns bewegen: Mit den Händchen klapp, klapp, klapp, mit den Füßchen trapp, trapp, trapp, einmal hin, einmal her, ringsherum, es ist nicht schwer.“ (BA, 49)

Mit diesem Zitat aus Humperdincks Oper „Hänsel und Gretel“ wird die Paradiesnarration mit Kinderliteratur verschränkt, sie erscheint als Märchen, was die Naivität des Paradieswunsches unmittelbar nach dessen Evokation entlarvt. Tatsächlich wird Biberkopf in der fortschreitenden Handlung durch den Betrug des gaunerischen Geschäftspartners Lüders schnell aus dem vermeintlichen Paradies vertrieben. Diese quasi schuldlose Vertreibung wird auch mit der biblischen Erklärung der verführerischen Macht der Schlange parallelisiert,[550] welche sowohl implizit mit dem Betrüger Lüders als auch mit Biberkopfs größtem Widersacher, Reinhold, in Verbindung gebracht wird (unter anderem BA, 188). So werden auch die biblischen Verfluchungen der Schlange, Evas und Adams in Folge des Sündenfalls (BA, 134; vgl. Gen 3, 14–19)[551] mit einer alttestamentlichen Verfluchung des nur auf sich selbst und auf andere Menschen vertrauenden Menschen identifiziert „Verflucht ist der Mann, spricht Jeremia, der sich auf Menschen verläßt, der das Fleisch zu seiner Stütze macht und dessen Herz von Gott abfällt.“ (BA, 197 f., vgl. auch Jer 17,5–6) Die Vorstellung einer paradiesischen Ordnung wird so zugleich wieder gebrochen und dem Menschen werden sein Elend und seine Endlichkeit in mehrfacher Wiederholung vor Augen geführt: „Von der Erde bist du gekommen, zu Erde sollst du wieder werden.“ (Vgl. Gen 3, 19). Der explizite Vergleich des Menschen mit dem Tier „Denn es geht dem Menschen wie dem Vieh; wie dies stirbt, so stirbt er auch.“ (BA, 136), einem Zitat aus Prediger 3,19, leitet über zu einem weiteren internarrativen Bezugskreis, den Erzählungen von einem Schlachthof, bei dem, verschränkt mit alttestamentlichen Opfervor-

[550] Vgl. Keller: Döblins Montageroman als Epos der Moderne, S. 150.
[551] Es handelt sich dabei um eine Zusammenstellung aus fast wörtlichen Zitaten.

stellungen,[552] die ausgeweideten und an Balken hilflos hängenden Tiere als „Sinnbild des Ausgeliefertseins und der Gefährdung des Menschen“[553] verstanden werden können. Der Mensch scheint quasi in den funktionalen und grausamen Ablauf einer modernen Industriegesellschaft mit ihren streng ökonomischen Prinzipien eingebunden zu sein und das, was das Wesen des Menschen bestimmt, die Fähigkeit, sich reflexiv seiner selbst bewusst zu sein und sich zu sich selbst zu verhalten, ist durch die Parallelisierung mit dem Vieh aufgehoben: „Und haben alle einerlei Odem, und der Mensch hat nichts mehr denn das Vieh“ (Prediger 3,19; BA, 146). Resigniert ob dieser Wahrnehmung des Menschen, unterwirft sich der Mensch den kontingenten Abläufen der Welt: „Ein Jegliches, ein Jegliches hat seine Zeit und alles Vornehmen unter dem Himmel hat seine Stunde, ein Jegliches hat sein Jahr, geboren werden und sterben, pflanzen und ausrotten, das gepflanzt ist, ein Jegliches, Jegliches hat seine Zeit [...]“ (BA, 346; vgl. Prediger 3,1–12). Die immer wieder, vor allem auch während der Ermordung Miezes einmontierten biblischen Verse aus dem Buch Kohelet vergegenwärtigen die bereits Jahrhunderte vor Christus zum Ausdruck gebrachte leidvolle Erfahrung der Endlichkeit und Nichtigkeit allen Seins, die gerade auch das moderne Individuum einholt. Die ebenfalls aus Kohelet angeregten Verse „Darum merkt ich, daß nichts Besseres ist als fröhlich sein [...] Fröhlich sein, laßt uns fröhlich sein.“ (BA, 346; Koh 3,12) wirken wie der verzweifelte Versuch angesichts der Übermacht des Bösen, das als Hure Babylon personifiziert den ganzen Roman durchwirkt,[554] sich auf momentanes Glück zu besinnen. Doch stellt sich abermals die Frage aus Kohelet, ob der Mensch „nicht besser dran“ ist, der „noch nicht geboren ist und des Bösen nicht inne wird, das unter der Sonne geschieht.“ (Koh 4,3; Vgl. BA, 363)

Die meist nur wenig von Luthers Wortlaut abweichenden biblischen Zitate bilden gleichsam den Rahmen und das Panorama der „Sündhaftigkeit und Hilflosigkeit des gottverlassenen Menschen“[555] und stellen ergänzend zu den Widrigkeiten, die der Protagonist Biberkopf auf der Handlungsebene erlebt, die Frage nach dem „Sinn“, der „in diesem frechen, ekelhaften und

[552] Insbesondere das Schlachten eines Kälbchens nimmt den aufopfernden Tod Miezes vorweg, während der Schilderung dessen wieder Schlachthofbruchstücke einmontiert werden, was den gegenseitigen Verweiszusammenhang weiter verdeutlicht.

[553] Weyembergh-Boussart: Alfred Döblin, S. 136.

[554] Das vielfach festgestellte Hure-Babylon-Motiv ist eine von Jeremia 51,13 inspirierte Narration, die sowohl auf Biberkopf bezogen als auch für die ganze Großstadt Berlin ein charakteristisches Motiv ist, das mehrfach und in unterschiedlichen Kontexten in die Handlung eingeflochten wird (BA, 237; 253; 291; 380; 443) und für das Böse schlechthin steht. (Vgl. Grüttemeier, Ralf: Von der dreimal heiligen Sachlichkeit. Religiöses bei Alfred Döblin. In: Neophilologus 77 (1993), S. 285–296, S. 291)

[555] Weyembergh-Boussart: Alfred Döblin, S. 198.

erbärmlichen Unsinn liegen [soll]" und der einen, wie der Erzähler kommentiert, zum „[V]erzweifeln" bringt (BA, 217). In dieser erbärmlichen Situation ist Biberkopf ganz auf sich selbst zurückgeworfen. „Hinter ihm steht nichts: keine Sitte, keine bürgerliche, keine proletarische, keine städtische, keine ländliche, keine Natur, keine Religion, [...] keine Indifferenz, kein Milieu, keine Familie."[556]; „er ist schlechthin übrig, und kann nichts finden, weil er nichts zu suchen hat."[557] Aus diesem Grund fühlt sich der aus dem Gefängnis entlassene Biberkopf der dort vorgegebenen Ordnung und Struktur beraubt und erfährt die Freiheit als eigentliche „Strafe" (BA, 15), da er sich in der unübersichtlichen Wirklichkeit, in der die Dächer über ihn abzurutschen drohen (BA, 17), nun selbst bestimmen muss. Die Halt- und Orientierungslosigkeit, in der sich Biberkopf befindet und sich bestimmen muss, zeigt sich – und darin liegt wohl eine der größten Innovationen, die mit dem Namen Döblin bis heute verbunden werden – im kreativen Umgang mit allerlei Narrationen, im Erzählprinzip: der Montage.

4.1.2. Die Montage – Die Situation des Menschen gespiegelt im Erzählprinzip

„Kunstwerke [...], die den Sinn negieren", so schreibt Adorno in seiner Ästhetischen Theorie, „müssen in ihrer Einheit auch zerrüttet sein; das ist die Funktion der Montage[...]"[558]. Dominierendes Merkmal des einen Sinn des Ganzen in Frage stellenden Romans *Berlin Alexanderplatz* ist daher die Diskontinuität – auf der Ebene der Wahrnehmung und Reflexion der von Biberkopf wahrgenommenen rasch wechselnden optischen und akustischen Eindrücke sowie auf der Ebene der Erzählhaltung, die unvermittelt vom Erzählerbericht in die erlebte Rede, in einen inneren Monolog oder in ein dialogisches Zwiegespräch wechselt. „Kleinbürgerliche Drucksachen, Skandalgeschichten, Unglücksfälle, Sensationen von 28, Volkslieder, Inserate" und vieles mehr „schneien" so beispielsweise, wie Walter Benjamin in einer ersten Rezension formuliert[559], in den Text „ein" und zeigen den simultanen, äußerst dynamischen und vor allem aber fragmentarischen Charakter des großstädtischen Lebens und der Wahrnehmung der einzelnen Menschen von diesem. Das Stilprinzip der Montage wurde von der Forschungsliteratur vielfach als Ausdrucksform von Döblins chaotischer

[556] Anders: Der verwüstete Mensch, S. 421. Anders fügt der Reihe noch hinzu: „keine Religionsleugnung". Doch es wird unten erörtert, dass Biberkopf religiöse Angebote kategorisch ablehnt, was ihm jedoch in seiner Situation auch keinen Halt gibt.

[557] Anders: Der verwüstete Mensch, S. 421.

[558] Adorno, Theodor W./Adorno, Gretel (Hg.)/Tiedemann, Rolf (Hg.): Ästhetische Theorie. Gesammelte Schriften Bd. 7. Frankfurt/M.: Suhrkamp, 1970, S. 231.

[559] Benjamin, Walter: Krisis des Romans, S. 232.

Weltsicht[560] und als Indiz für seine „metaphysische Panik" angesichts der undurchschaubaren und scheinbar zufälligen und sinnlosen Geschehnisse interpretiert.[561] In der neueren Döblin-Forschung verlagert sich der Akzent jedoch von der Chaos-Theorie mehr in Richtung einer radikalen Skepsis gegenüber jeder Art von Ordozusammenhängen und gegen den Glauben an ein transzendentes Absolutes der traditionellen Metaphysik.[562]

In diesem Zusammenhang – und für die Beschäftigung mit der Frage nach Semantisierungen von Erlösung in Döblins literarischem Werk von besonderem Interesse – sind die unmotiviert und unvermittelt einmontierten internarrativen Bezüge zu biblischen oder allgemein religiösen Narrationen. Zunächst drängt sich die Frage auf, ob die einmontierten, offensichtlich biblischen Bezüge als christlich zu verstehen sind. Während Muschg, Minder, Weyembergh-Boussart und Kiesel *Berlin Alexanderplatz* durch die Verwendung der biblischen Motive in einem „heilsgeschichtlichen Horizont" und in einer „metaphysischen Perspektive" sehen,[563] möchte Keller die Bibelzitate nur als generelles „kulturhistorische[s] Erbe" verstehen, deren ursprüngliche Inhalte und Werte relativiert und „in den kreativen Prozess der Sprachzerstörung und Sprachwerdung zurückgeholt" werden.[564] Auch Stauffacher, Bohnen und Müller-Salget bestreiten eine Orientierung im christlichen Sinne, da der Glaube an einen transzendenten Gott in Biberkopfs Welt fehle,[565] und Bayerdörfer stellt die „ihrer religiösen Buchstäblichkeit entkleidet[en]" Motive aus Genesis, Hiob, Kohelet, Propheten und

[560] Vgl. zum Beispiel: Martini, Fritz: Das Wagnis der Sprache: Interpretation deutscher Prosa von Nietzsche bis Benn. Stuttgart: Klett, [6]1970, S. 344; v.a. 358; 371, oder auch Anders: Der verwüstete Mensch, S. 441.

[561] Vgl. Anders: Der verwüstete Mensch, S. 433. Seiner Interpretation folgte: Sebald, Winfrid G.: Der Mythus der Zerstörung im Werk Döblins. Stuttgart: Klett, 1980. (Literaturwissenschaft – Gesellschaftswissenschaft; 45), 48 f.

[562] Vgl. Kiesel: Literarische Trauerarbeit, S. 298; Kiesel verweist unter anderem auch auf Keller: Döblins Montageroman als Epos der Moderne, S. 140 ff.

[563] Kiesel: Geschichte der literarischen Moderne, S. 343. Weyembergh-Boussart: Alfred Döblin, S. 161. Muschg bezeichnet BA als „erste christliche Dichtung" und „religiöses Welttheater". In: Muschg, Walter: Nachwort des Herausgebers. Olten; Freiburg: Walter-Verlag, 1961, S. 509–528, hier S. 519 f. Minder, Robert: Döblin zwischen Osten und Westen. In: Ders.: Dichter in der Gesellschaft: Erfahrungen mit deutscher und französischer Literatur. Frankfurt/M.: Insel-Verlag, 1966, S. 155–190, hier S. 170.

[564] Keller: Döblins Montageroman als Epos der Moderne, S. 226.

[565] Stauffacher, Werner: Die Bibel als poetisches Bezugssystem. Zu Alfred Döblins ‚Berlin Alexanderplatz'. In: Sprachkunst 8 (1977), S. 35–40, S. 36. Bohnen, Klaus: Erzählen aus mythischer Erinnerung, S. 457 f. Müller-Salget, Klaus: Alfred Döblin: Werk und Entwicklung. Bonn: Bouvier, 1972. (Bonner Arbeiten zur deutschen Literatur; 22), S. 318 f.

Apokalypse „den übrigen großen Motivbereichen gleich[]“[566]. Bei diesen Thesen bricht allerdings ein methodisches Problem auf, da das Verhältnis *zwischen* Religiösem und dem Großstadt-Epos, das gerade für eine *inter*narrative Interpretation von Bedeutung ist, bereits „zugeschüttet“ wird, ehe die Frage danach gestellt werden kann, „wenn dem Roman einerseits eine Teleologie oder Transzendenz zugeschrieben wird [...] oder er andererseits auf Immanenz verkürzt wird [...].“[567] Prinzipiell werden biblische und allgemein religiöse Narrationen wie auch andere Narrationen (Volkslieder, Mythen etc.) in den Text eingeschoben, in Sinn und Gestalt verändert und mit der Haupthandlung verknüpft. Auffallend ist allein das gehäufte Verarbeiten gerade religiöser und biblischer Narrationen und expliziter Zitate. Diese auf Transzendenz verweisenden Motiven stellen die Frage nach dem Verhältnis Transzendenz und Immanenz, was Grüttemeier als ein „hybrides“ beschreibt, da das Ringen von Transzendenz und Immanenz in der Schwebe gehalten wird.[568] Die biblischen und religiösen Anspielungen evozieren aber zweifelsfrei eine neue Perspektive, da die den Menschen verheißene Zusage Gottes in solchen Motiven immer den Rahmen bildet. Je nachdem, wie sie allerdings hervorgerufen werden, kann eher die bejahende Bedeutung oder aber gerade der Verlust dieser Hoffnungsperspektive umso schmerzlicher sich hervortun.

Für *Berlin Alexanderplatz* sind neben den schon besprochenen internarrativen Bezügen aus dem religiösen Bereich vor allem zwei biblische Figuren von Bedeutung, die gleichsam als Spiegelfiguren von Franz Biberkopf zum Verständnis des Romans wichtig sind.

4.2. Hiob und Isaak– Selbstbehauptungsdrang und Autonomie

„Das furchtbare Ding, das sein Leben war“, so führt der Erzähler in die Geschichte Biberkopfs ein (BA, 11), wird durch drei Schicksalsschläge erschüttert, was mit dem mit der Schlachthofmetaphorik in Bezug stehenden Bild des „Hammers“, der gegen Biberkopf „saust“ (BA, 215; 301; 355), literarisiert wird. Nach jedem „Hammerschlag“ – namentlich dem Betrug durch seinen Hausiererkollegen Lüders (1), dem Verlust des rechten Arms in Folge eines heimtückischen Verhaltens seines „Freundes“ Reinhold (2) und der Ermordung seiner Geliebten Mieze durch Reinhold (3) – erfolgt eine längere Bibelparaphrase, eine Narration über Hiob, Abraham und Isaak und

[566] Bayerdörfer, Hans-Peter.: „Alfred Döblin: *Berlin Alexanderplatz* (1929)“. In: Lützeler, Paul Michael: Deutsche Romane des 20. Jahrhunderts: Neue Interpretationen Königstein: Athenäum, 1983, S. 148–166, S. 161.

[567] Grüttemeier: Von der dreimal heiligen Sachlichkeit, S. 287.

[568] Vgl. ebd., S. 289 und 293.

wieder Hiob. Über diese zwei beziehungsweise drei längeren Einschübe ist in der Döblin-Forschung viel geschrieben worden.[569] Nicht vollkommen ersichtlich ist nach wie vor der Grund, warum Döblin gerade das Hiob- und Abraham/Isaak-Motiv so deutlich in den Vordergrund stellt.[570] Eine mögliche Bedeutungsebene, die der Text durch den internarrativen Verweis hinzugewinnt, wird im Folgenden erläutert.

4.2.1. „Hiob, du musst nur wollen"

Die beiden Hiob-Episoden nach dem ersten und dritten Schlag (BA, 143–146 und BA 379 f.) unterscheiden sich hauptsächlich durch die Art ihrer formalen und erzählerischen Eingliederung in den Roman, da die erste Episode unvermittelt und isoliert in den Handlungszusammenhang eingeschoben wird, wobei die zweite erzählerisch in die Handlung integriert ist.[571] In Abgrenzung zur in der mittelalterlichen Klosterliteratur vorherrschenden Idee des gottergebenen Duldens im Leid wird in der neuzeitlichen Literatur die Klage über die Ungerechtigkeit der Leidenserfahrung laut. In diesem Zusammenhang müssen auch die Zitate aus dem Buch Kohelet gelesen werden (BA, 136; 146; 379; 384; 386), die nicht nur durch die Verdichtung um die Hiob-Episode herum in *Berlin Alexanderplatz*, sondern auch theologisch betrachtet eine enge Verbindung mit dem Buch Hiob eingehen.[572] Die im Buch Hiob erzählte unverschuldete Leidenserfahrung wird bei

[569] Weyembergh-Boussart: Alfred Döblin. Langenhorst, Georg: Hiob, unser Zeitgenosse. Die literarische Hiob-Rezeption im 20. Jahrhundert als theologische Herausforderung. Mainz: Matthias-Grünewald-Verlag, 1995. (Theologie und Literatur; 1); Schrader, Ulrike: Die Gestalt Hiobs in der deutschen Literatur seit der frühen Aufklärung. Frankfurt/M. [u. a.]: Lang, 1992. (Europäische Hochschulschriften/1; 1294). Hoock: Modernität als Paradox. Emde: Alfred Döblin. Fromm, Georg: Die Isaak-Paraphrase in Alfred Döblins *Berlin Alexanderplatz*. In: Sander, Gabriele (Hg.): Internationales Alfred-Döblin-Kolloquium: Leiden 1995. Bern [u. a.], 1997, S. 159–168. (Jahrbuch für internationale Germanistik/A; 43). Grüttemeier: Von der dreimal heiligen Sachlichkeit. Stauffacher: Die Bibel als poetisches Bezugssystem. Keller: Döblins Montageroman als Epos der Moderne. Kiesel: Literarische Trauerarbeit. Casey, Timothy: Alttestamentliche Motive in Döblins *Berlin Alexanderplatz*: Die Rezeption des Romans und der Streit um sein Schlußbild. In: Link, Franz (Hg.): Paradeigmata. Literarische Typologie des Alten Testaments. Zweiter Teil: 20. Jahrhundert. Berlin: Duncker & Humblot, 1989, S. 527–541. (Schriften zur Literaturwissenschaft; 5/2).

[570] Kierkegaard hat sowohl über Abraham als auch über Hiob ausführlicher geschrieben, doch obwohl, wie später noch zu zeigen sein wird, Kierkegaard für Döblins Denken und Werk ein entscheidender Ideengeber wird, ist eine so frühe Kierkegaard-Lektüre Döblins nicht belegt und auch hinsichtlich der Interpretation nicht zwingend.

[571] Vgl. Schrader: Die Gestalt Hiobs in der deutschen Literatur, S. 116.

[572] Vgl. Crüsemann, Frank: Hiob und Kohelet. Ein Beitrag zum Verständnis des Hiobbuches. In: Albertz, Rainer/Westermann, Claus (Hgg.): Werden und Wirken des Alten Testaments. Festschrift für Claus Westermann zum 70. Geburtstag. Göttingen: Vandenhoeck und Ruprecht, 1980, S. 373–393.

Kohelet kausal verknüpfend reflektiert,[573] und indem Biberkopf vom Erzähler explizit mit Hiob verglichen wird (BA, 380), wird er in diesen Themenkomplex hineingenommen. Döblins Hiob unterscheidet sich allerdings durch das Fehlen eines eindeutigen Gottesbezugs; die Stimme, mit der Döblin spricht, ist eine unbestimmte Stimme nicht näher bekannten Ursprungs: Biberkopf ist „ein Hiob in einem ungerechten Universum ohne Gott"[574]. So äußert sich nicht nur die endgültige Absage an jegliches Vertrauen auf ein sinnvolles Weltsystem, sondern auch die alleinige Verantwortlichkeit des Menschen. Im Gegensatz zur biblischen Betonung der Rechtschaffenheit und Glaubensstärke Hiobs ist für Döblin Hiob „eben nicht der Gerechte und unschuldig Geprüfte", sondern er wird infolge seiner „Ichverkrampfung" selbst für sein Unglück verantwortlich dargestellt, was die häufige Wiederholung des Verbs „nicht wollen" (BA, 144 ff.)[575] und die Überschrift „es liegt an dir, Hiob, du willst nicht" (BA, 143) unterstreichen.[576] Die Stimme wirft Döblins Hiob so vor: „Das ist es, Hiob, woran du am meisten leidest. Du möchtest nicht schwach sein, du möchtest widerstreben können, oder lieber ganz durchlöchert sein, dein Gehirn weg, die Gedanken weg, dann schon ganz Vieh." (BA, 145) Zwei Optionen werden hier aufgetan: Entweder ganz dem Tier gleich auf die Selbstreflexivität verzichten und sich so nicht bewusst sein, dass man leidet, oder aber auf sein übersteigertes Ich-Empfinden verzichten und die eigene Schwäche annehmen. Während Döblins Hiob letztere Alternative wählt, seinen Selbstbehauptungsdrang aufgibt und geheilt wird (BA, 146), besinnt sich Biberkopf neu auf seine Autonomie und Stärke und entgegnet einer unbekannten ihn warnenden Stimme, die er im Verlauf des Romans mehrmals vernimmt: „Du kannst noch hundert Jahre so sprechen. Ich lach ja nur drüber […] Weil du mich nicht kennst. Weil du nicht weißt, wer ich bin. Wer Franz Biberkopf ist. Der fürchtet sich vor nichts. Ich hab Fäuste. Sieh mal, was ich für Muskeln habe." (BA, 162) Im Glauben, dass es keine Instanz gibt, die ihn retten könnte, sieht Biberkopf nicht ein, warum er seinem Schicksal nicht widerstreben sollte und besinnt sich – entgegen der quietistischen Position des Wu-Wei eines Wang-lun – auf die eigene Stärke: „Mir kann keener" (BA, 44).

[573] Vgl. hierzu etwas ausführlicher Schrader: Die Gestalt Hiobs in der deutschen Literatur, S. 116–118.

[574] Langenhorst: Hiob, unser Zeitgenosse, S. 104.

[575] Besonders prägnant ist die Aussage der nicht näher bestimmten Stimme, mit der Hiob im Gespräch ist: „Du willst ja nicht!" und „Wer kann dir helfen, wo du selber nicht willst!" (BA, 146)

[576] Boussart, Monique: Die Aktualisierung des Bibeltextes in Alfred Döblins Montageroman *Berlin Alexanderplatz. Die Geschichte vom Franz Biberkopf.* In: Germanica 31 (2002). http://germanica.revues.org/2072, § 8 [zuletzt abgerufen am 15.02.2014].

4.2.2. Isaak, „du mußt nur wollen“

Nach dem zweiten „Hammerschlag“, dem Verlust des rechten Armes und der Enttäuschung über den Verrat und Mordanschlag durch seinen ehemaligen Freund Reinhold, erfährt Biberkopf eine tiefe existentielle Verunsicherung, die ihn wiederum sich nach Ruhe und Ordnung sehnen lässt, die er einst im Gefängnis Tegel erfahren hat. Aus diesem Grund fährt er dorthin, schläft aber auf einer Parkbank ein, wobei der „gewaltsame Schlaf“ „ihm die Augen auf[reißt]“, woraufhin Franz „alles“ „weiß“. (BA, 284) Das Erkenntnis auslösende Moment – indes jedoch keinesfalls sogleich klar ist, worin diese Erkenntnis besteht – ist ein Traum von Abraham, der nach alttestamentlicher Überlieferung seinen Sohn in einer Art Gehorsamkeitsprüfung opfern solle, um den bereits geschlossenen Bund zwischen Gott und Abraham zu bekräftigen. Die paraphrasierende biblische Narration in *Berlin Alexanderplatz* verlagert hingegen den Akzent von Abraham weg auf Isaak, der diesem anscheinend schon feststehenden Schicksal zustimmen muss. „Ich muß dich opfern, der Herr befiehlt es, tu es gern, mein Sohn“ (BA, 284) und: „Du mußt nur wollen und ich muß es wollen, wir werden es beide tun, dann wird der Herr rufen, wir werden ihn rufen hören: Hör auf.“ (BA, 285) Abgesehen von der Tatsache, dass die biblische Erzählung verfügbar geworden ist, da im souveränen Umgang mit dem biblischen Original beide biblischen Figuren bei Döblin wissen, dass Gott das blutige Menschenopfer nicht einfordern wird[577] und somit gleichsam die göttliche Instanz wieder ausgehöhlt und ihrer Ernsthaftigkeit beraubt wird, tritt der Aspekt der autonomen Entscheidung deutlich hervor. „Ich habe keine Furcht; ich tue es gern.“ (BA, 285) Wieder erscheint als Tenor, dass die göttliche Instanz fehlt, da sie als Geschichte entlarvt wurde, deren Ausgang bekannt und verfügbar ist. So ist das Besinnen auf die eigene Autonomie, was in beiden biblischen Vergleichen auch den Verzicht auf absolute Selbstbewahrung und die Annahme der eigenen Grenzen impliziert, gleichsam die narrative Lösung. „Während biblisch eine Korrektur des gestörten Verhältnisses zwischen Mensch und Gott nur von diesem zu erwarten ist, beruht die Heilung und Rettung des Menschen bei Döblin notwendig auf dessen eigener Autonomie.“[578]

Auch der Protagonist Biberkopf, der, wie später noch ausführlicher zu zeigen sein wird, ebenso eine rettende transzendente Instanz ablehnt, macht

[577] Zur durchaus kontroversen Diskussion hierzu siehe Fromm: Die Isaak-Paraphrase, S. 165. Isermann, Thomas: Der Text und das Unsagbare. Studien zu Religionssuche und Werkpoetik bei Alfred Döblin. Idstein: Schulz-Kirchner, 1989. (Wissenschaftliche Schriften: Reihe 3, Beiträge zur Sprach- und Literaturwissenschaft; 103), S. 172 und Schrader: Die Gestalt Hiobs in der deutschen Literatur, S. 119.

[578] Schrader: Die Gestalt Hiobs in der deutschen Literatur, S. 121 f.

nach den drei Hammerschlägen des Schicksals und den Warnungen der unbekannten Stimme einen Erkenntnisprozess durch, der aus der Konfrontation mit sich selbst hervorgeht.

4.2.3. „Der Tod singt sein langsames, langsames Lied" – Biberkopfs Konfrontation mit sich selbst

Auf die kontingente, sich ihm immer wieder entziehende und durch die „Hammerschläge" ihm übel mitspielende Welt reagiert Franz Biberkopf, indem er mit dem „Unberechenbaren" eine Art „Sicherheitsvertrag" abschließt, der auf Gegenseitigkeit beruhen soll und lautet: „[I]ch provoziere Dich nicht, ich tue Dir nichts, also kannst Du mir nichts tun *dürfen*".[579] Der „Papst Biberkopf" (BA, 434) – eine Bezeichnung, die der religiösen Bedeutung entbehrt und lediglich die Konnotation der machtpolitischen Stärke und Unfehlbarkeit ironisch aufgreift – stellt der Welt so Bedingungen und versucht gewissermaßen „dogmatisch" die Ordnung der Welt so festzulegen, wie er sie sich wünscht. Indem Franz sich und aller Welt schwört, anständig zu bleiben (BA, 42; 45; 47 etc.), versucht er auch die Welt darauf zu verpflichten, sich ihm gegenüber gerecht und wohlwollend zu verhalten. Doch als er sich durch sie getäuscht fühlt und merkt, dass es sich nicht lohne anständig zu sein, verwickelt er sich in dunkle Geschäfte und hält der Welt, dem Schicksal und der ihn immer wieder warnenden Stimme allein seine vermeintliche Körperstärke entgegen: „Du willst mich auf meinem Wege aufhalten und mich niederwerfen. Aber ich habe eine Hand, die würgen kann, und du vermagst nichts über mich. […] – ich bin sehr stark." (BA, 162) Als durch Miezes Tod ihm schließlich das letzte genommen wurde, das ihm noch Halt gab, und Franz jegliche Kontrolle über sich verliert und in die Irrenanstalt Buch[580] eingeliefert wird, tritt ihm der als eine Figur konstituierte Tod entgegen, der mit der Stimme, die Biberkopf immer wieder gewarnt hatte, identifiziert wird (BA, 433).[581] Biberkopfs Anständigkeit wird vom Tod als reiner Schein entlarvt: „Hat […] Augen und Ohren, und er denkt, ist gut, wenn er anständig ist, was er anständig nennt, und sieht nichts und hört nichts" (BA, 434). Die auf Mt 13,13 anspielende Äußerung des Todes hinsichtlich derer, die mit sehenden Augen nicht sehen und mit hörenden Ohren nichts hören, führt zum zentralen Vorwurf des Todes, der vor den Augen Biberkopfs wie in Hofmannsthals *Der Tor und der Tod* nochmals alle Menschen, denen Biberkopf geschadet hat, auftreten lässt mit der Forderung: „Was nützt alle Stärke, was nützt alles Anständigsein, o ja, o

[579] Anders: Der verwüstete Mensch, S. 422.
[580] Döblin selbst hat dort einige Jahre als Nervenarzt gearbeitet.
[581] Vgl. auch Emde: Alfred Döblin, S. 211.

ja, blick hin auf sie. Erkenne, bereue." (BA, 441). Schon in dieser Äußerung des „Lehrmeisters" Tod wird das überzogene Pochen Biberkopfs auf seine Stärke und sein ‚Anständigsein' einer Kritik unterzogen. Wie zuvor Hiob und Isaak interpretiert Biberkopf seine Autonomie neu und sieht diese nun darin, alles an sich „herankommen" zu lassen (BA, 437; 439; 440) und seine Taten zu bereuen. „Jetzt weint Franz Biberkopf über sich." (BA 440), er „weint und weint, ich bin schuldig, ich bin kein Mensch, ich bin ein Vieh, ein Untier." (BA, 442) Nach diesem Schuldbekenntnis berichtet der Erzähler vom Tod dieses alten Franz Biberkopf und dem Lebensbeginn des „neuen Menschen", der zwar dieselben Papiere und das gleiche Aussehen Biberkopfs habe, aber einen neuen Namen trage (BA, 442), „Franz Karl Biberkopf" (BA, 447). Verbunden mit der an das christliche Taufsakrament erinnernden Formulierung des „neuen Menschen" und der eingangs zitierten Paradiesmetaphorik, interpretieren einige den Erkenntnisprozess und Lebenswandel Biberkopfs als christliche Wendung.[582] Außerdem wird auffallend oft auf biblische Motive und Texte anzitiert, die über Sünde, Tod und Erlösung des Menschen reflektieren. Im Folgenden wird daher nochmals genauer das mehrfach anklingende christliche Erlösungsangebot und dessen literarische Verarbeitung im Unterschied zur autonomen Selbstbehauptung „Mir kann keener" (BA, 44) untersucht.

4.3. „Es rettet uns kein höheres Wesen" – Das Versagen christlicher Erlösungsnarrationen in *Berlin Alexanderplatz*

„Ist denn mit dem Tode alles aus?", „Kann man heut noch glauben?" „Kann der Mensch sich ändern?" (BA, 129), diese für den christlichen Glauben entscheidenden Fragen werden auch in *Berlin Alexanderplatz* gestellt. Sie stehen an einem Plakat im Umfeld einer Kirche, zu der Franz Biberkopf „in Narkose" (BA, 128) infolge überhöhten Alkoholkonsums eines Nachts aus Zufall oder mit Absicht – im Text wird dies nicht weiter ersichtlich – gelangt. Doch diese Fragen, die für eine öffentliche Vortragsreihe werben, erfahren keinerlei Widerhall oder Antwort. Sie sind Teil der Döblinschen Montagetechnik und Biberkopfs Irren durch das nächtliche Berlin, das ihn zu einem Herrn Pastor führt, von dem er aber keinerlei religiösen Rat, sondern nur Hilfe für seine Magenschmerzen erbittet: „Aber was mache ich bloß gegen die giftige Galle. Ein Christmensch muß einem andern helfen." (BA, 129)

[582] Vgl. die heilsgeschichtliche Interpretation von *Berlin Alexanderplatz* von Muschg, Minder, Weyembergh-Boussart und Kiesel in diesem Kapitel 4.1.2. Die Montage – Die Situation des Menschen gespiegelt im Erzählprinzip

Auch bei einem Gedicht, das ihm seine zwischenzeitliche Partnerin Lina zeigt, erschließt sich Biberkopf die transzendente Ebene religiöser Symbolik nicht:

> „Allein zu gehn, ein schlimmer Gang, der Fuß oft strauchelnd, das Herz so bang. [...] Du stiller Wanderer durch Welt und Zeit, nimm Jesum Christum dir zum Geleit; es geht sich besser zu zwein. Er weiß die Wege, er kennt den Pfad, er hilft dir weiter mit Rat und Tat; es geht sich besser zu zwein." (BA, 97)

Biberkopf blendet den religiösen Orientierungsduktus des Gedichts radikal aus und interpretiert es ganz irdisch profan, indem er überlegt, ob er sich nicht „doch bald richtig verloben" soll (BA, 97).[583]

Angesichts der Franz zunehmend bewussten Tatsache, dass er sich immer mehr in dunkle Geschäfte verstrickt, kommt ihm auch in den Sinn, dass er „auf die Bußbank" der Heilsarmee könnte (BA, 312), welche stellvertretend für die religiöse Botschaft des Christentums steht: „Komm, Sünder, zu Jesu, o, zögere doch nicht, wach auf, du Gebundener, wach auf, komm ans Licht, ein völliges Heil kannst du haben, noch heut, o glaub, und das Lied zieht dann ein und die Freud." Doch mit diesen Phrasen, die mit dem konkreten Leben Biberkopfs wenig gemein haben, kann Biberkopf nichts anfangen, weshalb der Erzähler ironisch kommentiert, dass Biberkopf nur in betrunkenem, wehrlosem Zustand nach Gott und der Welt fragt (BA, 313; vgl. auch BA, 129) und sonst sein Leben lieber auf seine persönliche Stärke pochend gestaltet. So wie Franz nach dem zweiten „Hammerschlag", wie eben erwähnt, die Heilsarmee aufgesucht hat, so wiederholt sich diese Suchbewegung nach dem dritten und schwersten Schlag, dem Tod Miezes. Diese Szene gestaltet Döblin, indem ein Kirchenlied aus dem Liederbuch zitiert wird, mit eindringlichen Fragen und Aufforderungen:

> „Sag, warum noch warten, mein Bruder? Steh auf und komm eilend herzu! Dein Heiland ruft dich schon so lange. [...] Willst du nicht Erlösung von Sünde? O eile zu Jesu im Flug! [...] O komm, weil die Pforte noch offen Und Jesu Blut jetzt für dich spricht!" (BA, 391)

Noch deutlicher wird durch die traditionsreich konnotierten Stichworte „Heiland", „Erlösung von Sünde" und „Jesu Blut" die christliche Narration von der Erlösung des Menschen durch den stellvertretenden Kreuzestod des Gottessohnes eingespielt, die jedoch gänzlich unvermittelt zwischen Zei-

[583] Dass Lina, die ihm das Gedicht zeigt, es ebenfalls genau in dieser Absicht versteht und ihn damit zu diesem Schritt ermutigen will, ist anzunehmen.

tungsnachrichten über die Ankunft des Graf Zeppelin, der Wettervorhersage und Kneipenbesuchen Biberkopfs eingeschoben wird. Die messianische Heilsbotschaft findet so nur noch zwischen anderen Banalitäten Erwähnung. Neben diesen formelhaften, mehr oder minder zitierten „Versatzstücken" christlichen Ursprungs, welche in dem je beschriebenen Zusammenhang die traditionelle lebensorientierende Rolle der Religion und deren Sinnangebote in Frage stellen, erfolgt auch eine produktive Auseinandersetzung mit der christlichen Erlösungsvorstellung auf Figurenebene.

„Ich bin das Leben und die wahre Kraft" (BA, 431), diese selbstbeschreibenden Worte des Todes, welche die charakteristischen „Ich bin"-Formulierungen des johanneischen Jesus aufgreifen,[584] sowie der antithetische Gegensatz von Finsternis der Welt, in der Biberkopf noch im Dunkeln lebt, und Licht der Erlösung, das der Tod bringt,[585] erinnern an das im Johannesevangelium überlieferte Heilsgeschehen durch Kreuzigung und Auferstehung Jesu, wobei der aufopfernde Tod Jesu zur Bedingung der Erlösung des Menschen wird.[586] Doch die freiwillige „Opfertat"[587] Miezes, ihr Liebesbeweis, der darin kulminiert, dass sie „für [Biberkopf] gestorben ist" (BA, 434), „hat nichts genutzt", wie der Erzähler kommentiert, „[e]s hat noch immer nichts genutzt." (BA, 355) „Das Opfer eines anderen ist für *Berlin Alexanderplatz* kein sinnhafter und gangbarer Weg mehr zu einem erlösten Ich-Bewusstsein."[588] Dass es sich hierbei nicht nur um ein sinnloses, zufälliges Sterben, sondern um einen quasi messianischen Opfertod handelt, wird durch die parallelisierenden Schlachthofbezüge außerdem kenntlich gemacht, wodurch Mieze auf überrealer Ebene als „Opferlamm" und somit als Erlösergestalt stilisiert wird.[589] Die Heilsbotschaft des Christentums, das

[584] Vgl. zum Beispiel Joh 14, 6: „Ich bin [...] die Wahrheit und das Leben".

[585] Dieser antithetische Gegensatz durchzieht den ganzen Roman. Besonders prägnant ist allerdings das Gespräch zwischen dem Tod und Biberkopf, bei dem der Tod dem im Dunkeln verharrenden Biberkopf „Licht mach[t]" (BA, 431), damit er sich ihm nähern kann. Auffallend ist auch die allegorische Nachzeichnung von Biberkopfs Lebensweg am Ende des Romans, in der Biberkopf eine dunkle Allee entlanggeht und unter dem allmählich heller werdenden Licht der Laterne einen „Enthüllungsprozeß besonderer Art" durchmacht (BA, 453).

[586] Bultmann betont die Sendung des heilbringenden Sohnes aus Liebe, wobei der Tod den Sinn der Sendung Jesu erfülle und als solcher die Erhöhung des siegreichen Sohnes darstelle. Die „gemeinchristliche Deutung des Todes Jesu als des Sühneopfers für die Sünden" lehnt Bultmann für das Johannesevangelium aber strikt ab. Vgl. Bultmann, Rudolf: Theologie des Neuen Testaments. Tübingen: Mohr, [9]1984. (UTB für Wissenschaft: Uni-Taschenbücher; 630), hier S. 385–422, insbesondere S. 388 und 406.

[587] Keller: Döblins Montageroman als Epos der Moderne, S. 175.

[588] Jentsch, Tobias: Modelle der Erlösung. Jesus, Raskolnikow, Biberkopf. In: Weimarer Beiträge, 2002 (48), S. 399–420, S. 410.

[589] Vgl. Hoock: Modernität als Paradox, S. 277. Vgl. auch Keller: Döblins Montageroman als Epos der Moderne, S. 189 und BA, 351.

messianische „Sterben für“ ist im Opfer Miezes offensichtlich gescheitert und findet lediglich in grotesken Anspielungen Erwähnung.[590] Das klassisch christliche Erlösermotiv lässt sich in Döblins modernem Roman mit seinem diesseitigen Weltverständnis, das jedwede Transzendenz auch in den anklingenden biblischen Zitaten zu vermeiden sucht, nur noch mit einer Modifikation fortschreiben, der Besinnung auf den eigenen Tod, der die Funktion Jesu zu übernehmen scheint. Der mit den für den johanneischen Jesus charakteristischen „Ich bin“-Formulierungen vorgestellte Tod, der sich gleich einer Gewissensinstanz auch als Stimme zeigt, die nur Franz vernehmen kann,[591] deutet vielmehr auf eine andere Erlösungsvorstellung hin: Es muss nicht mehr auf einen Akt der Gnade gehofft werden; was primär zählt, ist das „aktive Annehmen und Erleben der Erlösung im eigenen Tod“, wonach die Erlösung somit zu einer „Ich-Vergewisserung ohne jegliche Transzendenz“[592] wird. Dieser Gedanke der Identitätsvergewisserung über den eigenen Tod, der zur Entstehungszeit des Berlin Alexanderplatz ein virulentes Modell war,[593] passt zu der durch die besprochenen Bibelstellen unterstrichenen Auffassung der Notwendigkeit der Autonomie des Menschen. So äußert auch Biberkopf im Gespräch mit einem einfachen Arbeiter, der ihn von seiner Selbstbestimmung abbringen und in eine Art Genossenschaft einladen will: „Selbst ist der Mann. Ich mache allein, wat ich brauche. Ick bin Selbstversorger!“ (BA, 272) Lachend und diese Frage auf Transzendentes beziehend, fügt Biberkopf hinzu: „Es rettet uns kein höheres Wesen, kein Gott, kein Kaiser, kein Tribun, uns von dem Elend zu erlösen, können nur wir selber tun.“ (BA, 272)

Die in *Berlin Alexanderplatz* vor allem aus dem christlichen und zum großen Teil explizit biblischen Bereich stammenden intertextuellen und internarrativen Bezüge zeigen deutlich die Diskrepanz von der erlebten Gegenwart des modernen Menschen und den historisch tradierten Sinndeutungsangeboten. Der Roman bedient sich christlicher Hoffnungsbilder, um sie zugleich einer radikalen Umbewertung zu unterziehen. Der Glaube an einen allmächtigen und gütigen Gott, wie er in vielen biblischen Texten

[590] Vgl. Jentsch: Modelle der Erlösung, S. 410.

[591] Die Pfleger und Ärzte in der Irrenanstalt Buch hören diese Stimme nicht. (Vgl. BA, 424–446)

[592] Jentsch: Modelle der Erlösung, S. 413.

[593] Vgl. ebd., S. 413 f. Jentsch verweist hierzu auf unterschiedliche Theorieansätze wie Georg Simmels Soziologie, auf den Existentialismus Sartres, auf Thomas Manns Zauberberg und die Auffassung, dass der Tod ein notwendiger Durchgang zum Wissen und zum Leben sei, und auf Heideggers Thanatologie, zu der Jentsch einen ganzen Artikel schrieb, um die Parallelität des vorlaufenden Todesbewusstseins und das Durchleben der Möglichkeit des eigenen Todes aufzuzeigen. Vgl. Jentsch, Tobias: Franz Karl Biberkopfs als Sein-zum-Tode. Das „Lied des Todes“ in Alfred Döblin „Berlin Alexanderplatz“ als vorlaufendes Todesbewusstsein Heideggers. In: Neophilologus 84 (2000), S. 423–442.

zum Ausdruck kommt und christliche Erlösungsvorstellungen geprägt hat, ist in *Berlin Alexanderplatz* nicht möglich. Im Vordergrund stehen vor allem Texte des Zweifelns – das Buch Hiob und Kohelet – und ein alle religiösen Angebote ausschlagender Protagonist, der sich allein auf seine Stärke besinnt, um sich „von dem Elend [selbst] zu erlösen" (BA, 272). Das Besinnen auf die eigene Autonomie, die, wie die paraphrasierenden Exkurse zu Hiob und Isaak gezeigt haben, auch die Annahme der eigenen Grenzen und der eigenen Schuld impliziert, kann angesichts des eigenen Todes zu einer Identitätsvergewisserung führen. Diese Ich-Vergewisserung nach vorangegangener Ich-Verunsicherung endet allerdings im eigenen Tod. Die im Roman gestellte Frage „Ist denn mit dem Tode alles aus?" (BA, 129) vermag diese Versicherung des Ichs sowohl auf sich selbst als auch auf andere bezogen nicht zu beantworten.

5. Christlicher Glaube als Denkalternative in Döblins Spätwerk

5.1. „Das Tor des Grauens und der Verzweiflung" – Döblins Roman *November 1918* (1949/50)

Nach den Verunsicherungen des Menschen in seiner eigenen Existenz (*Schwarzer Vorhang*), angesichts des Leids (*Wang-lun*) und der modernen Großstadt mit ihren sozialen Verhältnissen (*Berlin Alexanderplatz*) und ihren unterschiedlichen Sicherungsversuchen (im anderen (SV), durch das Wu-Wei (WL), durch das Pochen auf die eigene Stärke (BA)), streift Döblin mit seiner geschichtlichen Roman-Tetralogie *November 1918* einen geschichtspolitischen Stoff, in dem das Kriegsleid und die Frage nach dem großen Sinn nicht ausschließlich in ablehnender Weise eine Auseinandersetzung mit dem christlichen Glauben erfährt.

Als Döblin unmittelbar nach dem Reichstagsbrand in der Nacht vom 27. auf den 28. Februar 1933 ins Exil ging, stand für ihn fest, dass das Ende der Weimarer Republik aus dem Ende der Novemberrevolution von 1918 ableitbar wäre.[594] Döblin, der es „liebte", in historischen Fakten zu „plantsch [en]" (AS, 442), beschäftigte sich infolgedessen mit der Frage, ob durch eine Neugestaltung der deutschen Gesellschaft nach dem Ersten Weltkrieg die Katastrophe des Zweiten Weltkriegs hätte verhindert werden können;[595] das heißt, er arbeitete mit gegenwärtigem Interesse an einem historischen Stoff.

---

[594] Kiesel: Literarische Trauerarbeit, S. 273.

[595] Osterle, Heinz D.: Alfred Döblins Revolutionstrilogie „November 1918". In: Monatshefte 62/ 1 (1970), S. 1–23, hier S. 2.

Doch die Ereignisse um den Zusammenbruch der letzten deutschen Offensive an der Westfront, die Heimkehr der Fronttruppen und deren allmähliche Auflösung in revolutionäre Gruppen sowie das politische Engagement und die Ermordung von Karl Liebknecht und Rosa Luxemburg bilden nur den Rahmen für die fiktive Geschichte des heimkehrenden und schwer verwundeten Offiziers Friedrich Becker, dessen Lebenskrise und Sinnfindung im Folgenden von Interesse sind.

5.1.1. Gottlose Welt – Die Situation des modernen Menschen im Roman *November 1918*

Das Panorama, das zu Beginn entworfen wird, fügt sich nahtlos in die Schilderungen eines verunsicherten und friedens-und ordnungsbedürftigen Menschen der vorherigen Romane Döblins ein. Doch noch stärker als in den früheren Romanen wird diese Situationsschilderung in Auseinandersetzung mit einer Gottesvorstellung entworfen, die sich aber gerade nicht durch Allmacht und Güte auszeichnet, sondern – wie schon eingangs zitiert – sich müht, „wenigstens zeitweise [der Menschen] Herr zu werden, jedoch nur um zu erkennen, wie ihm [Gott] alles entglitt" (Nov I, 200). Dementsprechend wird auch die Schöpfung Gottes durch das ironische Zitat der Annahme Leibniz' von der „besten aller Welten" als Täuschung und Lüge entlarvt (Nov, 202). In der Schilderung der vom Krieg verwüsteten Welt ist auch der „verwüstete Mensch"[596] inbegriffen, der der menschlichen Tugenden entbehrt und als „Tiermensch", als „fletschende Bestie" mit „tiefliegenden, teuflischen Augen" beschrieben wird, dessen „grausiger, bluterstarrender Schrei" „das Triumphgeheuel der unerlösten Kreatur" darstellt (Nov. II/2, 486). In dieser gottverlassenen Welt – so wird ebenso in der Exposition berichtet – kann nicht einmal ein Pfarrer, der sein Leben nach dem Glauben ausrichtet, beten:

> „Und er [der Pfarrer] preßte das Kruzifix in seinen Händen und knirschte mit den Zähnen. [...] Er fühlte: keine Hoffnung; ich kann nicht beten. Und die bitteren Tränen machten langsam seine Augen blind und flossen in seinen Mund, und er zog das Taschentuch: Da wäre es besser, man hätte uns alle auf einen Haufen gejagt und samt und sonders erschossen." (Nov I, 46)

[596] Anders: Der verwüstete Mensch. Dieser Titel ist eigentlich auf *Berlin Alexanderplatz* bezogen, doch scheint er für das Menschenbild der *November*-Trilogie ebenso zuzutreffen.

Der Kriegsschrecken unterzieht alles einem großen Zweifel und stellt hier erneut die Frage, ob es nicht besser wäre, nicht mehr zu sein,[597] als ohne Hoffnung und Glauben weiterzuleben.

In diesem Umfeld wird auch die Heimkehr des im Ersten Weltkrieg durch millionenfaches Sterben und eine fast tödliche Rückenmarkverletzung schwer erschütterten Offiziers und Altphilologen Becker beschrieben, der durch die schrecklichen Ereignisse aus der fröhlich-naiven Leichtlebigkeit eines Sonntags- und Glückskindes (Nov I, 158 und 233) zum tief verunsicherten Zweifler gestürzt wird, der sich der Hohlheit seiner alten Lebensform bewusst wird.[598] Die Nähe des eigenen Todes hat ihn überfallen wie „so ein merkwürdiger Sprung aus dem Sein ins Nichts oder in was anderes." (Nov I, 159) Zurück in der Heimat Berlin und in seinem gewohnten Arbeitszimmer sucht der verstörte Humanist sich an bewährten menschlich gestifteten und selbst begründeten Sinnsystemen zu orientieren, doch die „Echtheit" der alten und neuen Sinnangebote hat sich für Becker in ihrer Antwort auf die Frage nach dem Tod zu erweisen.[599] Unzufrieden mit den klassischen humanistischen Sinnsystemen veranstaltet Becker in seinem Zimmer eine Art „Bildersturm"[600], wobei er die Porträts von Goethe und Kleist unter zwei Lexika auf den flachen Boden legt, die Büste von Kant und Sophokles unter seiner Chaiselongue verstaut und das Bücherregal „ringsrum" an den Leisten mit einem großen, grauen Vorhang zunagelt (Nov II/1, 100). Obwohl sie allesamt Jahrhunderte und Jahrtausende hindurch nicht „im Kampf für das Menschliche, Göttliche" nachgegeben haben (Nov II/2, 26), kann Becker sie nun nicht mehr sehen:

> „Die Kameraden, der Krieg, der Jammer, die Toten und Verstümmelten, die schrecklichen Kämpfe sind bei mir gut aufgehoben. Hab keine Sorge. Ich bin kein Hiob, ich klage nicht. Aber ich lasse es mir nicht entreißen. Obwohl sie alle, die Goethe, Kant, Sophokles, sogar Kleist auf mich einreden wollen, vergesse ich nicht, was sprachlos nackt und unbeschreiblich da war. Darum liegen sie auch unten und sollen warten, bis ihre Zeit wieder kommt." (Nov II/1, 101)

[597] Man erinnere sich an die in den früheren Romanen mehrfach gestellte Frage, ob es nicht besser sei, gar nicht erst geboren worden zu sein. Vgl. beispielsweise BA, 90.

[598] Vgl. Bartscherer, Christoph: Das Ich und die Natur. Alfred Döblins literarischer Weg im Licht seiner Religionsphilosophie. Paderborn: Igel-Verl. Wiss., 1997. (Literatur- und Medienwissenschaft; 55), S. 112.

[599] Vgl. Kiesel: Literarische Trauerarbeit, S. 453.

[600] Ebd., S. 454.

Da Becker rein humanistisch ausgerichtet ist und sich vom Glauben seiner Mutter schon lange verabschiedet hat, gibt es für ihn keine göttliche Instanz, die er wie Hiob anklagen könnte. Doch fühlt er sich, wie im Folgenden noch genauer erörtert wird, für die Toten verantwortlich. Da die Klassiker ihm nur unerwünschter Trost sind, unzulängliche Wegbegleiter, die nur den „Abgrund“ zeigen, aber nicht den Weg, der „darüber hinweg“ (Nov II/2, 37) führt, lehnt er ihre Sinnangebote allesamt ab. Als ihm später immer wieder Kriegsbilder in den Sinn kommen und er in seiner Verzweiflung „Rettung“ sucht (Nov II/2, 176), wird unmissverständlich deutlich, dass dieses humanistische Erbe angesichts des Krieges nichts mehr vermag: „Er sah mit tränenblinden Augen auf die Bücher neben sich. Keine Hilfe, ihr alle.“ (Nov II/2, 176)

5.1.2. „Ich speie mich aus.“ – Die Verzweiflung Friedrich Beckers

Die Weigerung, das zu vergessen, „was sprachlos nackt und unbeschreiblich da war“ (Nov II/1, 101), bezieht sich vor allem auf die sinnlos im Krieg Gefallenen. Becker verfolgen Bilder von Menschen, bei denen er gesehen hat, wie sie ahnungslos bei hellem Sonnenschein mobilisiert wurden, und von denen er jetzt weiß, dass sie alle tot sind (Nov II/2, 78). Er hat das Gefühl, dass diese Toten, deren Bild er immer wieder geistig vor sich sieht und welche zu verlangen scheinen, dass er sie ansieht, eine Forderung an ihn stellen, die er aber nicht erfüllen kann. „Es ist zu spät. Denn ich kann keine Toten erwecken. Sie brennen mir das Gehirn aus. Sie stehen immer wieder da, ich weiß schon alles, aber sie geben keine Ruhe.“ (Nov II/2, 79) Überfordert ob der Ansprüche der Toten, man möchte fast die Benjaminsche Forderung des Nicht-Vergessen-Werdens ergänzen, weiß Becker um seine begrenzten Möglichkeiten und fühlt doch eine große Schuld. Keiner, so seine These, kann sich seiner persönlichen Verantwortung an den schrecklichen Ereignissen entziehen. „Ja, ich fühlte mich schuldig, zum mindesten mitschuldig am Krieg. Die Verantwortung drückte mich furchtbar.“ (Nov II/2, 202)[601] Beckers Selbstquälereien, bei denen er weder von seiner humanistischen Bildung noch aus sich heraus Hilfe findet, steigern sich zu einer tiefen Identitätskrise und schließlich zu einer Psychose mit schrecklichen Angstvisionen, bei denen er von dämonischen Mächten in Gestalt eines erotisch anziehenden Brasilianers, der ihn zum Ästhetizismus und Weltgenuss verführen will, eines einschüchternden und zum Macht-

[601] Die Schuldeingeständnisse durchziehen den gesamten Roman, wie beispielsweise an diesen weiteren Äußerungen deutlich wird: „Wir müssen ungeheuer gesündigt haben, daß uns dies geschehen ist, und daß wir so zurückkehren, geschlagen.“ (Nov I, 139) Oder: „Man macht sich schuldig. Wer da mitmacht, ist verflucht und alles, was ihm geschieht, geschieht ihm recht.“ (Nov II/1, 105) etc.

streben aufrufenden Löwen und einer zernagenden Ratte heimgesucht wird, welche psychoanalytisch präzise Beckers Schuldgefühle durch die Destruktion des Gewissens als bloßes Erziehungsprodukt zerschlagen will, da es so unmöglich sei, auf eine individuell verantwortbare Verhaltensnorm zu rekurrieren.[602] Gegenstand der jeweiligen Gespräche ist die Frage nach der Existenz eines freien Ichs und der Möglichkeit einer Ich-Findung[603], welche diese „Abgesandten aus dem Geisterreich" (Nov II/2, 243) mit ihren drei kurz umrissenen Wegen aus der Krise zu ermöglichen suchen. Doch Becker lässt sich nicht mit neuen „Narkotika" wie dem Ästhetizismus oder dem Machtstreben zufriedenstellen. Diese bieten ebenso wie der für ihn mit falschem Trost lockende Humanismus eines Goethe oder Kleist[604] keine Möglichkeit, mit der Anfrage der Toten umzugehen. Beckers Suche nach einer „Direktive" (Nov II/2, 202) und nach Halt führt ihn schließlich zu dem einzig festen Punkt, den er ausmachen kann – zurück an sein eigenes freies Ich: „Ich wollte an mich heran, ja, an mein freies Ich, um nicht wieder in Schuld zu verfallen. Ich suchte die Instanz in mir, den Punkt, den festen und hellen Punkt, der mich wissen lässt, was ich tun und lassen muss." (Nov II/2, 225) Doch auch dieses Ich „g[ibt] nichts her" (Nov II/2, 202), „es ist furchtbar stumm, mein Ich" (Nov II/2, 220). Zwar unfähig, aus dem alleinigem Rückgriff auf das einzig sichere Ich Verhaltensnormen und Sicherungsmechanismen angesichts des Krieges zu generieren, aber immerhin seiner selbst sicher, sieht sich Becker nach der Destruktion des Gewissens durch die zernagende Argumentation der Ratte[605] „der letzten Chance beraubt, zu der von ihm beanspruchten ethischen Autonomie zu kommen"[606]. „Das bin ich, ein Stäubchen, ein Fünkchen […], und ein Nichts, das nicht

[602] Vgl. Osterle: Alfred Döblins Revolutionstrilogie, S. 17. Vgl. auch Kiesel: Literarische Trauerarbeit, S. 456 f.

[603] Vgl. Auer, Manfred: Das Exil vor der Vertreibung. Motivkontinuität und Quellenproblematik im späten Werk Alfred Döblins. Bonn: Bouvier, 1977. (Abhandlungen zur Kunst-, Musik- und Literaturwissenschaft; 254), S. 83.

[604] Wobei anzumerken wäre, dass gerade bei Kleist kein durchweg tröstender und verklärender Charakter vorherrscht, wie zum Beispiel in *Das Erdbeben in Chili*, das gleichsam als kritische Antwort auf Leibniz' Diktum der bestmöglichen Welt auf das zunehmend schärfer wahrgenommene Theodizeeproblem verweist.

[605] Die Ratte: „Laß uns schauen, was du da als Gewissen in dir trägst und was man dir als das Ich deines Ichs anpreist. […] Man hat dich erzogen. […] Dein Gewissen ist nichts weiter als eine angelernte, eingetrichterte Reizbarkeit. […] Da sind Verbote, Gebote, fünf oder zehn. Man setzt, damit man deiner ganz sicher ist, in dein Inneres in dein Ich den Lehrer, die Gouvernante, den Prediger, den Richter. […] und was man gesagt, geflüstert und gedroht hat, ist in dir aufbewahrt, und nun faltest du die Hände, und du glaubst, die Stimme deines Gewissens tönt, und dein innerstes Ich spricht, das man dir aber vorher genommen hat. […] Die Täuschung ist vollständig gelungen." (Nov II/2, 248 f.)

[606] Kiesel: Literarische Trauerarbeit, S. 457.

mehr Mensch sein will, überhaupt nicht mehr sein will, und dieses Nichts mit Widerwillen und Verzweiflung gefüllt." (Nov II/2, 251) Nur noch Verzweiflung und Widerwillen über sein Dasein fühlend ist die letzte Konsequenz dieser Erkenntnis sein Selbstmordversuch: „Ich speie mich aus. Ich verweigere die Annahme dieses Daseins." (Nov II/2, 253)

Diese Verzweiflung am Dasein prophezeit Becker eine in mittelalterlichen Kleidern aus dem weißen Mondschein hervortretende Gestalt, die Becker zuvor schon mehrfach als Stimme in seinen Träumen vernommen hat:

> „Der böse Feind wird zu dir flüstern. Du wirst ihn nicht erkennen. Du wirst ihm folgen. Nimm meine Hand, halte sie fest. Greif immer nach ihr. Der Kampf wird schwer sein. Vergiß meiner nicht, mein Sohn. Das Grauen, die Verzweiflung sollen dich nicht verschlingen." (Nov II/1, 155)

Bei der die „Verzweiflung" als den größten Feind des Menschen darstellenden Gestalt handelt es sich um den elsässischen Mystiker aus dem 14. Jahrhundert, Johannes Tauler, der historisch als Prediger des Leidens und der Lebenswende bekannt ist und im Roman so als weise, väterliche Gestalt Beckers Wegbegleiter und Seelenführer wird.[607] Tauler knüpft an Beckers Weltekel und seiner Verzweiflung an, sieht die Notwendigkeit des Leidens als Voraussetzung für eine Läuterung, die ihn zur vertieften Erkenntnis des Daseins führt und in der Hinwendung zum Glauben an einen rettenden Gott kulminiert.[608] Tauler vertritt die augustinisch geprägten Ansichten über die Sünde des Menschen und die notwendige Erkenntnis des eigenen Nichts, der Kontingenz des eigenen Seins, woraus die Notwendigkeit resultiere, sich selbst ganz aufzugeben, um dem Herrn ganz nah zu sein und in eine *unio* mit Gott eingehen zu können.[609] Allein der Glaube an Gottes Wirken und Christi Tod sei – so wird aus Taulers Predigten ersichtlich – für die Erlösung des Menschen ausschlaggebend.[610] Das Leid des Menschen funktionalisiert Tauler so als notwendigen Durchgang auf dem

[607] Becker spricht zu Tauler: „Mein Vater, mein Lehrer" und bittet ihn: „[R]ate mir. Zeige mir den Weg." (Nov II/1, 155)

[608] Vgl. Wambsganz: Das Leid im Werk Alfred Döblins, S. 131 f.

[609] Vgl. Tauler, Johannes/Vetter, Ferdinand (Hg.): Die Predigten Taulers aus der Engelberger und der Freiburger Handschrift sowie aus Schmidts Abschriften der ehemaligen Straßburger Handschriften. Augsburg: Weidmann, 2000. (Deutsche Texte des Mittelalters; 11), hier Predigt 70 (S. 381–383); vgl. auch Predigt 63, 68, 76, 77, 82, 93, die Weyembergh-Boussart des Weiteren erwähnt. Vgl. Weyembergh-Boussart: Alfred Döblin, S. 350. Für eine neuhochdeutsche Übersetzung siehe Tauler, Johannes/Hofmann, Georg (Hg.): Johannes Tauler. Predigten. 2 Bände. Mit einer Einführung von A.M. Haas. Einsiedeln: Johannes-Verl., 2007.

[610] Vgl. Tauler/Vetter (Hg.): Die Predigten Taulers 22, 37, 45; 65; 67; 72; 83 etc.

Weg zu Gott[611], weswegen er die „bitterre bitterkeit vol aller gnaden"[612] freudig begrüßt. Auch der Döblinsche Tauler begrüßt im Gespräch mit Becker die „bitterste Bitterkeit", die „voller Gnaden" ist (Nov II/2, 198) – an dieser Stelle liegt eine fast wörtliche und nur leicht erweiterte Übersetzung des mittelhochdeutschen Predigers vor –, weshalb die Frage nahe liegt, ob sich solche Analogien einem bewussten Rückgriff Döblins auf die Predigten Taulers verdanken. Tatsächlich besaß Döblin wohl Taulers Predigten, die er auf der Flucht 1939 durch Frankreich neben dem Manuskript des ersten Teiles des *November*-Romans auch stets bei sich trug[613], doch die Tauler-Passagen in *November 1918* sind eher nur von Tauler inspiriert, als dass sie sich als Zitate aus einer bestimmten Ausgabe fixieren lassen.[614] Die Gestalt Taulers war außerdem wohl nicht von Beginn an für den Romanzyklus geplant, da in den Manuskripten die Erscheinung Taulers noch fehlt.[615] Beckers Wegbegleiter tritt so in der endgültigen Fassung zwar unter dem Namen des mittelalterlichen Predigers Johannes Tauler auf, spricht allerdings auch die Sprache eines andern „Predigers der Lebenswende": Sören Kierkegaards.[616] Döblin entdeckt Kierkegaard „spät, etwa 1935" (SR, 131) in Paris. Döblin fasziniert, dass Kierkegaard „die Wahrheit um jeden Preis" erringen wolle, wobei ihn sein Gewissen treibe, sie zu suchen (SR, 131). Der auffallend häufig und in für Friedrich Becker entscheidenden Momenten gebrauchte Begriff der „Verzweiflung"[617] ist in Kierkegaards Existenzphilosophie zentral. Das Gefühl der Verzweiflung, das darin wurzelt, dass der Mensch um Ewiges, Unendliches und seine Freiheit weiß, sich zugleich aber als zutiefst endlich und bedingt und notwendig ins Dasein geworfen erfährt und sich dennoch als den wählen muss, den er mit sich vorfindet, überkommt Kierkegaard zufolge jedes bewusste Dasein. Kierkegaard unterscheidet drei Arten der Verzweiflung[618] und bestimmt die Empfindung „vor Gott oder mit der Vorstellung von Gott verzweifelt nicht man selbst sein

[611] Vgl. Haas, Alois Maria: Gottleiden – Gottlieben. Zur volkssprachlichen Mystik im Mittelalter. Frankfurt/M.: Insel, 1989, S. 140 ff.

[612] „Got grůsse dich, bitterre bitterkeit vol aller gnaden!" Tauler/Vetter: Die Predigten Taulers. Predigt 39 (S. 161, V. 23 f.).

[613] Vgl. Stauffacher: Anmerkungen und Textänderungen Nov I, 362 f.

[614] Vgl. Auer: Das Exil vor der Vertreibung, S. 83.

[615] Vgl. Stauffacher: Anmerkungen und Textänderungen Nov I, 362.

[616] Vgl. Kiesel: Literarische Trauerarbeit, S. 439.

[617] Vgl. Nov II/2, 251; 289; 290; 291; 391; 398.

[618] „Verzweiflung ist eine Krankheit im Geist, im Selbst, und kann so ein Dreifaches sein: verzweifelt sich nicht bewusst sein, ein Selbst zu haben (uneigentliche Verzweiflung), verzweifelt nicht man selbst sein wollen, verzweifelt man selbst sein wollen." Kierkegaard, Sören: Die Krankheit zum Tode. Aus dem Dänischen übersetzt und mit Anmerkungen versehen von Gisela Perlet. Stuttgart: Reclam, 1997, S. 13. (erster Abschnitt A)

wollen oder verzweifelt man selbst sein wollen“ als „Sünde“[619]. In diesem Sinn wird auch der Begriff der Verzweiflung dem Döblinschen Tauler in den Mund gelegt, da Friedrich Becker lange unfähig ist, sich in ein Gottesverhältnis zu setzen und in der Sehnsucht nach etwas, das ihm Orientierung geben könnte und das mehr und mehr durch seinen „Lehrer“ Tauler religiöse Färbung annimmt. Becker kann so nicht im eigentlichen Sinn ein Glaubender werden. So wie für Kierkegaard die Absage an den Verstand und der Schritt in das Wagnis, das Ärgernis und in die Absurdität, das heißt in die paradoxe Zumutung des Christentums – Gott wird Mensch – zum Glauben gehört,[620] trifft Becker am Tiefpunkt seiner menschlichen Verzweiflung eine Entscheidung, er macht einen „Sprung“. Der von Döblin in den Text montierte historische Tauler ist freilich kein moderner Denker, sondern bleibt in seinen Überlegungen im mittelalterlichen Denken verhaftet. Der Mensch bleibt bei ihm immer in den umfassenden Teil des Schöpfungskosmos eingeordnet. Doch gibt es nicht nur hinsichtlich der Kategorie der Verzweiflung, sondern vielmehr insbesondere hinsichtlich der Forderung eines „überslag[s]“ in den Abgrund Gottes, der dem kierkegaardschen Sprung in das Paradoxe des Glaubens gleicht, deutliche Parallelen, welche die Gestaltung der Figur Beckers konturieren.

5.1.3. „Religiöser Wahnsinn“ oder ein Kierkegaard nachempfundener Sprung?

Die Verzweiflung Beckers über die Katastrophe des Krieges mit seinen unzähligen, unwiderruflich toten Opfern bedrängt Becker trotz aller Bemühungen Taulers weiterhin, sodass Becker schließlich, unfähig weiterzuleben, einen Selbstmordversuch unternimmt. Nachdem sich der Knoten des Stricks, mit dem sich Friedrich Becker erhängen wollte, jedoch auf seltsame Weise gelöst hatte (Nov II/2, 258), seine Krankenpflegerin Hilde weinend über die Tischplatte gebeugt um Beckers Genesung gebetet hatte und Becker noch halb besinnungslos diese „warme rettende Melodie [ihres] Weinens“ (Nov II/2, 276) vernommen hatte, „zuckte“ plötzlich „der ungeheure, der kostbare Gedanke, der Königsgedanke der Menschheit […] durch ihn: das ist gewesen, das ist wahr. Gott war da und hat uns nicht im Stich gelassen.“ (Nov II/2, 288) Im Bild der um ihn leidenden Hilde erkennt er freudig, dass Gott selbst kam, mit den Menschen litt und es so „keinen Kampf, keine

[619] Ebd., S. 87.

[620] Vgl. Kierkegaard, Sören/Rest, Walter (Hg.): Einübung im Christentum. Zwei kurze ehtisch-religiöse Abhandlungen. Das Buch Adler oder Der Begriff des Auserwählten. München: dtv, 2005, beispielsweise S. 110: „Der Gott-Mensch ist das Paradox, absolut das Paradox; deshalb ist es selbstverständlich, daß der Verstand daran stillstehen muß.“ Siehe auch: S. 109–111 und 123 f.

Verzweiflung" mehr geben muss, sondern mit Gott die Möglichkeit der „Rettung" in die Welt gekommen ist (Nov II/2, 288; 398). So wie der Übergang vom humanistischen Ästhetizismus durch seine schwere Kriegsverwundung als „Sprung aus dem Sein ins Nichts oder in etwas anderes" (Nov I, 159) beschrieben wird – der „Sprung" steht bei Kierkegaard für eine Entscheidung, für den Übergang von der einen in die andere Existenzweise – so „springt" auch Becker aus seiner skeptisch-agnostizistischen Haltung unvermittelt und plötzlich in den Glauben. Der Schritt aus Verzweiflung und seinem ihn niederdrückenden Schuldgefühl heraus ist für Becker der Verzicht auf den Verstand und die Wahrscheinlichkeit, ein Sichhingeben an das Absurde und Paradoxe des christlichen Glaubens und somit ein Sprung in Anlehnung an Kierkegaard.[621] Wie Kierkegaard es als wahres Gottesglück beschreibt, Verzweiflung zu empfinden,[622] so betont auch der historische Tauler, dass Verzweiflung und Erniedrigung Voraussetzung für den Glauben seien,[623] und in Döblins Gestaltung kulminieren so beide Denker in einer Figur. Indem Becker „durch das Tor des Grauens und der Verzweiflung gegangen" ist (Nov II/2, 289), wurde er der Notwendigkeit des Sprungs gewahr, findet so nun eine ihn das Leben riskieren lassende Orientierung und eine neue Identität: „Nun – kann ich mein Ich ansehen, ohne zu erschauern und zu verzweifeln" (Nov II/2, 291). Den entscheidenden Zugang zum Glauben an einen das Dasein tragenden Gott findet Becker in einem wirklich „mitleidenden" Gott, der sich „nicht gescheut [hat], in einen Menschenleib zu steigen": „Du warst armselig wie wir. […] Du wolltest uns zeigen, daß Du uns nicht unserer Verzweiflung überläßt. Du bist in unsere Not getaucht." (Nov II/2, 391) Das Punctum saliens ist folglich die Menschwerdung Gottes und dies wird aus der emotionalen und gedanklichen Situation Beckers zur Notwendigkeit: „[D]as ist wahr" (Nov II/2, 288). Alle weiteren tröstenden Glaubensaxiome – Becker liest in der Bibel anschließend beispielsweise die Bergpredigt (Nov II/2, 290–292) – sind Folgebestimmungen dieser Grundannahme im Glauben. Die dennoch Beckers gesamte Religiosität prägende Narration ist die des Kreuzes, worauf später noch in aller Ausführlichkeit eingegangen werden soll.

Zu Döblins *November 1918*-Roman bleibt zunächst noch zu ergänzen, dass der Sprung in den christlichen Glauben keineswegs als allein seligmachendes Allheilmittel propagiert wird. Bei aller Bestimmtheit und allem christlichen Grundduktus, der den weiteren Handlungsgang begleitet, hat Döblins später Roman keineswegs den Charakter einer Predigt, da zugleich

[621] Vgl. Weyembergh-Boussart: Alfred Döblin, S. 350.
[622] Vgl. Kierkegaard: Krankheit zum Tode, S. 28.
[623] Vgl. Tauler/Vetter: Die Predigten Taulers, Predigt 39 (insbesondere S. 161).

auf der Handlungsebene selbst Beckers Konversion zum Glauben[624] kritisch hinterfragt wird. Beckers Leidensgenosse im Krieg, der vom Erzähler des Novemberromans als melancholisch beschriebene junge Leutnant Maus (Nov II/1, 244) durchschaut Beckers Wandlung instinktiv sofort. „Das lief also auf Frömmelei hinaus. Er fixierte Becker scharf. Dann wurde ihm klar: da mache ich nicht mit.“ (Nov II/2, 398) Maus setzt lieber auf die politisch revolutionäre Kraft des Menschen, da seiner Meinung nach alle Bemühung Gottes – er bezieht sich auf die Schöpfung, den Sündenfall als Strafe und die Menschwerdung zur Versöhnung – „nichts genutzt“ hat; „[v]on Anfang“ an sei alles „verpfuscht“ (Nov II/2, 412). Aus diesem Grund kann er Beckers Konversion nur als Zeichen der Schwäche deuten „Steckst dich hinter die Schürze vom lieben Gott.“ (Nov II/2, 415) oder ihr pathologisierend etwas Gutes abringen: „Der ist glücklich beim religiösen Wahnsinn angelangt.“ (Nov II/2, 401) Somit stehen beide Positionen unmittelbar nebeneinander und die Bemühung Beckers, sich im christlichen Glauben zu bewähren und sich den schwersten Prüfungen auszusetzen,[625] wird äußerst kritisch bewertet. Der Schluss – eine Art apokalyptische Höllenkampfvision – endet so auch offen. Durch ein fast wörtliches Bibelzitat aus der Offenbarung des Johannes (21, 4) wird ein eschatologischer Ausblick eröffnet, „Und er [= Gott] wird alle Tränen abwischen. Und Tod wird nicht mehr sein, noch Leid und Schmerz und Geschrei.“ (Nov II/2, 659) Doch diese eschatologische Perspektive wird im nächsten und letzten Abschnitt des Romans gleich wieder mit dem unwürdigen Entsorgen des Leichnams Beckers, der in einem Kohlensack im Hafen unbemerkt ins Wasser gelassen wird, kontrastiert. Biblische und religiöse Hoffnungsbotschaft des christlichen Glaubens sowie irdischer Pragmatismus und stoffliche Gebundenheit relativieren und ironisieren sich so gegenseitig.

Summa summarum wird in *November 1918* der Sprung in den christlichen Glauben als Denkalternative entworfen, die dem Menschen in seiner Verzweiflung über sich selbst und die Welt neue Zuversicht und die Annahme seines Daseins ermöglichen kann. Alfred Döblin – so interpretiert die Forschungsmeinung vorsichtig – habe das Christentum zunächst auf literarischer Ebene vorerlebt und sich im zum Christen werdenden Becker

---

[624] Becker muss, obwohl es nirgends ausdrücklich erwähnt oder gar thematisiert wird, Protestant sein, da seine Konfirmation als Jugendlicher beiläufig erwähnt wird. (Nov II/2, 337)

[625] Becker wettet mit dem Teufel. Er spielt sich als eine Art Heiland auf, der die Sünden der Menschheit auf sich nimmt. Er ist beispielsweise bereit, sich die Seele eines sündhaften Schiffers aufzubürden, scheitert in seinem Hochmut jedoch kläglich. Eine genauere Betrachtung des weiteren Handlungsverlaufs würde die der Arbeit zugrundeliegende Fragestellung jedoch überschreiten, weswegen an dieser Stelle lediglich verwiesen sei auf: Weyembergh-Boussart: Alfred Döblin, S. 331 und Isermann: Der Text und das Unsagbare, S. 271.

„intuitiv ein fingiertes Alter ego geschaffen, welches intellektuelle Widerstände beiseite räumen und der eigenen Konversion vorwirken sollte."[626] Die Vorbehalte, die gegenüber einer autobiographischen Interpretation selbstständiger literarischer Texte gestellt werden, sind, wie oben erörtert, in jedem Fall berechtigt und wichtig. Keineswegs dürfen in einer autonomen Dichtung vereinfachte Parallelen zur Vita und zum Denken eines Autors gezogen werden, und dies schon gar nicht im Fall religiöser Spekulationen. Aus diesem Grund soll *November 1918* auch nicht autobiographisch interpretiert werden, zumal es – wie betont wurde – immer nur um die Interpretation von religiösen Vorstellungen geht, die sich im literarischen Roman und in essayistischen Texten kundtun. Doch fordert ein von Döblin explizit gezogener Vergleich des Ich-Erzählers der *Schicksalsreise*, der stark autobiographische Züge aufweist, mit der fiktiv entworfenen literarischen Gestalt Friedrich Becker geradezu dazu auf, Döblins essayistische Schriften zum Zeitpunkt seiner Konversion zu lesen und diese Vorstellungen mit zu reflektieren. Auf der Flucht vor den Nationalsozialisten durch Frankreich reflektiert der Ich-Erzähler in *Schicksalsreise* über seine existenzielle Notlage:

> „Was ich erfuhr, was nahte, die Krise, hatte ich geistig vorerlebt. Es war hingeschrieben, geahnt, – vorerlebt, aber nicht abgelebt. […] Es gab nur eine Fortsetzung: es zu erfahren. Aber dieser Held, der Friedrich Becker, ist doch viel weiter als ich." (SR, 269 f.)

Durch einen kurzen Exkurs zu Döblins Beschäftigung mit religiösen Vorstellungen in zahlreichen, überwiegend essayistischen Schriften, soll die Diskussion um religiöse Erlösungsvorstellungen, die vor allem in literarischen Texten – insbesondere im *November*-Roman – entworfen werden, bereichert werden.

5.2. Exkurs: Döblins Beschäftigung mit dem christlichen Glauben und Suchbewegungen nach Geborgenheit im christlichen Glauben

5.2.1. „Eine Reise zwischen Himmel und Erde" – *Die Schicksalsreise* (1949)

Als den Schriftsteller mit jüdischen Wurzeln, Alfred Döblin, am 16. Mai 1940 die Nachricht ereilte, dass den deutschen Truppen in Nordfrankreich der Durchbruch durch die französische Armee gelungen war und er im Pariser Exil nun nicht mehr länger sicher wäre, schlug es ihm, wie er be-

[626] Bartscherer: Das Ich und die Natur, S. 120. Vgl. auch Weyembergh-Boussart: Alfred Döblin, S. 342.

richtete, wortwörtlich die Feder aus der Hand.[627] Jählings begann für ihn eine Zeit, in der alle ideologischen Stützen weggerissen worden waren und er getrennt von seiner Familie quer durch Frankreich vor den Nationalsozialisten fliehen musste.[628] In einem „Bericht und Bekenntnis", der sogenannten *Schicksalsreise* legt ein Ich-Erzähler vor sich selbst und dem Leser Rechenschaft über seine „existentielle Nacktheit"[629] und seine persönliche Entwicklung ab, die schließlich in eine Konversion zum Christentum mündet. Auch wenn vielfach der Ich-Erzähler und Alfred Döblin miteinander identifiziert werden – wofür es auch gute Gründe gibt – sollen doch nicht unreflektiert alle Äußerungen der *Schicksalsreise* als autobiographischer Einblick in Döblins Gefühlsleben verstanden werden. Es handelt sich vielmehr um ein literarisches Werk, in dem ein Ich-Erzähler über die Begebenheiten nachsinniert, die ihm auf der Flucht durch Frankreich widerfahren sind, welche zweifelslos durch die Erfahrungen des Schriftstellers Döblin inspiriert sind. Dennoch sollen weiterhin Vorstellungen und Positionen der literarischen Texte im Vordergrund stehen und nicht die Person beziehungsweise der Glaube Döblins.

Nach anfänglichen Zweifeln – der Ich-Erzähler spricht sich beispielsweise die Worte der Sonntagspredigt immer wieder nach „Gott kennt unsern Zustand. Er nimmt sich unserer an. Wir müssen nur kommen und wollen", um dann festzustellen „Ich – möchte schon. ich möchte. Aber – es gelingt mir nicht." (SR, 142) – und naturwissenschaftlich geprägter Suche nach handfesten Beweisen,[630] erkennt der Ich-Erzähler, dass, wenn es stimmt, dass Gott den Menschen nicht einfach sich allein überlassen hätte, sondern durch die Inkarnation ihm nahe sein will, „so erhielte die menschliche Existenz überhaupt erst einen Boden." (SR, 105). Ohne tiefgehende intellektuelle Auseinandersetzung mit dem Christentum – allein auf Grundlage der Erinnerung an Kierkegaards Texte und erschüttert und bewegt vor allem durch Kreuzeserfahrungen in Kirchen auf der Flucht sowie inspiriert durch einige Predigten – wagt der Ich-Erzähler von Döblins Schicksalsreise so den an Kierkegaard angelehnten Sprung in das Paradoxe des Christentums

[627] Vgl. Schoeller: Alfred Döblin, S. 512.

[628] Vgl. Köpke, Wulf: Die Irrfahrt durch Frankreich 1940 und die Identität des Exils. In: Stauffacher, Werner (Hg.): Internationales Alfred Döblin-Kolloquium Lausanne 1987. Bern [u. a.]: Peter Lang, 1991, S. 25–35. (Jahrbuch für Internationale Germanistik: Reihe A, Kongressberichte; Bd. 28), S. 33.

[629] Pfanner, Helmut F.: Döblins Schicksalsreise: Wessen Schicksal? In: Grunewald, Michel (Hg.): Internationales Alfred-Döblin-Kolloquium: Paris 1993. Bern [u. a.] Lang, 1995, S. 85–93. (Jahrbuch für internationale Germanistik: Reihe A, Kongressberichte; Bd. 41), S. 90.

[630] Döblin versucht aus der Betrachtung der weltlichen Phänomene auf die Existenz eines übernatürlichen Wesens zu schließen und deutet Ereignisse, wie beispielsweise ein „Circus-Plakat", als „Wink" und „Zeichen" Gottes. (SR, 85)

wider alle Vernunft: „[...w]as nützt der bloße Glaube? Wahrheit muss in der Sache liegen“ (SR, 105). Allein der Glaube im Sinne eines Für-Wahr-Haltens der Menschwerdung Gottes gebe so „Weg“, „Halt“ (SR, 276) und ein „wirkliches Koordinatensystem“ (SR, 277) für das Leben. Die zunächst verheimlichte Konversion zum katholischen Glauben am 30. November 1941 und die vorherige dreimonatige intensive Auseinandersetzung mit der theologischen Tradition[631] sind so nur logische Folgeerscheinungen einer neuen, nunmehr christlichen Suchbewegung im Werk Döblins, die unter den europäischen Intellektuellen, für die laut Döblin der Atheismus obligatorisch gewesen wäre (SR, 293), auf großes Unverständnis stieß.

5.2.2. Das „schlechte Stilprinzip“ Gott

Nach dem Urteil Bertolt Brechts die „irreligiösen gefühle der meisten feiernden (sic.)“[632] verletzend hielt Alfred Döblin im August 1943 bei einer Feier zu seinem 65. Geburtstag eine Rede, in der er erstmals öffentlich seine Konversion zum christlichen Glauben kundtat, was wahrlich zu großer Empörung unter seinen Schriftstellerfreunden und -kollegen führte. Brecht, unter den Gästen anwesend, reagierte unmittelbar in literarischer Auseinandersetzung mit dem Gedicht „Peinlicher Vorfall“, in dem er dem Künstler vorwarf, die Bühne mit der Kanzel verwechselt zu haben („Da betrat der gefeierte Gott die Plattform, die den Künstlern gehört“[633]) und infolgedessen den Raum der Kunst dazu missbraucht zu haben, religiöse Propaganda zu inszenieren, was eine unerlaubte Zumutung für das moderne säkulare Bewusstsein darstelle.[634] Brechts raffinierte Verwendung religiösen Vokabulars – es wird ausschließlich gebraucht als Mittel parodistischer Verspottung („Ging unzüchtig auf die Knie nieder“[635]) und satirischer Entlarvung („mottenzerfressener Pfaffenhut“[636]) – stellt zugleich eine säkulare Verwahrung gegen die religiöse Rede allgemein dar; oder – wie Gottfried Benn

---

631 Döblin wollte nach Selbstauskunft vor allem seinen Sohn „nicht so aufwachsen lassen, ohne Wissen von dem, was die Welt und die menschliche Existenz war, ohne Kenntnis von unserem Los, ohne Weg und ohne Halt.“ (SR, 276)

632 Brecht, Bertolt/Hecht, Werner (Hg.): Arbeitsjournal. Zweiter Band 1942–1955. Frankfurt/M.: Suhrkamp, 1973, S. 605.

633 Brecht, Bertolt: Peinlicher Vorfall. In: Brecht, Bertolt/Hecht, Werner (Hg.) [u.a.]: Werke Bd. 15. Gedichte Bd. 5. Gedichte und Gedichtfragmente 1940–1956. Frankfurt/M.: Suhrkamp, 1993, S. 91–92, hier S. 91.

634 Vgl. Kuschel, Karl-Josef: „Vielleicht hält Gott sich einige Dichter...“. Literarisch-theologische Porträts. Mainz: Matthias-Grünewald-Verlag, 1991 (Rothenfelser Reihe), S. 24.

635 Brecht, Bertolt: Peinlicher Vorfall, S. 92.

636 Ebd.

es umschreibt – Gott sei „ein schlechtes Stilprinzip“[637]. Doch nicht nur sprachlich sollte man sich, so der Tenor, von Religiösem satirisch distanzieren, auch inhaltlich könne, so der einen dezidiert humanistischen Standpunkt einnehmende Thomas Mann, die Figur Gottes nur als Chiffre für ein dem Menschen aufgegebenes Sittliches beibehalten werden, wobei die Religion nur aufgrund ihrer gesellschaftlichen Funktion geschätzt würde.[638] Döblins Konversion kann Brecht zufolge nur pathologisiert werden, indem an „besonders harte Schläge“[639] erinnert wird, die Döblin „niedergeworfen“ und ihn aus Schwäche zur intellektuellen Kapitulation vor dem Kreuze gezwungen hätten. Doch Döblin, selbst Mediziner und Nervenarzt, ist sich gerade dieses Einwandes bewusst und lässt den Ich-Erzähler in der *Schicksalsreise* in seinem Bericht innehalten: „Ich muß mich unterbrechen. Wie könnte beim Verfolgen dieser Gedankengänge ein Außenstehender argumentieren?“ (SR, 146). Der Ich-Erzähler spricht so in der dritten Person Singular über sich selbst wie über einen Patienten, um über den „physiologisch und psychisch unnormalen Zustand“ (SR, 146) während der Flucht beim „Sprung in den Glauben“ zu sprechen und seine plötzliche Glaubensaffinität kritisch zu betrachten. Bei aller Bemühung in den essayistischen Schriften, eine Kontinuität der religiösen und metaphysischen Vorstellungen zu betonen,[640] bleibt doch ein gewisser Bruch mit dem dem christlichen Glauben äußerst kritisch gegenüberstehenden literarischen Werk bis in die späten 30er Jahre zu konstatieren, der nur durch einen „Sprung“ zu überwinden ist.

Punctum saliens der essayistischen und literarischen Verarbeitung dieses Sprunges ist dabei eine existenzielle Erfahrung in einer bestimmten Krisensituation mit einem dezidiert christlichen Symbol, das Döblin in vielen Texten bis dato immer wieder beschäftigt hat: das Kreuz.

---

[637] Und er fährt ferner fort: „Götter im ersten Vers ist etwas anderes als Götter im letzten Vers.“ Benn, Gottfried: Doppelleben. In: Ders./Schuster, Gerhard (Hg.): Gottfried Benn Sämtliche Werke, Bd. 5. Prosa 3. Stuttgart: Klett-Cotta, 1991, S. 83–176, hier S. 166.

[638] Vgl. Kiesel, Helmut: Konversion als Politikum. In: Gaede, Friedrich [u.a.]: Hinter dem schwarzen Vorhang. Die Katastrophe und die epische Tradition. Festschrift für Anthony W. Riley. Tübingen; Basel: Francke, 1994, S. 193–208, S. 203.

[639] „tatsächlich haben besonders harte schläge döblin niedergeworfen: der verlust zweier söhne in frankreich, die undruckbarkeit eines 2400-seiten-epos, angina pectoris (die große bekehrerin) und das leben mit einer ungewöhnlich dummen und spießigen frau.“ Brecht, Bertolt: Arbeitsjournal, S. 605.

[640] Vgl. Bartscherer: Das Ich und die Natur, S. 101.

5.3. Die Bedeutung des Kreuzes in Döblins Schriften

Vor jedem intellektuellen Interesse von Döblins Figuren am christlichen Kreuz steht das persönliche Angesprochensein und eine Ergriffenheit angesichts dieses christlichen Leidens- und Hoffnungssymbols.[641] Friedrich Becker assoziiert im Novemberroman die Tischplatte, an der Hilde um ihn geweint hatte, sofort mit dem „Holz des Leidens" (Nov II/2, 288), der Ich-Erzähler der *Schicksalsreise* berichtet von einer „strahlende[n] Wärme" (SR, 168), die vom Kreuz ausgehe und einer inneren „Vertrautheit" zwischen dem Kruzifix und ihm (SR, 210) und unterstreicht, dass alle „Kirchen und Kirchlein" sich um das Kreuz „gruppieren" (SR, 278) und er sich schließlich sicher war: „es war das Christentum, Jesus am Kreuz, was ich wollte." (SR, 277) Aus all diesen Äußerungen und der Tatsache, dass in Döblins Werk das Kreuz so unterschiedliche Deutungen erfahren hat, stellt sich die Frage, warum das Kreuz ein zentraler Kristallisationspunkt, ein Punctum saliens für einen „Sprung" in den Glauben sein kann.

Zwar auch in parodistisch-satirischem Bezug – man erinnere sich an die „Kreuzigung" Irenes bei ihrem gewaltsamen Tod durch den in ihr nach Erlösung suchenden Johannes[642] oder an die Ablehnung der traditionell durch das Kreuz geglaubten Erlösungsbotschaft eines Franz Biberkopf[643] – doch stets die eine christliche Narration des um des Menschen willen gekreuzigten Gottessohnes aufgreifend, setzt sich der Schriftsteller mit dem christlichen Glauben auseinander. Doch seine Beschäftigung mit dem Kreuz, an dessen Ende die literarisch und essayistisch affirmierende Beschreibung der Bedeutung des Gekreuzigten steht, ist beständiger und reflektierter, als die ausführlich interpretierten, aber doch nur einen Teil seines Schaffens darstellenden Einblicke zeigen. Aus diesem Grund sollen weitere Konzepte und Aspekte des Kreuzes im literarischen Werk Döblins in die mit Diskussion einfließen und schon angesprochene Kreuzesvorstellungen gebündelt hinsichtlich ihrer Bedeutung für die Erlösungssehnsucht des Menschen analysiert werden.

5.3.1. Vom „Schmerzensmann" zum „Gottessohn" – Annäherungen an ein traditionsreiches christliches Symbol

Neben den schon anzitierten literarisch kreativen Auseinandersetzungen mit der Symbolik des Kreuzes sind von Döblin auch einige explizite

[641] Vgl. Emde: Alfred Döblin, S. 270.
[642] Vgl. in diesem Kapitel 3.2.3.: „Der metaphysische Narr".
[643] Vgl. in diesem Kapitel 4.3.: „Es rettet uns kein höheres Wesen" – Das Versagen christlicher Erlösungsnarrationen in *Berlin Alexanderplatz.*

Reflexionen über die Bedeutung des Gekreuzigten überliefert. Auf der Suche nach seinen jüdischen Wurzeln quer durch Polen reisend (SR, 132), begegnet er in der Marienkirche von Krakau einer Kreuzesdarstellung von Veit Stoß, die einen nachhaltigen Eindruck auf ihn machte. Der „tote Mann", der „Hingerichtete" mit „seine[n] Wunden" und „seine[n] durchbohrten Knochen" ruft in dem von Döblin ebenfalls aus der Ich-Perspektive gestalteten Erzähler eine tragische Rührung und eine ungeheure Bestürzung aus: „Entsetzen geht von ihm aus. [...] Man muss Buntheit und Schönheit herum tun, um es zu ertragen." (RP, 239 f.) Der Ich-Erzähler sieht den Christus am Kreuz als gefolterten und zu Tode gequälten Menschen, dem jegliche metaphysische Überhöhung, jegliche verklärende Zeichen seiner Göttlichkeit fehlen und kann von dem „Gehenkten" doch „nicht lassen" (RP, 261), er fühlt sich von ihm stark angezogen, obwohl – wie er in einem weiteren literarischen Werk, der *Babylonischen Wandrung*[644], beschreibt – die Christenheit über das „leidende Menschenwunder" Kathedralen und Basiliken mit „ungeheuren felsigen Mauern" „gewälzt" habe, um sein „Klagen" unhörbar zu machen (BW, 547). Zwei für Döblins frühe Kreuzesüberlegungen zentrale Aspekte sind hier bereits benannt. Zum einen die den Nicht-Christen abschreckende, unverständliche Grausamkeit des Opfers und des Todes, die nur mit verklärender Ästhetik („Buntheit und Schönheit") oder „ungeheuren felsigen Mauern" versteckt werden kann und zum anderen die Bezeichnung des Christus als „leidendes Menschenwunder", als „Schmerzensmann" (BW, 546), als einfacher „tote[r] Mann" (RP, 239), dem keine messianische Überhöhung zukomme.[645] Als „Schmerzensmann" war der „Gehenkte" lediglich „der unvergleichliche Inbegriff des leidenden Menschen, der leidenden Kreatur"[646], dessen Anblick beim Betrachter lediglich die Erkenntnis hervorrufe: „Leid ist in der Welt, Schmerz, menschlich-tierisches ringendes Gefühl ist in der Welt." (RP, 239). Der für den christlichen Glauben traditionell mit dem Kreuz verbundene Erlösungsglaube wird von Konrad, dem gefallenen „Gott" aus Döblins *Babylonischer Wandrung*, konsequent geleugnet: „Das Kreuz fuhr hoch. An seinem Holz wand sich einer, der um alle menschlichen Verbrechen gewusst hatte

[644] Die *Babylonische Wandrung* ist Döblins erster Exilroman (1934), in dem ein Gott namens Marduk die Welt als Bühne seiner entschwundenen Macht erkennen muss und aus diesem Grund aus dem Götterhimmel auf die Erde vertrieben wird und sich in den Freuden und Erbärmlichkeiten der Erde preisgibt.

[645] Vgl. Wolkowicz, Anna: Der Gekreuzigte und der Gehenkte. Zur religiösen Verwandlung in Döblins „Schicksalsreise". In: Sauerland, Karol (Hg.): Alfred Döblin – Judentum und Katholizismus. Berlin: Duncker & Humblot, 2010, S. 71–101. (Literarische Landschaften; 12), S. 94. Wolkowicz vertritt die These, dass Döblin den Gekreuzigten in jüdischer Perspektive als Ausgegrenzten und als Stein des Anstoßes interpretiert.

[646] Kiesel: Literarische Trauerarbeit, S. 185.

und für alle das Schmerzensmaß auf sich genommen hatte. Vergeblich, vergeblich." (BW, 505). Durch die unmittelbare Wiederholung des Wortes „vergeblich" wird die explizit aufgerufene biblische Narration, wie sie beispielsweise im Römerbrief vorliegt, und die damit traditionell verbundene christliche Hoffnungsvorstellung ad absurdum geführt. Keine Erlösung, kein Trost sondern nur „Entsetzen" und Unverständnis bleiben für den literarisch sich ausdrückenden Döblin bis etwa 1939 im Symbol des Kreuzes verborgen, denn:

> „Aber daß unser Dasein qualvoll und voller Leiden ist – dies uns zu sagen, braucht kein Gott zu kommen. Nötig wäre die Begründung, die Rechtfertigung unseres Zustandes und das siegreiche Wort, daß wir nicht vergeblich und hoffnungslos leiden." (SR, 144)

Doch bei aller vorhergehenden entschiedenen Ablehnung des Kreuzes und der christlichen Erlösungsbotschaft, wofür der *Schwarze Vorhang* und *Berlin Alexanderplatz* wie erörtert prägnante Beispiele sind, schleicht sich doch eine leise Ahnung ein, wie in der existenziellen Notlage neue Hoffnung geschöpft werden könnte.

5.3.2. Das Kreuz als „neuer Boden"

„Ja, die Erde kann schöner und reicher werden durch diesen Gedanken – wofern man ihn faßte und annahm." (SR, 105) Trotz aller Skepsis beinhaltet diese Aussage des Ich-Erzählers in der *Schicksalsreise* die Erkenntnis, dass *wenn* man diesen paradoxen Gedanken des christlichen Glaubens, dass Gott Mensch wurde, fasse und annehme, und damit einen „Sprung" mache, die leidgeplagte menschliche Existenz „einen neuen Boden" (SR, 105), ein sicheres Fundament bekommen würde. Im zur Zeit des Exils entstandenen *November*-Roman wird die mögliche Existenz eines rettenden Gottes durchgespielt, indem der Protagonist Becker „schlagartig die Heilsbedeutung der biblischen Botschaft" erkennt und sich „im Kierkegaardschen Sinn ganz persönlich [...] zum Glauben, der ihm den gesuchten Halt bietet, berufen [sieht]."[647] Im Bild der leidenden Hilde und beim Anblick der Tischplatte assoziiert er sofort die erlösende Opfertat Christi, der als „Gott" „in dies Leiden eingedrungen ist, [...] es aufgenommen, aufgehoben, vernichtet und verändert hat" (Nov II/2, 398) und so die von Kierkegaard und im Text von der Figur Tauler identifizierte „Verzweiflung" in Hoffnung auf „Rettung" verwandelt. Das zuvor mit Entsetzen verbundene Kreuz verliert so seine furchteinflößende Konnotation und wird statt dessen „als Zeichen

[647] Wambsganz: Das Leid im Werk Alfred Döblins, S. 125.

der Gnade und der Erlösung" gedeutet, das für Becker nun „gar nicht schrecklich anzusehen" war (Nov II/2, 337). Warum das Kreuz auf einmal allen Schrecken verliert, ist unklar, ändert sich doch an der Grausamkeit des Opfertodes keineswegs etwas. Entscheidend ist für Becker aber, dass im Glauben eine andere Leidenserfahrung möglich ist. Die Bergpredigt zitierend „Selig sind die, die da Leid tragen, denn sie sollen getröstet werden" (Nov II/2, 290; vgl. Mt 5,4), fühlt sich Becker in seinem Leid nicht allein: „Das Leid weicht nicht, aber er hilft es tragen." (Nov II/2, 290). Vor allem hinsichtlich Beckers Unvermögen, den in seinem Bewusstsein ihn immer wieder quälenden Toten gerecht zu werden („ich kann keine Toten erwecken" (Nov II/2, 79), hilft der Glaube daran, dass nach dem Tod nicht alles vorbei sei, was Döblin in der *Schicksalsreise* folgendermaßen ausdrückt: „Der Mangel an Gerechtigkeit in dieser Welt beweist, dies ist nicht die einzige Welt." (SR, 135) So wie die Kantische Vernunft dazu bewegt wird, „gegen Vernunft zu hoffen", da „keine innerweltliche Besserung ausreichte, den Toten Gerechtigkeit widerfahren zu lassen"[648], wird auch für Becker, der über die begrenzte Reichweite der irdischen und menschlichen Möglichkeiten in Verzweiflung gerät, der Gottesgedanke unausweichlich.

Doch nicht nur das Gottespostulat ist hinsichtlich der Erlösungsvorstellung von Bedeutung. Becker hat nicht nur die unschuldig Getöteten im Blick, sondern vor allem auch seine ganz persönliche Verantwortung, die er ihnen gegenüber spürt. Im Gespräch mit Leutnant Maus äußert er seine Schuldgefühle:

> „Geh, wenn du unsicher bist, auf einen Friedhof der Gefallenen. Stell dich vor die Kreuze, sieh sie an, die Reihen, und frage dich, was du angerichtet hast, auch du, und ob es genug war, daß du in ihren Reihen standest, ob da nicht noch eine andere Verpflichtung bestand. Denn sie wußten nicht. Aber wir hätten wissen können. Und, Maus, wenn wir damals nicht wußten, jetzt wissen wir." (Nov II/2, 410)

Becker spürt, dass es praktisch unmöglich ist, die Verantwortung für den Krieg, in dem Becker schuldig wurde,[649] tatsächlich zu tragen. Hilde rät ihm so: „Wir sind alle Sünder. Lege nicht zuviel auf dich. Wäre ich allein, so hätte ich mir auch nicht helfen können. Aber der Heiland ist erschienen und hat sich unser angenommen." (Nov II/2, 80). Dieses Dilemma der persönlich

[648] So analysiert Adorno Kants Gottespostulat. Adorno, Theodor W.: Negative Dialektik. In: Ders./Tiedemann, Rolf (Hg.): Theodor W. Adorno. Gesammelte Schriften. Bd. 6. Frankfurt/M.: Suhrkamp, [5]1996, S. 7–412, hier S. 378.

[649] Vgl. die vielen Belege zu Beckers Schuld (Nov I, 139; Nov II/1, 105;Nov II/2, 202).

empfundenen Schuld und die daraus resultierende Not lösen, so interpretiert es Emde, „das Kreuz und die Satisfaktionstheorie“[650]. „Ungewollt“ fließen Becker kurz nach seiner Erkenntnis „die Liedworte, die er einmal auswendig gelernt hatte“ und die sich jetzt seiner bemächtigen, über seine Lippen:

> „O Haupt voll Blut und Wunden, voll Schmerz und voller Hohn, o Haupt, zum Spott gebunden mit einer Dornenkron, o Haupt, sonst schön gekrönet mit höchster Ehr und Zier, jetzt aber höchst verhöhnet, gegrüßet seist du mir.“ (Nov II/2, 336)

Der ursprünglich aus dem Lateinischen von Paul Gerhardt (1656) übersetzte Hymnus *Salve caput cruentatum* erfährt wohl seine bedeutendste Rezeption in Bachs Matthäuspassion (V 244)[651] und wird hier, wie auch im Evangelischen Gesangbuch (Nr. 85) und im katholischen Gotteslob (Nr. 179/289)[652] stets mit dem heilbringenden Passionsgeschehen in Verbindung gebracht. Durch den internarrativen Bezug zu einem traditionsreichen Chorwerk und Kirchenlied wird daher nicht nur die das Leiden darstellende erste Strophe des Stücks anzitiert, sondern es schwingt der gesamte Grundtenor des Liedes mit, der in der Äußerung „Was du, Herr, hast erduldet, / ist alles meine Last; / ich, ich hab es verschuldet, / was du getragen hast.“[653] kulminiert. Die in *Babylonische Wandrung* bereits zitierte Liedstrophe (BW, 545) wird nun in *November 1918* bekenntnishaft in großem Glücksempfinden gesprochen (Nov II/2, 336). Die Erlösungsvorstellung in Döblins Schriften ist somit zugleich immer eng mit einer „Entschuldung“[654] verbunden, die den Menschen durch das stellvertretende Opfer des Gottessohnes, welcher allein – Anselm von Canterbury zufolge – die große Sünde der Gottesbeleidigung wieder versöhnen kann. Angesichts quälender Schuldgefühle, die vermutlich auch Döblin[655], so wird berichtet,

[650] Emde: Alfred Döblin, S. 298.

[651] Doch neben Bachs Bearbeitung sind zahlreiche weitere Vertonungen von namhaften Komponisten wie beispielsweise von Felix Mendelssohn-Bartholdy, Johann Pachelbel, Georg Philipp Teleman oder Franz Liszt etc. zu nennen.

[652] Im inzwischen neu erschienenen Gotteslob von 2013 ist das Lied unter der Nummer 289 zu finden.

[653] Hier zitiert nach dem Gotteslob. Katholisches Gebet- und Gesangbuch. Ausgabe für das Erzbistum Freiburg. Herausgegeben von den Bischöfen Deutschlands und Österreichs und der Bistümer Bozen-Brixen und Lüttich. Freiburg: Herder, 1975, Nr. 179.

[654] Emde: Alfred Döblin, 298.

[655] Kiesel führt noch eine Reihe weiterer Schuldgefühle an, die Döblin vermutlich ereilten. Vgl. Kiesel: Literarische Trauerarbeit, S. 36–38. Allerdings bewegen wir uns hier in einem sehr spekulativen Bereich, weswegen davon Abstand genommen werden soll.

hinsichtlich seines eigenen Verhältnisses gegenüber dem Nationalsozialismus ereilen,[656] entdeckt der Schriftsteller die „unmoderne[] Lösung“[657] der Satisfaktionslehre. Nach seiner Konversion vor allem die paulinischen Briefe exzerpierend und zitierend, welche die Sündhaftigkeit des Menschen (Röm 1, 26–30; 5, 18; 6,23; 7, 14–22; 1 Kor 15, 56), die Ohnmacht des Individuums, sich selbst zu erlösen (Phil 2, 13; Eph 2, 8 f.; Röm 7, 14–22; 9, 16; 11, 6) und den aus Sünde rettenden Opfertod Christi hervorheben (Röm 5, 17–21; 6, 4–14; 8, 3; 1 Kor 1, 1–5; 6, 20; 15, 21–23; Gal 2, 20; 3, 13; 1 Tim 2, 6 etc.), beschäftigt sich Döblin vor allem mit der traditionellen Satisfaktionstheorie des Anselm von Canterbury und mit der Frage, wie durch die am Kreuz erbrachte Sühneleistung Christi der göttlichen Gerechtigkeit Genüge getan wurde. In dem Religionsgespräch *Der unsterbliche Mensch*, das die Erfahrungen der *Schicksalsreise* nochmals in einem inszenierten Dialog zwischen einem Älteren, der laut Forschungsmeinung die Position des Konvertiten Döblin vertritt, und einem Jüngeren, der vielmehr Döblins frühere Skepsis und einen Agnostizismus repräsentiert,[658] neu reflektierend einholt,[659] wird eine neue Glaubenshaltung durchdacht:

> „Indem Christus erscheint, in Menschengestalt, und an dem von Ihm repräsentierten Menschengeschlecht das Urteil, das Todesurteil, vollstrecken läßt, erkennt er das Gesetz an und unterstellt sich ihm. Der Gerechtigkeit wird Genüge getan. Er hat es übernommen (Gott selber, die ewige Liebe), das Menschengeschlecht zu repräsentieren, – denn welcher einzelne Mensch könnte das mit Legitimität und könnte für alle vor Gericht erscheinen […]?“ (UM, 224)

Die „am Kreuz“ durch Gott vollzogene „Versöhnung mit dem Menschen“ (UM, 236) muss dieser Religionsreflexion zufolge zur Erlösung des Menschen im Akt des Glaubens subjektiv angeeignet werden (UM, 244 f.). Die Erlösungsvorstellung, die sich in Döblins Spätwerk äußert, ist folglich

[656] Vgl. Emde: Alfred Döblin, S. 297. Emde verweist auf die Aussage Döblins: „Ich bin kein Herkules […] aber was, frage ich mich, habe ich selber eigentlich aufgeboten? Mit dem Ekel ist es nicht getan.“

[657] Ebd.

[658] Vgl. Maillard, Christine: Trinitarische Spekulationen und geschichtstheologische Fragestellungen in Alfred Döblins Religionsgespräch *Der unsterbliche Mensch*. In: Maillard, Christine (Hg.)/Mombert, Monique (Hg.): Internationales Alfred-Döblin-Kolloquium Strasbourg 2003. Der Grenzgänger Alfred Döblin, 1940–1957. Biographie und Werk. Bern [u. a.]: Peter Lang, 2006. (Jahrbuch für Internationale Germanistik Reihe A, Kongressberichte; 75), S. 171.

[659] Emde verweist auf die thematische Einheit der beiden Schriften und sieht in ihnen eine „unerlässliche Ergänzung“, vgl. Emde: Alfred Döblin S. 224.

bedingt durch die Frage nach der Gerechtigkeit für die Toten, den Umgang mit dem persönlichen Leid und durch die Problematik der Schuld des Menschen, was allesamt durch den Sprung in den paradoxen Glauben der Menschwerdung Gottes und der in der Tradition entstandenen Satisfaktionstheorie eine vorerst befriedigende Antwort findet. Dass es aber auch völlig unverschuldetes Leid gibt, wofür man keine menschliche Verfehlung zur Verantwortung ziehen könnte, und dass das vom Kreuz ausgehende Entsetzen in späteren Überlegungen ästhetisiert und harmonisiert wird, bleibt in dieser Erlösungsvorstellung unberücksichtigt.

6. „Kein Buch ist fertig." – Die fortwährende Diskussion über religiöse Alternativen

Allen Werken Alfred Döblins gemein ist die vielfältige Darstellung der tiefen Verunsicherung des Menschen. Alle Figuren leiden aus unterschiedlichen Gründen an ihrem Dasein und erfahren die Welt als kontingent, sinn- und haltlos oder – in religiöser Sprache – als erlösungsbedürftig. Lange bevor das mythische Motiv des Sisyphus durch die berühmte Rezeption Albert Camus' zur Leitfigur des Absurdismus wurde, ist diese mythische Narration auch zahlreichen Döblinschen Texten eingeschrieben. Der Protagonist Johannes aus dem frühen Roman *Schwarzer Vorhang* hat vergleichbar zu seinem späteren Leidensgenossen Friedrich Becker „die Empfindung, als müsse er einen Felsblock mit den Schultern heben oder langsam vor sich herdrängen" (SV, 195 f.; vgl. auch Nov II/2, 26) und Franz Biberkopf beschreibt sein Sisyphusdasein mit dem zum befürchteten Einsturz der Dächer parallelen Bild des „Steinbruchs", der immerzu über ihn „schüttet", wobei er sich halten kann, wie er will, „es nutzt nichts" (BA, 384). Aber auch Döblins Werk insgesamt lässt sich mit dem mythischen Bild des Sisyphus beschreiben, wenn Döblin formuliert:

> „So geht es von Einsturz zu Einsturz. […] Was wir anfassen, ist wie ein Gummiband, das man weitet und das immer wieder zusammenschnellt. Wie ein Stein, den einer auf den Berg schleppt, allmählich lassen die Kräfte nach, der Stein rollt wieder abwärts." (UD, 223)

Tatsächlich bedeutet für Döblin jedes Werk eine vorläufige Beruhigung, die allerdings nur so lange anhält, bis ihn „wieder die Unruhe und die Leere bedrängten" (SR, 134). Die wichtigsten Suchbewegungen der „unbeendete[n] Bemühung", sich an „Einsichten" „[h]eran[zu]pirschen" (SLW, 181), die sein Werk auszeichnen, sollen nochmals hinsichtlich der Frage nach dem Erlösungspotential analysiert werden.

6.1. „Metaphysische Narr[heiten]" oder tragender Glaube? Zusammenfassende Reflexion über Probleme und Chancen der religiösen Alternativen

Obschon im Judentum zumindest durch seine jüdische Mutter anfänglich beheimatet und durch die aktive Suche nach den jüdischen Wurzeln (*Reise in Polen*) interessiert, bleibt Döblin in seinen literarischen Texten gegenüber seiner Geburtsreligion zeitlebens skeptisch.[660] Welche Gottesvorstellung in *Jenseits von Gott* als „historisch überholte Phrase" und „altersschwaches Gespenst" entlarvt wird, bleibt näherhin unbestimmt. Es ist jedoch für seine Religionskritik auch nicht entscheidend. Es geht vielmehr um die generelle Ablehnung einer den Menschen in seiner Autonomie einschränkenden metaphysischen Instanz, wobei noch keinerlei Zweifel an der Aufgabe des Menschen „alles von sich aus leisten zu müssen" erhoben wird. Allerdings – und dies steht explizit parallel zu Döblins Religionskritik – widerstreitet dieser kognitiven Einsicht ein zutiefst „emotional motiviertes metaphysisches Bedürfnis"[661], das Döblin zu der bereits beschriebenen werkübergreifenden Suchbewegung treibt. Die durch zahlreiche internarrative Bezüge literarisierten Versuche der Wiedergewinnung einer metaphysischen Sicherungsmöglichkeit im monistischen Aufgehen in der Natur (*Jagende Rosse*) oder in der die Entzweiungserfahrung zu überwinden versuchenden Liebe zum anderen (*Schwarzer Vorhang*) wird in den frühen Werken als „metaphysische Narr[heit]" (JR, 65, vgl. auch JR, 59) entlarvt, die nur eine vorübergehende Täuschung, aber keinen dauerhaften Halt bieten können. Die Gründe für das so empfundene Ungenügen der Figuren sind denen des taoistischen Quietismus ähnlich, in dem der Allmacht des Schicksals sowie der Ohnmacht und Vergänglichkeit des Menschen mit dem Prinzip des „Nicht-Widerstrebens" begegnet werden soll, wie Döblin es im Roman *Die drei Sprünge des Wang-lun* literarisch gestaltet. In Döblins

---

[660] 1938 schreibt er in einem Brief an Viktor Zuckerhandl: „Recht ab bin ich vom Jüdischen." (Briefe I, S. 224) zu Döblins vorheriger Auseinandersetzung siehe beispielsweise Sölle, Dorothee: Realisation. Studien zum Verhältnis von Theologie und Dichtung nach der Aufklärung. Darmstadt; Neuwied: Hermann Luchterhand, 1973. (Theologie und Politik; 6), S. 332–338, und seine Selbstäußerungen in DU, 375–377. Vgl. auch: Müller-Salget, Klaus: Alfred Döblin und das Judentum. In: Shedletzky, Itta/Horch, Hans Otto (Hg.): Deutsch-jüdische Exil- und Emigrationsliteratur im 20. Jahrhundert. Tübingen: Max Niemeyer, 1993, S. 153–163.

[661] Hoock: Modernität als Paradox, S. 193.

letztem Roman, *Hamlet oder die lange Nacht nimmt ein Ende* (1956), in dem „nochmals verschiedene mögliche Weltanschauungen" überblickt werden, „denen er [Döblin] zum Teil selber früher gehuldigt hatte"[662], unterzieht der ebenfalls stark von Kierkegaards Denken geprägte Protagonist Edward[663] stellvertretend den Monismus, Buddhismus und Quietismus[664] einer deutlichen Kritik. Die Haltung „Laßt gut sein; es ist nun einmal so" (H, 285) verurteilt Edward als feige Flucht vor der Wahrheit und der Verantwortung. Durch Edwards Anfragen beunruhigt merkt der dem Monismus, Buddhismus und zugleich Quietismus nahe stehende Onkel James, dass er „überwältigt von Trauer und Verzweiflung ist" (H, 461) und sich nicht wirklich „weg vom Ich denken" und in einer größeren Einheit aufgehen kann, weswegen seine Erkenntnis in der verzweifelten Frage „Von wo kann Hilfe kommen?" (H, 468) mündet. Wird in *Wang-lun* die alles in Zweifel ziehende Schlussfrage gestellt „Nicht Widerstreben, kann ich das denn?" (WL, 495), so werden auch im abschließenden Roman die Grenzen des monistischen Daseinskonzepts aufgezeigt. Als Grundproblem dieses Konzeptes bestimmt Döblin das „erbarmungslose Gesetz von Werden und Vergehen", das den Weltlauf bestimmt und in dem das „Einzelschicksal des Individuums sein unverwechselbares Eigengepräge" verliert und gänzlich ausgelöscht wird.[665] Glücksmomente sind so nur punktuell erlebbar, meist als Gefühl der Verbundenheit mit dem das Ich Umgebenden, während Leid, Krankheit und Tod im großen Ganzen aufgehen und der persönlichen Tragik entkleidet werden. Folglich bieten Leid, Krankheit und Tod auch keinen Anlass mehr zur Empörung, mit der sich der Mensch gegenüber seinem Elend auflehnen könnte. Eben dies kritisiert Döblin bei einem Schriftstellerkollegen, der den Tod von gefallenen Soldaten als Beispiel für in der Natur wirkende Auflösungs- und Zersetzungsmechanismen nimmt,

[662] Weyembergh-Boussart: Alfred Döblin, S. 342.

[663] Edward ist im Roman begeisterter Kierkegaard-Leser (H, 204, 282). Er kommt sich vor wie Hamlet, den man belügt (H, 206) und möchte wie Kierkegaard nach Wahrheit streben (H, 204).

[664] Döblins Verarbeitung der einzelnen religiösen Strömungen weist einen sehr stark eklektizistischen Charakter auf, weswegen die einzelnen Deutungssysteme in seinem Werk kaum zu unterscheiden oder eindeutig zu benennen sind. Die monistische Grundhaltung des Onkel James wird beispielsweise durch Äußerungen wie „Es ist schön, Natur zu sein, Edward. Ja, es ist schön, als Mensch, Baum, Tier an dem großen einen Leben teilzunehmen." (H, 203) Buddhistisch inspiriert ist die Vorstellung der Erleuchtung durch die Selbstaufgabe (H, 203) und der damit verbundene quietistische Akzent äußert sich in der angestrebten „Leidenschaftslosigkeit in der Welt", im „Freisein von Begierde" und dem „Sich-Hingeben" an das Schicksal (H, 460 f.).

[665] Bartscherer: Das Ich und die Natur, S. 206.

ohne das persönliche Schicksal eines Individuums zu berücksichtigen, das in seinem Recht auf Trauer, Mitgefühl und Anteilnahme betrogen wird.[666]

> „Da lese ich eine Schilderung vom Krieg, wie die Toten nachts auf dem Feld liegen und die Auflösung fortschreitet und die Erde nimmt sie wieder an. Aber aus dieser Erde sind wir gekommen, nicht damit wir so zurückkehren! Der Schriftsteller schreibt, wie sie blicklos liegen, Augen haben, die keine mehr sind, er gebraucht kein Wort der Klage um diese, er sieht sie wie Blätter in die Erde einschmelzen – kein Wort dafür, daß jeden von diesen unter Qualen eine Mutter geboren hat, daß er eine Frau, Kinder oder Freunde, Eltern hatte, daß er selbst leben wollte – eine verfluchte Gewalt hat diese als Sachen genommen und wie Steine unter Steine geworfen – unsere Eltern, Kinder, Männer, Söhne. Welche Gewalt ist so legitimiert, daß sie das dürfte? Wem gaben wir diese Legitimation?" (UD, 436 f.)

Das den Menschen in manchen Lebenssituationen bestimmende Leid und die Frage, was geschieht mit den Toten, die beide auch im Roman *November 1918* den Protagonisten zum Kierkegaardschen Sprung in das Paradoxe aber vor allem in das Tröstende des Glaubens führen, sind auch in Döblins Empörung hier das bestimmende Element. Die Würde des Einzelnen verbietet den Gedanken, dass dieser einfach vergeht und „wie Blätter in die Erde einschmelz[t]", es wird eine „Gewalt" gedacht, die dafür Verantwortung trägt, dass das Leben und das Leben der Angehörigen auf solch grausame Weise durchschnitten ist. Die Erfahrung aus *Berlin Alexanderplatz*, dass man in das Dasein „geworfen" wird (BA, 90), besteht weiterhin, doch erfährt sie in Döblins weiterer Suche nach Halt eine neue Orientierung: „Da ich mich vorfinde und weiß nicht wie und warum, da ich quasi aus der Pistole geschossen da bin – und ebenso alle anderen Dinge und Geschöpfe – so frage ich: Was bringt mich zum Dasein?" (UM, 49) Das Wissen um die eigene Existenz bei gleichzeitiger Einsicht des Unvermögens, das Werden dieser Existenz zu begreifen, findet bei Döblin jedoch nun eine andere Erklärung: „Ein Anderes gibt uns Leben und trägt uns." (UM, 44) Dieses andere identifiziert Döblin im Glauben mit Gott, der durch die Menschwerdung Eingang ins Leid des Menschen gefunden hat und dieses zwar nicht aufhebt, aber „es tragen" hilft" (Nov II/2, 290). Gleichwohl stellt sich bei dieser Vorstellung eines persönlichen Gottes, der als Schöpfer menschlichen Lebens für dieses Verantwortung trägt, unmittelbar die in der Reaktion auf den Schriftstellerkollegen („Welche Gewalt ist so legitimiert, daß sie das dürfte?" UD, 437) bereits anklingende Theodizeefrage, die auch der kon-

[666] Vgl. ebd., S. 208.

vertierte Döblin in Gestalt des skeptischen Jüngeren der Religionsgespräche als schärfsten Einwand gegen den Glauben formuliert: „Habe ich nötig, Sie auf das Leben aufmerksam zu machen, in das wir hineinverflucht sind?" (UM, 91) „[W]ie kann dem Schöpfer ein solcher Fehler und Versager wie der Mensch unterlaufen?" (UM, 109) Die angesichts der persönlichen Leidensgeschichte unter den Nationalsozialisten verschärfte Frage nach der Rechtfertigung Gottes führt schließlich zur alleinigen Anklage Gottes: „[W]as ist das, frage ich, daß er [= Gott] sich auch in die Gestalt der Nazis steckt und baut Konzentrationslager? Ja, er baut sie, wer sonst?" (SR, 107) Angesichts des Bösen in dieser Welt vermag sich Döblin „kein liebliches Bild" von Gott zu machen: „Ich muß den, der diese Welt hinstellt, nehmen, wie er (und diese Welt) ist. Ich muß ihn in Bausch und Bogen schlucken. Einen filtrierten ‚lieben Gott' kann ich nicht akzeptieren." (SR, 107) Gott wird so in aller Schärfe für das Böse verantwortlich gemacht, ohne dass das Prädikat der Allmacht oder das der Güte aufgegeben wird.[667] Die Vorstellung eines „lieben Gottes" bewirkt keine einebnende Harmonisierung; die Widersprüche bleiben offen. Döblin schreibt in einem Brief pointiert: „[E]s ist Böses und es ist Leiden in der Existenz, und sie lassen sich nicht wegdisputieren."[668] Allerdings – und hier greift Döblin auf ein bewährtes Argumentationsmuster zurück – sie gehen zwar erstursprünglich auf Gott zurück, aber es ist der Mensch, der letztlich das Böse tut, auch wenn er es, wie Paulus zu Bedenken gibt, gar nicht will. Döblin bringt das Böse somit in Zusammenhang mit dem „höchsten Gut" der menschlichen Freiheit, in welcher der Mensch Schuld auf sich laden und sich somit gegen Gott versündigen kann (UM, 111–164). Von diesem Standpunkt aus erklärt sich auch Döblins Affinität zur Satisfaktionslehre, derzufolge der Mensch des stellvertretenden Opfers des Gottessohnes bedarf, um das gestörte Verhältnis zu Gottvater wieder herzustellen und die Erlösung des Menschen zu ermöglichen. Eine so verstandene traditionell christliche Erlösungsnarration ermöglicht es, sich über sein Leiden zu erheben und Gott damit zu konfrontieren. Es kann so strikt verneint werden, dass der „Zufallstod" „das wirklich letzte Wort des Daseins wäre" (UM, 214), und versucht werden, das Leben innerhalb seiner irdischen Begrenztheit so gut wie möglich zu leben und in allem anderen auf den rettenden Eingriff Gottes zu vertrauen (UM, 215). Angeregt durch die Kierkegaard- und vor allem Tauler-Lektüre versteht Döblin das Leid als „Prüfung" (UM, 215), um in der Verzweiflung die eigene Nichtigkeit anzuerkennen und sich ganz auf Christi Erlöserwirken auszustrecken. Über-

667 Vgl. Emde: Alfred Döblin, S. 304.

668 Alfred Döblin: Brief an E. und A. Rosin, 4. Oktober 1943 aus Hollywood. In: Text und Kritik 13/14 (1965), S. 53–54, hier S. 54.

wältigt von der unermesslichen Liebe, die Christus dazu bewog, die unvollkommene und schwere menschliche Existenz auf sich zu nehmen, wird der konvertierte Döblin nicht müde, die göttliche Liebe zu preisen und ersetzt das Cartesianische „Cogito, ergo sum" schließlich durch „Jesus ist, also bin ich" (USM, 49).[669]

6.2. Theologischer Kommentar zu Döblins religiösem „Heranpirschen an Einsichten"

Der Weg vom überzeugten Ablehnen der „rostig gewordenen Maschine überlebtester Konstruktion" (JvG, 387 f.), Gott, über einige religiöse Zwischenstationen hin zum affirmativen, zutiefst existentiellen Bekenntnis „Jesus ist, also bin ich" (USM, 49) ist im Werk Alfred Döblins erstaunlich. Ausgangspunkt dieser stetigen Suche, ist die Erfahrung des physischen und metaphysischen Schmerzes, hervorbrechend aus der schmerzvollen Gewissheit der Endlichkeit des menschlichen Daseins, der Ahnung der Vergeblichkeit allen Tuns und des Bleibens der unerfüllten Wünsche. Döblin entwickelt in seinen literarischen Texten Strategien, mit dieser Situation des Menschen umzugehen und entwirft für die Moderne typische Gegenwelten; es sei hierzu beispielsweise erinnert an die chinesische, taoistische Welt des *Wang-lun* oder auch an die bislang nur kurzerwähnte *Amazonas*-Trilogie, in der Döblin den Rückfall Europas in die Barbarei und den Faschismus anklagt und gegen diese Gewalt- und Unheilsgeschichte mit der Gesellschaft der Jesuiten einen friedlichen Gegenentwurf gestalten will.[670] Doch bei der Suche nach einer alles Dasein bergenden neuen Einheit werden nicht nur Gegenwelten entworfen, es bleibt eine Treue zum realen, erfahrbaren Leben, weswegen auch seine Figuren in den Romanen sich nie endlos in einer solchen Utopie geglückten Lebens verlieren.[671] Vorherrschend bleibt stets der Gedanke einer religiös und metaphysisch nicht abgesicherten Welt, in welcher der Mensch sich selbst bestimmen muss. Die seit Menschengedenken bohrende Frage wird folglich auch für Döblin zwingend: Warum ist etwas und nicht vielmehr nichts? Warum ist der Mensch ins Elend geboren (Vgl. JR, 58), warum wird er so ins Dasein geworfen, in das „Jammernest" (Vgl. BA, 80; 363), in der die Toten noch die Tödlichkeit des Daseins als inakzeptabel anprangern und Forderungen an die Hinterbliebenen stellen (Vgl. Nov II/2, 79)? Nach unterschiedlichen literarischen Bestimmungen

[669] Vgl. Weyembergh-Boussart: Alfred Döblin, S. 306 ff.

[670] Vgl. Kiesel: Literarische Trauerarbeit, S. 234.

[671] Vgl. ebenso insbesondere Wang-lun, Amazonas, November 1918, Jagende Rosse, Der schwarze Vorhang und weitere.

des Menschseins und deren korrespondierenden Weltvorstellungen wird, da der Mensch sich nicht mit der Tödlichkeit und der begrenzten Reichweite menschlicher Möglichkeiten abfinden will, die Gottesfrage unausweichlich. In den literarischen und essayistischen Texten wird schließlich auf einen Gott gesetzt, der eine Lebens- und eine eschatologische Hoffnungsperspektive eröffnet, da er sich dem Menschen zuwendet und sich als Mensch dem Menschen offenbart hat. Diese Annahme der Existenz Gottes ist jedoch philosophisch betrachtet keineswegs so zwingend wie dargestellt. Vor allem ist aber nicht zwingend, dass aus diesem von Kierkegaard, Augustinus und Thomas von Aquin inspirierten Glauben heraus[672] Gott in seiner Letztverantwortung teilweise entlastet wird und dem Menschen mit dem Begriff der Sünde alle Verfehlung und Verantwortung zugeschrieben wird. Aus persönlichen und biographischen Gründen ist es nachvollziehbar, dass der „Schmerzensmann" (BW, 546) – Christus am Kreuz – auf den Ich-Erzähler in Döblins *Schicksalsreise* vor allem während seiner Flucht durch Frankreich einen großen Eindruck gemacht hat, doch ist der Wandel von einem Grauen vor einem Gott, der eines solch grausigen Opfers bedarf, angesichts dessen nur „Entsetzen" (RP, 239 f.) empfunden wird, hin zu einer Satisfaktionstheorie, die aufgrund der Sünde des Menschen ein solches Gottesopfer heilsnotwendig macht, überraschend abrupt. Der Gedanke, dass der Mensch ob seiner ihm reflexiv bewussten Situation und angesichts der zahlreichen Opfer der Geschichte und unschuldig Leidenden melancholisch sein darf und diese seine Situation dem geglaubten Gott vorhalten darf, ohne auf eine primäre menschliche Verfehlung in Gestalt einer Ursünde zu rekurrieren, ist Döblins Denkversuchen eher fern.

6.3. Epilog: Zwischen Glauben und bleibender Unsicherheit

Bei allem christlichen Pathos, der Döblins späten literarischen und essayistischen Schriften gemein scheint, ist es dennoch verfehlt, wenn seine Romane vor der Konversion als „Realisation des Glaubens in säkularer Sprache" (Sölle)[673] und Döblin in dieser Zeit als „anonym Glaubender im Sinne Rahners" (Kiesel)[674] beschrieben oder nach seiner Konversion als „Verkünder der christlichen Lehrsätze" (Weyembergh-Boussart)[675] erachtet wird. Döblin ist und bleibt ein autonomer Schriftsteller der Moderne, der mit religiösen Narrationen und Traditionen wie mit anderen Quellen frei

[672] Döblin studierte in besonderer Weise die Gedanken dieser drei Theologen.
[673] Sölle: Realisation, S. 332.
[674] Kiesel: Literarische Trauerarbeit, S. 183.
[675] Weyembergh-Boussart: Alfred Döblin, S. 259.

und nach ästhetischen Gesichtspunkten arbeitet. Nach starker Ablehnung jeglicher Gottesinstanz in seinem Schaffen bis zum Exil greift er in seiner letzten Schaffensperiode affirmierend und mitunter bekenntnishaft vornehmlich christliche Vorstellungen auf, verfährt damit allerdings – und dies ist nicht nur in seinen Romanen zu konstatieren – in stark synkretistischer und eklektizistischer Weise. Aus diesem Grund erübrigt sich auch die dogmatisch anmutende Frage „Ist Döblin katholisch?“[676], da dieser Begriff zumeist von jenen gebraucht wird, die Döblin und seine Position, wie beispielsweise Bertolt Brecht, entweder abqualifizieren wollen, ohne näher hinzuschauen, oder die ihn ungeprüft übernehmen, um Döblin als Heimkehrer in die Kirche und in den wahren Glauben zu vereinnahmen.[677] Döblins „Heranpirschen an Einsichten“ zeichnet sich vielmehr durch einen prozessualen Charakter aus, dessen Ziel es stets ist, eine das Leben tragende Überzeugung zu finden und gerade nicht ein bestimmtes „System zu übernehmen, Wahrheiten zu verkünden oder Theologie zu treiben“[678]. Döblins Suche findet zwar den einen vorläufigen Ruhepunkt im christlichen Glauben. Dass dieser Ruhepol dann aber im katholischen Glauben gefunden wurde, ergab sich mehr oder weniger aus zufälligen Gegebenheiten.[679] Döblin studiert daraufhin zwar viele theologische Schriften, übernimmt die ihm eine Ahnung von Erlösung versprechende traditionelle Satisfaktionstheorie und konvertiert öffentlich, doch legt er nie ganz seine monistisch anmutende Vorstellung vom „Urgrund“, den er zwar mit dem biblischen Gott „Ich bin, der Ich bin“ identifiziert (UM, 211), ab und spricht auch weiterhin mit diesem Vokabular seiner frühen naturphilosophischen Schriften. Auch wenn sein Sohn Stephan Döblin vehement eine treue Katholizität seines Vaters vertritt,[680] zeichnet sich Döblin bis zuletzt durch einen „chamäleonartige[n] Charakter“[681] aus. Döblin wagt es, wie Günter Grass über seinen Lehrer schreibt, stets „mit seinen Widersprüchen zu leben“[682]. Die ob des Lebens aufkeimende Verzweiflung muss immer wieder

[676] Emde: Alfred Döblin, S. 307.

[677] Vgl. Emde: Alfred Döblin, S. 308.

[678] Ebd.

[679] Ein ebenfalls geflohener katholischer Kunsthistoriker weist Döblin darauf hin, dass er nicht weit einer Kirche wohne, in der gebildete und aufgeschlossene Priester, Jesuiten, wohnten, was von Döblin als „Finger[zeig] Gottes“ interpretiert wurde.

[680] http://www.glanzundelend.de/Artikel/abc/d/alfred_doeblin.htm [zuletzt abgerufen am 26.5. 2014].

[681] Bohnen: Erzählen aus mythischer Erinnerung, S. 447.

[682] Günter Grass bezieht sich mit der Äußerung auf politische Meinungen Döblins, welche er auch nach neu gewonnenen Einsichten nicht revidiert. Da Döblin generell nicht der „Mode des Sichdistanzierens“ verfällt, ist die Äußerung von Günter Grass durchaus verallgemeinert und kann daher auch hinsichtlich religiöser Fragestellungen formuliert werden. Grass, Günter: Über meinen Lehrer Döblin. In: Akzente 14 (1967), S. 290–309, S. 307.

überwunden werden. Auch wenn Döblin im christlichen Symbol des Kreuzes Orientierung und Zuversicht erfährt, so bleiben doch bis zuletzt, so berichtet sein enger Freund Minder, einige „Reden Buddhas“ und „Confuzius[’]“ Gedanken auf dem Schreibtisch neben dem Kruzifix„[683] stehen. Glaubenszweifel und das Unentschiedene prägten so bis zuletzt Döblins Leben, und da Döblin sein Schreiben stets als dynamischen Prozess, als „Heranpirschen an Einsichten“ (SLW, 181), verstanden hat, fragt sich der Biograph Schoeller, ob das Christentum nicht auch „nur eine Durchgangsstation“ gewesen sei, „ein Paravent aus bedrucktem Papier, durch den man hätte gehen können, um zu einem neuen Roman [und damit zu einer neuen Position] zu gelangen“[684], der die Nicht-Abgeschlossenheit des vorangegangenen Versuchs aufgreift und fortführt. Bereits 1918 bemerkte Döblin über sein Schreiben:

> „Aber die Angst des Daseins überwältigt mich oft, sie erstickt mich, ich vergesse mich, bin eine arme, umgetriebene Kreatur [...] Wie schmählich werde ich noch hinsterben. Wie meiner unwürdig wird da vieles sein. Es hilft mir nicht, daß ich schreibe und schreibe. Es beruhigt mich nicht. Es wird wieder Geschriebenes.“ (SLW, 16)

Die darin geäußerte Skepsis, schreibend zu Einsichten zu gelangen, die letztlich aber doch wieder nur „Geschriebenes“, das heißt Abgeschlossenes, Vergangenes, werden und zu keiner endgültigen Beruhigung führen, verbietet es, das Christentum als letzte sichere Antwort auf die Verunsicherung des Ichs zu sehen. Alle literarischen Reflexionen über den christlichen Glauben und dessen erlösende Botschaft – auch die quasi autobiographisch lesbaren Texte *Reise in Polen* oder *Schicksalsreise* – können letztlich rein fiktive Denkoptionen sein, Gedankenexperimente, die wie andere Romane unterschiedliche religiöse Sicherungsversuche durchspielen. Doch sind die christlichen Überlegungen zu einem sich den Menschen liebend zuwendenden Gott und die christliche Sehnsucht und Hoffnung auf Erlösung deswegen keinesfalls falsch oder bedeutungslos. Dieser Glaube, der in Döblins Texten Ausdruck findet, ist – auch wenn er nicht als Döblins persönlicher Glaubensweg verstanden werden soll – eine Möglichkeit, trotz und mit den Verunsicherungen der Moderne zu leben und nicht zu verzweifeln. Doch das Ich, auf das sich der moderne Mensch, wie die Romanfigur Friedrich Becker zeigt, als einzig sichere Erkenntnisquelle zurückgezogen

---

[683] Minder, Robert: Begegnungen mit Döblin in Frankreich. In: Text und Kritik 13/14 (1966), S. 57–64, hier S. 64.

[684] Schoeller: Alfred Döblin, S. 817.

hat und aus dem der Mensch sein Wesen selbst bestimmen muss, bleibt auch im christlichen Glauben nicht vor Zweifeln gefeit und darum manchmal „furchtbar stumm“ (Nov II/2,220).

2. „Wenn nicht Himmel dann ordentlich die Hölle“ – Christine Lavants Ringen mit der christlichen Erlösungshoffnung

„Wenn nicht Himmel dann ordentlich die Hölle.“[685] Christine Lavant, geborene Thonhauser[686], eröffnet diese zwei Perspektiven in einem Brief an die befreundete Hilde Domin, um zunächst schlicht die alltägliche und zugleich bedrängende Erfahrung auszudrücken, dass im Leben manches nicht den gewünschten und erhofften Weg geht. Das stark religiös konnotierte Gegensatzpaar Himmel und Hölle spannt zugleich den Rahmen einer Existenz auf, die sich den Himmel zwar wünscht, doch aufgrund der erfahrenen Absurdität des Daseins diesen immer mehr einer radikalen Skepsis unterwirft, welche schließlich die finale Absage in Form einer konditionalen *Wenn-dann*-Konstruktion bedingt: Wenn der Himmel schon nicht für alle – wie sich später in Lavants Lyrik noch herauskristallisieren wird – möglich ist, „dann [doch] ordentlich die Hölle“. In Auseinandersetzung insbesondere mit dem christlichen Glauben und der in ihm verheißenen Hoffnungs- und Rettungsperspektive ringt Christine Lavant mit ihrer als leidgeplagt erfahrenen Existenz und ihrem scharfen, keine harmonische Täuschung zulassenden Verstand. Warum der Himmel in der Erfahrung des lyrischen Ichs „verschlossen [zuzu]schau[en]“ scheint, wie das Ich „entsetzt in [s]eine Hölle [fährt]“, wie in einem Gedicht Lavants dieser Bogen erneut aufgespannt wird (ujH, 71)[687], beziehungsweise aus welchen Gründen die Hölle

[685] Christine Lavant an Hilde Domin. 02.06.1960, in: Kzt, 104. Die Zitate und Gedichte Lavants werden nach den einschlägigen Ausgaben zitiert, worauf im Fließtext mit einem Kürzel verwiesen wird, das im Anhang einer Ausgabe zugeordnet werden kann.

[686] „Gerufen nach dem Fluss….“ Christine Thonhauser benennt sich nach dem Fluss Lavant im Lavant-Tal in Österreich. Dieser Name ist ein Vorschlag ihres Verlegers Viktor Kubczak. Vgl. Wiesmüller, Wolfgang: „Lavant, Christine“. In: Munzinger Online/KLG – Kritisches Lexikon zur deutschsprachigen Gegenwartsliteratur, URL: http://www.munzinger.de/document/16000000356 [zuletzt abgerufen am 30.7.2014], S.1. Vgl. auch: Teuffenbach, Ingeborg: Christine Lavant. „Gerufen nach dem Fluß“: Zeugnis einer Freundschaft. Zürich: Ammann, 1989.

[687] In: Und jeder Himmel schaut verschlossen zu „Titel haben meine Gedichte keine und sollen auch keine bekommen.“ (Christine Lavant an den Otto Müller Verlag vom 8. März 1955. In: Gürtler, Christa: „Fluchtwurzel“ oder „Spindel im Mond“? Anmerkungen zum Briefwechsel zwischen Christine Lavant und dem Otto Müller Verlag. In: Rußegger, Arno/Strutz, Johann: Die Bilderschrift Christine Lavants. Salzburg, Wien: Otto Müller Verlag, 1995, S. 178–192. Da Christine Lavant ihren Gedichten keine Titel voranstellt, greife ich auf die in der Lavant-

als Alternative in Betracht gezogen wird, soll im Verlauf des nächsten Kapitels erläutert werden.

1. Ein „Versuch [... zur] Selbstanklage" – Christine Lavant als moderne Lyrikerin

Wird Literatur als Selbstauslegung und Selbstvergewisserung menschlichen Bewusstseins verstanden, so ist die Gattung Lyrik als „subjektivste der drei Naturformen"[688] in besonderer Weise als Untersuchungsgegenstand hinsichtlich ihrer Aussagen zur anthropologischen Grundbefindlichkeit im zwanzigsten Jahrhundert und insbesondere zur Frage nach Semantisierungen von Erlösung geeignet. Die sprachliche Gestaltung seelischer Vorgänge in sinnverdichtender Kürze verbunden mit einem starken Fokus auf Aussagekraft und Ästhetik ermöglicht in besonderem Maß eine selbstreflexive Bewegung – sowohl des Dichters selbst als auch des Rezipienten – und eröffnet, wie Paul Celan es dem Gedicht zuschreibt, eine erkenntnisstiftende Funktion:

> „In dieser Sprache habe ich [...] Gedichte zu schreiben versucht: um zu sprechen, um mich zu orientieren, um zu erkunden, wo ich mich befand und wohin es mit mir wollte, um mir Wirklichkeit zu entwerfen."[689]

Beschreibt Celan Gedichte als „Daseinsentwürfe [...] auf der Suche nach sich selbst"[690], so sieht auch Lavant fast alle Gedichte als einen „Versuch, eine – für [sie] notwendige – Selbstanklage verschlüsselt auszusagen"[691], als eine Möglichkeit, zu den letzten Seinsfragen ihrer biographisch schwierigen Existenz vorzudringen.

Forschung übliche Praxis zurück, auf einzelne Gedichte durch Nennung des Incipit zu verweisen.

[688] Wilpert, Gero von: Lyrik. In: Sachwörterbuch der Literatur. Stuttgart: Alfred Kröner, [7]1989, S. 540–545. (Kröners Taschenbuchausgabe; 231), S. 540.

[689] Celan, Paul: Ansprache anläßlich der Entgegennahme des Literaturpreises der Freien Hansestadt Bremen. In: Celan, Paul: Ausgewählte Gedichte. Zwei Reden. Nachwort von Beda Allemann. Frankfurt a.M.: Suhrkamp, [5]1972, S. 127–129, hier S. 128.

[690] Celan, Paul: Der Meridian. Rede anläßlich der Verleihung des Georg-Büchner-Preises. In: Celan, Paul: Ausgewählte Gedichte. Zwei Reden. Nachwort von Beda Allemann. Frankfurt a.M.: Suhrkamp, [5]1972, S. 133–148, S. 147.

[691] So Lavant in einer Selbstauslegung anlässlich des Gedichts *Die Stadt ist oben auferbaut.* (Sp, 94) In: Domin, Hilde (Hg.): Doppelinterpretationen. Das zeitgenössische deutsche Gedicht zwischen Autor und Leser. Frankfurt a.M.: Fischer-Taschenbuch-Verlag, 1976, S. 107.

1.1. „Sie starb mehr als sie lebte." – Der biographische Werdegang Christine Lavants

Die mehrfach mit renommierten Preisen und zuletzt 1970 mit dem Großen Österreichischen Staatspreis ausgezeichnete Literatin Christine Lavant[692] wird neben Ingeborg Bachmann und Christine Busta „zu den bedeutendsten deutschsprachigen Lyrikerinnen der Gegenwart"[693] gezählt, deren „große Dichtung" „in der Welt noch nicht so, wie sie es verdient, bekannt ist"[694]. Ein Grund für die eher geringe Resonanz ihres Werkes liegt sicherlich in der Eigentümlichkeit ihrer literarischen Themen. Obwohl sie die Auswirkungen des ersten und vor allem zweiten Weltkriegs in Kärnten am eigenen Leib erfuhr, sie die NS-Ideologie, Verschleppungen und Massentötungen erleben musste und sie sich auch empfindsam für das Leid des anderen zeigt, nimmt sie – im Gegensatz zur Lyrik Bachmanns, Bustas oder auch Aichingers – keinerlei Bezug zum geistig-moralischen Zustand dieser Kriege und der Nachkriegszeit. Im Vordergrund ihres literarischen Schaffens steht vielmehr ausschließlich die Kommunikation mit sich selbst und somit ihr ganz persönliches Leiden an den Daseinsbedingungen ihrer stets von großer materieller Not und körperlichem Schmerz geprägten Existenz. Diese in der Nachkriegszeit außergewöhnliche Orientierung auf den strikt privaten Bereich hindert eine intensivere Rezeption als Versuch der Bewältigung der größten Katastrophe in der Moderne und macht ihr Werk zugleich aber einzigartig und zeitlos. Ihre Gedichte sind jederzeit aktuell, da sich Menschen allezeit mit ihren eindrücklich geschilderten Leiderfahrungen, die unten noch genauer erläutert werden, identifizieren können.

Als neuntes Kind eines einfachen Bergarbeiters und einer schlichten Flickschneiderin im Jahr 1915 bei St. Stefan geboren, beginnt für Christine Lavant die Leidenszeit bereits im Kindesalter. Durch eine Erkrankung im Säuglingsalter an Skrofulose, einer schweren Lungentuberkulose, einem schwerem chronischen Augenleiden und mehreren bedrohlichen Mittelohrentzündungen ist sie – halbblind und halbtaub und mit Verbänden am ganzen Körper versehen – bis zum jungen Erwachsenenalter überwiegend ans Bett gefesselt und muss die Schule aufgrund des zu beschwerlichen

692 Georg-Trakl-Preis (1954 und 1964); Staatlicher Förderungspreis für Lyrik (1956 und 1961); Lyrikpreis der Neuen Deutschen Hefte (1956); Literaturpreis der Bayerischen Akademie der Schönen Künste (1963); Anton-Wildgans-Preis (1964); Großer Österreichischer Staatspreis für Literatur (1970). Vgl. hierzu Wiesmüller: „Lavant, Christine", S.1. Vgl. auch: Rußegger, Arno: Christine Lavant – Ein Porträt. In: Bosse, Anke/Decloedt, Leopold (Hgg.): Hinter den Bergen eine andere Welt. Österreichische Literatur des 20. Jahrhunderts. Amsterdam; New York: Rodopi, 2004, S. 161–188.

693 Fritsch, Gerhard: Christine Lavant: Spindel im Mond. In: Wort in der Zeit 5 (1959), S. 25.

694 Bernhard, Thomas (Hg.): Christine Lavant. Frankfurt a. M.: Suhrkamp, 1987, S. 91.

Schulwegs nach kurzer Zeit wieder abbrechen.[695] Nahezu vollständig isoliert von der sie umgebenden Welt und bereits in ihren ersten sozialen Grunderfahrungen als Ausgeschlossene stigmatisiert, kämpft Lavant zeit ihres Lebens um menschlichen Kontakt, um menschliches Angenommen- und Geliebtwerden. Neben den sie stets quälenden körperlichen Schmerzen leidet sie zudem sehr unter ihrer äußeren Erscheinung, da sie zwar nach einer Röntgenbehandlung im frühen Erwachsenenalter ihre Verbände erstmals abnehmen kann, doch sich als ‚alte' Frau vorfindet, die „nie jung" und „nie auch nur ein bißchen anziehend" gewesen war.[696]

Lange Zeit in der mütterlichen Stube gefangen, lernt Lavant zunächst die Bibel als „wichtigste[s] ihr Denken und Schreiben prägende[s] Geisteswerk"[697] kennen, bevor sie als Erwachsene Rilke, Trakl, Dostojewski, Cervantes, Hölderlin und Hesse aber auch Nietzsche und Kierkegaard entdeckt. Eine ausgiebige Lektüre dieser Werke ist – bis auf Ausnahme von Rilkes Werken[698] – jedoch nach Umfang und Art nicht eindeutig belegbar, da Lavant zu wenig systematische Bestrebungen hat und vielmehr als „bibliophage Eklektizistin" unterschiedlichste Bücher aus verschiedenen kulturellen Räumen und Zeiten sowie unterschiedlichen Gedanken- und Glaubenssystemen rezipiert und ganz nach ihren eigenen Bedürfnissen das, was sie gerade anspricht, herausnimmt und zu Neuem, ganz Eigenem fügt.[699] Als ihr erster literarischer Versuch, ein Roman, von einem Grazer Verleger

[695] Vgl. beispielsweise die Darstellungen von Gellner, Christoph: „Vergiß dein Pfuschwerk, Schöpfer" in: Gellner, Christoph (Hg.): Schriftsteller lesen die Bibel: die heilige Schrift in der Literatur des 20. Jahrhunderts. Darmstadt: Wissenschaftliche Buchgesellschaft, 2004, S. 161–174, hier S. 164, oder Taferner, Uli: Die vielen Gesichter der Christine Lavant. In: Rußegger, Arno/Strutz, Johann (Hgg.): Profile einer Dichterin. Beiträge des II. Internationalen Christine-Lavant-Symposions Wolfsberg 1998. Salzburg; Wien: Müller, 1999, S. 143–163, vgl. hier S. 150.

[696] Brief an Hilde Domin vom 06.07.1960. Kzt, S. 109.

[697] Gellner, Christoph: „Vergiß dein Pfuschwerk, Schöpfer", S. 164.

[698] „Der hat mein Leben geändert.", notierte Lavant rückblickend mit 36 in einem Brief an Nora Wydenbruck vom 05.12.1951. In: Steinsiek, Annette/Schneider, Ursula A.: Nachwort. Out of Biography. In: Lavant, Christine/Steinsiek, Annette/Scheinder, Ursula A. (Hg.): Aufzeichnungen aus einem Irrenhaus. Salzburg: Otto Müller, 2001, S. 122–159, S. 139. Die Lektüre Rilkes kam gemäß einer Selbstdarstellung Lavants im dänischen Rundfunk wie ein „Wolkenbruch" über sie und inspirierte sie zu spontanem Dichten. Vgl. hierzu: Dürhammer, Ilja/Hemecker, Wilhelm: „… nur durch Zufall in den Stand einer Dichterin geraten". Unbekannte autobiographische Texte von Christine Lavant. In: Sichtungen. Internationales Jahrbuch des Österreichischen Literaturarchivs der Österreichischen Nationalbibliothek. Bd. 2. Wien: Turia und Kant, 1999, S. 97–126. Vgl. auch: Strutz hat ausführlich den Einfluss Rilkes im Werk Lavants dargestellt in: Strutz, Johann: Poetik und Existenzproblematik. Zur Lyrik Christine Lavants. Salzburg: Otto Müller, 1979. Vgl. insbesondere S. 27–47.

[699] Vgl. Steinsiek, Annette/Schneider, Ursula: Lektüreverhalten und ‚Intertextualität' oder Hinweise auf literarische Bezüge im Kommentar der Historisch-Kritischen Ausgabe Christine Lavants. In: Mitteilungen aus dem Brenner-Archiv 26 (2007), S. 79–102, hier S. 89.

abgelehnt wurde, vernichtet die 18-jährige Lavant alles, was sie bislang geschrieben hatte und versucht sich das Leben zu nehmen.[700] Die große Bedeutung, die das Schreiben für sie hat, wird hier bereits ersichtlich und steigert sich noch im weiteren Verlauf ihres Lebens, das sie abgesehen von der Pflege ihres 36 Jahre älteren Mannes, dem Landschaftsmaler Josef Haberning, den sie nach dem Tod ihrer Eltern 1939 heiratet, ausschließlich ihrem Schaffen widmet. „Sie starb mehr, als sie lebte"– diese zunächst paradox klingende Aussage von Lavants Lyrikerkollegin Kerstin Hensel beschreibt somit rückblickend das schwierige und stets vom Tod bedrohte Leben Lavants eindrücklich.[701]

1.2. „Erlaube mir traurig zu sein" – Lyrisches Ich und empirisches Ich der Autorin

„Solange ich schreibe, bin ich glücklich"[702], reflektiert Christine Lavant in einem Brief an eine Freundin, was ihre Gabe und Fähigkeit zeigt, „auf dem Gipfel der Demütigungen aus sich herauszutreten, sich selbst und das ganze heillose Wirken der Realität zynisch zu betrachten"[703] und ihr Leiden in die Wortbilder ihrer außergewöhnlichen Lyrik umzusetzen. Neben ihren depressiven Stimmungen, die in Gedichten wie „Erlaube mir traurig zu sein" (B, 109) ihren Ausdruck finden, zeigt sich so auch eine große Vitalität und Lebenslust; schlicht eine zutiefst melancholische Lebenseinstellung. Um das Leiden am Leben wissend, erfährt sie den Wert des Lebens nur umso schmerzhafter, was ihr aber zugleich auch Kraft für ein produktives Stemmen gegen diese Realität gibt. „Die ‚süße Melancholie' kann man melken"[704], äußerte ihr Nervenarzt und enger Vertrauter so zu ihrem unermüdlichen Schaffensdrang. Folglich stellt sich bei Christine Lavant ganz vehement die literaturwissenschaftlich schwierige Frage nach dem Verhältnis des lyrischen Ichs und der Person Christine Lavants selbst, zumal Äußerungen wie

---

[700] Vgl. Gellner: „Vergiß dein Pfuschwerk, Schöpfer", S. 165.

[701] Hensel, Kerstin: Die Gespenster der Lavant. In: Lavant, Christine/Hensel, Kerstin (Hg.): Kreuzzertretung. Gedichte, Prosa, Briefe. Leipzig: Reclam, 1995, S. 113–122, hier S. 122.

[702] Christine Lavant an Paula Purtscher im Januar 1946. Zitiert nach Herzmansky, Katharina: Glücklich vor dem Herrn. Paraliturgische Inszenierungen in der Prosa Christine Lavants. In: Moser, Gerda E./Herzmansky, Katharina/Aspetsberger, Friedbert (Hgg.): „Klug und stark, schön und erotisch". Idyllen und Ideologien des Glücks in der Literatur und in anderen Medien. Innsbruck: Studien Verlag, 2006, S. 45–65, hier S. 46. Herzmansky hat Einblick in die unveröffentlichten Manuskripte und Typoskripte, die an der Universität Klagenfurt in der Digitalen Gesamtausgabe der Werke Christine Lavants veröffentlicht werden sollen.

[703] Hensel: Die Gespenster der Lavant, S. 120 f.

[704] Christine Lavant/Weigel, Hans (Hg.): Und jeder Himmel schaut verschlossen zu. Fünfundzwanzig Gedichte für O.S. Wien; München: Verlag Jungbrunnen, 1991, S. 31.

folgende eine weitgehende Identifikation nahelegen: „Das wahrhaft Erlebte oder vielmehr die stückweisen Spiegelbilder davon finden sich mehr oder weniger verzaubert-verdichtet in meinen Büchern.“[705]

Einige Interpreten wie beispielsweise Schlör, welche Lavants Gedichte als Form eines mimetischen Verhaltens interpretiert,[706] oder Strutz, der Lavants Lyrik gar vorsichtig eine Biographie zu nennen wagt,[707] unterstützen diese These der autobiographischen Lektüre.[708] Ob der Autonomie und Objektivität eines jeden Kunstwerkes gilt allerdings die Maxime, dass jedes lyrische Ich beziehungsweise jeder Ich-Erzähler auch reine Konstruktion sein kann, weswegen auch bei Christine Lavant kein voreiliger Rückschluss auf ein empirisches Autor-Ich gezogen werden darf, wiewohl das physische, metaphysische und soziale Leid einen beträchtlichen Einfluss auf ihre literarische Produktion gehabt haben mögen. Schlussendlich kann so der These zugestimmt werden, dass das lyrische Ich bei Lavant durchaus als „besonders transparent für Autobiographisches“[709] begriffen werden kann,[710] doch es muss nach wie vor zwischen lyrischem und empirischem Ich unterschieden werden.

[705] Christine Lavant: Selbstdarstellung für den dänischen Rundfunk. In: Dürhammer/Hemecker: „… nur durch Zufall in den Stand einer Dichterin geraten“, S. 97–126.

[706] Vgl. Schlör, Veronika: Hermeneutik der Mimesis: Phänomene, begriffliche Entwicklungen, schöpferische Verdichtung in der Lyrik Christine Lavants. Düsseldorf; Bonn: Parerga, 1998., hier S. 184. Vgl. auch ihren Beitrag „Christine Lavant – Vom Leiden und seiner Wendung‘ zur Tagung Gottverlassenheit und Menschwerdung bei Albert Camus und Christine Lavant. abgedruckt in: Held, Klaus/Hennigfeld, Jochen (Hgg.): Kategorien der Existenz. Festschrift für Wolfgang Janke. Würzburg: Königshausen & Neumann, 1993.

[707] Strutz, Johann: Zum Verhältnis von Poetik und Existenzproblematik in der späten Lyrik Christine Lavants. In: Bartsch, Kurt [u. a.] (Hg.): Die andere Welt. Aspekte der österreichischen Literatur des 19. und 20. Jahrhunderts. Festschrift für Hellmuth Himmel. Bern; München: Francke, 1979, S. 261–275.

[708] Außerdem fürchtet Christine Lavant selbst, dass ihr Künstlername Lavant sie nicht vor einer möglichen Identifikation ihrerseits mit der Protagonistin der *Aufzeichnungen aus einem Irrenhaus* schützen könnte und möchte den Druck der *Aufzeichnungen* verhindern, um keine nahestehenden Personen zu verletzen und sich selbst bloßzustellen. Lavant hatte sich mit zwanzig Jahren nach einem Selbstmordversuch freiwillig sechs Wochen in die Klagenfurter Landes-Irrenanstalt zur Behandlung einweisen lassen. Christine Lavant an Nora Wydenbruck am 21.02.1958. In: Steinsiek/Schneider: Nachwort. Out of Biography, S. 134.

[709] Wiesmüller: Christine Lavant, S. 2.

[710] Vgl. auch Külz, Sophie Therese: „Viel lieber säße ich noch tief im Mohn“. Fremdheitserfahrungen im Werk Christine Lavants. Frankfurt a.M.: Peter Lang, 2012, S. 11–14.

1.3. Eine Lyrikerin „quer zur Zeit in der Zeit“ – Der Stil Christine Lavants

„Quer zur Zeit in der Zeit“[711] – mit dieser Formel lässt sich Christine Lavants Schreibstil nicht nur das Formale betreffend, sondern auch hinsichtlich des Inhalts ihrer Lyrik beschreiben. Lavant hat für die unaussprechliche Situation ihrer Existenz keine Worte und benutzt daher gewohnte Worte metaphorisch und uneigentlich verfremdet, um so mithilfe des Vergleichenden von Bildern – genauer Metaphern, Metonymien und Personifizierungen – eine neue kreative Erkenntnis auf das sprachlich kaum Fassbare zu ermöglichen. Bildspendender Bereich ist zum einen die Natur – hier sei verwiesen auf die ausführlichen Analysen von Lavants Naturlyrik beispielsweise bei Schlör[712] – und zum anderen die Lavant seit frühster Kindheit vertraute religiöse Tradition. Insbesondere biblische Motive sind in Lavants Lyrik als Metaphern eingesetzt und fungieren als Bildspender für eine außerhalb des unmittelbar biblischen Kontextes liegende Bedeutungsebene; doch auch internarrative thematische Referenzen auf religiös-theologische Vorstellungen in der Bibel, in Gebeten, liturgischen Texten oder Liedern finden sich in beträchtlicher Menge in Lavants Gedichten.[713] Entscheidend für ein Besprechen dieser Lyrik ist jedoch keineswegs die schlichte Verwendung solcher Motive, weswegen dies an sich noch kein Indikator für religiöse Lyrik oder geistliche Dichtung darstellen muss,[714] sondern die Art und Weise, *wie* im Zusammenhang des Gedichts eine solche internarrative Bezugnahme erfolgt. Die im methodischen Teil der Arbeit vorgestellte Internarrativitätstheorie eignet sich daher im Besonderen, die feinsinnigen Nuancierungen des oft verfremdet anklingenden religiösen Kontextes zu eruieren, um eine differenzierte Analyse des Menschen- oder Gottesbildes und die daraus bedingten Semantisierungen von Erlösung in Lavants Werk darzustellen.

[711] Reifenberg, Peter: Gottverlassenheit und Menschwerdung bei Albert Camus und Christine Lavant. In: Held, Klaus/Hennigfeld, Jochen (Hgg.): Kategorien der Existenz. Festschrift für Wolfgang Janke. Würzburg: Königshausen & Neumann, 1993, S. 1.

[712] Vgl. Schlör: Hermeneutik der Mimesis, insbesondere S. 119–229.

[713] Vgl. Wiesmüller, Wolfgang: Zur Adaptierung der Bibel in den Gedichten Christine Lavants. In: Holzner, Johann/Zeilinger, Udo (Hgg.): Die Bibel im Verständnis der Gegenwartsliteratur. St. Pölten; Wien: Verlag Niederösterreichisches Pressehaus, 1988, S. 71–88, hier S.72.

[714] Wiesmüller, Wolfgang: Facetten der österreichischen Lyrik nach 1945 am Beispiel biblisch-christlicher Intertextualität bei Christine Lavant und Christine Busta. In: Mitteilungen aus dem Brenner-Archiv 27 (2008), S. 75–91, hier S. 78. Vgl. auch die christliche Rezeption der Dichterin zusammengefasst bei: Wiesmüller, Wolfgang: „Ein Morgenlicht, wenn wir wollen!“ Das Lavant-Bild Ludwig von Fickers und die christliche Rezeption der Dichterin. In: Die Bilderschrift Christine Lavants, S. 149–177.

Verallgemeinernde Aussagen wie beispielsweise aus Lavants Dichtung scheine „die Hoffnung, wenn sie auch nur wie ein Schimmer Morgenlicht ist"[715] oder in Lavants Lyrik berge Religion „kein Tröstchen aus der himmlischen Apotheke"[716] oder auch Urteile wie Lavant sei eine „gläubige Christin"[717], eine „religiöse Dichterin, aber streng im Sinn des 20. Jahrhunderts, das heißt als Ketzerin"[718], welche die Lyrikerin allesamt in ein dualistisches Gefüge zwischen geistlicher Dichtung oder moderner Lyrik drängen, solche verallgemeinernde Aussagen sind keineswegs zielführend. Christine Lavant sollte vielmehr als moderne Autorin betrachtet werden, die zwar nicht den gewohnten, literaturwissenschaftlich festgelegten prototypischen Vorstellungen von einem modernen Dichter entspricht.[719] Aber sowohl was ihre kühne Ausgestaltung der sprachlichen Bilder angeht, welche die konventionelle Sprache gleichsam aufbricht, als auch was den Umgang mit der grundlegenden Erfahrung des Verlusts eines sinnvollen Weltzusammenhangs betrifft, ist Christine Lavant eindeutig zu den die traditionellen Denkformen überwindenden Autoren zu rechnen.[720] Sowohl Lavants Prosa, die für manchen Literaturwissenschaftler aufgrund des Schreibstils ein „literarisches Ärgernis"[721] ist, als auch insbesondere die Lyrik sind Kennzeichen einer modernen Desorientierung, einer das Subjekt bis in die Wurzeln erschütternden Haltlosigkeit angesichts der kontingent erfahrenen Welt. In Prosatexten lässt sich dies auch in Form einer Depotenzierung des auktorialen Erzählens und anhand einer Vielzahl der in das Sub-

[715] Verordnungsblatt für das Schulwesen in der Steiermark (Graz, 20.03.1964), zitiert nach: Wiesmüller: „Ein Morgenlicht, wenn wir wollen!", S. 172.

[716] Ross, Werner: Abenteuer und Albtraum des Glaubens. Die Gedichte der Bäuerin Christine Lavant. In: DIE ZEIT, 01.02.1963. http://www.zeit.de/1963/05/abenteuer-und-albtraum-des-glaubens [zuletzt abgerufen am 29.09.2014]

[717] Weinrich, Harald: Christine Lavant oder Die Poesie im Leibe. In: Lübbe-Grothues, Grete (Hg.): Über Christine Lavant. Leseerfahrungen, Interpretationen, Selbstdeutungen. Salzburg: Otto Müller, 1984, S. 63–76, hier S. 73.

[718] Kunisch, Hans Peter: Ein Rosenkranz, fünf Gottseiverflucht. In: Zeitonline: http://www.zeit.de/2002/19/200219_l-lavant.xml [zuletzt abgerufen am 10.10.2014]

[719] Vgl. Drossel-Brown, Cordula: Zeit und Zeiterfahrung in der deutschsprachigen Lyrik der Fünfziger Jahre: Marie Luise Kaschnitz, Ingeborg Bachmann und Christine Lavant. New York [u.a]: Lang, 1995. (Studies in modern German literature; 66), S. 127.

[720] Vgl. Wiesmüller: Facetten, S. 76. Vgl. auch Knörrich, Otto: Die deutsche Lyrik seit 1945. Stuttgart: Kröner, ²1978. (Kröners Taschenausgabe; 401), S. 125–148. Glaser, Inge: Christine Lavant. Eine Spurensuche. Wien: Ed. Praesens, 2005, S. 37. Jordan, Lothar: Zur literaturgeschichtlichen Situierung Christine Lavants zwischen geistlicher Dichtung und moderner Lyrik. In: Die Bilderschrift Christine Lavants, S. 66–86.

[721] Harald Weinrich fügt weiter hinzu, dass er fast den Schluss gezogen hätte: „Wer solch triviale Prosa schreibt, von dem sind keine guten Gedichte zu erwarten." Doch revidiert er seine Meinung rasch, da er Lavants Lyrik zu „den schönsten Hervorbringungen der lyrischen Dichtung in unserem Jahrhundert" zählt, ihre Prosa aber weiterhin als „Seminaristenprosa" aburteilt. Weinrich: Christine Lavant, S. 63–65.

jektive freigegebenen Weltdeutungsversuche der Figuren festmachen. In der Lyrik dominieren – wie zum Teil auch in der Prosa – die sprachlichen Mittel der Ironie, Satire oder Groteske, die scheinbar selbstverständlich Gültiges und so in erster Linie religiöse Heilswahrheiten dekonstruieren. Da Lavants Schaffen jedoch weder Benns Diktum vom „Absoluten Gedicht“, noch einer von Brecht geprägten Lyrik zuzuordnen ist und sowohl Tendenzen Celanscher Hermetik sowie der Literatur der Grausamkeit, vertreten durch Elfriede Jelinek und Ernst Jandl, aufweist, ist eine genaue literaturwissenschaftliche Klassifizierung ihres Werkes schwierig, aber auch nicht maßgeblich.[722] Lavant soll daher, nicht zuletzt bedingt durch ihre räumliche und soziale Isolation, als eigenständige Autorin quer zur Zeit, doch in der Zeit der Moderne betrachtet werden, welche zwar nicht am literarisch-innovativen Diskurs aktiv teilnahm, so doch aber in ihrem abgeschiedenen Lavant-Tal zu ähnlichen literarischen und vor allem religiös-geistesgeschichtlichen Dekonstruktionen kam. Diese Tatsache ist umso mehr ein Hinweis darauf, dass auch in dem beschaulichen bäuerlichen Umfeld in Kärnten fern ab von jeder modernen Großstadtproblematik ähnliche anthropologische und religiöse Verunsicherungen vehement aufkeimen, denen das empfindsame Gespür Lavants in ihrer Lyrik Ausdruck verleiht.

Mit aller gebotenen Sorgfalt, das lyrische Ich nicht unreflektiert mit dem empirischen Ich der Autorin gleichzusetzen, sondern es vielmehr als exemplarisches und von den Bedingungen der Moderne geprägtes Ich zu verstehen, soll im Folgenden vor allem Christine Lavants Lyrik untersucht werden, da in dieser „subjektivsten aller […]Gattungen der Dichtung“[723] der Selbstauslegung des Menschen hinsichtlich der Frage nach seiner Erlösungsbedürftigkeit und Erlösungssehnsucht am eingehendsten nachgegangen werden kann.

2. „In den Büschen der Schwermut“ – Die anthropologische Situation als Ausgangspunkt und Problemstellung in Lavants literarischem Schaffen

Da die Wirklichkeit als zutiefst kontingent erfahren wird und die Erkenntnismöglichkeit des Menschen stets übersteigt, artikulieren die Gedichte Christine Lavants mit scharfem, hellwachem Verstand ein Erleben, „das sich in beständiger Reflexion immer wieder seiner selbst vergewissern

[722] Vgl. Schlör: Hermenutik der Mimesis, S. 178–181. Vgl. auch: Schlör: Christine Lavant – Vom Leiden und seiner Wendung, S. 2–4.
[723] Wilpert: Lyrik, S. 540.

muss".[724] Bevor diese Selbstvergewisserung vor einem möglichen Gott gedacht wird, sollen zunächst Lavants Gedichte hinsichtlich ihrer anthropologischen Situation analysiert werden. Aus methodischen Gründen kann nicht jedem einzelnen Aspekt nachgegangen werden. Aufgrund der großen Einheitlichkeit der Weltwahrnehmung und der analogen Wiederholung von Themen und Motiven wird daher von einem alle Gedichte übergreifenden lyrischen Ich ausgegangen – ohne dies mit dem empirischen Subjekt der Autorin gleichzusetzen – und werden so die Grundzüge und Tendenzen, die sich bei der Lektüre der Gedichte herauskristallisieren, dargestellt.

Der natürliche Lebensraum des Menschen, die erlebte Natur und Welt an sich, verliert in der Erfahrung des lyrischen Ichs die vertrauten Züge, wird als „unmenschliche Landschaft" empfunden (B, 101) und die Naturgesetze werden ins Gegenteil verkehrt: Da ist bald „nichts mehr, wie es war" (B, 33): „[…] das Wasser geht über die Brücke" (Sp, 8), „[d]ie Nesselstaude brennt nicht mehr" (Sp, 153) und der Mond geht im Rhythmus der Gezeiten (B, 104).[725] Die so erfahrene „zerstörte Realität"[726], die in der lyrischen Gestaltung jedweder ästhetischen Glättung entbehrt, sondern im Gegenteil empirische Erfahrungen in eindrücklichen Bildfügungen verfremdet, spiegelt die weltanschauliche Hilflosigkeit, Desorientiertheit und Verlorenheit des lyrischen Ichs wider. Gerade in Bezug auf das lyrische Ich wird die Natur als grausam, lebensbedrohlich und verletzend wahrgenommen, wie folgende Beispiele zeigen:

> Und das Mondbeil glänzt verdächtig
> scharf am Erdenrand (Pf, 49)

und

> Soll ich mit den nackten Sohlen
> auf den Stoppeln tanzen gehen
> und vom Wind mich würgen lassen,
> bis das Blut von selber singt? (Pf, 22)

---

[724] Ensberg, Claus: Ästhetische Irritation religiöser Weltdeutung in Werken sogenannter ‚christlicher Dichter'. In: Braungart, Wolfgang/Koch, Manfred (Hgg.): Ästhetische und religiöse Erfahrungen der Jahrhundertwenden. Bd. III: um 2000. Paderborn [u. a.], 2000, S. 75.

[725] Weitere Beispiele bei Stahl, August: Das Bild des geschundenen Menschen in der Lyrik der Christine Lavant. In: Literatur und Kritik 152 (1981), S. 77–93.

[726] Friedrich erläutert den Begriff der „zerstörten Realität" als Merkmal der modernen Lyrik genauer in: Friedrich, Hugo: Die Struktur der modernen Lyrik. Von der Mitte des neunzehnten bis zur Mitte des zwanzigsten Jahrhunderts. Reinbek bei Hamburg: Rowohlt, 1985, S. 76 f.

Insbesondere Personifikationen wie der würgende Wind oder die Anspielung auf das scharf schneidende Mondbeil bedrohen das Leben des lyrischen Ichs und thematisieren die Vergänglichkeit und Todesbedrohung allen menschlichen Lebens, das sich Kräften, die sich seinem Einfluss entziehen, hilflos ausgeliefert vorfindet. Angesichts des blinden Ablaufs der natürlichen Prozesse fragt das lyrische Ich nach dem tieferen Sinn allen Werdens und Vergehens und kann doch nur die Sinnlosigkeit allen natürlichen Seins feststellen „Sinnlos reift der Sonne Morgenrose" (B, 17). Daraus lässt sich für das lyrische Ich keinerlei Kraft für die Lebensbewältigung ziehen:

> Ich mag nicht mehr in die Welt hinaus,
> wo die Sonne sinnlos aufsteigt und sinkt (B, 97)

Schließlich wird das lyrische Ich, dem, wie die futurische Formulierung zeigt, zumindest im gegenwärtigen Zustand noch ein sinnvolles Existenzrecht zugesprochen wird, auch seiner Existenz aufgrund von unverständlichen Zerfallserscheinungen überdrüssig:

> Mein Augenlicht ist nichts mehr wert,
> auch das Gehör geht langsam ein,
> bald werde ich so sinnlos sein
> wie ein verbrauchtes Gruben-Pferd (B, 147)[727]

Das lyrische Ich befindet sich „in den Büschen der Schwermut", in denen es manchmal – noch ohne einen konkreten Grund anzugeben – lieber „gänzlich verloren" (B, 109) ginge, als sich gegen diesen Zustand der Melancholie zu wehren. Weit entfernt von euphorischen und sich in der Natur geborgen fühlenden Ausrufen des berühmten Gedichts Goethes „Wie herrlich leuchtet mir die Natur"[728], „O Erd', o Sonne / O Glück, o Lust! / O Lieb', o Liebe!", in dem die beglückende Naturerfahrung gleichsam auf eine Liebesbeziehung verweist, kommt in der Lyrik Lavants nicht nur die Fremdheit des lyrischen Ichs in der Natur, sondern vor allem auch im ganz persönlichen und sozialen Bereich zum Ausdruck. Fremdheit „ent- und

[727] In diesem Gedicht aus der *Bettlerschale*, in dem außerdem noch vom Kohlenschacht die Rede ist, sind die autobiographischen Bezüge zu Lavants Krankheiten und zum Beruf des Vaters recht deutlich.

[728] Goethe, Johann Wolfgang: Wie herrlich leuchtet mir die Natur. In: Goethe, Johann Wolfgang/Eibl, Karl (Hg.): Sämtliche Werke, Briefe, Tagebücher und Gespräche. Abteilung 1. Gedichte 1756–1799. Bd. 1. Frankfurt am Main: Dt. Klassiker-Verlag, 1987, S. 129 f.

besteht“ bei Lavant, „wo eigentlich Heimat sein müsste“[729], was sich folglich nicht nur auf die Bereiche Natur sowie interpersonelle Beziehungen beschränkt, sondern sich vor allem auch intrapersonell – also in Bezug auf die Auseinandersetzung des Individuums mit seiner ihm eigenen Identität – ausweitet.[730] Das Subjekt ist auch in der Lyrik Lavants keine selbstverständliche autonome Einheit mehr und findet sich, wie moderne Subjekttheorien es reflektieren,[731] vielmehr als fragiles Element wieder, das sich selbst fremd wird.[732] Diese Ich-Dissoziation geht einher mit dem Wunsch, sich selbst zu zerstören und aufzulösen:

> Ganz erblinden will ich, lieber Herr,
> auch nichts hören und die Sonne nimmer
> zu mir nehmen in den Zwielichtschimmer,
> meine Lippen mögen dürr und leer
> wie die Hälften einer Hülse klaffen. (B, 17)

Dieser das eigene Wesen zerstörende Wunsch kulminiert schließlich in einer Todessehnsucht:

> Wieder brach er bei dem Nachbar ein,
> und ich hatte Tür und Fenster offen,
> meine Augen waren vollgesoffen
> wie zwei Schwämme vom Verlassensein.
> […] Doch er kam nicht, nahm sich wieder nur
> einen, der noch gerne leben wollte (B, 161)

oder:

> O lasse mich einfältig sterben!
> So einfältig wie ich vereinsamt war
> in diesem verkümmerten Leibe. (ujH, 63)

In den vorangegangenen Gedichten zeichnet sich neben der Dimension der interpersonellen und intrapersonellen Fremdheit auch die Dominanz

[729] Külz: „Viel lieber säße ich noch tief im Mohn“, S. 42.

[730] Külz nennt als weiteres Beispiel noch die Erfahrung von Fremdheit in metaphysischer Perspektive, auf welche aber in einem gesonderten Kapitel ausführlich eingegangen wird. Vgl. Külz: „Viel lieber säße ich noch tief im Mohn“, S. 30 und insbesondere S. 273–394.

[731] Vgl. Kapitel III. Ästhetik moderner Literatur

[732] Vgl. zum Begriff Fremdheit als ein Thema der Moderne: Jentsch, Tobias: Da/zwischen. Eine Typologie radikaler Fremdheit. Heidelberg: Winter, 2006. (Probleme der Dichtung; 37)

des körperlichen Leidens ab,[733] das heißt ihre Lyrik an sich kann als „Landschaft des Leidens"[734] bezeichnet werden. In größter Qual wird das lyrische Ich zum Tier, zum Hund, der bellt, der hoffnungsstimmende Sternbilder wie Wild verjagt und den Schmerz frisst (B, 24) oder zur Hündin, die tierischen Schmerz und einsames Verworfensein ausheult (B, 72) oder zur Füchsin, die nur noch schreien kann:

> Ach schreien, schreien! – Eine Füchsin sein
> und bellen dürfen, bis die Sterne zittern! (B, 95)

oder:

> das ist Angst! Das ist ein Tier und schreit (B, 67)

oder:

> Ich schreie dich an durch viele hündische Stunden (Sp, 5)

In diesem häufig wiederholten Motiv des zum schreienden Tier werdenden Menschen äußert sich zum einen der rein animalische Schmerz, über den das Tier sich nicht erheben kann, aber zugleich auch der Wunsch, der Selbstreflexivität zu entkommen, die den Menschen nochmals an seinem Leiden leiden lässt. Das, was das lyrische Ich nämlich noch mehr als aller körperliche Schmerz quält, ist die leise Hoffnung auf Rettung und Erlösung, die zugleich aber durch ihre Unerfahrbarkeit den Schmerz noch unendlich verstärkt.

> Ich hör mein Herz die Gnade Gottes loben,
> das dringt wie Bellen mir durch Mark und Bein. (B, 95)

---

[733] Dass Lavant bei der Gestaltung des physischen aber auch des psychischen Leides vermutlich sehr stark von eigenen körperlichen Erfahrungen ausging, wurde bereits eingangs erwähnt. Doch rührt ihre Sensibilität für menschliches Leid auch durch ihre örtliche Gebundenheit an die mütterliche Stube her. Die Frauen, die neben ihren Schneider- und Flickaufträgen auch ihre Leidensgeschichten mitbrachten, gewährten der Lyrikerin seit Kindestagen Einsicht in menschliches Elend: „Meine Kindheit bestand aus lauter Einblicken in solch abgründige zumeist aber mit einem Wirbel von Humor umgebenen Schicksale." „Das Elend des ganzen Dorfes rann bei ihr [= der Mutter] zusammen." Brief vom 14.05.1957 an Maria Crone. Veröffentlicht in: Dürhammer/Hemecker: „… nur durch Zufall in den Stand einer Dichterin geraten", S. 115 f.

[734] Fleischmann, Kornelius: Mystisches und Magisches bei Christine Lavant. Versuch einer Deutung der Sammlung „Die Bettlerschale". In: Literatur und Kritik 11 (1976), S. 524–541, hier S. 524.

Die leise Hoffnung auf einen Gott, der doch noch die Existenz versöhnen könnte, und der sich dem lyrischen Ich allerdings nur in Überlieferungen aber nie im konkreten Leben zeigt, bedingt neben aller innerweltlichen Fremdheit vor allem das Gefühl einer metaphysischen Verlassenheit.

3. „Wo ist mein Anteil, Herr, am Licht?" Metaphysische Verlassenheit in der Lyrik Lavants

In den Gedichten Christine Lavants ist die metaphysische Instanz zwar nicht grundsätzlich mit dem christlichen Gott gleichzusetzen, da – entsprechend der eklektizistischen Rezeption Lavants – auch Elemente aus anderen Religionen oder naturmythologische Vorstellungsbilder in den Gedichten vorzufinden sind. Betrachtet man allerdings die quantitativen Verhältnisse religiöser Internarrativitäten und insbesondere die im Werk so präsente Theodizeeproblematik, so setzt sich das lyrische Ich vorwiegend mit christlichen Sinnstiftungsversuchen und einem monotheistischen, an manchen Stellen explizit trinitarischen Gottesbild auseinander. Das verzweifelte lyrische Ich schreit in einer Vielzahl von Gedichten ein Gegenüber – ein konkretes Du – an, das je nach Zusammenhang ein menschliches Du darstellen kann, das sich ihrem Leben entzogen hat; doch meistens ist es durch den Kontext und weitere Anredeformen eindeutig Gott, der als Du angeklagt wird, da er das lyrische Ich verlassen hat.[735] Für die Analyse der metaphysischen Fremdheitserfahrungen des lyrischen Ichs ist dabei entscheidend, dass dieses Gefühl der metaphysischen Verlassenheit gerade nicht aus der Empfindung einer grundsätzlichen Gottesferne resultiert. Das bedrückende, zweifelnde Gefühl bricht vielmehr an der Gleichzeitigkeit von überlieferter und erhoffter Nähe und einer dennoch kalten Distanz auf.[736] Das Gefühl der metaphysischen Verlassenheit setzt etwas oder jemanden voraus, das oder der als unerreichbar erfahren werden kann und der dadurch umso schmerzlicher vermisst wird: „O Gott, o Gott, wie bin ich verlassen!" (B, 155). Der an die letzten Worte Jesu „Mein Gott, mein Gott, warum hast du mich verlassen?" (Mk 15, 34) internarrativ erinnernde Ausruf, der die in der biblischen Frageform anklingende Klage zur expliziten Anklage macht, wird in dem Gedicht *Zieh den Mondkork endlich aus der*

[735] Verweyen, Hansjürgen: Albert Camus und Christine Lavant im Kontext menschlicher Schreie. In: Gottverlassenheit und Menschwerdung bei Albert Camus und Christine Lavant, S. 13. Vgl. auch Lübbe-Grothues, Grete: Diesseitige und jenseitige Liebe. Bemerkungen zum ‚Christlichen' bei Christine Lavant. In: Fidibus 20 (1992), S. 9–11, worin Lübbe genau unterscheidet, wann von einem göttlichen und wann von einem menschlichen Du die Rede ist.

[736] Vgl. Külz: „Viel lieber säße ich noch tief im Mohn", S. 275.

Nacht in einer Reihe von nach Antworten ringender Fragen und mutmaßenden Anklagen konkretisiert.

> Zieh den Mondkork endlich aus der Nacht!
> Viel zu lange lebt der Geist im Glase
> und das Elend bildet eine Blase,
> wer hat uns in diesen Krug gebracht?
> Wem zum Heiltrunk sind wir angesetzt?
> Wilde Kräuter, keines ganz geheuer,
> soviel Gift verbraucht nur ein Bereuer
> Vater-unser, ich bin ganz entsetzt.
> Bist du der, der solche Gärung braucht,
> meinst du wirklich, dieser Trunk wird munden?
> Du – ich fürchte – deine Leidensstunden
> finden uns am Ende ausgebraucht.
> Zieh den Mondkork früher aus der Nacht!
> Vom Verlangen wird der Saft zu bitter.
> Ach! – nur Sprünge hat jetzt das Gewitter
> in die Wölbung unsres Krugs gebracht.
> Gelbe Sprünge, die von oben sich
> rasch verschließen. – Stieg in deine Nase
> eine Ahnung von der Pest im Glase?
> Gelt, du fürchtest – wir vergiften dich! (Sp, 146)

In diesem Gedicht aus der Sammlung *Spindel im Mond* (1959) äußert sich Heinrich Heines abgrundtiefer Verdacht, ob letzten Endes nicht doch Gott selbst seinen schauerlich-grausamen Spaß mit der Schöpfung treibe[737] mit einer neuen Metapher. Die Welt als verkorkter Krug[738], in dem der

[737] Vgl. Gellner, Christoph: „…ob der liebe Gott bestimmt allmächtig ist?". Ein neuer biblischer Blick auf Christine Lavant. In: Stimmen der Zeit 221 (2003), S. 611–622, hier S. 620. Gellner verweist zudem auf Kuschels Darstellungen zu Heine. Kuschel, Karl-Josef: Gottes grausamer Spaß? Heinrich Heines Leben mit der Katastrophe. Düsseldorf: Patmos, 2002, insbesondere S. 244–283.Ein Gedicht Heines, in dem die Frage gestellt wird, ob Gott nicht selbst einen grausamen Unfug mit seiner Schöpfung treibt, ist:[…] Woran liegt die Schuld? Ist etwa Unser Herr nicht ganz allmächtig?
Oder treibt er selbst den Unfug?
Ach, das wäre niederträchtig. […]
In: Heine, Heinrich/Werner, Michael (Hg.): Begegnungen mit Heine. Berichte der Zeitgenossen. Bd. 2 (1847–1856). Hamburg: Hoffmann & Campe, 1973, S. 350 f.

[738] Interessant ist hier die sprachliche Gestaltung. Der Mondkorken soll nicht endlich aus dem Krug gezogen werden, sondern aus der Nacht. Durch die Worte Mond und Nacht wird die Metapher des verschlossenen Kruges mit dem Nachthimmel gleichgesetzt, der dem lyrischen Ich wie eben dieser verschlossene Krug erscheint. Zur weiteren Bestimmung dieser Metapher

Mensch in seinem Elend einem unaufhaltsamen Prozess überlassen ist („und das Elend bildet eine Blase") mit einem Gott als Braumeister, „der von der Ausdünstung seiner eigenen Schöpfung die Nase abwendet, der von außen den berstenden Krug zusammenpreßt"[739]. Das, was Gott in Gang gesetzt hat mit dem eigentlichen Ziel eines „Heiltrunk[s]", ist ihm längst unaufhaltsam und unumkehrbar entglitten und in der Klage über die existenzielle Situation des Elends und der Verlassenheit äußert sich die bohrende Frage: „Wer hat uns in diesen Krug gebracht?" Wer ist verantwortlich für all das Elend und wozu wurde der „Heiltrunk" überhaupt erst „angesetzt"? Die alles in radikalen Zweifel stellende Frage „Bist du der, der solche Gärung braucht, / meinst du wirklich, dieser Trunk wird munden?" schlägt am Ende in eine offene Drohung um. Ähnlich wie in einem anderen Gedicht die Augen zur Gefahr für den Schöpfer werden – „Meine [Augen], weißt du, sind zwei Feuersäulen, / einmal wird der Himmel davon brennen" (B, 88) – muss sich auch in diesem Gedicht Gott vor den brodelnden Kräften seiner eigenen Kreatur fürchten. Der Krug hat bereits Sprünge, er droht zu zerbersten und die giftigen Gase freizusetzen, doch die Sprünge „verschließen" sich „von oben" – durch die Bemühungen des Schöpfers – noch „rasch". Aber das lyrische Ich ist sich in seiner Anklage sicher:

> Stieg in deine Nase
> eine Ahnung von der Pest im Glase?
> Gelt, du fürchtest – wir vergiften dich![740] (Sp, 146)

Die Verhältnisse werden umgekehrt: Nicht der Mensch muss sich vor Gott fürchten, sondern dieser vor seiner ihm entgleitenden Schöpfung. Gegen jede religiöse Beschwichtigung und Verharmlosung des Leides zieht das lyrische Ich so in einer radikalen Gottesprovokation Gottes Gerechtigkeit und das ihm vorenthaltene Lebensglück in Zweifel. Angesichts des stets gegenwärtigen Leidens erscheint eine Rechtfertigung Gottes, eine Theodizee, in diesem Gedicht unmöglich. Gott hat seine Schöpfung und somit vor allem den Menschen verlassen. Und so bleibt dem lyrischen Ich nur die freilich der Tradition verhaftete Formulierung, die das für Christen wichtigste und ursprünglichste Gebet zugleich grundlegend verfremdet: „Vater-

---

siehe: Lübbe, Weyma: Fromm oder unfromm? Zur religiösen Lyrik Christine Lavants. In: Lübbe-Grothues, Grete (Hg.): Über Christine Lavant. Leseerfahrungen. Interpretationen. Selbstdeutungen. Salzburg: Otto Müller, 1984, S. 91–102 , S. 94. oder: Lübbe-Grothues, Grete: Christine Lavant. In: Wiese, Benno von: Deutsche Dichter der Gegenwart: ihr Leben und Werk. Berlin: Erich Schmidt, 1973, S. 369–383, hier S. 372.

739 Ebd., S. 374.

740 Ein ähnlicher Gedankengang liegt in Tilmann Mosers Buch *Gottesvergiftung* vor.

unser, ich bin ganz entsetzt.“ (Sp, 146). Nach der das Gebet einleitenden Invokation, die zugleich eine ganze Glaubenstradition, eine Nachfolge und Gotteskindschaft internarrativ aufruft, kann das lyrische Ich angesichts seiner erfahrenen Situation schlicht nicht weiterbeten, sondern endet anstelle der Allmachts- und Treuebekundungen des Gebets mit der größten, sich abwendenden Ablehnung: „Vater-unser – ich bin ganz entsetzt.“ (Sp, 146)

4. „In allen Gliedern tut das weh“ – Folgerungen und Denkoptionen des lyrischen Ichs angesichts der Abwesenheit Gottes

Ausgehend von dieser das menschliche Subjekt zutiefst erschütternden Erfahrung der unmenschlichen Lebensbedingungen und der metaphysischen Verlassenheit drängt sich die Notwendigkeit auf, sich zu dieser Situation zu verhalten. In den Gedichten Lavants zieht sich das lyrische Ich auf der Suche nach einer sinnstiftenden Wahrheit und Sicherheit auf seine eigenen Sinneserfahrungen zurück und erwägt verschiedene Verhaltensoptionen. So gibt es in dem lyrischen Werk zwei grundlegend verschiedene Wege, die Existenzproblematik zu überwinden: zum einen durch Verdrängung oder Resignation angesichts der Situation und zum anderen durch Konstituierung eines neuen Selbstbewusstseins.[741]

4.1. „Viel lieber säße ich noch tief im Mohn“ – Verdrängung und Resignation angesichts der menschlichen Existenzproblematik

> Viel lieber säße ich noch tief im Mohn
> bei Trost und Hoffnung und ein wenig Lüge,
> denn hier trägt alles schon die klaren Züge
> der argen Wahrheit – man erfriert davon. (B, 10)

Gegenüber der grausigen Einsicht in die „arge[] Wahrheit“, die das lyrische Ich vor Kälte erstarren lässt, „darf die Lüge als eine zwar traurige, aber vergleichsweise milde Alternative gelten“[742], da die betäubende, schmerzlindernde und leicht berauschende Wirkung der Stoffe im Mohn die Realität vergessen lassen und Trost und Hoffnung ermöglichen. Doch:

[741] Strutz: Poetik und Existenzproblematik, S. 165.
[742] Stahl: Das Bild des geschundenen Menschen, S. 82.

Das, was mich bedroht,
kann nur mit Irrsinn überstanden werden (B, 54)

Diese Erkenntnis ist allerdings keine auf Dauer tragende, da das lyrische Ich wohl um die Lüge weiß und auch dem religiösen Trost und dem Vatergott „schon als Kind nie getraut [hat]" (B, 127). Denn auch die Hinwendung Gottes zum leidenden und betenden Menschen wird als Farce entlarvt:

Vom Himmelsrand neigt sich das Halbmond-Ohr
und täuscht mir Betenden Erhörung vor. (B, 150)

Die Annahme, dass himmlischer Beistand das Leid erträglicher macht, ist ebenso eine Täuschung wie die Behauptung anderer, eben darin Trost gefunden zu haben:

Das war mein Leben, Gott, vergiß das nicht!
[...] Sag nicht, so viele hätten schon das gleiche
mit deiner Hilfe herrlich überstanden
und wären fromm und Heilige geworden.
Mein Leichnam tobt und will sich noch ermorden
und die dazu, die dich als Trost erfanden,
dort, wo du niemals wirklich wirksam bist. (B, 133)

Das Argument, dass andere wohl mit Gottes Hilfe alles überstanden hätten und „fromm und Heilige" geworden wären, wird strikt zurückgewiesen. Es hilft dem lyrischen Ich keineswegs, sondern wirkt eher wie eine zynische Verharmlosung des eigenen Zustandes, weswegen das lyrische Ich diese Hilfe als reine Erfindung bezichtigt, da Gott wenn schon, dann wirklich „niemals wirklich wirksam" sein kann. Eine Täuschung – ein sich versteckendes „Sitzen im Mohn", das vielleicht doch „lieber" vorzuziehen wäre, – ist so allerdings nur möglich, wenn der hellwache Verstand ausgeschaltet wird, denn dieser macht alle Täuschung wieder zunichte:

eh ich zum Himmel fahre,
ersticht mich der Verstand (Sp, 53)

Sobald der Verstand und die durch ihn aufkeimenden Fragen nicht unterdrückt werden, stellt sich die tief verstörende Theodizeefrage in aller Schärfe:

In allen Gliedern tut das weh,
und Gott schaut zu und Gott hat Klee,
Wundklee! – Für alle Leiden.
Und streut nichts her, läßt mich dem Tod (Kwm, 183)

Was ist das für ein Gott, der den Leidenen zuschaut, und doch eingreifen könnte? Die Macht hierzu wird ihm nicht abgesprochen, im Gegenteil: Er hat ein einfaches Heilmittel, „Wundklee", was sinnbildend für jegliche Art göttlicher Hilfe steht und streut doch nichts her. Verstand und Lebenserfahrung haben den traditionellen Glauben der Kirche, im Gedicht hier symbolisiert durch den „Kirchgangschuh" (Kwm, 183) unmöglich gemacht.[743] Das lyrische Ich erkennt, dass sein gewohnter Kirchenglaube nur vertröstend und naiv ist und ihm keineswegs in seinem Leiden hilft, sondern vielmehr als „Kirchgangschuh" gänzlich vergnügt „blindlings zu den Leiden [tanzt]" (Kwm, 183). Das Gottesbild, das in diesem Gedicht vermittelt wird, ist bestenfalls das eines unbeteiligten Gottes. Der Verdacht steht jedoch im Raum, dass dieser Gott eben jener Braumeister ist, der die Gärung des Elends brauche und sadistischen Gefallen an seiner leidenden Schöpfung finde. Ein solcher Gott erscheint im himmlischen Gewölbe als „haus[ender]" „Werwolf" (B, 72), vor dem das Ich Angst hat, dass er „vorbeikommt und mich schütteln wird, / mit seinen abgefeimten Würgefingern" (Kwm, 102). Dieser Gott ist für das menschliche Elend – oder präziser noch für das lyrische Ich unempfindlich.

Neben dem Vorwurf der Grausamkeit Gottes drängt sich noch der bohrende Zweifel auf, dass Gott – in dem Gedicht symbolisiert durch das Lamm, beziehungsweise Christus – nur jene „erhört", die selbst wiederum „erhören" (B, 167). Ein solcher Gott, der dem lyrischen Ich nur „ein schwaches Gehör" gab, sodass die Ohren des lyrischen Ichs ihn „niemals hörten" (B, 127), und willkürlich die einen annimmt und die anderen ausschließt, einen solchen grausamen Gott darf es nicht geben. Er muss gerade aus Verstandesgründen verabschiedet werden, letzten Endes allein auch schon aus dem Grund, dass seiner Religion nach die Menschen in sündig und nicht-sündig kategorisiert werden.[744]

Christine Lavant berichtet so von sich selbst, dass sie mit dem Sündenstigma bereits als Kind aufgewachsen war. Die Lehrerin habe bei ihrem kranken und entstellten Anblick am ersten Schultag gesagt: „Da mußt Du ja jetzt schon Deine ganzen Sünden abbüßen, die Du vielleicht einmal machen

[743] Vgl. Schlör: Hermeneutik der Mimesis, S. 200 f.

[744] Vgl. auch die weiteren Ausführungen in Kapitel 5: „Du hast mich aus aller Freude geholt" – Die Gotteskrise als Schuld Gottes

wirst.“[745] Schon als Kind sei Lavant ein solch ungerechtes Gottesbild aufgestoßen und sie berichtet, dass sie schon „mit 15 Jahren einmal im Beichtsuhle mit dem Pater gestritten [habe], weil sie nicht glaubte [und] wurde daher nicht losgesprochen.“[746] Als sie dann 1939 einen geschiedenen Mann heiratete, galt sie vollends als „dunkelschwarzes Schaf, das in ‚Konkubinat' lebt“, das aus der Kirche ausgeschlossen werden müsse und das kaum ein Geistlicher begraben dürfe.[747] Gegen ein solches durch die Religion vermitteltes und im Gottesbegriff konstituiertes tief pessimistisches Menschenbild genügt in den Gedichten kein Klagen oder Flüchten in den Mohn mehr, das lyrische Ich drängt zur offenen Konfrontation, indem es ein neues Selbstbewusstsein entwickelt.

4.2. „Vergiß dein Pfuschwerk, Schöpfer“ – Die Konstituierung eines neuen Selbstbewusstseins

> Vergiß dein Pfuschwerk, Schöpfer!
> Sonst wirst du noch zum Schröpfer
> an dem, was Leichnam ist und bleibt
> und sich der Erde einverleibt
> viel lieber als dem Himmel.
> Geh, kleide weiter Lilien ein,
> ätz' Sperlinge mit Honigseim –
> ich leb von Rost und Schimmel.
> Du meinst, das macht mich noch nicht satt,
> und faselst von der Gottesstadt,
> die viele sich erfasten.
> Ich nicht! Ich wohne gern im Lehm,
> um Stein zu werden und trotzdem
> dich niemals zu belasten. (Kwm, 83)

In einer an Goethes Ode *Prometheus* erinnernden Emanzipation spricht sich das lyrische Ich wie Prometheus von Gott/den Göttern los, wohnt lieber wie Prometheus im Lehm, im rein irdischen Bereich und entscheidet sich,

[745] Egger, Wolfram: Christine Lavant. Auf der Spur. Klagenfurt: Kärntner Druck- und Verlagsanstalt, 1994, S. 31.

[746] Diese Aussage sei in einer Krankenakte von 1935 bezeugt. Zitiert nach Schneider, Ursula A./ Steinsiek, Annette: Kreuzzertretung und Rückgrat, Luzifer und Bettlerschale. Christine Lavants Religionen im Zusammenhang mit ihrer Poetologie. In: Mitteilungen aus dem Brenner-Archiv 27 (2008), S. 123–141, hier S. 128.

[747] Vgl. Brief vom 25.11.1956 an Tuvia Rübner, zitiert nach ebd., S. 129.

Gott „nicht zu achten".[748],[749] So wird in Lavants Gedicht ebenso gnadenlos mit der Schöpfung abgerechnet, indem diese und damit insbesondere auch das lyrische Ich selbst als „Pfuschwerk" bezeichnet werden, wovon Gott doch besser ganz ablassen soll, um sich nicht wiederum an ihr zu vergehen. Er würde sonst zum „Schröpfer", zu jemandem, der sich an etwas an sich schon Totem, am „Leichnam", vergreift, welcher lieber ganz „der Erde einverleibt" wird, als auf transzendente Hoffnung zu vertrauen. Einzig in der Natur wird Gott noch eine Wirkmächtigkeit zugesprochen, doch besteht diese nur in belanglosen, rein verzierenden Tätigkeiten. Der Schluss des Gedichtes scheint die gravierenden Anschuldigungen nochmals etwas zurückzunehmen, da das Gott vorher Angelastete nun nicht in der Absicht geäußert wurde, Gott zu belasten. Ob dies nur aus Rücksichtnahme auf den an sich schon hinterfragten und vom Menschenwohlwollen abhängigen Gott geschieht oder dennoch eine zum Rest des Gedichts oder Gesamtwerks kontradiktorische Sicht ist, bleibt offen. Faktisch wird aber die christliche Heils- und Erlösungstradition, kurz die göttliche Verheißung, als „etwas höchst Unsinniges und Überflüssiges entlarvt"[750], indem Gott nur noch „von der Gottesstadt" „faseln" kann, die das lyrische Ich jedoch gerade nicht erstrebt.

4.2.1. Ablehnung des Erlösungsangebots

Die Literatur des 20. Jahrhunderts verhält sich in ihrer Bezugnahme gegenüber dem Messiasmotiv generell sehr ambivalent, da das messianische Muster angesichts der als begrenzt und leidgeplagt wahrgenommenen Existenz des modernen Menschen brüchig und unglaubwürdig wurde.[751] Wenn im lyrischen Werk Christine Lavants auf soteriologische Überzeugungen internarrativ Bezug genommen wird, so nur in stark verfremdeter und ironisierender Weise. Jesus erscheint nicht mehr als der starke Helfer in der Not, der die Menschen durch seinen Kreuzestod erlösen konnte, sondern ist vielmehr gezeichnet durch eine eigene Ohnmacht und Hilflosigkeit. In dem Gedicht *Wie pünktlich die Verzweiflung ist!* (B, 9) ruft das lyrische Ich in seiner Not die himmlische Sphäre an,

---

[748] Goethe, Johann Wolfgang: Prometheus. In: Sämtliche Werke, Briefe, Tagebücher und Gespräche, S. 203 f.

[749] Vgl. Scrinzi, Otto: Eine Krankengeschichte dritter Klasse. In: Weiss, Ida (Hg.): Steige, steige, verwunschene Kraft: Erinnerungen an Christine Lavant. Wolfsberg: Ploetz, 1991 (Deutsche Sprach- und Literaturwissenschaft; 53), S. 87–89. Scrinzi äußert daher die These, dass in Lavant „im Grunde mehr von Prometheus [stecke] denn von Hiob".

[750] Külz: „Viel lieber säße ich noch tief im Mohn", S. 314.

[751] Vgl. Sedmak, Clemens: Das Messianische. In: Schmidinger, Heinrich (Hg.): Die Bibel in der deutschsprachigen Literatur des 20. Jahrhunderts. Band 1: Formen und Motive. Mainz: Matthias-Grünewald-Verlag, 1999, S. 403–432, hier S. 405.

der Himmel aber ist ein Meer
und Jesu treibt in einem Kahn
sehr weit am andern Rand der Welt,
dort, wo die Helfer alle sind,
und meine letzte Hoffnung bellt
am Ufer durch den Gegenwind. (B, 9)

In diesem Gedicht wird nicht nur die unüberbrückbare Distanz zum andern Rand der Welt, von welchem der Gegenwind das wiederum animalisch gewordene Bellen des lyrischen Ichs auslöscht, sichtbar. Jesus wird im Gegensatz zu der hier internarrativ anklingenden biblischen Perikope, in der Jesus durch aktives Einschreiten den Sturm und seine Gefahr bannt (z. B. Mk 4, 35–41), selbst als ohnmächtig dargestellt. Er ist nicht nur im Wasser am andern Rand der Welt isoliert, sondern er „treibt" in einem Kahn, scheinbar unfähig, Richtung und Ziel zu bestimmen. Das lyrische Ich „spür[t] dann, daß [es] niemand hört" (B, 9), doch selbst wenn Jesus es hören würde, wird immer noch an seinem Beistand gezweifelt, da das Ich das soteriologische Prinzip der Stellvertretung grundsätzlich anzweifelt.

[…] Du warst für ihn der Sohn, das eine Kind,
[…] – und starbst am Kreuz, mit diesem Elendsschrei!?
Was ist dann unser? was bricht dann entzwei,
– wenn wir auch schreien, dass die Steine weinen?
[…] Der dich verliess, der grosse harte Gott,
– den kann auch unser Schreien niemals rühren!!
Wir sind verworfen, so wie wir geboren
und gehen alle unbesehn verloren – ;
es sei denn, dass du uns willst führen!?[752]

Das lyrische Ich kann nicht akzeptieren, dass „der grosse harte Gott" seinen Sohn verließ, dass dieser mit einem „Elendsschrei" am Kreuz starb und dass gerade darin das zentrale Ereignis der Erlösung und Gnade bestehen soll. Vielmehr verbindet das lyrische Ich mit dem Sohn eine große Solidarität und die Angst, dass wenn Gott selbst seinen Sohn verlassen hat, ihn dann auch das Schreien der Menschen niemals erreichen und rühren wird. „Wir sind verworfen, so wie wir geboren und gehen alle unbesehn verloren", einmal mehr wird auf die alte Frage angespielt, ob es nicht besser

[752] Unveröffentlichtes Gedicht *An den Gekreuzigten!* aus den späten 1940er Jahren, zitiert nach Schneider und Steinsiek, die Einblick in den Nachlass haben. Schneider, Ursula A./Steinsiek, Annette: Kreuzzertretug und Rückgrat, Luzifer und Bettlerschale, S. 131.

sei, gar nicht erst geboren worden zu sein, die auch Döblin in seinem epischen Werk immer wieder aufwarf, – es sei denn, dass Jesus sie führen wolle. Doch worin könnte diese Rettung bestehen? Das Kreuz jedenfalls wird in den Gedichten Lavants als Symbol der Erlösung entschieden zurückgewiesen.

4.2.2. „Kreuzzertretung" – Abkehr vom Kreuz

Das in einer Form des Rückblicks im Perfekt beginnende Gedicht *Du hast meine einfachen Wege durchkreuzt* (B, 101) nimmt den biblischen Topos des „rechten Weges" auf, der allerdings in verfremdender Weise neu bewertet wird, indem Gott selbst es ist, der die einfachen „rechten" Wege des lyrischen Ichs durchkreuzt und es von seinem Weg abbringt und in einer „unmenschlichen Landschaft" zurücklässt. „Das Durchkreuzen meint hier aber nicht nur das Kreuzen des Weges als Bild für ein Verwirren der (Lebens-)pläne, sondern referiert auch auf die christliche Kreuzsymbolik"[753], die im gesamten Gedicht das dominante Motiv ist:

> Du hast meine einfachen Wege durchkreuzt
> und mich am Kreuzweg allein gelassen
> in einer unmenschlichen Landschaft.
> Fröstelnd redet mein Schatten mir zu
> von der Fundkraft deines hochheiligen Namens,
> der jede Richtung zum Ziele führt,
> und vom treuen Gang der Gestirne.
> Aber du wirst meinen Schatten verzehren,
> die Gestirne verlöschen und deinen Namen
> aus meinem Blut und Gedächtnis tilgen,
> um mich ganz zu verwirren.
> [...] Du hast meine einfachen Wege durchkreuzt.
> Ich werde mich niemals wieder bekreuzen,
> so bitter schmerzt mich dies Zeichen. (B, 101)

Am Kreuzweg allein gelassen in einer unmenschlichen Situation ist es noch der Schatten, die Tradition, die Überlieferung und der darin enthaltene Glaube, der dem lyrischen Ich „fröstelnd" zuredet von der Fundkraft des hochheiligen Namens, den das Ich nur noch als vagen Schatten wahrnehmen kann. Während die biblischen Texte mit der Nennung des Gottesnamens dessen Geschichtsmächtigkeit verbinden, ist hier die Diskrepanz zwischen der damaligen Verheißung und der nun gegenwärtig erlebten

[753] Külz: „Viel lieber säße ich noch tief im Mohn", S. 284.

Realität sichtbar.[754] Einmal mehr zeigt der internarrative Bezug auf biblische Heilsgewissheit nur den Verlust dieser in der reflektierten Moderne an. Gott selbst, so das Gedicht, verzehrt den Schatten, sprich die das Ich prägende religiöse Erfahrungstradition, und tilgt seinen Namen aus dem Gedächtnis, da an einen solchen Gott nicht mehr geglaubt werden kann. Die Wiederholung des Eingangsverses am Schluss „Du hast meine einfachen Wege durchkreuzt" demonstriert so erneut, dass die vorangegangenen lebensgeschichtlichen Reflexionen, die vor allem auch futurisch zu verstehen sind, keinen Anlass geben, das Verhältnis zu diesem Gott neu zu bestimmen.[755] Das Gedicht kann so zwar noch den in der Logik des Glaubens bestehenden heilsgeschichtlichen Zusammenhang von Kreuz und Erlösung benennen, aber individuell für sich nicht mehr bewahrheiten. Das Kreuz steht nicht mehr für die in der christlichen Deutung geglaubte Überwindung des Todes in die Auferstehung hinein, durch die Gott dem Menschen seine Liebe erweist und seine Rettung will (Vgl. beispielsweise Röm 5, 8). Vielmehr besteht stattdessen das lyrische Ich auf der Unerlöstheit eines Daseins, „das sich nur im Kontrast begreifen kann zu der in den paulinischen Schriften angebotenen Interpretation der Passion als Erfüllung und Ziel des Menschseins"[756].

Das Kreuz als eigentlich heilsverheißendes Zeichen wird folglich zum Symbol der Zerstörung, durch welches das Göttliche unerwartet in das Leben des lyrischen Ichs eingebrochen ist, Irritationen ausgelöst und sich anschließend selbst wieder zurückgezogen hat, so dass sich das Ich seines Ausgeliefertseins umso mehr bewusst ist als vor dieser Begegnung.[757] Deshalb „schmerzt" dieses Zeichen das lyrische Ich auch „so bitter" und führt zur vollständigen künftigen Ablehnung des Kreuzes: „Ich werde mich niemals wieder bekreuzen" (B, 101).

Aus diesem Grund wird in einem weiteren Gedicht Christine Lavants dieses Zeichen des Heils „zertreten". In *Kreuzzertretung* wird die qualvolle Tötung einer Hündin mit der Kreuzigung Jesu überblendet:

> Kreuzzertretung! – Eine Hündin heult
> sieben Laute, ohne zu vergeben,
> abgestiegen in die Hundehölle
> wird ihr Schatten noch den Wurf verwerfen.

[754] Vgl. Gellner: „Vergiß dein Pfuschwerk", S. 163.
[755] Vgl. Ensberg: Ästhetische Irritation religiöser Weltdeutung, S. 77.
[756] Ebd., S. 76.
[757] Vgl. Külz: „Viel lieber säße ich noch tief im Mohn", S. 284.

Oben bleibt der Vorhang ohne Riß,
nichts zerreißt um einer Hündin willen,
und der Herr – er ließ sich stellvertreten –
sitzt versponnen bei den ganz Vertrauten.
Auch die Toten durften nicht herauf!
Vater, Mutter, – keines war am Hügel,
und die Sonne hat sich bloß verfinstert
in zwei aufgebrochnen Augensternen.
Von der Erde bebte kaum ein Staub,
nur ein wenig sank die Stelle tiefer,
wo der Balg, dem man das Kreuz zertreten,
sich noch einmal nach dem Himmel bäumte.
Der Kadaver – da ihn niemand barg –
kraft der Schande ist er auferstanden,
um sich selbst in das Gewölb zu schleppen,
wo Gottvater wie ein Werwolf haust. (B, 72)

In der Forschungsdiskussion gibt es eine Kontroverse über den das Gedicht dominierenden Begriff *Kreuzzertretung*. Während einige Interpreten allein den Aspekt des Zertretens eines Rückgrats einer mit dem Tode ringenden Hündin sehen beziehungsweise den Schmerz des zur Hündin gewordenen lyrischen Ichs,[758] gibt es die Interpretation, dass die christliche Passionsgeschichte durch das Zertreten des Kreuzes ins Gegenteil verkehrt wird.[759] Das Gedicht lebt gerade durch seine Vielschichtigkeit, indem diese drei Deutungsebenen übereinander gelagert werden und somit nebeneinander bestehen. Eindeutig sind Motive aus der Passionsgeschichte zu erkennen, der Verlassenheitsschrei „Vater, Vater, warum hast du mich verlassen?", der in den sieben im Gedicht erwähnten Lauten gesehen wird,[760] die vergebenden Worte Jesu am Kreuz, der reißende Tempelvorhang, die Verfinsterung der Sonne, das Beben der Erde und die Auferstehung (Vgl. z. B. Lk 23, 24. 45 oder Mt 27, 45–54). Doch die Motive, die für die christliche Heilsgeschichte der Überlieferung nach entscheidend sind, werden konsequent dekonstruiert und ironisiert. Die erneut durchlebte Passion in Gestalt einer Hündin – was allein schon eine Dekonstruktion insinuiert – erfolgt ohne ein erdbewegendes Ereignis darzustellen. Die sieben Worte verhallen ohne Vergebung, kein Vorhang reißt – „nichts zerreißt um einer Hündin willen", die Sonne verfinstert sich nicht und die Erde bebt nicht, niemand

758 Vgl. Lübbe-Grothues: Christine Lavant, S. 376; Külz: „Viel lieber säße ich noch tief im Mohn", S. 89.
759 Vgl. Glaser: Christine Lavant, S. 472 f.; Gellner: „Vergiß dein Pfuschwerk, Schöpfer", S. 170 f.
760 Vgl. Mk 15,34 und Ps 22,2. Vgl. auch Gellner: „Vergiß dein Pfuschwerk, Schöpfer", S. 171.

kümmert sich um den Kadaver, der nur „kraft der Schande" aufersteht, „um sich selbst in das Gewölb zu schleppen". Und Gott? Gott, der Herr, scheint von den Schicksalen seiner Kreaturen unberührt. Er sitzt als „Werwolf" „versponnen bei den ganz Vertrauten" und ließ sich selbst ja nur „stellvertreten". Aus diesem Misstrauen vor der Heilsbedeutsamkeit des christlichen Erlösungsglaubens und dem Verdacht, dass der gütig-treusorgende Vatergott, wie in anderen Gedichten schon gezeigt, eigentlich ein den Menschen dem Tod und Elend überlassender Werwolf ist, wird das Zeichen, in dem sich Christen erlöst glauben, symbolisch zertreten.[761] Doch selbst wenn man den Begriff Kreuzzertretung nicht in diesem Sinne verstehen will, sondern vielmehr die Zertretung eines Rückgrates in Erwägung zieht, so wird doch das, was eigentlich dem Körper Stabilität verleiht, zerstört. In Verbindung mit den internarrativen Passionsallusionen, die jedoch wie gezeigt die heilsgeschichtliche Überlieferung radikal umschreiben, bricht auch in dieser Deutung die Halt gebende religiös-christliche Hoffnung des Menschen weg. Insofern trifft auch der im vorher besprochenen Gedicht gezogene Schluss „Ich werde mich niemals wieder bekreuzen, / so bitter schmerzt mich dies Zeichen." (B, 101) auf dieses Gedicht zu.

Enttäuscht von der heilsgeschichtlichen Verheißung schlägt der Schmerz um in die Frage, wer für diese Situation eigentlich verantwortlich ist. Wie bereits in dem Gedicht *Zieh den Mondkork endlich aus der Nacht!* (Sp, 146) und in *Du hast meine einfachen Wege durchkreuzt* (B, 101) bereits angeklungen, wird die Schuld an der Sinn- und Gotteskrise Gott selbst angelastet, der letzten Endes für seine Schöpfung verantwortlich ist.

5. „Du hast mich aus aller Freude geholt." – Die Gotteskrise als Schuld Gottes

„Du hast mich aus aller Freude geholt." (Kwm, 100). Zunächst jeder weiteren Begründung entbehrend steht dieser explizit an den „Herr[n]" gerichtete Vorwurf im ersten Vers eines der im Nachlass veröffentlichten Gedichte Christine Lavants. Das Ende dieses Gedichts offenbart schließlich die Begründung dieser weitreichenden Anklage, nachdem das lyrische Ich resigniert nochmals festgestellt hat, dass es sich immer wieder zu Gott zurückgeworfen vorfindet:

[761] Einige Interpreten weisen darauf hin, dass mit der Zertretung des Kreuzes sich die verfolgten Christen im frühen Christentum öffentlich von ihrem Gott lossagten. Vgl. Nachwort und Gellner: „Vergiß dein Pfuschwerk, Schöpfer", S. 171.

Jede Stelle wirft mich zu dir zurück,
weil du mich von jener einzigen Stelle,
wo ich Herz war und freudig und weich wie ein Vogel,
wegholtest, um mich zusammenzuballen
und ins ewige Leiden zu werfen. (Kwm, 100)

Dem Gedicht zufolge gab es eine „einzige[] Stelle“, an der das lyrische Ich sich wohlfühlte, freudig, frei und wie ein Vogel „weich“ also mit sich und seiner Existenz zufrieden war. Doch von diesem Ort der beschriebenen Glückseligkeit wurde das lyrische Ich gewaltsam weggerissen, um in seiner Seinsweise zerstört, „zusammengeballt“ und „ins ewige Leiden“ geworfen zu werden. Doch wird sprachlich stark differenziert und explizit deutlich gemacht, dass es das Du, der Herr, ist, der als Agens der Handlung fungiert und für die Wendung der Existenz des lyrischen Ichs in diesen leidvollen Zustand verantwortlich ist. Wie in dem Gedicht *Du hast meine einfachen Wege durchkreuzt* (B, 101) wird jedoch auch hier kein genauer Grund genannt, womit der Herr diese Verwirrung und negative Veränderung im Leben des lyrischen Ichs ausgelöst hat. Es wird lediglich deutlich, dass Gott und Religion keine sinnstiftende Funktion mehr übernehmen, sondern sie im Gegenteil für Irritation im Leben des lyrischen Ichs verantwortlich sind und dieses dann mit diesen Irritationen „allein“ „am Kreuzweg“ lassen, allein „in einer unmenschlichen Landschaft“ (B, 101).[762] Einen Hinweis gibt jedoch der im eben zitierten Gedicht bereits erwähnte „Schatten“, der „fröstelnd“ dem lyrischen Ich von dem überlieferten geschichtsmächtigen Gott mit großer „Fundkraft“ zuredet und der aber selbst von Gott wiederum „verzehr [t] wird (B, 101). Die in einigen Versatzstücken biblischer Tradition bewahrten Heilszusagen werden so lediglich vage zitiert, um sie in Gestalt einer radikal ichbezogenen Rede zu problematisieren und gerade die Diskrepanz zwischen damaliger Verheißung und heilloser Gegenwartsverzweiflung auszudrücken, welche aus der Unerreichbarkeit und dem für das lyrische Ich nicht nachvollziehbaren Nicht-Eingreifen Gottes resultieren.[763] Gott selbst ist es, der sich aus seiner eigenen Schöpfung zurückzieht, sie wie in einem fest verschlossenen Krug in ihrem Elend gären lässt (Sp, 146). Und indem das lyrische Ich diese heillose Situation einmal erkannt hat und sich die verzweifelte Frage nach dem Nicht-Eingreifen Gottes gestellt hat, wird es aus dem glücklichen, geborgenen Zustand von Gott selbst „ins ewige Leiden“

762 Vgl. Külz: „Viel lieber säße ich noch tief im Mohn“, S. 316.

763 Vgl. Gellner: „… ob der liebe Gott bestimmt allmächtig ist?“, S. 613. Gellner spricht aus diesem Grund von der Entwicklung einer „Gegentheologie eines destruktiven Gottes“.

geworfen (Kwm, 100). „Letztendlich ist es Gott [demnach] selbst, der durch seine Absenz die Gotteskrise [...] auslöst."[764]

Das in der biblischen Tradition bereits begründete und durch die kirchliche Tradition und Verkündigung noch mit Nachdruck rezipierte und radikalisierte Sündenparadigma verschärft die Probleme des lyrischen Ichs mit diesem Gott zunehmend, wie das Gedicht *Du hast unerforschliche Gründe* (B, 136) zeigt:

> Du hast unerforschliche Gründe,
> die sich vom Himmel zur Erde ziehn,
> und unsere Schicksale weidest du dort,
> und unsre Namen bildest du dort
> auf einer kristallenen Flöte
> zu einem einzigen grundlosen Ton:
> Urschuld! Urschuld!
> Über dich kommt niemals der Abend.
> Nie säumt jene Sanftmut dein Augenpaar ein,
> die uns, deine zitternden Schafe,
> niederknien läßt im kristallenen Ton
> und heimkommen wollen und schuldig sein
> grundlos, grundlos.
> Du hast unerforschliche Gründe,
> die sich durch unsere Stumpfheiten ziehn,
> und unsere Leiden weidest du dort
> auf Schlangenbäumen und beten dich an
> voll Unschuld, voll Unschuld! (B, 136)

Die mit dem idyllischen Schäfermotiv, nach welchem Menschen als Schafe zum Klang der Flöte weiden, internarrativ erinnerte und dabei zugleich parodierte biblische Perikope des guten Hirten, der sich um jedes seiner Schafe kümmert (Vgl. Joh 10, 1–16 und Lk 15, 1–7), dient als Grundfolie für eine weitere weitreichende Anklage Gottes. Gott ist in diesem Gedicht nicht der gute Hirte, er zeichnet sich durch keinerlei „Sanftmut" aus und die Schafe zittern angesichts der grenzen- und grundlosen Strenge ihres Hüters. Die dominierenden und das Thema der Gedichte darstellenden Begriffe, die jeweils in Wiederholung am Abschluss jeder Strophe bedeutend

[764] Trautmann, Silke/Zink, Melanie: Christine Lavant. Die poetische Auseinandersetzung mit Gott. In: Bendel-Maidl, Lydia (Hg.): Katholikinnen im 20. Jahrhundert: Bilder, Rollen, Aufgaben. Münster: LIT, 2007, S. 223–240, hier S. 235. Das Zitat bezieht sich auf ein anderes Gedicht, *Es riecht nach Schnee, der Sonnenapfel hängt* (B, 46), wobei dessen Grundaussage sich mit dem hier Erörterten deckt.

hervorgehoben werden, sind: Urschuld – grundlos – Unschuld. Aus „unerforschliche[n] Gründe[n]" erschafft Gott seine Geschöpfe mit „Urschuld", die sich unabhängig von den Einzelschicksalen wie ein „grundlose[r] Ton" durch das gesamte Menschengeschlecht zieht. Aufgrund der erfahrenen Strenge verfallen die Schafe in ein angstvolles „Zittern", das sie „niederknien läßt im kristallenen Ton", das heißt im Bewusstsein ihrer Urschuld, mit dem einzigen Wunsch „heimkommen" zu wollen. Aus diesem Grund nehmen sie die grundlose und unverschuldete Schuld auf sich.[765]

Das ironische Paradox des Gedichts besteht nun darin, dass das Wirken von Gottes „unerforschliche[n] Gründe[n]" sich in den „Stumpfheiten" der Menschen konkretisiert.[766] Es ist also der Mensch selbst, der diese Urschuld aus unerforschlichen Gründen sich selbst zuschreibt und selbst schuldig sein will, seine Leiden bei Gott weiden und seine Sünden bei Gott wachsen sieht, gemäß der biblischen Überlieferung „auf Schlangenbäumen". „Da Gottes unerforschliche Gründe vom Menschen nicht erkannt werden können, verfällt er der Illusion, daß sie ihn zum Heil führen und nichts als seine bedingungslose Unterordnung verlangen."[767] So beten die Menschen „voll Unschuld, voll Unschuld!" den Gott an, der eigentlich für ihre Sünden selbst verantwortlich ist. Gott als Schöpfer ist verantwortlich für die Leiden und Sünden, er wälzt diese „Urschuld" nur „grundlos" auf den „unschuldigen" Menschen ab, wie die Dramaturgie der herausstechenden Begriffspaare am Ende jeder Strophe zeigt. Doch den Menschen trifft, indem er die unerforschlichen Gründe durch seine „Stumpfheit" weiter konkretisiert und fortschreibt und „schuldig sein" will, zum Teil auch gerade wieder die Schuld an seiner Situation. Aus diesem Grund besteht die erste Option des lyrischen Ichs auch darin sich, wie bereits gezeigt, gegen diesen Gott aufzulehnen und ihn anzuklagen.

In dem bereits zitierten Gedicht *Du hast mich aus aller Freude geholt* (Kwm, 100) ist die Wut, die „wildeste[] Hoffart" und der „zornigste[] Mut[]" über die eigene Passivität angesichts Gottes Vergreifen an seiner Schöpfung daher bildlich spürbar:

> Du hast mich aus aller Freude geholt.
> Aber ich werde dennoch genau,
> ganz genau, nur so lange darunter leiden,
> als es mir selbst gefällig ist, Herr. (Kwm, 100)

[765] Vgl. Strutz: Poetik und Existenzproblematik, S. 88.
[766] Vgl. ebd.
[767] Ebd.

Das lyrische Ich ist sich darüber bewusst, warum es leidet, und ist nicht länger bereit, das Leiden an der Diskrepanz von Gottes Heilsbotschaft und der dieser Botschaft widersprechenden Realität zu akzeptieren. Die biblische Herrschaftsgeste des Herrn, der nach biblischer Überlieferung mit mächtiger Hand sein Volk aus der Knechtschaft in Ägypten herausgeführt hat (Ex 14,31), identifiziert das lyrische Ich nur mit der eigenen Niederwerfung und antwortet darauf:

> Hebe deine Hand und schlage mich nieder,
> ich werde dann nur um so höher springen,
> und du wirst mich ewig vor Augen haben,
> den kleinen, roten, zornigen Ball. (Kwm, 100)

Auch alle anderen bereits zitierten und interpretierten Gedichte, die eine Auflehnung gegen den ungerechten Gott darstellen und letztlich nur das Leiden des Ichs an diesem Hoffnungsbild ausdrücken, sind in dieser Linie einzuordnen.

Doch neben dieser Emanzipation von Gott, aber vor allem von dessen Verkündigung in Tradition und Kirche bleibt eine letzte Unsicherheit. Auch wenn alle Verantwortlichkeit in Gott entdeckt wurde und der Mensch sich seiner eigenen Schuld in Bezug auf die Fortschreibung der Urschuld in seinem Denken bewusst ist, bleibt doch die Frage, ob sich das lyrische Ich in seinen Anklagen nicht selbst wiederum schuldig macht und lediglich unfähig ist, zu glauben und zu vertrauen. Gedichte, in denen das lyrische Ich sich vehement gegen Gott und dessen Ungerechtigkeit auflehnt, stehen so unvermittelt neben Gedichten, in denen das lyrische Ich sich der frohen Botschaft und Rettung aus eben diesem Grunde unwürdig fühlt.

> Jesus Christus, ich bete und bete,
> aber ich weiß, daß du abwarten mußt
> die Zeit meiner eigenen Heilung.
> Jetzt liegt mir ja Gift im Blut herum
> und mein Herz ist eine offene Falle,
> auch meine Gedanken, wenn sie nicht beten,
> sind schlaue grausame Schlingen.
> So, wie ich bin, kann ich nicht verlangen,
> daß du jetzt eingehst unter mein Dach (B, 145)

Abgesehen von dem weiteren Verlauf des Gedichts, in dem das lyrische Ich überlegt, ob es sich nicht einfach nur „nach der einfachen wärmenden Menschenliebe" sehnt, die deutlicher spürbar ist als eine für das lyrische Ich nur äußerst vage anzunehmende Gottesliebe, offenbaren die ersten Verse ein Unbehagen, resultierend aus dem „Gift im Blut" und den Gedanken, die sich in „grausame[n] Schlingen" um die eigentliche Hoffnung nach „Heilung" im metaphysischen Sinne ziehen. Das lyrische Ich fühlt sich nicht der christlichen Erlösungshoffnung würdig, weswegen Christus auch nicht für es auferstanden sein könne:

> Niemand ist in mir auferstanden.
> Meinen Heiland haben sie anderswo
> schöner begraben und eingetrauert,
> denn ich hätte seinen Balsam verwandelt
> zu einer unseligen Blume.
> Er wäre durch mich in die Hölle gegangen
> […] Ich hätte ihn wirklich begraben,
> ihn, der meinem Innern verheißen war,
> seit mein Anblick mich höhlte. (Kwm, 161)

Das lyrische Ich, dem eigentlich auch der Heiland verheißen war, ist aber so voll negativer Gedanken, dass der Heiland durch sie „in die Hölle gegangen" wäre und es seinen heilenden Balsam nur in Unseliges verwandelt hätte. So bleibt dem lyrischen Ich „nicht einmal Hoffnung, daß nach dieser Haft / für mich ein Platz in deinem Hause ist." (B, 156), obwohl es sich durch seine Anklagen zugleich wieder schuldig fühlt und vielleicht wie die „zitternden Schafe" doch „grundlos" „schuldig sein" will, um „heim[zu]kommen" (B, 136). Die große Ambivalenz, die sich hier zwischen vernunftbasierter Anklage und sinnlich erhofftem Halt und metaphysischer Geborgenheit auftut, ist dem lyrischen Werk Lavants stets eingeschrieben. So fragt sich auch die Autorin selbst in einem Brief an Martin Buber, dem sie *Die Bettlerschale* schenkte:[768] „Ich fürchte mich vor meinem Gedichtband. Die meisten Gedichte sind aus Besessenheit und verzweifeltem Hochmut entstanden."[769] Verbunden mit der Bitte um Rückmeldung zu ihren Gedichten möchte sie von ihm wissen, ob er sie „für eine verlorene d. h. erstorbene tote Seele" halte oder ob er glaube, „daß es für alle – bis zum letzten Augenblick im Leibe – noch Rettung gibt."[770] Aus Christine Lavants Werk und diesen persönlichen Anfragen spricht daher neben aller selbstbestimmten Verab-

[768] Vgl. Schneider/Steinsiek: Kreuzzertretung und Rückgrat, Luzifer und Bettlerschale, S. 124.
[769] Brief vom 09. 03. 1956 an Martin Buber. Er ist im Nachlass Martin Bubers überliefert. Jewish National and University Library Jerusalem, Sign. Arc. Ms. Var. 350/22–23, zitiert nach Scheider/Steinsiek: Kreuzzertretung und Rückgrat, Luzifer und Bettlerschale, S. 124.
[770] Ebd.

schiedung des ihr bekannten Gottesbildes ein anhaltendes Erlösungs- und Sinnbedürfnis.

6. „Was gibt Halt?" Anhaltendes Erlösungs- und Sinnbedürfnis

> Du weißt nicht, wie das mühsam ist
> mit allen Sinnen ja zu sagen. (Sp, 117)

In diesem weiteren, ebenfalls mit einer zunächst nicht näher bestimmten Du-Anrede beginnenden Gedicht wird die Schwierigkeit einer Übereinkunft aller Sinne nochmals abstrahierend reflektiert. Es wird als „mühsam" beschrieben, das, was „alle Sinne" betrifft – das heißt der hellwache und leidsensible Verstand, das körperliche Bedürfnis und die Zweifel und Sehnsüchte des Gefühls – in Einklang zu bringen und mit diesen „allen Sinnen" „ja zu sagen." Wozu alle Sinne, deren Eigenleben im Gedicht noch ausführlicher erläutert wird, „ja" sagen sollen, bleibt offen. Doch der Kontext ermöglicht eine sehr weite Deutung: Es kann ganz grundsätzlich um die Bejahung der eigenen Existenz oder spezifischer um die Bejahung eines Gottes gehen, da das „Himmelreich" explizit erwähnt wird. Ohne Zweifel geht es jedoch um das Verhältnis des lyrischen Ichs zu etwas anderem, ob nun Welt oder Gott, und somit um das, was das lyrische Ich in seinem selbstreflexiven Verhältnis bestimmt. Angesichts des erfahrenen Leidens und den daraus resultierenden Aporien des Verstandes im Umgang mit diesem ist es aber „mühsam", dieses das Wesen bestimmende Verhältnis zu bejahen. Aus diesem Grund ist das lyrische Ich auf der Suche nach einem es tragenden und Perspektive gebenden Grund auch jenseits des ihm eigentlich vertrauten Christentums interessiert. In Christine Lavants Werk lassen sich so auch vage Anklänge an buddhistische Vorstellungen finden, die im Folgenden hinsichtlich der Leidbewältigungsfrage kurz reflektiert werden.

6.1. „Ursache und Wirkung" – Alternativen zum christlichen Glauben: Exkurs in die buddhistische Leidbewältigung

Auch der Buddhismus übt auf Christine Lavant eine große Faszination aus, da er im Gegensatz zu manch christlichem Verständnis, das die Schriftstellerin schon sehr früh prägte, Leid und Krankheit nicht als Prüfung, Bewährungsprobe oder gar Strafe für noch nicht einmal begangene Taten sieht, sondern als etwas betrachtet, das im Menschen selbst entsteht und durch eine Grundeinsicht in die Tatsachen des Lebens überwunden werden kann. Auch wenn sich der Umfang und das Spektrum der Rezeption von buddhistischen, anthroposophischen und theosophischen Schriften nicht genau rekonstruieren lässt, so ist doch Lavants Begegnung mit alternativen geistigen Einflüssen durch ihren Schwager Anton Kucher sowie den Verwandten Matthias Wigotschnig, die einer Gruppe von Buddhisten und Anthroposophen angehörten, nachgewiesen.[771] Christine Lavant selbst soll eine kleine Buddha-Figur besessen haben, die sie wohl stundenlang streicheln konnte, und in einem Brief an Hilde Domin (1960) nennt sie als ihr „einziges Prinzip" das „[G]eschehen lassen", das heißt einen leidenschaftslosen Weg, der jegliche Identifikation mit der Wirklichkeit zu vermeiden sucht.[772] Diese Position ist dem im *Wang-lun* diskutierten Prinzip des „Nicht Widerstrebens"[773] sehr ähnlich. Doch ohne nochmals ausführlicher auf Döblin zurückzugreifen oder Lavants persönliche religiös-buddhistische Gedanken rekonstruieren zu wollen, was in dieser Form ohnehin nicht möglich und nicht zielstrebend erscheint, soll das Aufeinandertreffen insbesondere der christlichen Tradition mit der buddhistischen Alternative in einem Prosawerk Lavants in groben Zügen thematisch diskutiert werden.

In den *Aufzeichnungen aus einem Irrenhaus* (1950)[774], in dem die Ich-Erzählerin Erlebtes in Gestalt einer modern verstandenen perspektivierten Wahrheit präsentiert, ist das Gefühl der absoluten Gottverlorenheit omnipräsent. Auch wenn die Ich-Erzählerin von Mitpatientinnen in der Heilanstalt berichtet, zum Beispiel von der ewigen Rosenkranzbeterin, der vor Schmerz nur fluchenden Frau, die fortan von allen nur „die Gekreuzigte" genannt wird, oder der auf steter Suche nach dem Erlöser sich befindenden

---

[771] Vgl. Schneider/Steinsiek: Kreuzzertretung und Rückgrat, Luzifer und Bettlerschale, S. 128–129.

[772] Vgl. Schneider/Steinsiek: Kreuzzertretung und Rückgrat, Luzifer und Bettlerschale, S. 132. Das Originalzitat ist nicht veröffentlicht und daher nicht einzusehen. Schneider und Steinsiek planen seit 1997 einen Kommentierten Gesamtbriefwechsel, der zwar praktisch fertiggestellt ist, aber aufgrund von Rechtsstreitigkeiten über die Rechte an Lavants Werk ebenso wie die Historisch-Kritische Ausgabe von Lavants Werken noch nicht veröffentlicht wurde. Zum genauen Überblick über die verworrene Rechtssituation vgl.: Haider, Hans: Wem gehört diese Frau? Kärnten-Wien gegen Tirol-Salzburg: Im Kampf um die Rechte an der großen, geheimnisvollen österreichischen Dichterin Christine Lavant ist die Germanistik nicht zimperlich. In: Die Presse. Spektrum. Samstag, 5. März 2011: http://diepresse.com/home/spectrum/zeichenderzeit/639430/Wem-gehoert-diese-Frau. [zuletzt abgerufen am 07.10.2014]

[773] Vgl. Kapitel IV. 3.3. „Nicht Widerstreben" – Döblins chinesischer Roman Wang-lun

[774] 1950 werden die *Aufzeichnungen aus einem Irrenhaus* das erste Mal in einem Brief an Christine Busta vom 20.12.1950 erwähnt. Die *Aufzeichnungen* wurden erst Mitte der 90er Jahre im Nachlass der Übersetzerin und Schriftstellerin Nora Purtscher-Wydenbruck in London entdeckt, zu welcher Christine Lavant ein freundschaftliches Verhältnis hatte. Vgl. Steinsiek/Schneider: Nachwort. Out of Biography, S. 122 und 124. Der Titel *Aufzeichnungen aus einem Irrenhaus* erinnert – auch inhaltlich – an Dostojewskis *Aufzeichnungen aus einem Totenhaus* (1862).

Frau Cent, betrifft dies mehr eine krankhaft ausgeübte Religiosität, die einem schon längst verlorengegangenen Ideal hinterherläuft und deswegen pathologisch ist. Die von den Einzelschicksalen der Kranken und als „irre“ stigmatisierten Frauen scheinbar in ihren Überzeugungen nicht nachdenklich gewordene, tief fromme Schwester Marianne animiert die in der Anstalt eingeschlossenen Patientinnen zum Singen eines religiösen Liedes, was die Ich-Erzählerin in ihren Aufzeichnungen bissig kommentiert:

> Denkt das bloß aus, ihr alle, für die ich es vielleicht außer für mein eigenes armes Herz niederschreibe –: hier im Irrenhaus, in dem hinter ewig verschlossenen Türen zusammengepferchten Hunderterlei verschiedener Wahnsinnsarten, sangen sie: „Dann gehet leise, nach seiner Weise, der liebe Herrgott durch den Wald!“ … Ein vollbärtiges, halbvertiertes Weib, das nie mehr in seinem Leben einen Wald zu sehen bekommen wird, mußte dies hier singen, weil es Samstagabend war und eine junge, frömmige Schwester, die in ihrer Freizeit soviel sie will in den Wald gehen kann, dies wünschte … Und ich hatte mir eben noch vorgenommen gehabt, alle, auch diese, zu lieben, und nun kam es dahin, daß ich ihr den erdenklich größten Schmerz hätte zufügen mögen. Irgend welche Anfälle stehen mir leider nicht zur Verfügung, sonst hätte ich es leicht gehabt, alles auf eine geläufige Art zu unterbrechen, die Zwangsjacke schreckte mich nicht. (A, 72 f.)

So sehr sich die Ich-Erzählerin auch ein solch harmonisches Gottesbild ersehnt, hält sie es für ausgeschlossen, dass es einen alle Schicksale der Patientinnen ignorierenden Gott geben könnte und proklamiert in ihrem „Zorn“, ihrer „Verzweiflung“ und Enttäuschung einen Gegenentwurf zur frommen Gottinnigkeit der Schwester:[775] Sie beginnt „die Lieder der Mönche und Nonnen Gotama Boddhos“ zu preisen (A, 77), wird allerdings für ihren Gegenvorschlag gegen die vorherrschende christliche Tradition hart kritisiert. Das Absolute wird in den Liedern Buddhas grundlegend verschieden und nicht als letztverantwortliche Schöpfergottheit gedacht, weswegen alles dem karmischen Gesetz von Ursache und Wirkung unterliegt Die Ich-Erzählerin reflektiert so:

> „Wenn alles Ursache und Wirkung ist, dann liegt darin allein schon wenn auch nicht Vergebung, so doch Berechtigung.“ (A, 73)

[775] Vgl. Külz: „Viel lieber säße ich noch tief im Mohn“, S. 386; vgl. ebenso: Hödl, Hans Gerald: Von Steinen, Engeln und Heilanden. Religiöse Bilder in Christine Lavants Erzählung *Aufzeichnungen aus einem Irrenhaus.* In: Herzmansky, Katharina/Rußegger, Arno (Hgg.): Lavant Lektüren. Ergebnisse des 3. Internationalen Christine Lavant-Symposions. Wien: Praesens Verlag, 2006, S. 59–85, hier S. 70.

Das buddhistische Gedankengut stellt sich so einmal mehr als Alternative zum Glauben an einen allmächtigen Schöpfergott, da so die Theodizeefrage nicht gestellt werden muss, sondern alles seine „Berechtigung hat“ und als Weg zur Erlösung das „Geschehen lassen“ aller Widerfahrnisse und der Weg jenseits des Begehrens hin in das Eingehen in das endgültige Nirvana proklamiert wird. Wenn die Ich-Erzählerin so nach „Berechtigung“ allen Daseins sucht, dann wird im Buddhismus die das lyrische Ich in Lavants gesamtem Schaffen so quälende Frage nach dem Warum des Leidens gar nicht erst gestellt.

Gleichzeitig – so wird durch die weiteren Ausführungen der Ich-Erzählerin deutlich – ist die buddhistische Weltsicht jedoch ebenso kein Allheilmittel, sondern wird in Gestalt des Besuchers Anus, einem „Jünger Buddhas“, als lebens- und weltfremd entlarvt, da dieser sich nur auf Kosten seiner für seinen Lebensunterhalt arbeitenden Frau innerlich „erbauen“[776] kann.[777] Außerdem wird der Buddhismus gerade nicht als haltgebende ernsthafte Alternative für die leidgeplagten Patientinnen dargestellt. Der buddhistische Gegenentwurf der Ich-Erzählerin verhallt, ohne Widerklang zu finden, und die dem Buddhismus ebenfalls nahestehende Patientin Frau Cent zeichnet sich gerade durch ihre offensichtliche Suche nach einem Heiland und Erlöser aus,[778] die deswegen schon wieder in den jüdisch-christlichen Kontext und damit in eine andere Leidbewältigung verweist.

6.2. „Komme! Bleibe! – Halt es bei mir aus.“ – Hilfestellung im Leid im christlichen Glauben

Auch das Gedicht *Christus, bist du wirklich auch in mir?* (B, 91) zeugt von dem tiefen Wunsch, dass es jemanden geben möge, der dem Menschen

---

[776] Interessant ist, dass die Ich-Erzählerin hier ein Wort aus der christlichen spirituellen Tradition gebraucht: Erbauung. Sie distanziert sich dabei ironisch von der Meinung des Besuchers, dass seine Frau sich doch auch Zeit für ihre innere Erbauung nehmen solle. „Ich hätte beinahe herzlich gelacht bei der bloßen Vorstellung, dass sich Beta neben allem, was sie zu leisten hat, noch innen erbauen soll. Und als ob sie das notwendig hätte! Wenn wir nur alle innen so aus einem ganzen und heilen Stücken bestünden wie diese Beta, dann brauchte herzlich wenig mehr erbaut werden.“ (A, 85 f.) Erbauung erscheint demnach nur für diejenigen sinnvoll zu sein, die so etwas nötig haben.

[777] Vgl. und für weitere Informationen siehe hierzu: Hödl: Von Steinen, Engeln und Heilanden, S. 76 f.

[778] Vgl. hierzu ebenso ebd., S. 79. Hödl geht deswegen davon aus, dass Lavant hier eine besondere Strömung des Buddhismus im Blick gehabt haben musste, die vor allem von theosophischen Schriften inspiriert sind. Ein detailliertes Nachvollziehen dieser Argumentation würde den Rahmen an dieser Stelle allerdings zu sehr dehnen. Es bleibt vielmehr festzuhalten, dass die Suche nach einem Erlöser in der Situation von Unsicherheit und Leid zentral ist.

im Leid[779] beisteht. Auch wenn das lyrische Ich, wie in vielen anderen Gedichten, wiederum zum Tier wird und aus Verzweiflung „kreisch[t]" und „rundherum um [Christus'] hohen Namen" „nichts als ausweglose Flüche stammelt", drängt sich doch die bange Frage auf: „[W]irst du alles können überdauern"?, die dann in eine mutige Aufforderung mündet:

> Jesus – Bruder –, bleib in Gottes Namen
> dennoch nahe – nein –, komm ganz in mich!
> Heiland, Heiland, ich beschwöre dich,
> komme! Bleibe! – Halt es bei mir aus. (B, 91)

An die Menschwerdung und somit auch Menschlichkeit Gottes in der Anrede „Bruder" appellierend und auf die höchste Autorität, den „Namen Gottes", zurückgreifend, erhofft sich das lyrische Ich Beistand in seinem Leiden und beschwört Jesus, dass er sich als rettender Heiland erweisen soll. In der Argumentationsstruktur des Gedichts wird das lyrische Ich noch expliziter und unterstreicht das spezifisch Christliche dieses Beistehens im Leid. Das lyrische Ich stützt sich auf ein Konditionalgefüge:

> Hast du wirklich auch d i e Qual erfahren
> einst am Ölberg, dann – dann steh mir bei! (B, 91)

Wenn es wirklich wahr ist – so das Konditionalgefüge –, dass Gott wirklich Mensch wurde und nicht nur, wie es der Doketismus lehrt, zum Schein gelitten hat, wenn es also wirklich wahr ist, dass Jesus dieselbe körperliche und vor allem auch metaphysische Qual erfahren hat – sonst würde nicht explizit auf die Ereignisse verwiesen, die laut biblischem Bericht am Ölberg und nicht auf Golgota stattgefunden haben – wenn dies alles also wirklich wahr ist, dann erhebt das lyrische Ich die Forderung, dass Jesus ihm in seinem Leid beistehen soll. Aus der biblischen Wahrheit des Heilsgeschehens muss dann die Verpflichtung der bedingungslosen Anteilnahme erfolgen, auch wenn das lyrische Ich den „hohen Namen" Christi verflucht. Für die Argumentation ist entscheidend: Es wird gehofft, ersehnt, dass Gott in Jesus Mensch und Bruder wurde, dass er mit den Menschen gelitten hat und dass er sich als Heiland erweisen wird.

Aber wohl wissend um die Aporien, die sich für das lyrische Ich aus dem Verstandesgebrauch und der Theodizeefrage, wie in anderen Gedichten

---

[779] Das Leid wird im Gedicht noch genauer spezifiziert als körperliches und seelisches Leid und konkretisiert sich in der Angst vor dem Gefangensein in einem Irrenhaus, was sich thematisch eng mit der Angst, formuliert in den *Aufzeichnungen aus einem Irrenhaus*, deckt.

gezeigt wurde, ergeben, wird der Wahrheitsgehalt dieser heilsgeschichtlichen Verheißung angezweifelt. „Hast du *wirklich* die Qual erfahren?" „Christus, bist du *wirklich* auch in mir?" Kann das lyrische Ich dieser so quer zu aller Erfahrung stehenden Botschaft wirklich trauen? Auch ein Zweifel anderer Art überkommt das lyrische Ich. Es hat keinerlei Hoffnung, dass es in seinem Leiden geborgen wird, dass das Leid aufgehoben, in eschatologischer Perspektive verwandelt und so auch für die Gegenwart verändert werden könnte. Der einzige Wunsch, den das lyrische Ich an den vage erhofften göttlichen Heiland Jesus formuliert, ist der Wunsch nach etwas Kraft und Gnade, damit sein Leib „sich nicht noch selbst befreit" (B, 91). Eine Leidlinderung kann für das lyrische Ich nur eintreten, wenn Jesus ein „Wunder" vollbringt:

> Hilf mir, hilf mir, laß mich nicht so knien,
> nicht umsonst mein Augenlicht verderben,
> tu ein Wunder, laß mich heut noch sterben! (B, 91)

Die biblisch überlieferten Wunder der Totenerweckung durch Jesus und die paulinisch geprägte Vorstellung vom neuen Leben durch Christus werden internarrativ aufgegriffen, ironisiert und ins Gegenteil verkehrt. Das Wunder bestünde nicht in einem „neuen", heilen Leben, sondern im endgültigen Sterben, im Nicht-mehr-Leiden, im einfachen Nicht-mehr-Existieren. Der Gedanke des Beistandes Christi, der im Leiden doch so wichtig erschien, wird somit schlussendlich doch wieder negiert. Ohne irgendein Anzeichen auf eine eschatologische Hoffnung kann sich das lyrische Ich nur noch den endgültigen Tod wünschen. So schwer wiegen aus genannten Gründen die Zweifel an einem gütigen und mächtigen Gott, dass sich nur noch – trotz des großen Erlösungs- und Sinnbedürfnisses – der Tod oder wie eingangs erwähnt „die Hölle" als Ausflucht bietet.

Und doch bleibt dieses metaphysische Bedürfnis neben der Einsicht in dessen nahezu unmögliche Lebbarkeit bestehen und wird gleichwohl – nicht nur aus persönlichen Gründen, sondern auch aus einer sozialen Begründung, die den Nächsten in den Blick nimmt – abgelehnt.

6.3. Erlösung? – jedoch nicht „vorbei an des liebsten Menschen Stirne"

> Ich möchte beten, Vater, du weißt es.
> Vorbei an des liebsten Menschen Stirne
> trachte ich oft in deine Nähe. (B, 126)

Auch dieses Gedicht beginnt mit einem metaphysischen Bedürfnis, konkreter mit dem Wunsch der Nähe zum väterlichen Gott, die mittels eines Gebets hergestellt werden soll. Das entscheidende Problem ist nur die bereits in Vers zwei vorgestellte Bewegung, dass das lyrische Ich sich dann „vorbei an des liebsten Menschen Stirne“ die Nähe Gottes erhofft. Denn die „liebe Menschenstirne“ wird wie folgt charakterisiert.

> Aber die Stirne, Vater, die liebe Menschenstirne
> ist voll von dem Samen der Schwermut
> und die Bleibe des Elends. (B, 126)

Deswegen zieht das lyrische Ich die radikale Schlussfolgerung, dass es zwar gerne beten würde, aber diese Ausrichtung auf das Metaphysische würde es von dem menschlichen Umfeld, in dem es sich befindet, abwenden. Auch wenn das Bild „des liebsten Menschen Stirne“ sich auch auf den eigenen Verstand und die sich in Bezug auf das Gottesbild ergebenden Aporien bezieht, so steht doch vor allem hier nicht die eigene Not im Vordergrund, sondern die des menschlichen Umfeldes allgemein.[780] Das lyrische Ich sieht sich so vor eine Entscheidungssituation gestellt: entweder der Sehnsucht nach der Nähe Gottes nachgeben und dann aber das Elend der anderen Menschen übersehen oder die anthropologische Situation als Ausgangspunkt allen Denkens machen und dann den Glauben an einen gütigen Gott einem radikalen Zweifel unterwerfen. Das lyrische Ich entscheidet sich für Letzteres und antwortet sich selbst auf seinen Wunsch nach dem sich Gott nähernden Gebet: „Gib mir, bitte, nicht nach!“ (B, 126). Gott wird so aufgefordert, ja geradezu inständig gebeten, sich, wenn sich das lyrische Ich ihm nähern will, ihm gänzlich zu entziehen:

> Deshalb, wenn ich bete,
> dann nimm deine Nähe zurück!
> Entschlag dich mir gänzlich,
> verdüstre mein trachtendes Hoffen,
> sooft es vorbei will
> am Orte der Leiden. (B, 126)

Das lyrische Ich weigert sich so, über das nun hier nicht mehr ausschließlich persönliche Leid des Menschen hinwegzusehen. Es verwehrt sich selbst den Gottesgedanken und überhaupt die Sehnsucht nach Gott, beschrieben als „trachtendes Hoffen“, wo Leid verharmlost und ignoriert wird,

[780] Vgl. Külz: „Viel lieber säße ich noch tief im Mohn“, S. 334.

um so an Gott zu denken. Christine Lavants Gedicht hofft so gerade nicht „denkfaul“ auf Erlösung, sondern steht in der Reihe moderner Anfragen, wie es beispielsweise auch die literarische Figur des Dr. Rieux aus der *Pest* von Albert Camus formuliert: „Und ich werde mich bis zum Tod weigern, diese Schöpfung zu lieben, in der Kinder gemartert werden.“[781]

Auch Lavants Kunst allgemein ist zwar pfauenhaft schön, wie der Titel eines ihrer Gedichtbände der *Pfauenschrei* als Metapher nahelegt, doch ist sie nicht so versucherisch und verführerisch, den Schrei zu überhören, den der stelzende, Rad schlagende und seine Schönheit zur Schau tragende Pfau ausstößt,[782] sondern bleibt trotz aller Ästhetik der von ihr wahrgenommenen Situation des Menschen treu. Lavant ist eine Dichterin, „die bei den Dingen dieser Welt verweilt, statt schnurstracks sich zu Gott zu heben oder ins All und Nichts zu stürzen.“[783] Aus diesem Grund verwehrt sich Lavant auch der dringlichen Bitte des Verlegers, sie solle doch zu den *Aufzeichnungen aus einem Irrenhaus* einen „‚frommen' Schluss“ schreiben.[784] Sie beruft sich auf die „Wahrhaftigkeit“ und Authentizität, der sie als Künstlerin verpflichtet ist, weigert sich aus diesem Grund, die *Aufzeichnungen* zu einer Heilsgeschichte zu verfälschen und distanziert sich „vom Heilsanspruch der Heilsanstalt“ und „von den Erwartungen des Nachkriegspublikums, das durch die Lektüre sein Trost- und Harmoniebedürfnis zu befriedigen sucht“[785]. Mit der Begründung „Ich kann ja nichts Unwirkliches schreiben.“[786] bleibt Lavant trotz allem menschlichen Bedürfnis nach Halt und metaphysischer Geborgenheit bei ihrer hart gewonnenen und vielfach durchdrungenen Erkenntnis, dass Frömmigkeit und Glauben angesichts der so erfahrenen Realität weder für sich selbst noch aus Respekt vor anderen ungebrochen denkbar und praktizierbar ist.

[781] Camus, Albert: Die Pest. Sonderausgabe. Reinbek bei Hamburg: Rowohlt, 2010, S. 314.

[782] Zur Pfauenmetapher vgl. Arendt, Dieter: Das Wagnis des religiösen Gedichts. Zu der Lyrik Christine Lavants. In: Welt und Wort 18 (1963), S. 297–299, hier S. 299.

[783] Ross: Abenteuer und Albtraum des Glaubens.

[784] Christine Lavant an Nora Wydenbruck am 21.03.1951, zitiert nach Steinsiek/Schneider: Nachwort. Out of Biography, S. 127.

[785] Langer, Renate: Zwangsjacke und Couch. Psychiatrie und Psychotherapie in Werken von Lavant, Bachmann, Galvagni und Wogrolly. In: Moser, Gerda Elisabeth/Herzmansky, Katharina/Aspetsberger, Friedbert (Hgg.): Klug und stark, schön und erotisch. Idyllen und Ideologien des Glücks in Literatur und in anderen Medien. Innsbruck; Wien; Bozen: Studien Verlag, 2006, S. 89–117. (Schriftenreihe Literatur des Instituts für Österreichkunde; 17), hier S. 94.

[786] Christine Lavant an Nora Wydenbruck am 21.03.1951. In: Steinsiek/Schneider: Nachwort. Out of Biography, S. 127.

7. „[W]enn du wirklich irgendwo noch bist“ – Schlussfolgerungen

„Lieber, lieber Gott – wenn du bist, wenn du wirklich irgendwo noch bist, dann… „ (A, 111). Diese nachdenkende Vorannahme, dieses zweifelnde Innehalten vor einem Gebet, angesichts der als leidvoll und oft durch Sinnlosigkeit gezeichneten menschlichen Existenz, die vielleicht so manchem Betenden bewusst sein mag, ist charakteristisch für die Auseinandersetzung Christine Lavants mit dem christlichen Glauben. Wie diese literarische Figur, die Ich-Erzählerin in den *Aufzeichnungen aus einem Irrenhaus,* an der Existenz Gottes in ihren Gebeten und dem Beistand der Engel zweifelt und „Steine“ „einzeln gegen den Himmel [...] werfen [will], damit dieser sich darauf besänne, daß er auch gegen sein Unten noch eine Verpflichtung hat“ (A, 47), wirft auch Christine Lavant mit ihrer die Situation des modernen Menschen scharf analysierenden und herausfordernden Lyrik Steine gegen einen Gott, der in ihrer Erfahrungswelt scheinbar blind für das Schicksal und Elend des Menschen, taub gegenüber seinem Klagen und scheinbar willkürlich im Umgang mit seiner Gerechtigkeit ist. Ihr Werk ist ausgespannt zwischen einer unbarmherzigen Abrechnung mit Gott und seiner Welt und dem gleichzeitigen Bedürfnis nach einer Hoffnung, die dem Leben doch noch Sinn und Perspektive gibt. Aus dem steten Bedrängnis und Gefühl einer Erlösungsbedürftigkeit des Daseins lehnt sie eine bestimmte Religion und kirchliche Tradition strikt ab, die das Leiden nicht ernst nimmt, es als Sünde instrumentalisiert oder einfach verschweigt. Auch lehnt ihr lyrisches Ich einen Gott ab, der dieser Sünde des Menschen bedarf, der lieblos mit seiner Schöpfung spielt und als Baumeister etwas fahrlässig in Gang gebracht hat, das er nun selbst nicht mehr kontrollieren kann. Doch die steten Bezüge, die große Vielzahl der Gedichte, in der ein Du angesprochen wird oder die gar mit einem Du beginnen und in denen im weiteren Verlauf oft deutlich wird, dass es eigentlich Gott ist, den das lyrische Ich direkt anspricht, zeigen, dass es weder die Existenz Gottes vollständig leugnet noch zu einer wirklichen Affirmation gelangt. Die Gedichte sind in einem steten Wechselverhältnis dieser zwei möglichen Verhältnisse zu Gott und stellen somit ein authentisches ernsthaftes Ringen eines lyrischen Ichs dar, das sowohl dem Menschen treu bleiben als auch sich mit der biblischen Verheißung auseinandersetzen will. Das Klagen des lyrischen Ichs, die Verzweiflung über einen solch grausamen Gott, der zu einem lebensbedrohenden, glücksvernichtenden Ungeheuer wird, setzt aber gerade einen Maßstab aus der Vergangenheit voraus. Auf diesen Gott konnte man sich der biblischen Heilsgeschichte nach verlassen, er hat sich als mächtiger Schöpfer erwiesen und umso schmerzvoller ist es nun für das lyrische Ich, wissend um dieses Gottesbild, diesen Gott in der erfahrenen Gegenwart zu vermissen. Durch das Zitieren liturgischer Zeichen und religiöser Motive sowie Symbole, wie beispielsweise in der Lyrik Lavants vor allem das Kreuz ein solches prägendes Motiv ist, wird internarrativ eine ganze Tradition und Glaubensüberzeugung aufgerufen, die dann durch die spezifische Verwendung des Zeichens, Motivs oder Symbols ironisiert oder allgemein so verfremdet wird, dass die eigentliche Bedeutung nur noch ex negativo ersichtlich ist und vielmehr deren Gegenteil proklamiert wird. Lavants Poesie gestaltet so ästhetisch prägnant „die Diskrepanz zwischen der als bedrängend erfahrenen Lebensrealität und der in der christlichen Offenbarung ergangenen Heilszusage Gottes, die sich an alle Menschen richtet“[787]. Eine Rezensentin bemerkt so über Lavants Gedichte: „Und Christine Lavant liebe ich sehr, diese Schimpferin, die sich mit Gott anlegt. Wäre ich gläubig, müßte ichs auch.“[788] Wenn man den biblischen Verheißungen Vertrauen schenken will und an einen Gott glauben will, der es vermag, die Menschen mit sich und der Welt zu versöhnen, so muss man sich – so auch das Zitat – genau mit diesen Fragen, die Christine Lavant in ihrer Lyrik stellt, auseinandersetzen. Ansonsten hätte der Glaube nichts mit der Lebensrealität zu tun und wäre ein verharmlosendes Beten „vorbei an des liebsten Menschen Stirne“ (B, 126), eine „denkfaule Hoffnung“, die den Opfern der Geschichte, die bei Döblin auch explizit erinnert werden, keinesfalls gerecht wird. Das menschliche Rebellieren gegen Gott ist somit größter Ausdruck der Hoffnung, dass Gott seiner Selbstverpflichtung treu bleibt. Doch wenn an diese Treue Gottes aufgrund der Last der negativen Erfahrungen und der verstandesgemäßen Einsicht nicht mehr geglaubt werden kann, so bleibt dem lyrischen Ich nur die entschiedene, selbstbestimmte Absage, sich keiner noch so tröstenden Täuschung hinzugeben und dem Himmel zwar nachzutrauern, aber diesen dennoch abzulehnen: „Wenn nicht Himmel dann ordentlich die Hölle.“[789]

[787] Ensberg: Ästhetische Irritation religiöser Weltdeutung bei ‚christlichen Dichtern', S. 75.

[788] Sarah Krisch in einem Brief vom 15. 3. 1988. Zitiert nach: Sandherr-Klemp, Dorothee: „Ich hör mein Herz die Gnade Gottes loben, das dringt wie Bellen mir durch Mark und Bein“. Christine Lavants Lyrik auf der Suche nach einem Ort weiblicher Fruchtbarkeit zwischen Klage und Anklage. In: Günter, Andrea (Hg.): Feministische Theologie und postmodernes Denken: Zur theologischen Relevanz der Geschlechterdiffernenz. Stuttgart; Berlin; Köln: Kohlhammer, 1996, S. 147–165, hier S. 149.

[789] Christine Lavant an Hilde Domin. 02.06.60. In: Kzt, 104.

3. „Ich glaube an den Menschen“ – Die „Riesenklage“ und das alternative Credo bei Friedrich Dürrenmatt

1. „Wovon man nicht sprechen kann, darüber muss man sprechen.“ Vorbemerkungen zu einem „unbequeme[n] Schriftsteller“

“‚Wovon man nicht sprechen kann, darüber muss man sprechen.‘ Diese paradoxe Fassung des Satzes ist mir lieber, zeigt sie doch das Donquijotehafte jeder denkerischen Bemühung auf, deren Kühnheit und deren Grenze.“ (WA 36, 136)[790] Der Schriftsteller Friedrich Dürrenmatt wendet Wittgensteins berühmten letzten Satz seines *Tractatus logico-philosophicus* – „Wovon man nicht sprechen kann, darüber muss man schweigen.“[791] – ins Paradoxe, indem er der Erkenntniskritik Wittgensteins, nach welcher es eine Vielzahl von Dingen gibt, die unsere Erfahrung überschreiten und über die wir folglich keine Aussagen treffen können, einen anderen „erkenntniskritische[n] Satz“ gegenüberstellt, „der zugleich die Forderung enthält, die Sprache gleichwohl zu wagen“ (WA 36, 136): „Wovon man nicht sprechen kann, darüber muss man sprechen.“ (WA 36, 136). Als Schriftsteller betrachtet Dürrenmatt es als seine Aufgabe, „dem Scheitern der Sprache [...] ihre Notwendigkeit gegenüber[zustellen]“ (WA 36, 136), wohl wissend um das „Donquijotehafte“ dieser Bemühung. Dürrenmatt wählt, konsequent durchdacht, so vor allem auch Themen für sein literarisches Schreiben, über die laut Wittgenstein der Mensch eher schweigen müsste, wie beispielsweise den Tod, den (Nicht-)Glauben an einen Gott und den Sinn des Lebens. Dabei geht er, strebte man einen Vergleich zum ebenfalls ausgewählten und diskutierten Autor Alfred Döblin an, weit weniger etappenhaft vor. Kein Buch „wirft am Ende einem neuen den Ball zu“[792], es werden keine philosophischen und religiösen Denkalternativen dichotomisch nacheinander literarisch durchdiskutiert; wohl handelt es sich eher um eine werkübergreifende Auseinandersetzung mit diesen Fragen und Themen. Aus diesem Grund werden die einzelnen Werke Dürrenmatts weniger systematisch und chronologisch besprochen, sondern vielmehr werkübergreifend und thematisch analysiert.

[790] Alle Zitate Dürrenmatts werden, soweit es geht, nach der Werkausgabe in siebenunddreißig Bänden unter Angabe des Bandes und der Seitenzahl nach folgendem Muster zitiert: WA 36, 136.

[791] Wittgenstein, Ludwig: Tractatus logico-philosophicus. In: Ders.: Tractatus logico-philosophicus; Tagebücher 1914–1916. Werkausgabe Bd. 1. Frankfurt a. M.: Suhrkamp, 1989, S. 7–85, hier: S. 85 [7].

[792] E, 166. (Döblin, Alfred: Epilog. In: Lüth, Paul E. H.: Alfred Döblin zum 70. Geburtstag. Wiesbaden: Limes-Verlag, 1948, S. 161–173)

2. „Eine Schindluderei der Natur" – Dürrenmatts Sichtweisen der Welt

Obwohl der aus einem protestantischen Pfarrhaus stammende und zu seinem großen Erstaunen[793] mit einer Ehrenpromotion der theologischen Fakultät der Universität Zürich dekorierte Schweizer Dürrenmatt sich keineswegs als Theologe betrachtet und er sich – der Germanistik, Philosophie und Malerei näher stehend – eher mit allgemein menschlichen Fragen auseinandersetzt, beschäftigt sich Dürrenmatt auch oder gerade deshalb mit der Frage nach Religion und Glauben. Auch wenn er gelegentlich zwischen Protestantismus und Katholizismus differenziert,[794] stehen die konfessionsspezifischen Unterscheidungen im Hintergrund, da man bei ihm allgemein die Frage nach dem christlichen Glauben und dessen Erlösungsvorstellung antrifft. Es ist dabei zu betonen, dass es für diese Auseinandersetzung letztlich nicht entscheidend ist, wie Dürrenmatt persönlich zum christlichen Glauben steht. Während die Sekundärliteratur ihn zum Teil als „Theologe[n] par excellence"[795] feiert oder seine Werke als „Komödie des christlichen Glaubens"[796] etikettiert und sich Dürrenmatt wohl hin und wieder selbst als „Protestant"[797] bezeichnete, verbietet es sich nicht nur der

[793] „Der erstaunlichste Preis, den ich je erhielt, war der Doktortitel für Theologie von der Universität Zürich. Ich sagte damals: Das ist ein kolossales Fehlurteil. Trotzdem haben sie mich eingeladen zu einem Essen, und der Dekan hat auch eine unerhörte, sehr witzige Rede gehalten." Dürrenmatt im Gespräch mit Manfred Schell und Alfred Starkmann. (Gespräche 4, 52)

[794] Dürrenmatt beschreibt beispielsweise die „große ästhetische Verführung" des Katholischen, mit dem er vor allem in Basel durch Kurt Horwitz und Ernst Ginsberg vertrauter wurde. Vgl. Rüedi, Peter: Dürrenmatt oder Die Ahnung vom Ganzen. Biographie. Zürich: Diogenes, 2011, S. 301–307.

[795] Hoffmann, Fernand: Friedrich Dürrenmatt (1921–1991). Zweifelnd, verzweifeltes Gottsuchertum voll paradoxer Hoffnung. In: Bättig, Joseph/Leimgruber, Stephan (Hgg.): Grenzfall Literatur. Die Sinnfrage in der modernen Literatur der viersprachigen Schweiz. Freiburg (Schweiz): Universitätsverlag/Paulusverlag, 1993, S. 306–319, S. 307; ebenso Hoffmann, Fernand: Friedrich Dürrenmatt als Theologe. Gegenentwurf oder Absage? In: Stimmen der Zeit 209 (1991), S. 192–198, S. 194.

[796] Waldmann, Günter: Dürrenmatts paradoxes Theater. Die Komödie des christlichen Glaubens. In: Wirkendes Wort 14 (1964), S. 22–35, S. 35. Besonders eklatant an diesem Artikel ist der für eine literaturwissenschaftliche Betrachtung inakzeptable Schluss mathematischer Beweise Q.E.D. (quod erat demonstrandum).

[797] Um nur einige Beispiele zu nennen, schreibt Dürrenmatt 1952 in den Fingerübungen zur Gegenwart: „Ich bin ein Protestant und protestiere. Ich zweifle nicht, aber ich stelle die Verzweiflung dar." (WA 32, 32) Abgedruckt auch in: Dürrenmatt, Friedrich: Theater-Schriften und Reden. Zürich: Arche, 1966, S. 45. Im Folgenden wird auf diese Ausgabe Bezug genommen mit der Abkürzung TSR oder in dem *Essay über Israel:* „Nun bin ich selber Christ, genauer Protestant, noch genauer, ein sehr merkwürdiger Protestant, einer, der jede sichtbare Kirche ablehnt, einer der seinen Glauben für etwas Subjektives hält, für einen

„Uneindeutigkeit“[798] seines literarischen und essayistischen Werkes zuliebe, sondern vor allem aus gewichtigen literaturwissenschaftlichen Gründen, über die Religiosität oder Christlichkeit des Autors Dürrenmatt zu spekulieren: „[…] denn ich schreibe nicht, damit Sie auf mich schließen, sondern damit Sie auf die Welt schließen.“ (WA 32, 32) Dürrenmatts philosophisch-theologisches Denken und Selbstverständnis ist prinzipiell offen und undogmatisch, wie es die zahlreichen, manchmal auch sich widersprechenden, essayistischen und literarischen Äußerungen sowie die vielen Überarbeitungen seiner Werke zeigen, die somit jeweils Ausdruck eines bestimmten, augenblicklichen Reflexions- und Erkenntnisstandes sind.[799] Doch nicht nur in dieser Hinsicht ist es unsinnig, auf Dürrenmatt „zu schließen“. Der persönliche (Nicht-)Glaube Dürrenmatts kann und soll nicht Thema sein. Vielmehr stehen die im Werk dargestellten Denkoptionen, „die Welt“ als Frage, wie man in ihr sinnvoll leben kann, im Zentrum. Diese Denkoptionen zeichnen sich gerade nicht dadurch aus, dass sie religiös eindeutig und hoffnungsvoll verklärend sind oder gar als Darstellung von dogmatischen Glaubenswahrheiten betrachtet werden können. Auch wenn sie klassische religiöse und biblische Themen aufgreifen, die traditionell zu metaphysischem Trost heranzitiert werden, bleibt Dürrenmatt hinsichtlich eines möglichen Trostes skeptisch: „[…] ich weiß genau, daß es keinen Trost gibt, sondern eine Riesenklage.“ Deswegen fordert er für seine Literatur:

„Darf ich eine Lösung anbieten? Ich habe einmal gesagt, das Schlimmste, was ich mir vorstellen kann, ist, daß ich an einer Buchhandlung vorübergehe und dort im Fenster ein Büchlein sehe mit dem Titel: ‚Trost bei Dürrenmatt'.

Glauben, den jeder Versuch, ihn objektiv auszudrücken, verfälscht, einer, dem das subjektive Denken wichtiger [ist] als das objektive Denken […].“ Dürrenmatt, Friedrich: Zusammenhänge. Essay über Israel. Eine Konzeption. Zürich: Arche, 1976, S. 35. Auch im literarischen Werk lässt Dürrenmatt eine Figur über seinen „Autor“ als „zähschreibende[n] Protestant[en]“ (WA 3, 58) reden, wobei mit diesem auch nicht unmittelbar auf Dürrenmatt selbst geschlossen werden darf. Eine detaillierte Auflistung vermutlich aller Stellen im Werk Dürrenmatts, an denen Dürrenmatt vermeintlich von sich als Protestant spricht, findet sich bei Weber, Emil: Friedrich Dürrenmatt und die Frage nach Gott. Zur theologischen Relevanz der frühen Prosa eines merkwürdigen Protestanten. Zürich: Theologischer Verlag, 1980, S. 39–42.

[798] Vgl. hierzu auch Burkard, Philipp: Als Gott über Gott schwätzen?! Das Verhältnis des späten Dürrenmatt zur Religion, untersucht am Text *Selbstgespräch*. In: Herwig, Henriette/Wirtz, Irmgard/Würffel, Stefan Bodo (Hgg.): Lese-Zeichen. Semiotik und Hermeneutik in Raum und Zeit. Festschrift für Peter Rusterholz zum 65. Geburtstag. Tübingen; Basel: Francke, 1999, S. 449–458, S. 449 f.

[799] Klein, Michael: Friedrich Dürrenmatt – „Es tut ein neues Zeitalter der Aufklärung not“. In: Müller-Salget, Klaus; Scheichl, Sigurd Paul (Hgg.): Nachklänge der Aufklärung im 19. und 20. Jahrhundert. Für Werner M. Bauer zum 65. Geburtstag. Innsbruck: university press, 2008, S. 289–299, S. 298.

Dann muß ich sagen: Jetzt bin ich fertig. Literatur darf keinen Trost geben. [...] Literatur, glaube ich, darf nur beunruhigen." (Gespräche 2, 161[800])

Worin die „Riesenklage" besteht, beziehungsweise worauf Dürrenmatt mit seinem literarischen Werk aufmerksam machen und „beunruhigen" will, wird anhand einiger kurzer exemplarischer Beispiele aus seiner Dramatik und Prosa sowie unterstützt von philosophischen und ästhetischen Schriften und Reflexionen deutlich gemacht.

2.1. „Ein Riesenunfall, das ganze" – Weltbild und Menschenbild im Spiegel einiger exemplarischer Werke Dürrenmatts

„Wir müssen unser Wissen zurücknehmen [...] Entweder bleiben wir im Irrenhaus oder die Welt wird eines." (WA 7, 74; 76) Mit diesen zwei zentralen Aussagen eines der berühmtesten Dramen Dürrenmatts, den *Physikern* (1961), ist das „Beunruhigende" dieses Stücks in seinem Kern enthalten: Die Welt droht ob der neuen Entdeckungen der Menschen, hier der Entschlüsselung der Weltformel durch den Physiker Möbius, zu einem Irrenhaus zu werden, weswegen der Protagonist aus Verantwortungsbewusstsein und Angst vor einem folgenreichen Missbrauch seiner Entdeckung den Wahnsinn simuliert und sich selbst in ein Irrenhaus begibt (WA 7, 73). Doch gerade indem er seine Entdeckung im Irrenhaus zum Wohle der Menschheit geheim halten will, gerät er in die Hände der wahrhaft irren Anstaltsleiterin Mathilde von Zahnd, die besagte Weltformel für ihre Zwecke missbraucht. (WA 7, 84 ff.) Durch einen unvorhersehbaren Zufall endet der Rettungsversuch in einer Katastrophe. Gänzlich zufällig und unbegründet bricht auch in die alltägliche Welt eines Zugreisenden in der Erzählung *Der Tunnel* (1952) das Schreckliche ein, indem sein Zug zwischen Herzogenbuchsee und Langenthal[801] den Tunnel nicht mehr verlässt, sondern, von den Passagieren zunächst unbemerkt, in den Abgrund rast. Ohne Lokomotivführer, der schon längst abgesprungen ist, ist der die gesamte Welt symbolisierende Zug ohne jegliche Hoffnung auf Rettung sich selbst überlassen und rast unaufhaltsam der Katastrophe entgegen. Das Motiv der zusammenstürzenden Welt – auch in Verbindung mit den Errungenschaf-

[800] Dürrenmatt im Gespräch mit Heinz Ludwig Arnold, 1975. Vgl. weitere ähnliche Äußerungen Dürrenmatts: „[I]ch hoffe, daß man von mir sagen wird, ich sei ein unbequemer Schriftsteller gewesen." WA 32, 31 f. und: Der Schriftsteller weigert sich „geistige Werte zu liefern, indem er Stoffe, aber keinen Trost fabriziert, Sprengstoff, aber keinen Tranquilizer". (TSR, 149)

[801] Man beachte die genauen Angaben, wie beispielsweise auch die Abfahrts- und Ankunftszeiten („siebzehnuhrfünzig" und „neunzehnuhrsiebenundzwanzig"), die das Hereinbrechen des Schrecklichen in das völlig Alltägliche unterstreichen. (*Der Tunnel* WA 21, 21 und 5)

ten einer technisierten Welt – behandelt Dürrenmatt nicht nur in seinem literarischen Werk, sondern auch in seiner zweiten Leidenschaft, der Malerei. Im Bild *Die Katastrophe* (1966) krachen Züge und Autos zusammen und stürzen mitsamt den Bauteilen der ursprünglich in mehreren Etagen in den Himmel ragenden Brücken auf die verzweifelte Menschenmenge herunter, die sich vor ihren die grausame Katastrophe auslösenden, zivilisatorischen Errungenschaften nicht mehr retten kann. Doch der Mensch muss sich nicht nur vor den ihn nun bedrohenden Ausgeburten seiner eigenen Vernunft und Taten fürchten. Auch unter metaphysischen Gesichtspunkten droht die Katastrophe, wie im Bild *Zorniger Gott* (1976) dargestellt, in dem ein als Mann visualisierter tobender Gott mit beiden Händen einen Himmelskörper über dem Kopf hält und im Begriff ist, diesen auf die immer weiter emporstrebende und Türme in den Himmel bauende Zivilisation zu schleudern.[802] Die Frage nach der allgemeinen Schuld oder Unschuld des Menschen an der hereinbrechenden Katastrophe ist neben vielen anderen Stücken beispielsweise auch in der Erzählung *Die Panne* (1955) Thema, in der das Spiel eines Gerichts, in das der Protagonist Alfredo Traps zufällig aufgrund einer Autopanne gerät, in die Wirklichkeit umkippt und Traps sich – im Spiel seiner Schuld überführt – tatsächlich das Leben nimmt. Gleichsam über die Erzählung hinaus, sinnbildlich für Dürrenmatts gesamtes Schaffen und angesichts der realen Geschehnisse in der Welt erschreckend wahr, resümiert der Richter im Gerichtsspiel der gleichnamigen späteren Komödienfassung (1979):

> „In einer Welt der schuldigen Schuldlosen und der schuldlosen Schuldigen[803] hat das Schicksal die Bühne verlassen, und an seine Stelle ist der Zufall getreten, die Panne. [...] Das Zeitalter der Notwendigkeit machte dem Zeitalter der Katastrophen Platz [...] undichte Virenkulturen, gigantische Fehlspekulationen, explodierende Chemieanlagen, unermeßliche Schiebungen, durchschmelzende Atomreaktoren, zerberstende Öltanks, zusammenkrachende Jumbo-Jets, Stromausfälle in Riesenstädten, Hekatomben

[802] Weitere apokalyptische Bilder und einige Anmerkungen hierzu finden sich bei Bühler, Pierre: Apokalypse im Werk von Friedrich Dürrenmatt. In: Dürrenmatt, Friedrich/Bühler, Pierre (Hg.): Dürrenmatts Endspiele. Neuchâtel: Centre Dürrenmatt, 2003, S. 43–71.

[803] Vgl. zum Paradox, dass keiner wirklich schuldlos oder schuldig ist, siehe auch Theaterprobleme. „In der Wurstelei unseres Jahrhunderts, in diesem Kehraus der weißen Rasse, gibt es keine Schuldigen und auch keine Verantwortlichen mehr. Alle können nichts dafür und haben es nicht gewollt. Es geht wirklich ohne jeden. Alles wird mitgerissen und bleibt in irgendeinem Rechen hängen. Wir sind zu kollektiv schuldig, zu kollektiv gebettet in die Sünden unserer Väter und Vorväter. Wir sind nur noch Kindeskinder. Das ist unser Pech, nicht unsere Schuld: Schuld gibt es nur noch als persönliche Leistung, als religiöse Tat." (WA 30, 62)

> von Unfalltoten in zerquetschen Karosserien. In dieses Universum bist du geraten […].“ (WA 16, 162 f.)

Angesichts dieser Katastrophen, Pannen und Zufälle sowie der Lächerlichkeit der menschlichen Bemühungen, der Welt Herr zu werden, stellt sich zurecht die Frage nach dem Menschsein, die Negro da Ponte, der Gegenspieler des blinden Herzogs im Drama *Der Blinde* (1947), in welchem dem blinden Herzog sein im Krieg zerstörtes Reich als unversehrt vorgespielt wird, wie folgt beantwortet: „Dann werdet ihr sehen, was der Mensch ist: ein schreiender Mund, zwei gebrochene Augen, in denen sich nichts mehr spiegelt.“ (WA 1, 186)

Ohne, dass diese reduktionistische und desillusionierte Aussage über die wiederum nur aus einer bestimmten Perspektive betrachteten Realität nun als alleinige und letzte Antwort auf die Frage nach dem Menschsein stehen bleiben soll, gilt für die Autoren der Moderne und insbesondere für Dürrenmatt, dass der Schriftsteller die Welt nicht beschönigen solle, sondern auch solche wohl bewusste Sichtweisen der Welt darstelle. Im Vortrag *Vom Sinn der Dichtung in unserer Zeit* (1956) schreibt Dürrenmatt: „Was soll der Schriftsteller tun? Zuerst hat er zu begreifen, daß er in dieser Welt zu leben hat. Er dichte sich keine andere, er hat zu begreifen, daß unsere Gegenwart […] so ist.“ (TSR, 63) Welche Probleme auftreten können, wenn ein Schriftsteller sich „vor der ungeheuerlichen Unordnung der Dinge“ einkerkert „in ein Hirngespinst aus Vernunft und Logik“ und sich „mit erfundenen Geschöpfen“ umstellt, weil er die wirklichen nicht erträgt (WA 9, 91), reflektiert Dürrenmatt im Drama *Der Meteor* (1966), in welchem der verstorbene Schriftsteller und Nobelpreisträger Schwitter immer wieder zu neuem Leben aufersteht. Dieses erdichtete und vertröstende Hirngespinst zerplatzt, sobald der sich dies Erdenkende Schmerz und Krankheit fühlt. Eine absurde, sinnentleerte Wirklichkeit bricht über ihn herein:[804] „Es kam die Erkenntnis, das Wissen. Es gab keine Flucht mehr in die Phantasie. Die Literatur ließ mich im Stich. Es gab nichts als meinen alten, fetten, brandigen Leib. Es gab nichts als das Entsetzen.“ (WA 9, 91) Die Endlichkeit, die das Leben als „Schindluderei der Natur sondergleichen“ (WA 9, 94) entlarvt, und die Wirklichkeit des Todes „löschen“ – wie Dürrenmatt in einem Gespräch über den *Meteor* kommentiert – „die Erfindungen aus, mit denen Schwitter sich schützend umstellt hat“ (Gespräche 1, 205[805]), und relativieren im Stück auch die anderen trügerischen Heilsangebote der Kunst,

[804] Vgl. Freund, Winfried: Modernes Welttheater. Eine Studie zu Friedrich Dürrenmatts Komödie *Der Meteor*. In: Literatur in Wissenschaft und Unterricht 4 (1973), S. 110–121, S. 111.
[805] Dürrenmatt im Gespräch mit Urs Jenny, 1966.

Wissenschaft, Herrschaft, der institutionalisierten Religion und Sexualität als kurzzeitliche Narkotika angesichts einer hoffnungslosen Welt.[806] Die einzige Sicherheit ist der Tod[807] – „Ich bin berufen zum Sterben, allein der Tod ist ewig." (WA 9, 94) –, der mit einem Vokabular beschrieben wird, das zugleich internarrativ die technisierte Welt sowie die theologische Heilsgeschichte einholt: „Der Tod rast auf einen zu wie eine Lokomotive, die Ewigkeit pfeift einem um die Ohren, Schöpfungen heulen auf, krachen zusammen, ein Riesenunfall, das ganze – „ (WA 9, 62). Die Welt wird folglich im literarischen Werk Dürrenmatts als „Riesenunfall" beschrieben, vor dem jegliche Verdrängung der Realität und Flucht unmöglich erscheint und in der sich der Mensch, um eine weitere zentrale Metapher Dürrenmatts aufzugreifen, in einem Labyrinth gefangen vorfindet.

2.2. Die Welt als Labyrinth

2.2.1. Der „Vereinzelte" in einer rätselhaften Welt – Der im Labyrinth gefangene Minotaurus als Symbol für den Menschen

Dass die Flucht des Menschen vor der Wirklichkeit unmöglich ist, kommt auch im Bild des Minotaurus zum Ausdruck, jenem Mischwesen aus Mensch und Stier aus der griechischen Mythologie, das Dürrenmatt in der Ballade *Minotaurus* (1985) aber von einem menschenfressenden Untier zu einem sich in einem undurchschaubaren Labyrinth befindenden, orientierungslosen Opfer umgestaltet. Sein labyrinthisches Gefängnis besteht aus reinen Spiegelflächen, in denen er sich endlos reflektiert und sich in einer Gemeinschaft gleichartiger Wesen wähnt: „Es glaubte, ein Wesen unter / vielen gleichen Wesen zu sein. Sein Gesicht wurde / freundlicher, die Gesichter seiner Spiegelbilder / wurden freundlicher. Es winkte ihnen zu, / sie winkten zurück […] Ein / Glücksgefühl überkam es." (WA 26, 12) Doch dieses Glücksgefühl trügt, denn Minotaurus bemerkt allmählich, „daß er sich selber sich / gegenüber befand. Er versuchte zu flüchten, doch / wohin er sich auch wandte, stets stand er sich selber / gegenüber […] er spürte, […] daß es nur ein Wesen gab / wie er eines war, […] daß er der Vereinzelte / war, […] daß es seinetwegen das Labyrinth gab, und das nur, / weil er geboren worden war." (WA 26, 28) Dürrenmatts Minotaurus ist ein Bild für den

[806] Vgl. auch Freund: Modernes Welttheater, S. 113–117.

[807] Doch nicht einmal der Tod scheint für Schwitter sicher, da er immer wieder eine Auferstehung erfährt. Zum Motiv des Auferstandenen, der nicht an seine eigene Auferstehung glaubt, siehe Kapitel 5. 3. „Ich? Auferstanden? Von den Toten? So ein Witz!" Die Dekonstruktion des christlichen Erlösungsangebots.

Menschen,[808] „ein Symbol für den Einzelnen in seiner existenziellen Isolation und Vereinsamung"[809], der sich zunächst zwar in einer Gemeinschaft wähnt, schließlich doch erkennen muss, dass das, wofür er seine Welt und Gesellschaft hält, nur ein Trugbild ist. Inmitten scheinbar gleicher Wesen ist er einsam und isoliert, findet sich in einer labyrinthischen Situation ohne Ausweg und wird, als er meint, endlich wahre „Brüderlichkeit", „Freundschaft", „Geborgenheit", „Liebe", „Nähe" und „Wärme" und somit „seine Erlösung" (WA 26, 31) in Gestalt eines anderen aber gleichartigen Wesens – in der Ballade dem als Minotaurus verkleideten Theseus – zu erfahren, grausam getötet (WA 26, 31 f.). Ohne je hinter den Sinn seiner Existenz zu kommen und das Labyrinth zu überblicken oder zu verlassen, stirbt der Minotaurus und damit in diesem symbolhaft hineingenommen der Mensch in seinem viel zu kurzen, absurden Leben. Der Mensch ist dabei nicht wie die mythologische Figur des Dädalus der Erbauer des Labyrinths. Die Wirklichkeit bleibt in ihrer Totalität für den Menschen nie ganz durchschaubar, ein Punkt außerhalb der Welt, „von dem aus der Mensch ebendiese Welt und sich selbst als Teil von ihr objektiv und vollständig überschauen könnte"[810], bleibt dem Menschen versagt. Dürrenmatts Metapher des Labyrinths allegorisiert folglich nicht nur die undurchschaubare Welt, sondern ebenso die Erkenntnisproblematik des Menschen.

2.2.2. „Kant mauerte den Ausgang des Labyrinths zu" – Das Labyrinth als Metapher für die beschränkte Erkenntnisfähigkeit des Menschen

„Es führt grundsätzlich kein Ausweg aus dem Wißbaren in einen Bereich, von dem aus das Wißbare zu überschauen, in ein System zu bringen wäre. Kant mauerte den Ausgang des Labyrinths zu [...]" (WA 29, 122). Da metaphysische Fragen über den Bereich der erfahrbaren Wirklichkeit hinausgehen und somit die menschliche Erkenntnisfähigkeit per se übersteigen und „durch keinen Erfahrungsgebrauch der Vernunft [...] beantwortet werden können"[811], ist der Ausgang des Labyrinths in Dürrenmatts bildlicher Darstellung ebendieser Erkenntnisproblematik durch die Kantlektü-

[808] Vgl. Burkard, Martin: Dürrenmatt und das Absurde. Gestalt und Wandlung des Labyrinthischen in seinem Werk. Bern; Berlin; Frankfurt a. M. u. a.: Lang, 1991. (Züricher germanistische Studien; 28), S. 264.

[809] Schmitz-Emans, Monika: Am Ende – die Toleranz. Abu Chanifa, Anan ben David und Friedrich Dürrenmatts Religionsgespräch. In: Zielke, Oxana (Hg.): Nathan und seine Erben. Beiträge zur Geschichte des Toleranzgedankens in der Literatur. Festschrift für Martin Bollacher. Würzburg: Königshausen & Neumann, 2005, S. 143–161, hier S. 151.

[810] Burkard: Dürrenmatt und das Absurde, S. 140.

[811] Kant, Immanuel/Weischedel, Wilhelm (Hg.): Immanuel Kant. Kritik der reinen Vernunft. Werke in sechs Bänden. Bd. 2. Darmstadt: Wissenschaftliche Buchgesellschaft, 1956, S. 60.

re[812] zugemauert.[813] Dürrenmatt interpretiert Kants Lösung der Erkenntnisproblematik weiter in diesem Bild – wobei darauf hinzuweisen ist, dass es sich um Dürrenmatts Kant-Interpretation handelt, die von anderen Lesarten Kants durchaus auch abweichen kann und somit viel eigene Gedanken Dürrenmatts enthält[814] –: Kant lehre den Menschen, „das Labyrinth zu akzeptieren" und „erlöse" den Minotaurus, indem er ihn „zum Menschen verwandel[]e" und ihn erzöge, „das Gefängnis seines Wissens zu ertragen" (WA 29, 122). In der „Freiheit des Geistes" könne das Gefängnis durch dessen Anerkennung gleichsam „gesprengt" werden (WA 29, 122), ein Gedanke, den Dürrenmatt auch in der Erzählung *Die Stadt* (1947) literarisch verarbeitet und kommentiert. Ein Ich-Erzähler versucht sich in einem unterirdischen und undurchschaubaren „Labyrinth von Korridoren" (WA 29, 125) klar zu werden, ob er nun eigentlich Wärter der Gefangenen oder ein Gefangener selbst, also ob er frei oder unfrei sei. Da er nicht wagt seine Situation durch tatkräftiges Nachforschen zu klären, sondern versteinert an seinem „reinen Denken" festhält, werde er, wie Dürrenmatt bemerkt, zum „Metaphysiker" (WA 29, 126), der mit seinen reinen Spekulationen nicht weiterkomme.[815] Dürrenmatt, der diese Situation des Ich-Erzählers rückblickend auf seine damalige Situation selbst bezieht, würde Jahrzehnte später den Schluss anders schreiben: Der Ich-Erzähler würde „im wilden Entschluß, die Entscheidung zu suchen" (WA 29, 126) zur Ausgangstür zurückrennen, doch an der undurchdringbaren Anordnung der Korridore scheitern, bis ihm der entscheidende Gedanke komme, „daß es keine Flucht, daß es nur die eigene Entscheidung gibt, sich als Wärter oder Gefangener zu betrachten, daß die Freiheit nicht bewiesen, sondern nur geglaubt, gesetzt,

[812] Dürrenmatt selbst weist darauf hin, dass seine philosophische Herkunft durch Kant und Kierkegaard geprägt ist, wenn er auch hinzufügt, dass er sich nicht ganz sicher ist, ob er etwas von ihnen verstanden habe. (Vgl. WA 14, 326) In diesem vorsichtigen Nachsatz wird jedoch schon deutlich, dass Dürrenmatt zwar von ihnen „ausgeht", aber sie dennoch nach seinem eigenen Interesse umdeutet und weiterdenkt. Vgl. hierzu auch: Burkard, Philipp: Dürrenmatts „Stoffe". Zur literarischen Transformation der Erkenntnistheorien Kants und Vaihingers im Spätwerk. Tübingen; Basel: Francke, 2004, S. 29.

[813] Vgl. hierzu auch beispielsweise Burkard, Philipp: Fiktion als Erkenntnis. Dürrenmatts Darstellung seines Weges von der Philosophie zur Literatur im zweiten Band der *Stoffe*. In: Rusterholz, Peter/Wirtz, Irmgard (Hgg.): Die Verwandlung der „Stoffe" als Stoff der Verwandlung. Friedrich Dürrenmatts Spätwerk. Berlin: Erich Schmidt, 2000, S. 129–143, S. 131, oder Burkard: Dürrenmatts „Stoffe", S. 44.

[814] Burkard weist beispielsweise auf die Ungenauigkeiten in Dürrenmatts Kant-Interpretation hin und spekuliert über die Gründe der Abweichungen von einer „adäquaten" Kant-Interpretation. Vgl. Burkard: Fiktion als Erkenntnis, insbesondere S. 134–143. Doch auch Dürrenmatt selbst ist sich seines virtuosen Umgangs mit der Philosophie bewusst. Vgl. WA 29, 123.

[815] Vgl. Burkard: Fiktion als Erkenntnis, S. 132.

gewählt werden kann." (WA 29, 127) Die Freiheit, so Dürrenmatt, sei eine „Bestimmung des Geistes. Der Geist bestimmt sich als frei, ist er dazu nicht fähig, hilft ihm keine Freiheit" (WA 29, 127 f.). Einen Ausweg aus dem Labyrinth, aus dem zum Scheitern verurteilten Versuch, einen Standpunkt außerhalb des Labyrinths einzunehmen und damit eine absolute Wahrheit, einen Lebenssinn des aus Sicht des Minotaurus beziehungsweise des Menschen so absurden und leidvollen Lebens zu finden, gibt es nicht. Kant mauerte ihn zu. „Die Moderne sieht sich", um nochmals Schnädelbach zu zitieren, „ohne Möglichkeit der Ausflucht, auf sich selbst verwiesen"[816] und muss folglich „ihre Normativität aus sich selber schöpfen"[817].

Kant mauerte den Ausgang zu, es gibt – so Dürrenmatt weiter – „nur ‚den Sprung über die Mauer', den Glauben, das Paradox Kierkegaards" (WA 29, 122). Die Erkenntniskritik wird dadurch nun auch mit der spezifisch religiösen Erkenntnisproblematik, der Frage nach einem Gott, der nach Kierkegaard in paradoxer Weise Mensch geworden ist und als solcher sich dem Menschen zugewandt hat,[818] verknüpft. Dieses Paradox, ebenso wie die Bestimmung seiner selbst als freies Wesen, kann nur mit einem Sprung über die eigentliche Erkenntnisbeschränkung geglaubt werden. Das Labyrinth als Metapher für das Wirklichkeitsverständnis der Welt und der Erkenntnisproblematik schlechthin muss als solch undurchschaubare Erkenntnisbeschränkung in Dürrenmatts auf Kant basierter Lesart anerkannt werden, wobei die Erfahrung des Absurden dadurch keineswegs gemindert wird. Das Absurde tut sich für den Menschen weiterhin als unüberbrückbare Kluft auf, wenn er in seinem Wunsch nach Beheimatetsein in einer für ihn erfahr- und erkennbaren, sinnbegründenden Ordnung sowie in seinem Verlangen nach rationalem Begreifen der Welt „auf eine Wirklichkeit stösst, die sich diesen existentiellen Bedürfnissen widersetzt und so als ungeheures Durcheinander und Chaos, als unüberschaubar und labyrinthisch erlebt wird"[819]. Bei allem Versuch der Akzeptanz der Welt, so wie sie sich dem Menschen darstellt, und der Unmöglichkeit, sie vollständig rational zu durchdringen, bleibt eine Erfahrung des Schmerzes, wenn sie sich als „Riesenunfall" erweist.

[816] Habermas: Der philosophische Diskurs der Moderne, S. 16.

[817] Ebd. Siehe hierzu auch das einführende Kapitel „Dekonstruierende Konstruktion – Ästhetik moderner Literatur", insbesondere das Unterkapitel „Der Begriff der ‚Moderne': Zur Problematik des Epochenbegriffs. Zum Begriff der Moderne siehe weiter Schnädelbach, Herbert: Gescheiterte Moderne? (1989). In: Ders (Hg.): Zur Rehabilitierung des animal rationale. Vorträge und Abhandlungen; 2. Frankfurt am Main: Suhrkamp, 1992, S. 431–447.

[818] Vgl. Kierkegaard, Sören/Rest, Walter (Hg.): Einübung im Christentum. Zwei kurze ethisch-religiöse Abhandlungen. Das Buch Adler oder Der Begriff des Auserwählten. München: dtv, 2005, beispielsweise S. 109–111 und 123 f.

[819] Burkard: Dürrenmatt und das Absurde, S. 124.

Die Frage, die den Schriftsteller Dürrenmatt dabei umtreibt, ist, wie solch eine Welt und die darin sich offenbarenden Probleme literarisch dargestellt werden solle. In dem ZEIT-Gespräch *Ich bin der finsterste Komödienschreiber, den es gibt* (1985) bemerkt Dürrenmatt dazu: „Nicht ich lasse die Welt grimassieren, die Welt grimassiert. Blicke ich der heutigen Welt ins Gesicht, erblicke ich eine Fratze. Soll ich sie ins Erträgliche schminken?“[820] Wie Dürrenmatt die Welt ausgehend von dieser Wirklichkeitswahrnehmung ungeschminkt dramatisch oder episch in Worte fasst, welche ästhetischen Überlegungen er seinem literarischen Werk beistellt und welche dramaturgische Philosophie er entwickelt, wird in einem kurzen Exkurs dargestellt.

2.3. Exkurs: Dürrenmatts Dramentheorie als Spiegel seines Weltverständnisses

In einer Welt, in der „[d]as Schicksal die Bühne verlassen [hat], auf der gespielt wird, um hinter den Kulissen zu lauern“ (WA 21, 39), einer Welt der Unfälle, Unglück bringenden Zufälle und Katastrophen, in einer „Welt der Pannen“ (WA 21, 39), in der zudem die Komplexität der Wirklichkeit grundsätzlich das menschliche Wissen epistemologisch beschränkt, ist das „Bauprinzip des Ganzen“ nicht erkennbar und die Welt mit ihren vielen Gesichtern nicht nachahmbar.[821] Dürrenmatt belässt den Zuschauer nicht in der Illusion, das Bühnengeschehen bilde die Wirklichkeit ab, im Gegenteil: Er stellt gerade die Fiktionalität und Konstruiertheit der dramatischen Handlung und das Scheitern von Wirklichkeitskonstrukten in den Mittelpunkt, da die Wirklichkeit sich zu weigern scheine, sich den menschlichen Vorstellungen von ihr zu unterwerfen.[822] Deswegen sind gerade die vieldiskutierten Schlüsse der Werke Dürrenmatts, die zumeist mit einer unerwarteten Wendung überraschen, programmatisch. Man kann es sich „nicht mehr leisten […], die jeweils schlimmstmögliche Wendung außer acht zu

[820] Dürrenmatt: *Ich bin der finsterste Komödienschreiber, den es gibt.* (1985) http://www.zeit.de/1985/34/ich-bin-der-finsterste-komoedienschreiber-den-es-gibt [zuletzt abgerufen am 04.05.2015], fortan abgekürzt als fK

[821] Vgl. Adams, Dale: Chaos, Zufall und Mathematik: Friedrich Dürrenmatts Weltbild und Dramaturgie. In: Nach der Natur. After Nature. Freiburg; Berlin; Wien: Rombach, 2010, S. 211–231. (Limbus; 3), hier S. 288, und Assmann, Heinz-Dieter: „So droht kein Gott mehr“. Friedrich Dürrenmatt und das Prinzip Panne. In: Gellner, Christoph/Langenhorst, Georg (Hgg.): Herzstücke. Texte, die das Leben ändern. Ein Lesebuch zu Ehren von Karl-Josef Kuschel zum 60. Geburtstag. Düsseldorf: Patmos, 2008, S. 169–182, S. 177.

[822] Vgl. Adams: Chaos, Zufall und Mathematik, S. 228.

lassen"[823]: Dem Wirklichkeitskonstrukt beispielsweise eines Möbius in *Die Physiker*[824] wird eine andere Wirklichkeit entgegengestellt, die Möbius umso härter trifft, als er mit einem konkreten Plan zum Wohle der Menschheit vorgeht. Doch „planmäßig vorgehende Menschen" trifft der Zufall „dann am schlimmsten, wenn sie durch ihn das Gegenteil ihres Ziels erreichen: Das, was sie befürchten, was sie zu vermeiden suchen (z. B. Ödipus)" (WA 7, 92, Punkt 9), schreibt Dürrenmatt in den 21 Punkten zu den Physikern. Es liegt im Wesen der „schlimmstmöglichen Wendung", die laut Dürrenmatt aus dem „Zu-Ende-Denken" einer Geschichte resultiert (WA 7, 91, Punkt 2 und 3), dass sie nicht voraussehbar ist, sondern „durch Zufall" eintritt (WA 7, 91, Punkt 4). Dürrenmatt zeigt so, dass es keine endgültigen Lösungen in Bezug auf die undurchdringbare Komplexität und auf das Inkommensurable der Welt gibt, dass jede menschliche „Wahrheit" ständig dialektisch relativiert werden kann und muss und die Erwartungen des Zuschauers auf das Stück, beziehungsweise im übertragenen Sinn des Menschen auf die Realität immer wieder korrigiert und widerlegt werden.[825] Die unerwarteten, „schlimmstmöglichen" Werkschlüsse, die somit einen „zentralen Zug" von Dürrenmatts Denken, seinen „grundsätzlich erkenntnistheoretischen Relativismus" offenbaren,[826] negieren die Möglichkeit eines versöhnlichen Werkschlusses keineswegs. Sie lassen diesen vielmehr als schmerzlich vermisste Möglichkeit weiter bestehen, worin eine grundsätzliche Ähnlichkeit zum literarischen Stilmittel der Parodie besteht, die ebenfalls den ursprünglichen Sinn nicht durch einen anderen ersetzt, sondern „eine irritierende Gleichzeitigkeit beider Sinngehalte"[827] darstellt, die als grotesk empfunden werden kann. Gerade die Groteske eignet sich als Möglichkeit der Gestaltung der als paradox empfundenen, oftmals im Wesentlichen nicht gestaltbaren Welt,[828] da sie eigentlich Unkombinierbares willkürlich, übersteigert und verzerrt kombiniert,[829] was bei Dürrenmatt häufig durch

[823] Stromsik, Jiri: Apokalypse komisch. In: Knapp, Gerhard P./Labroisse, Gerd (Hgg.): Facetten: Studien zum 60. Geburtstag Friedrich Dürrenmatts. Bern; Frankfurt a.M.; Las Vegas, 1981, S. 41–59, S. 56.

[824] Ein weiteres Beispiel wäre der letzte römische Kaiser Romulus sowie der Germanenkönig Odoaker in *Romulus der Große*, denen ein heroischer Untergang zum Wohl der Menschheit gleichermaßen versagt wird.

[825] Vgl. Burkard: Dürrenmatt und das Absurde, S. 155.

[826] Vgl. Ebd.

[827] Ringel, Stefan: Der stumme Hiob. Parodie in Dürrenmatts Dramentheorie und in seinem frühen Stück *Der Blinde*. In: Monatshefte 94 (2002), S. 346–367, hier S. 353.

[828] Vgl. Donald, Sydney G.: Dürrenmatt und das Welttheater. In: Liard, Véronique/George, Marion (Hgg): Dürrenmatt und die Weltliteratur. München: Meidenbauer, 2011, S. 257–275, S. 258.

[829] Vgl. zum Begriff Parodie und Groteske etc. Kapitel III. 4.2. Sprachliche und narrative Dekonstruktionen vor dem Hintergrund moderner Verunsicherung.

die Wendung in die Komödie erfolgt. Aus einer tragischen Gestalt, so beschreibt es Dürrenmatt in den *Dramaturgischen Überlegungen zu den ‚Wiedertäufern'* anhand des Modells Scott[830], wird „eine Gestalt, komisch allein durch ihr Geschick: Die schlimmstmögliche Wendung, die eine Geschichte nehmen kann, ist die Wendung in die Komödie" (WA 10, 127 f.). Die Komödie ist jedoch nicht nur eine Form, das Paradoxe grotesk darzustellen, sondern auch eine mögliche Haltung angesichts des Schrecklichen, das über den Menschen hereinbricht. „Die Tragödie rennt gegen die Welt an und zerschellt", kommentiert Dürrenmatt, „die Komödie wird zurückgeworfen, fällt auf den Hintern und lacht" (WA 18, 541). Dieser spielerische Umgang mit Themen, der dennoch kein einfaches, verlachendes Ignorieren des Schrecklichen ist, prägt ebenso zahlreiche Überarbeitungen Dürrenmatts, insbesondere die Werkschlüsse sowie essayistische Texte über den Glauben, seine philosophische Position, aber auch das Wesen der Kunst und der Politik, worin Dürrenmatt selbst seine eigenen Aussagen über die Welt immer wieder neu relativiert.[831] Nicht zuletzt aus diesem Grund gibt es zahlreiche widersprüchliche und mehr oder weniger schlüssige Interpretationen von Dürrenmatts Werk. Dürrenmatt selbst reflektiert die Mehrdeutigkeit der Welt und indirekt auch seiner Texte, indem er, angestoßen durch eine Seminararbeit über Platons Höhlengleichnis, das Prinzip des Gleichnisses als Verständnismöglichkeit für sich entdeckt: „[... I]ch fand mich in diesem Gleichnis wieder. Zum ersten Mal sah ich einen Weg, die Welt darzustellen. Durch Gleichnisse. [...] Gleichnisse sind an sich mehrdeutig, eindeutig werden sie nur durch den Deuter." (WA 29, 129 f.) Wer seine Rede als Gleichnis versteht, erhebt nicht den Anspruch zu sagen, wie die Welt tatsächlich ist, sondern erzählt eine Geschichte, deren Wirklichkeitsbezug auf verschiedene Weisen zu deuten ist und deren Interpretation erst durch den Rezipienten „eindeutig" wird.[832] Ein solches Verständnis von Gleichnissen impliziert eine Forderung nach subjektiver und freier Weltdeutung seitens des Schriftstellers und des Rezipienten.[833] Insgesamt betrachtet, gibt es keine letztgültige, absolute Erklärung der Welt. „Nicht *eine* Erklärung ist der Sinn eines Gleichnisses, sondern alle seine möglichen

[830] Anhand der Geschichte von Robert Falcon Scott, der 1912 in der Antarktis ums Leben kam, erläutert Dürrenmatt die unterschiedliche philosophische Auffassung unterschiedlicher Dichter (z. B.: Shakespeare, Brecht, Becket), um schließlich beispielsweise der Inszenierung eines Heldentodes von Shakespeare seinen absurden Komödienschluss entgegenzuhalten, wonach Scott „beim Einkaufen der für die Expedition benötigten Lebensmittel aus Versehen in eine[m] Kühlraum" eingeschlossen worden und statt in der Antarktis tragisch inmitten der Zivilisation lächerlich erfroren wäre. (WA 10, 127)

[831] Vgl. Burkard: Dürrenmatt und das Absurde, S. 156.

[832] Vgl. Burkard: Fiktion als Erkenntnis, S. 136.

[833] Ebd.

Erklärungen zusammen, wobei die Zahl dieser möglichen Erklärungen zunimmt, das Gleichnis wird immer mehrdeutiger." (WA 28, 83 f.) Die Wirklichkeit und damit auch die auf sie referierenden literarischen Texte Dürrenmatts sind plural les- und interpretierbar, wobei im wissenschaftlichen Diskurs letzten Endes die besseren Argumente eine These stützen.

Zweifellos hat Dürrenmatt jedoch gewagt darüber zu sprechen, wovon man nicht sprechen oder zumindest nicht eindeutig sprechen kann. Er hat die großen Fragen der Menschheit nach Gerechtigkeit, Schuld, aber auch zur Politik behandelt, insbesondere – und das macht ihn für diese Arbeit so interessant – aber auch die letzten (Sinn-)Fragen der Menschheit gestellt: Wer wir sind, woher wir kommen und wohin wir gehen.[834] Aufgrund der besprochenen Erfahrung der Wirklichkeit als Labyrinth, in dem der „Ausgang zugemauert" ist, in dem es nur „den Sprung über die Mauer" (WA 29, 122) gibt, und der darin zum Ausdruck gebrachten generellen Erkenntnisfrage wird Dürrenmatts Werk vor allem geprägt durch „das Bewußtsein von der [] Unlösbarkeit [der letzten Fragen] und der daraus resultierenden möglichen Verzweiflung"[835]. In diesem Zusammenhang sind nachdrücklich die Auseinandersetzungen mit dem Glauben und der Religion zu sehen, die diese Fragen thematisieren.

3. Der religiöse Narr – Optionen des Glaubens

Die Auseinandersetzung mit Fragen des Lebenssinns und des Glaubens an einen Gott erfolgt in Dürrenmatts Werk überwiegend anhand einiger Figuren, welche die Option des Glaubens für sich wählen und danach konsequent ihr Leben ausrichten. Charakteristisch für diese Figuren ist, dass sie um ihres Glaubens willen vor der Umwelt zum Narren werden, da diese ihre gläubige Ergebenheit an Gott und sein Heilsversprechen, das eklatant mit der Wirklichkeit kontrastiert, nicht versteht und lediglich als Narrheit interpretieren kann.[836] Es ist auffallend, dass diese Figuren und die mit ihnen

[834] Hoffmann meint, dass Dürrenmatt in seinem Werk immer verschlüsselt Antwort auf diese Sinnfragen gebe. Allerdings weisen die wenigsten seiner Texte – ganz im Sinne des Gleichnisses – eine tatsächliche Antwort auf. Vielmehr formulieren sie immer wieder aufs Neue die entscheidenden Fragen, gerade ohne eindeutige Antworten zu geben. Vgl. Hoffmann: Friedrich Dürrenmatt als Theologe, S. 192.

[835] Bänziger, Hans: Verzweiflung und „Auferstehungen" auf dem Todesbett. Bemerkungen zu Dürrenmatts *Meteor*. In: Deutsche Vierteljahresschrift für Literaturwissenschaft und Geistesgeschichte 54 (1980), S. 485–505, S. 495.

[836] Vgl. Gottwald, Sigrun R.: Der mutige Narr im dramatischen Werk Friedrich Dürrenmatts. New York; Frankfurt a. M.; Bern: Peter Lang. (New Yorker Studien zur Neueren Deutschen Literaturgeschichte; 3), S. 73–88.

verknüpfte Option des Glaubens, wie sie beispielsweise im Folgenden kurz umrissen werden, vorwiegend in Dürrenmatts Frühwerk zu finden sind.

3.1. „[U]m Christi willen" ein „Narr" in zerlöchertem Hemd – Die Hoffnung auf Gnade im Drama *Es steht geschrieben* (1947)

Der reiche Kaufmann Knipperdollinck, der sich einer Täuferbewegung anschließt, handelt in konsequenter und wortgetreuer Befolgung biblischer Gebote, verschenkt wahllos so alle seine Güter, wählt die Armut „um Christi willen" (WA 1, 106), um sich das Himmelreich zu verdienen und endet so als „Narr" in zerlöchertem Hemd (WA 1, 133; 136), dem schließlich nur noch seine Freunde, die Ratten, zuhören (WA 1, 118). Die Radikalität seines Lebensumschwungs, die sich vor allem auch in seiner äußeren Erscheinung niederschlägt, lässt ihn vor seinen Mitmenschen als lächerlich erscheinen, die ihm fortan nur noch mit Gelächter und Spott begegnen (Vgl. WA 1, 57). Knipperdollinck ist ein religiöser Narr, der „das Nicht-von-dieser-Welt-Sein des Täuferreichs auf die Spitze treibt"[837], und diesem religiösen Fundamentalismus schließlich zum Opfer fällt und einem Märtyrer gleich für sein Glaubensverständnis stirbt. Im Schlussmonolog, in dem Knipperdollinck Gott anruft „Herr! Herr! Sieh mich Dir an diesem Rad entgegengebreitet!" (WA 1, 147), lobt er Gott seiner Qual zum Trotz und preist dessen Gerechtigkeit und vertraut auf seine Gnade: „[W]ie in einer Schale liegt mein Leib in diesem Rad, welche Du jetzt mit Deiner Gnade bis zum Rande füllst" (WA 1, 148).Parodistische und groteske Elemente dominieren, weswegen eine ausschließlich affirmative religiöse Lesart massiv in Frage zu stellen ist.[838] Der Erzähler selbst meldet sich vermittels einer Figur zu Wort, die es für ihre „Pflicht" hält,

> „darauf hinzuweisen, daß der Schreiber dieser zweifelhaften und in historischer Hinsicht geradezu frechen Parodie des Täufertums nichts anderes ist als ein im weitesten Sinne entwurzelter Protestant, behaftet mit der Beule des Zweifels, mißtrauisch gegen den Glauben, den er bewundert, weil er ihn verloren." (WA 1, 58)

Angesichts dieser zugleich alle affirmativen Glaubensaussagen relativierenden Publikumsansprache ist der Schlussmonolog ebenso vielmehr als

[837] Allemann, Beda: „Es steht geschrieben" (Friedrich Dürrenmatt). In: Wiese, Benno von (Hg.): Das Deutsche Drama. Bd. 2: Vom Realismus bis zur Gegenwart. Düsseldorf: Bagel, ^{2}1960, S. 420–438, S. 422.

[838] Vgl. hierzu beispielsweise Arnold, Armin: Friedrich Dürrenmatt. Berlin: Colloquium Verlag 1986. (Köpfe des 20. Jahrhunderts; 57), S. 22–24.

„freche Parodie“ zu lesen, die zwar den Glauben an die Gnade noch als Option benennen kann, nicht aber ohne Zweifel an diesem aufkommen zu lassen, wohl wissend, welchen Preis dieser Zweifel birgt. Die letzte Unsicherheit ob dieser Lesart tilgt eine erneute Überarbeitung des Stücks durch Dürrenmatt zwanzig Jahre später unter dem Titel *Die Wiedertäufer* (1967). Nicht nur die konsternierenden Feststellungen „Der Begnadete gerädert, der Verführer begnadigt“ und „Die Gnade [...] / Klagt mich an.“ (WA 10, 122), sondern vor allem auch die abschließende Forderung „Diese unmenschliche Welt muß menschlicher werden“ (WA 10, 122) kommentieren die unveränderte Hoffnung auf Gnade des religiösen Narren Knipperdollincks kritisch. Die letzten Worte des Dramas, welche die Forderung und Hoffnung nach einer menschlicheren Welt nicht mehr dem Wirken Gottes anvertrauen, sondern darauf schließen lassen, dass es der Mensch wohl selbst leisten muss, sind dennoch gleich wohl als insistierende Frage formuliert: „Aber wie? Aber wie?“ (WA 10, 122).

3.2. „Für einen Sehenden gibt es keine Gnade“ – Der blind Glaubende im Drama *Der Blinde* (1947)

Der blinde Herzog, der von seinen Kindern und seinen Untertanen in der Illusion gelassen wird, dass sein Reich nicht vom Dreißigjährigen Krieg zerstört worden sei, indem sein Sohn Palamedes „aus Nichts“ „Wälder, Schlösser, Städte, einen gütigen Gott und das Glück eines Menschen“ schafft (WA 1, 159 f.), findet in seinem Glauben Trost und Glück. Der Glaube des Herzogs ist mehrschichtig. Zum einen muss er seiner Umwelt aufgrund seiner Blindheit Glauben schenken (WA 1, 156), was wiederum seinen Glauben an einen gütigen Gott und dessen Gnade bedingt (z. B. WA 1, 155; 158). Seine Blindheit schützt ihn so auch in mehrfacher Hinsicht vor dem Entsetzen der Erkenntnis der Wirklichkeit. Die Kinder des Herzogs hingegen müssen die Welt als undurchschaubares und sinnloses Chaos wahrnehmen, in welcher der Mensch ohne metaphysischen Halt und ohne Hoffnung auf Rettung kämpfen muss. Während seine Tochter Octavia sich deswegen in eine egoistische, ungehemmte Suche nach Lustgewinn stürzt, verzweifelt sein Sohn Palamedes an den Widersprüchen in der Welt und am unerschütterlichen Glauben seines Vaters, den er für einen „Wahn“ hält, „den sich [der Mensch] machen muß, um nicht zu verzweifeln“ (WA 1, 212). Der Gegenspieler, der italienische Edelmann Negro da Ponte, will den blinden Herzog zur Erkenntnis zwingen: „Ich reiße wie ein Geier den Glauben aus seinem Leibe.“ (WA 1, 215) Sein Charakter birgt nicht nur das Teuflische eines goetheschen Mephistopheles, er wird vielmehr vor allem mit dem Versucher der biblischen Hiob-Erzählung in Verbindung gebracht, da er mit dem blinden Herzog gemeinsam das ehemalige Portal des Schlosses betrachtet, in dem Hiob und sein Versucher bildlich dargestellt waren. Da Ponte ist mit denselben Gegenständen ausgestattet wie der Versucher der biblischen Erzählung (WA 1, 153). Tatsächlich versucht er ebenfalls dem Herzog seine Illusion und damit sein Reich sowie das Leben seiner Kinder zu nehmen. Internarrativ wird durch einige kurze Andeutungen hier folglich die biblische Narration als Folie aufgegriffen. Jedoch ist, wie in der Erklärung der Internarrativitätstheorie ausführlich beschrieben, auch hier wieder gerade die Differenz der interpretierenden Aufnahme der biblischen Erzählung zum Originalduktus des Bibeltextes entscheidend. Im Gegensatz zum biblischen Hiob wird dem Herzog nach seiner Bewährung nichts wieder gegeben, er bleibt arm und blind, kein Gott gibt ihm seine Kinder wieder.[839] Der Glaube, an dem der Herzog weiter festhält, hilft ihm somit entgegen der biblischen Narration keineswegs weiter. Diese Dekonstruktion der biblischen Botschaft lässt die Option des Glaubens auch angesichts widriger weltlicher Umstände ebenfalls in kritischem, zweifelhaftem Lichte stehen. Aus dem wütenden Vorhaben Negro da Pontes, „nicht von ihm [zu lassen], bis er so geworden ist wie ich. Denn warum sollen die am meisten leiden, die am meisten wissen, und warum soll allein der Narr nicht verzweifeln?“ (WA 1, 215), spricht das Unverständnis, wie der zum Narr gewordene blind Glaubende allein nicht verzweifelt, während ihm, als Sehendem, keine andere Wahl zu bleiben scheint: „Für einen Sehenden gibt es keine Gnade.“ (WA 1, 155) Diese konsternierende Feststellung, dass, wer die wahren Umstände sieht, nicht mehr begnadet ist, einen Sinn zu sehen und an die Gnade Gottes zu glauben, geht dabei über den konkreten Fall des blinden Herzogs hinaus und erhebt den Anspruch auf eine generelle Geltung: Wer die Augen nicht vor der Wirklichkeit verschließt, tut sich schwer, glauben zu können.[840]

[839] Vgl. Hapkemeyer, Andreas: Höll’ und Teufel. Ein Motivkomplex im Werk Friedrich Dürrenmatts. Innsbruck: Institut für Germanistik, 1997. (Innsbrucker Beiträge zur Kulturwissenschaft: Germanistische Reihe; 56), insbesondere S. 59.

[840] Kurz sei noch die Verbundenheit und Differenz zwischen Karl Barth und Dürrenmatt erwähnt, die aus einer Begegnung bei der Uraufführung mit anschließender Diskussion unter anderem auch mit Hans Urs von Balthasar rührt. Barth, der Dürrenmatt als einen „interessanten geistlich-weltlichen Naturbursche[n]“ in Erinnerung hat, schenkt ihm seine zehn Bände umfassende Dogmatik, die Dürrenmatt mit seinem Vater gemeinsam liest und diskutiert. Über die Begegnung bei der Uraufführung schreibt Dürrenmatt über Barth: „Ich glaube nicht, daß ihm ‚Der Blinde’ sonderlich gefiel. Daß der Glaube seinen Grund in der Blindheit habe, konnte er […] nicht akzeptieren. [… B]ei Barth ist der Glaube eine Gnade […]“ (WA 29, 192). Doch nicht nur das unterschiedliche Verständnis der Gnade entfernte Dürrenmatt von der Position des Theologen. Ihn stören Barths positive Aussagen über Gott, die laut Dürrenmatt aber gerade die Schranke der menschlichen Erkenntnis überschreiten: „[B]ewies Kant die Unbeweisbarkeit Gottes, wie viel unbeweisbarer müssen denn auch all die

3.3. Der Glaube als ‚Don Quijoterie' des „letzte[n] Christen"

Auch im Drama *Die Ehe des Herrn Mississippi* (1952) ist das Thema der Gnade Gottes zentral. Graf Übelohe-Zabernsee, „ein letzter Christ"[841], kämpft um Liebe und Menschlichkeit in einer von Ideologien und Utopisten korrumpierten Zeit und wird dabei schließlich nicht „als Sieger" sondern „als Besiegte[r] – die einzige Position, in die der Mensch immer wieder kommt", dargestellt; „dies allein nur", so der Kommentar der Figur Übelohe selbst, „um zu sehen, ob denn wirklich Gottes Gnade in dieser endlichen Schöpfung unendlich sei, unsere einzige Hoffnung." (WA 3, 58) Graf Übelohe, der seine christliche Heilslehre der fundamentalistischen mosaischen Religion des Herrn Mississippi und der immoralischen, kommunistisch politischen Heilslehre des Saint-Claude gegenüberstellt, gelingt es jedoch ebenso wenig, die Welt zu verbessern und das Herz der ausschließlich nach hedonistischen Prinzipien agierenden Anastasia zu erobern, da diese und die in ihr versinnbildlichte Welt ihn verrät.[842] Mit größter Leidenschaft für sein Ideal, der Welt mit Liebe zu begegnen, und dabei in Hoffnung auf die unendliche Gnade Gottes setzend, wird er zu einem „Don Quichotte von der Mancha" (WA 3, 113), der gegen Windmühlen kämpft, „oftmals zusammengehauen, oftmals verlacht" (WA 3, 114). In der Zweiten Fassung wird jedoch nicht nur die Geschichte des mit seiner Vorstellung an der Welt lächerlich scheiternden Ritters von der traurigen Gestalt internarrativ in den Plot des Dürrenmattschen Dramas hineingespielt, gleichzeitig erscheint Übelohe als Christusfigur, indem er von sich behauptet: „So bin ich geworfen auf eine Erde, die nicht mehr zu retten ist, / und genagelt ans Kreuz meiner Lächerlichkeit, / hänge ich an diesem Balken, / der mich verspottet, /

Schlüsse sein, die aus dem Unbeweisbaren gezogen werden." (WA 29, 204) Vgl. Rüedi: Dürrenmatt oder Die Ahnung vom Ganzen, S. 315). Deswegen zieht Dürrenmatt die Schlussfolgerung: „Durch Karl Barths Dogmatik wurde ich zum Atheisten. Er hat mit seiner unerbittlichen Logik Gott dermaßen ins Absurde getrieben, daß er für mich undenkbar geworden ist und mir nicht mehr einleuchtet." (fK) Vgl. zur Beziehung von Dürrenmatt und Karl Barth v.a. Busch, Eberhard: Gespannte Beziehung. Friedrich Dürrenmatt und Karl Barth. In: Text und Kritik 50/51 (^{3}2003), S. 183–196; Rusterholz, Peter: Dürrenmatt, Barth und Kierkegaard. In: Liard, Véronique/George, Marion (Hgg): Dürrenmatt und die Weltliteratur. München: Meidenbauer, 2011, S. 13–30 und Rüedi: Dürrenmatt oder Die Ahnung vom Ganzen, S. 314 f.

841 Dürrenmatt, Friedrich: Die Ehe des Herrn Mississippi. In: Komödien I. Zürich: Arche, 1957, S. 153. Im Arche-Verlag ist die Zweite Fassung abgedruckt.

842 Anastasia kann als „moderne Personifikation der mittelalterlichen Frau Welt" gesehen werden. Vgl. Marahrens, Gerwin: Friedrich Dürrenmatts „Die Ehe des Herrn Mississippi". In: Knapp, Gerhard P. (Hg.): Friedrich Dürrenmatt. Studien zu seinem Werk. Heidelberg: Lothar Stiehm Verlag, 1976. (Poesie und Wissenschaft; 33), S. 93–124, S. 108.

schutzlos / dem Antlitz Gottes entgegengehoben, / ein letzter Christ."[843] Internarrativ wird hier an die Passionsgeschichte und die erlösende Bedeutung des Kreuzestodes erinnert, allerdings in signifikanter Umkehrung: Die Erde ist nicht mehr zu retten, vom Kreuzestod bleibt allein der Spott und der „lächerliche" Aspekt bestehen, kein Antlitz Gottes leuchtet mehr über dem letzten Christen. Die Windmühlenflügel, die Übelohe als „Christus-Don Quijote"[844] mit „sausender Hand" „jämmerlich" „aufheben" (WA 3, 115), werden „in einer genialen Bilderfindung" mit dem Kreuz identifiziert.[845] Durch die internarrative Verbindung dieser drei Figuren wird nicht nur Graf Übelohe als religiöser Narr charakterisiert, dessen Rettung der Anastasia beziehungsweise der Welt allein durch seine Liebe grandios scheitert, sondern durch die ebenso erfolgende Verbindung Christus mit Don Quijote wird die erhoffte Erlösung durch Gottes Liebe „in ein maßloses, ja maßlos lächerliches Mißverhältnis zur brutalen Heillosigkeit der Welt gebracht"[846] und als verlorener Kampf gegen Windmühlen dekonstruiert. Doch auch für den zwischenmenschlichen Bereich ist die Niederlage Don Quijotes charakteristisch für die menschliche Grundsituation und somit auch für die der anderen ideologisch agierenden Figuren:[847] für die „ewig komische Lage, in der der Mensch steckt", „daß die Welt der eigenen Vorstellung nicht entspricht." (WA 14, 196)[848] Der internarrativ zu konsternierende Unterschied zwischen Don Quijote und Übelohe als „Christus-Don Quijote"[849] besteht allerdings darin, dass Don Quijote nicht wissend, dass er nur gegen Windmühlen kämpft, gegen eine Übermacht antritt und daran scheitert – Übelohe hingegen betrachtet sich in seiner Figurenrede selbst als Don Quijote und gibt wohlweislich auch einige Eckdaten des

843 Dürrenmatt: Die Ehe des Herrn Mississippi, S. 153. Im Arche-Verlag ist die Zweite Fassung abgedruckt.

844 Kaiser, Gerhard: Friedrich Dürrenmatt: „Die Ehe des Herrn Mississippi". In: Ders (Hg.): Christus im Spiegel der Dichtung. Exemplarische Interpretationen vom Barock bis zur Gegenwart. Freiburg; Basel; Wien: Herder, 1997, S. 142–151, S. 147.

845 Vgl. Kaiser: Friedrich Dürrenmatt, S. 147. Ebenso in Kaiser, Gerhard: Christologische Bezüge in säkularer Literatur: einige Beispiele von Goethe bis Dürrenmatt. Stuttgart; Leipzig: Hirzel, 1997. (Sitzungsberichte der Sächsischen Akademie der Wissenschaften zu Leipzig. Philologisch-historische Klasse; 135), S. 15 f.

846 Kaiser: Friedrich Dürrenmatt, S. 147.

847 Vgl. „Wie Don Quichote an einem längst überlebten Rittertum festhielt, so versucht hier jeder eine bestimmte Idee zu retten und wieder einzuführen." Jauslin, Christian Markus: Friedrich Dürrenmatt. Zur Struktur seiner Dramen. Zürich: Juris-Verlag, 1964, S. 64.

848 Vgl. auch: Bühler, Pierre: Don Quijote als Gleichnis des mutigen Menschen. Ein hermeneutischer Zugang zu Dürrenmatts Cervantes-Rezeption. In: Liard, Véronique/George, Marion (Hgg.): Dürrenmatt und die Weltliteratur. München: Meidenbauer, 2011, S. 131–143, S. 139.

849 Kaiser: Friedrich Dürrenmatt, S. 147.

spanischen mittelalterlichen Romans an, woraus zu schließen ist, dass er schon genau weiß, dass er scheitern wird und in ihm durch die Christusallusion auch Christus selbst. Der „letzte Christ“[850] Graf Übelohe-Zabernsee ist somit ebenso ein religiöser Narr, dessen Weltbewältigung durch den Glauben an Gottes Gnade und Herrlichkeit gerade in der Ohnmacht des Menschen (WA 3, 115) eine Entfernung von der Welt impliziert, welche diesen nur noch als Narren stigmatisieren kann.

3.4. „Alter Marzipan“ – Die Desillusionierung des Menschen in der Erzählung *Weihnacht* (1942)

Wer an Weihnachten, am Fest der Menschwerdung Gottes, an dessen Zuwendung, Nähe und Erlösung durch seinen Sohn glaubt, wird – so die Quintessenz der Erzählung *Weihnacht*, Dürrenmatts erstem literarischen Versuch, – zum Narren. Der Titel *Weihnacht* erweckt zwar eben diese Erwartungen der Liebe und des Lebens, doch skizziert Dürrenmatt in dem kurzen Text ein Bild, das durch die beschriebene Kälte, Dunkelheit und Totenstille in schroffem Gegensatz zu diesen Erwartungen steht.[851] „Die Sterne gestorben. Der Mond gestern zu Grabe getragen. Die Sonne nicht aufgegangen.“ (WA 19, 9) Die Ausgangssituation der durch die Einleitungsworte „Es war Weihnacht.“ an ein Märchen erinnernden Erzählung entwirft zu Beginn eine ähnliche Situation wie Büchners Interpretation des Märchens „Sterntaler“ im *Woyzeck*, in dem ebenfalls der Mond mit einem „Stück faul Holz“, die Sonne mit „eine[r] verwelkte[n] Sonnenblume“, die Sterne mit „kleine[n] goldene[n] Mücken“ und die Erde mit einem „umgestürzte[n] Hafen“, mit einem Nachttopf, verglichen werden.[852] Tatsächlich schreibt der 21-jährige Dürrenmatt den aus 28 kurzen und einfachen Sätzen bestehenden Text *Weihnacht* am frühen Weihnachtsmorgen 1942, nachdem er den Gedenkstein Büchners besucht hatte.[853] Dürrenmatts Ich ist folglich in ähnlicher Lage wie Büchners Woyzeck, es hat die Nichtigkeit von Sonne, Mond und Sternen erkannt und durch die internarrative Beziehung der beiden Texte wird die Situation der kosmischen Einsamkeit sowie der zwischenmenschlichen und metaphysischen Verlassenheit des Menschen bei Büchner im Text *Weihnacht* impliziert. Während bei Büchner die kurze

[850] Dürrenmatt: Die Ehe des Herrn Mississippi (Komödien I), S. 153.

[851] Vgl. Weber: Dürrenmatt und die Frage nach Gott, S. 65.

[852] Zitiert nach der Lese- und Bühnenfassung abgedruckt in: Büchner, Georg/Dedner, Burghard (Hg.): Woyzeck. Studienausgabe. Stuttgart: Reclam, 1999, Szene 18.

[853] Vgl. ausführlicher bei Weber, Ulrich: „Der grässliche Fatalismus der Geschichte“: Friedrich Dürrenmatt und Georg Büchner. In: Liard, Véronique/George, Marion (Hgg.): Dürrenmatt und die Weltliteratur. München: Meidenbauer, 2011, S. 191–213, insbesondere S. 192 f.

Erzählung des Anti-Märchens, die zugleich Sinnbild für den Protagonisten Woyzeck ist, mit der Erkenntnis, was die Erde wirklich sei, aufhört, setzt Dürrenmatts Haupthandlung nun erst ein: Das Ich wird nun in Sachen christliche Religion desillusioniert.[854] Jesus Christus, welcher nach christlicher Hoffnung Licht in die Finsternis bringt (Joh 1,5; Joh 8, 12), der ganz Mensch wird und der als Brot des Lebens die Menschen im metaphysischen Sinn nicht hungern lässt (Joh 6,35), ist in Dürrenmatts Text ein unbeweglicher Körper im Schnee, „weiß und starr", dessen gelb gefrorener Heiligenschein zwar auf dessen Göttlichkeit und seine besondere, verehrenswürdige Bedeutung für die Menschen hinweist, der jedoch „keine Augen" hat und der nur wie „altes Brot" und „alter Marzipan" schmeckt. Der Ich-Erzähler kann mit dem menschgewordenen Gott, Jesus, nichts anfangen, er bleibt hungrig, „[d]as einzige, was zurückbleibt, ist ein schlechter Geschmack"[855]. „Ich ging weiter" (WA 19, 9), so endet die kurze Weihnachtsgeschichte, die wie Büchners Anti-Märchen ebenfalls eher als eine „Anti-Weihnachtsgeschichte" zu bezeichnen ist, und die gemäß der später entwickelten Dramaturgie der „schlimmstmöglichen Wendung" Dürrenmatts eine durch die internarrative Anspielung unerwartete Desillusionierung bewirkt. Die Erzählung *Weihnacht* steht konträr zu allen gläubigen Weihnachtserwartungen von Gottes Zuwendung zum Menschen, von Heil und Erlösung. Der Mensch kann mit dem Christkind in Dürrenmatts Interpretation nichts anfangen, der Text endet mit der alle mit dem Christkind verknüpften Hoffnungen negierenden, abschließenden Bemerkung: „Ich ging weiter." (WA 19, 9) Dürrenmatts Text *Weihnacht* ist so ein konsequentes Weiterdenken der Hoffnungslosigkeit des Büchnerschen Märchens Sterntaler im Hinblick auf die Möglichkeit eines liebenden Gottes, eine „grausame Antwort auf Büchners grausame Kosmographie"[856] und „Dokument verzweifelten aber ergebnislosen Gottsuchens"[857]. Die Verheißung der Liebe bleibt weiterhin als Denkoption bestehen, doch sie erweist sich für die, welche daran festhalten für die Außenwelt als Narrheit, als Überkommenes, das nur noch einen „schlechten Geschmack" hinterlässt, und bewirkt

[854] Vgl. Arnold: Friedrich Dürrenmatt, S. 10.

[855] Weber: Friedrich Dürrenmatt und die Frage nach Gott, S. 81.

[856] Hensel, Georg: Der Dramatiker nach Kierkegaard und Einstein. Lobrede auf Friedrich Dürrenmatt zur Verleihung des Georg-Büchner-Preises. In: Keel, Daniel (Hg.): Herkules und Atlas. Lobreden und andere Versuche über Friedrich Dürrenmatt. Zürich: Diogenes, 1992, S. 25–42, S. 27.

[857] Rusterholz, Peter: Theologische und philosophische Denkformen und ihre Funktion für die Interpretation und Wertung von Texten Friedrich Dürrenmatts. In: Brinker, Claudia/Herzog, Urs/Largier, Niklaus [u. a.]: Contemplata aliis tradere. Studien zum Verhältnis von Literatur und Spiritualität. Bern; Berlin; Frankfurt a.M. [u. a.]: Peter Lang, 1995, S. 473–489, S. 486.

statt Heil, wie die kommenden Betrachtungen zeigen werden, vielmehr dessen Gegenteil.

4. Gott als „Sadist" – Zunehmender Zweifel an der Existenz eines den Menschen „heimtückisch" bedrohenden Gottes

Zweifel am Glauben an einen liebenden Gott und die fürchterliche Ahnung, dass Gottes Heilsbotschaft und das Leid des Menschen nicht zu vereinen sein könnten, kann durch eine frühe Leiderfahrung rasch aufkommen. Ein Ich-Erzähler[858] berichtet im Nachwort zur Komödie *Der Mitmacher* (1972)[859] so von einer Sonntagsschule, in der sie als Kinder ahnungslos ein Lied über die Liebe Gottes sangen, welche allerdings durch einen schrecklichen Vorfall zweifelhaft wird. „[W]ährend es aus den offenen Fenstern fröhlich herüberscholl: ‚Gott ist die Liebe, drum sag ich's noch einmal, Gott ist die Liebe, er liebt auch mich'" überfuhr die Burgdorf-Thun-Bahn das Auto des Blaukreuz-Inspektors, was in der Retrospektive kommentiert wird: „Von da an blieb mir ein leichtes Grausen vor dem liebesseligen Liede zurück, schien mir doch, Gott selbst sei irgendwie mit zermalmt worden." (WA 14, 132) Abgesehen von dieser essayistischen Schilderung einer den Zweifel schürenden, persönlichen Erfahrung eines Ich-Erzählers gibt es im literarischen Werk Friedrich Dürrenmatts zahlreiche offene Anklagen an Gott, in denen schmerzlich moniert wird, dass dieser sich nicht an seine eigenen Versprechungen halte, sondern dessen „Gnad' Zerstörung ist", er „Qual und Tod" bringe und mit drohender Hand alle ins „Verderben" stürze (WA 1, 282). Bereits in seinem ersten dramatischen Entwurf, der allerdings erst 1952 mit dem endgültigen Titel *Untergang und neues Leben* herausgegeben wurde,[860] wird mit diesen Bildern an der Güte Gottes gezweifelt und er für das Leid der Menschen verantwortlich gemacht.

[858] Eine weit verbreitete Lesart sieht Dürrenmatt gleichsam autobiographisch sprechen. Doch soll aufgrund der Literarisierung des Nachwortes auf einen raschen Rückschluss auf Dürrenmatt verzichtet werden.

[859] *Der Mitmacher*, die Komödie über einen Biologen, genannt Doc, der in dunkle Geschäfte mit einem Gangsterboss verwickelt ist und Leichen verflüssigt in der Kanalisation verschwinden lässt, ist ein Stück, das beim Publikum durchgefallen ist. Das Nachwort hingegen, das Dürrenmatts Reflexionen zur Gestaltung der Figuren und des Plots enthält, wird breit rezipiert.

[860] Dürrenmatt hat bereits 1941 nach seinem Schulabschluss mit den Arbeiten an diesem Stück begonnen, zunächst unter dem Titel *Der Knopf* und anschließend mit dem Namen *Eine Komödie* (WA 1, 293 f.).

4.1. Gott als Folterknecht – Zweifel am menschgewordenen Gott in der frühen Erzählung *Der Folterknecht* (1943)

„Die Folterkammer ist die Welt. Die Welt ist die Qual. Der Folterknecht ist Gott. Der foltert." (WA 19, 19) Diese prägnanten Sätze sind die Quintessenz von Dürrenmatts früher Erzählung *Der Folterknecht* (1943), in der ein seltsamer Tausch der Rolle des Folterers stattfindet und sich so einmal der Mensch und einmal Gott als Folterer erweist.[861] Der Mensch wird in der Erzählung auf zweierlei Arten gefoltert: Zum einen erkennt er sich selbst als schreckenserregender Folterer mit unmenschlichem Aussehen und erbarmungslosem Verhalten (WA 19, 17) und erfährt seine Schuld umso mehr angesichts der Erfahrung, wie das Leben alternativ auch sein könnte, wenn er nicht foltert (WA 19, 17). Zum anderen erfährt er die Folter selbst als Opfer, dem angesichts des Folterers nur noch der verzweifelte Schrei und die Frage nach dem Warum bleiben. Das Ich, das stellvertretend für die gesamte Menschheit steht,[862] erkennt in dem Folterer nun Gott und fragt diesen, warum er überhaupt Mensch wurde, wenn er sich doch nun wieder in seine Rolle als Folterer zurückzieht. Gott „lacht" darauf und antwortet: „Was soll ich wieder Mensch werden." Diese Äußerung setzt voraus, dass Gott einmal Mensch wurde, jedoch hat diese Menschwerdung – ähnlich wie es schon in der Erzählung *Weihnacht* anklingt – entgegen der Erwartung keinerlei dauerhafte Veränderung des Menschseins bewirkt. Auch hier wird internarrativ und auch auf inhaltlicher Ebene die christliche Narration der Menschwerdung Gottes in Dürrenmatts Text eingespielt und deren religiöse Heilserwartung enttäuscht. Der Mensch kann, so der Text, nur noch stöhnen und verzweifelt nach dem Grund von all jenem fragen: „Was quälst du mich?", worauf Gott wiederum nur mit Lachen reagiert und antwortet „Ich brauche keinen Schatten." (WA 19, 19) Der Mensch, der nach biblischem Schöpfungsbericht, der hier gleichsam internarrativ anklingt, nach dem Ebenbild Gottes geschaffen wurde, wird in dieser Aussage zunächst als Gottes reiner Schatten degradiert, wobei Gott jedoch nicht einmal diesen „braucht" und erhalten will. Gott bleibt der Folternde, der „Sadist", „in

[861] Die Interpretationen divergieren in der Reihenfolge des Tauschs. Während Weber zunächst den Menschen und dann Gott als Folterknecht sieht, geht Arnold davon aus, dass zunächst Gott der Folterer ist und er am Ende selbst die Folter erleidet. Die erstere Variante ist aufgrund des Schlusses, an dem Gott als Folterer erscheint (WA 19, 19), naheliegender, doch ist letzten Endes vor allem die Tatsache entscheidend, dass beide einmal in der Rolle des Folternden sind. Ob Gott tatsächlich auch selbst gefoltert wird, ist aus dem Text nicht eindeutig herauszulesen. Vgl. Weber: Friedrich Dürrenmatt und die Frage nach Gott, S. 85–104; vgl. Arnold: Friedrich Dürrenmatt, S. 11–14.

[862] Vgl. Weber: Friedrich Dürrenmatt und die Frage nach Gott, S. 94.

dessen Natur es liegt, den Menschen quälen zu müssen“[863]. Das Leben des Menschen offenbart sich so in seiner Sinnlosigkeit, die Existenz des Menschen, welcher in der Erzählung völlig anonym bleibt, ist eine Existenz der Qual und auf den Tod hin. So endet die Erzählung mit dem einfachen, aber gerade darin so grausamen Satz: „Ein Mensch stirbt.“ (WA 19, 19) Der die christlichen Grundüberzeugungen internarrativ dekonstruierend aufgreifende Text *Der Folterknecht* ist so „eine der bittersten Anklagen gegen Gott in der Weltliteratur“[864].

4.2. Gott in „niedrige[r] Maske“ – Der „unvorstellbare[] Hass“ Gottes in der Erzählung *Pilatus* (1946)

Die vielfach literarisch gestaltete biblische Passionsgeschichte wird in dem frühen Prosatext *Pilatus* aus einer ganz anderen, eher ungewöhnlichen Perspektive neu erzählt: aus Sicht des Pilatus, der als Ich-Erzähler vor allem Einblick in seine eigenen Gedanken und Gefühle bei der Verurteilung und Hinrichtung Jesu gewährt. Aus den biblischen Passionserzählungen (Mk 15; Mt 27; Lk 23; Joh 18–19), die als Hintergrundfolie internarrativ mitschwingen, wird hierbei eklektisch nur der knappe Gang der äußeren Ereignisse übernommen.[865] Im Unterschied zur biblischen Schilderung erkennt Pilatus gleich, „daß der Mensch, der ihm vom Pöbel wie ein Schild entgegengeschoben wurde, niemand anders war als ein Gott“ (WA 19, 99) und dass die Menschenmenge von ihm den Tod Gottes fordern würde, wagt zugleich aber nicht, diesen Gott in Menschengestalt anzublicken. Thema dieser kurzen Erzählung ist somit die „Tragödie eines Menschen, der die Wahrheit sieht, aber nicht erkennt, eines Menschen, der sich mit der Paradoxie des menschgewordenen Gottes konfrontiert sieht“[866], der „mit sehenden Augen [sieht] und doch nicht erkenn[t], und mit hörenden Ohren hör[t] und doch nicht versteh[t]“ (WA 19, 98), wie es in dem der gesamten Erzählung vorangestellten biblischen Vers lautet. Pilatus nimmt so diejenige Position gegenüber dem christlichen Paradox ein, die Kierkegaard als „Existieren im Paradoxen“ bezeichnet hat, wobei das Absurde nicht begriffen werden kann, es kann aus der Offenbarung Gottes in der Geschichte

[863] Arnold: Friedrich Dürrenmatt, S. 14.
[864] Ebd.
[865] Eine detailreiche Schilderung findet sich bei Bark, Joachim: Dürrenmatts „Pilatus“ und das Etikett des christlichen Dichters. In: Knapp, Gerhard P. (Hg.): Friedrich Dürrenmatt. Studien zu seinem Werk. Heidelberg: Lothar Stiehm Verlag, 1976. (Poesie und Wissenschaft; 33), S. 53–68, S. 56 f.
[866] Weber: Friedrich Dürrenmatt und die Frage nach Gott, S. 228.

erklärt, aber nicht verstanden werden und muss so geglaubt werden.[867] Inwiefern Dürrenmatt als Schriftsteller „ohne Kierkegaard [...] nicht zu verstehen [ist]" (WA 29, 123) – eine Aussage, die sich jedoch vor allem auf Dürrenmatts in Anlehnung an seine Kierkegaard-Lektüre errungenes Verständnis von der Kategorie des Einzelnen bezieht[868] – ist eigens Thema einer Studie. Entscheidender ist hier vielmehr, dass die Unfähigkeit zu glauben, der Paradoxie des christlichen Glaubens geschuldet ist, wobei es nicht die Schwierigkeit des Menschen ist, dieser Paradoxie Glauben zu schenken. Im Gegenteil: Gott wird diese „Schuld" zugesprochen; einem Gott, der in seinem Auftreten, in seiner „heimtückischen Verstellung", der gespielten „Demut" in „menschliche[r] Gestalt", eine „List" verfolgt, „die Menschheit zu versuchen" (WA 19, 100). Pilatus meint so zu erkennen, „daß diese Gestalt des Gottes die grausamste war, die den Menschen täuschen konnte, und daß es dem Gott nur in einem unvorstellbaren Haß hatte einfallen können, in dieser niedrigen Maske zu erscheinen" (WA 19, 102). Der erlösende Glaube des Christentums, die Selbstoffenbarung Gottes in menschlicher Gestalt und die Bereitschaft als Mensch dem Menschen zu begegnen, um diesem Freund sein zu können, wird hier als unglaubwürdig und als „List" dargestellt. Gott müsse die Menschen wahrlich hassen, dass er sich nicht eindeutig als Gott zu erkennen gebe. Pilatus, der ihn dennoch als solchen zu erkennen meint, schwankt zwischen dem Wunsch, vor „ihm nieder[zu]sinken [...] laut schreiend und betend, um ihn vor den Legionären und allem Volk Gott zu nennen" (WA 19, 102), und der „Gewißheit, daß die Menschen von ihm den Tod des Gottes fordern" (WA 19, 101 und 112) und er keine andere Wahl habe, als ihrem Wunsch nachzugeben. Pilatus spürt große Angst vor der Notwendigkeit seines Handelns gegen Gott, da er „allein die Wahrheit kannte" und er so „gezwungen" war, „eine Grausamkeit um die andere an Gott zu begehen, weil er die Wahrheit wußte, ohne sie zu verstehen" (WA 19, 112). Pilatus, der sich seine Hände sprichwörtlich in Unschuld wäscht, ist bei Dürrenmatt, obwohl er nur dem Wunsch der Menge nachgibt, der einzig wahrhaft schuldige Mensch. Diese Schuld spürend, doch unfähig das Paradox wirklich zu glauben, beziehungsweise nach seiner religiösen Einsicht zu handeln, „weiß" Pilatus, „daß

[867] Siehe insbesondere Kierkegaards *Einübung im Christentum*. Vgl. auch Bark: Dürrenmatts „Pilatus" und das Etikett des christlichen Dichters, S. 61.

[868] Mingels, Annette: Dürrenmatt und Kierkegaard. Die Kategorie des Einzelnen als gemeinsame Denkform. Köln; Weimar; Wien: Böhlau, 2003; ebenso Mingels, Annette: Jener Einzelne. Kierkegaards Kategorie des Einzelnen als Grundkonstante in Dürrenmatts ideologiekritischem Denken. In: Söring, Jürgen/Mingels, Annette (Hgg.): Dürrenmatt im Zentrum. 7. Internationales Neuenburger Kolloquium 2000. Frankfurt a. M.: Peter Lang / Europäischer Verlag der Wissenschaften, S. 259–284; vgl. auch Rusterholz: Dürrenmatt, Barth und Kierkegaard.

der Gott gekommen war, ihn zu töten" (WA 19, 102) und er „weiß", dass nach der erfolgten Kreuzigung „der Gott mit schrecklichen Wundertaten vom Kreuz gestiegen war, um endlich seine Rache zu vollziehen." (WA 19, 113) Obgleich Pilatus offensichtlich unfähig ist, gemäß der Wahrheit zu handeln und sich wie in der biblischen Narration so der Verurteilung Gottes schuldhaft macht, wird Pilatus durch eine gezielte Leserführung – nicht zuletzt durch die Einsicht in seine Gefühle und Gedanken – entlastet und der Leser „hat am Ende mehr Mitleid mit Pilatus als mit dem ‚Gott', der sich hätte wehren und damit der Menschheit und Pilatus eine große Schuld ersparen können"[869]. Indirekt wird die Schuld des Menschen am Tode Gottes also wieder Gott selbst zugesprochen, der in dieser kontingenten Selbstoffenbarung, „in dieser niedrigen Maske" (WA 19, 102), den Menschen mit einem uneinsichtigen Paradox konfrontiert und kaum Möglichkeit zum „Sprung in den Glauben" (WA 29, 122) lässt. Das zentrale Ereignis der Auferstehung, das biblisch den Glauben der Jünger an die Göttlichkeit Jesu bestärkt und sie zur Verkündigung der Frohen Botschaft Jesu bringt, bildet zwar das Ende der Erzählung, doch nimmt die Erzählung damit keineswegs ein versöhnlich frommes Ende. Das Kreuz ist zunächst nicht verlassen, wie Pilatus geglaubt hatte, Gott lehnt nicht „nackt und schön, laut lachend" am Kreuz, „um den [Pilatus] zu zerreißen, der nun heranritt" (WA 19, 114). Er sieht das „tote Antlitz" eines gequälten und gefolterten Menschen, der aber, wie Pilatus es mit eigenen Augen sieht, nach drei Tagen aus seinem Grab verschwunden war. Der Zweifel, ob es sich bei dem Gekreuzigten um einen Menschen oder um Gott handelt, – und das ist für die Erzählung entscheidend – bleibt bis zum Ende bestehen. Pilatus' Gesicht, das in dem letzten Satz der Erzählung zum ersten Mal nicht aus der Perspektive des Ich-Erzählers Pilatus betrachtet wird, ist eine „Landschaft des Todes" (WA 19, 115). Die Möglichkeit eines Gottes, der Mensch wird und sich nicht in seiner Göttlichkeit vor den Qualen der Geißelung und des Todes wehrt, ist eine den Menschen in seinem tiefsten Inneren zerreißende Möglichkeit, dem in der Aussage dieser Erzählung nichts Erlösendes oder Tröstendes anhaftet, sondern vielmehr einen „unvorstellbaren Haß" des den Menschen täuschenden Gottes – sofern dieser überhaupt existiert – vermuten lässt.

4.3. „Gott ließ uns fallen" – Das Schreckliche als Möglichkeit in der Erzählung *Der Tunnel* (1952)

Zweifel an Gottes Güte lässt auch die Erzählung *Der Tunnel* aufkommen. In einer ganz alltäglichen Situation fährt ein Vierundzwanzigjähriger wie

[869] Arnold: Friedrich Dürrenmatt, S. 19.

„fast jeden Samstag und Sonntag seit einem Jahr“ (WA 21, 22) in einem technisch verlässlichen und sicheren Schweizer Zug nach Zürich, als dieser aus einem Tunnel nicht mehr herauskommt. Der junge Reisende, der sonst die „Löcher in seinem Fleisch“ zustopfte,[870] „damit das Schreckliche [...] nicht allzu nah an ihn herankomme“ (WA 21, 21), hat dennoch die Fähigkeit, das Schreckliche zu sehen (WA 21, 21) und so bemerkt er zunächst als einziger, dass etwas mit dem Zug beziehungsweise der Zugstrecke nicht stimme. Während die anderen Passagiere lesend, Wienerschnitzel und Reis essend oder Schachspielend unbewusst mit dem Zug in den Abgrund rasen, muss er jedoch bald die ausweglose Lage erkennen: Der Lokomotivführer ist schon längst abgesprungen (WA 21, 32) und der Zugführer kann den Zug mit den sinnlos und lächerlich gewordenen Instrumenten, Hebeln und Schaltern ebenso wenig stoppen (WA 21, 33). Der Zug senkt sich mitsamt seinen zum Großteil noch ahnungslosen Insassen weiter ab, „um nun in fürchterlichem Sturz dem Innern der Erde entgegenzurasen“ (WA 21, 33). Auf die verzweifelte Frage des Zugführers „Was sollen wir tun?“ antwortet in der ersten Fassung der junge Mann angesichts des „tödlichen Schauspiel[s]“: „Nichts. [...] Nichts. Gott ließ uns fallen und so stürzen wir denn auf ihn zu.“ (WA 21, 98) Während Interpretationen vorgestellt wurden, nach welchen der Sturz ein Fallen zum „Ziel aller Dinge schlechthin“[871], ein Fall „auf Gott zu“[872] sei, welcher allgegenwärtig „durch alle Geschöpfe“ „unablässig wirkt“[873] oder dass der Mensch, um gerettet zu werden, nichts weiter tun könne, „als sich der Gnade Gottes zu überantworten, sich auf ihn zufallen zu lassen“[874] und manche Autoren so ein christliches Bekenntnis zum erbarmenden Gott sehen,[875] wobei der Mensch in dieser fallenden Bewegung auf Gott zu einem neuen Menschen werde, da sich das Wunder des Glaubens vollziehe,[876] wird völlig verkannt, dass das Fallen in Dürrenmatts Werk

[870] Neben seiner Fettleibigkeit als Schutzschild (WA 21, 23) steckt er in seinen Mund Zigarren. Über seiner Brille trägt er eine zweite aus dunklem Glas, was seine Seh- und Urteilskraft auch im übertragenen Sinn trübt und verschließt seine Ohren mit Wattebüschel, weswegen er auch in dieser Hinsicht von seiner Umwelt abgeschottet ist (WA 21, 21).

[871] Wirsching, Johannes: Friedrich Dürrenmatt: Der Tunnel. Eine theologische Analyse. In: Der Deutschunterricht 25 (1973), S. 103–117, S. 116. Wirschings Interpretation ist nicht zuletzt auch deswegen zweifelhaft, da er Dürrenmatts Text ohne jegliche intertextuelle oder internarrative Anzeichen mithilfe von Gedichten von Hölderlin und Rilke interpretiert.

[872] Ebd., S. 109.

[873] Ebd., S. 110.

[874] Hoffmann: Zweifelnd verzweifeltes Gottsuchertum voll paradoxer Hoffnung, S. 316.

[875] Vgl. Weber: Friedrich Dürrenmatt und die Frage nach Gott, S. 208; vgl. auch Bark: Dürrenmatts „Pilatus“ und das Etikett des christlichen Dichters.

[876] Wirsching: Friedrich Dürrenmatt: Der Tunnel, S. 111–113.

durchweg negativ konnotiert ist[877] und keinerlei Anzeichen eines vertrauensvollen Sich-in-die-Hände-Gottes-Übergeben ersichtlich sind. Naheliegender ist schon eine andere religiöse Deutung, dass in der Äußerung „Gott ließ uns fallen" ein von Gott bewusstes, absichtliches Fallenlassen des Menschen in den Abgrund erfolgt. Diese Interpretation wird gestützt durch die internarrative Anspielung auf die „Rotte Korah" (WA 21, 97), auf eben jene Erzählung, in der Gott die Erde als Schlund öffnet und in einer Art Strafgericht die Menschen, die sich der Auflehnung gegen Gott und Mose schuldig gemacht haben, straft (Num 16). Das Fallen auf Gott zu wäre somit gerade kein tröstlich christlicher Schluss.[878] Allenfalls könnte Gott wieder dafür verantwortlich gemacht werden, dass er den Menschen, der in der Erzählung keinerlei Gebot überschritten hat und sich auch sonst keiner Schuld bewusst ist – zumindest wird dies in der Erzählung nicht thematisiert – gleichsam schuldlos fallen lässt. Wenn man den *Tunnel* theologisch deuten möchte, so wäre dies, wenn nicht die plausiblere, so zumindest eine gleichberechtigte Deutung neben der religiös versöhnlichen. Doch legt Dürrenmatt 26 Jahre später eine neue Fassung, beziehungsweise einen neuen Schluss vor, in der er die religiösen Anklänge und vor allem den letzten Satz streicht. Auf die wiederholte Frage „Was sollen wir tun?" antwortet der junge Mann lediglich mit „Nichts.", was zugleich auch das letzte Wort der Erzählung darstellt (WA 21, 34). Es wird kein Gott mehr erwähnt, der auffangen könnte oder der schuldig an seiner Kreatur geworden wäre. Die Welt, ihre Menschen und die technischen Errungenschaften sind schlicht unberechenbar, die schlimmstmögliche Wendung ist jederzeit denkbar. Alle möglichen, rationalen Erklärungsversuche (die Schweiz hat die längsten Tunnel, schlechtes Wetter, der Protagonist hat den falschen Zug erwischt) (Vgl. WA 21, 24 f.) und alle Rettungsversuche (Notbremse ziehen, Abspringen versagen) (Vgl. WA 21, 28; 32). Es geht um die Erfahrung des Schrecklichen, das jederzeit in den Alltag einbrechen kann.[879] Die Existenz eines Gottes und der Glaube an ihn sind in diesem Szenario in der zweiten Fassung dabei schlicht nicht mehr denkbar.

Wenn es einen Gott gibt, so ist dieser nach diesen drei exemplarischen literarischen Texten nur als grausam und hart mit der menschlichen Natur ins Gericht gehender Gott denkbar: als ein Gott, der foltert, der sich

[877] Dies ist auch in anderen Stücken ersichtlich. Vgl. beispielsweise Schwitter in *Der Meteor:* „Ich fiel und fiel und fiel. Nichts mehr hatte Gewicht, nichts mehr einen Wert, nichts mehr einen Sinn." (WA 9, 91)

[878] Vgl. Bark: Dürrenmatts „Pilatus" und das Etikett des christlichen Dichters, S. 67 f., und Gottwald: Der mutige Narr im dramatischen Werk Dürrenmatts, S. 192.

[879] Vgl. Kuschel, Karl-Josef: Im Spiegel der Dichter: Mensch, Gott und Jesus in der Literatur des 20. Jahrhunderts. Düsseldorf: Patmos, 1997, S. 199.

heimtückisch verstellt und den Menschen einen Glauben an ihn unmöglich macht, auch weil er den Menschen und seine Welt ohne Grund achtlos fallen lässt. Ein Glauben an diesen Gott und dessen Erlösungsangebot scheint, wie auf vielfältige Weise die im Folgenden vorgestellten Werke mit ihren spezifischen Dekonstruktionsversuchen des christlichen Glaubens zeigen, unmöglich.

5. „Meine Gedanken lassen nicht von mir" – Die Unmöglichkeit zu glauben

5.1. Gedanken als „Wolfszähne im Menschenfleisch" – Die fürchterliche Ahnung eines „sehenden" Menschen in der Komödie *Untergang und neues Leben* (1951)

> Was ist der Mensch? Ein Gottesbild,
> Eia poppeia.
> Was da kriecht aus Mutterbauch,
> Wird zu Asche, wird zu Rauch,
> Eia poppeia,
> Das ist der Mensch! (WA 1, 288)

Das bereits erwähnte erste dramatische Stück Dürrenmatts, die Komödie *Untergang und neues Leben* (1941/1951[880]), zeichnet ein Bild des Menschen, das gleichsam programmatisch für alle folgenden Werke steht: Der Mensch ist von Geburt an vom Tod bedroht, „[w]ird zu Asche, wird zu Rauch", wie auch der Vers eines weiteren in die dramatische Handlung eingefügten Liedes äußert „[u]nd tote Kinder gebären die Weiber" (WA 1, 278). Geboren werden heißt, in die Vergänglichkeit hinein geboren zu sein. Die Menschen, die nur „arme Narren" sind, sich „zu Großem geboren" wähnen (WA 1, 278) und die sich als „Gottesbild" betrachten (WA 1, 288), enden auf dem „Totenkarren, verstopft mit Erde [...] Maul und Ohren" (WA 1, 278). Die biblische Hoffnung, nach Gottes Ebenbild als Krone der Schöpfung geschaffen zu sein, wird hier internarrativ aufgegriffen und mit der harten Realität konfrontiert und zerstört. Das menschliche Leben ist existentiell bedroht. Die verzweifelt wiederholte Frage einer Figur an einen „Toten", ob das Leben wenigstens post mortem einen Sinn birgt – „Du sollst mir sagen, warum wir leben", „Du sollst mir Antwort geben, warum wir leben" (WA 1,

[880] 1951 schrieb Dürrenmatt die Komödie, die er zunächst unter dem Titel *Der Knopf* im Wintersemester 1941/1942 begann. (Vgl. WA 1, 293 f.)

263) – bleibt unbeantwortet. Auch rückblickend aus der Perspektive eines gelebten Lebens und einer möglichen Begegnung mit Gott kann dieser Tote, der im Drama nur als „der Gehängte" bezeichnet wird, keinen Trost spenden und einen Sinn am Leben finden. Auf die neidvolle Äußerung des noch Lebenden, dass er froh sein solle, dass er tot sei und den quälenden Gedanken nach einem Sinn des Lebens entfliehen konnte, antwortet der Gehängte nur: „Du Narr! Glaubst du ihnen entfliehen zu können? Das ist unsere Hölle: Daß wir fragen müssen in Ewigkeit und finden kein Ende." (WA 1, 266)

Die Fähigkeit des Menschen über sich selbst und seine Situation reflektieren zu können, diese Gedanken sind „Wolfszähne im Menschenfleisch" (WA 1, 266), die den Menschen jedoch – so der Tenor hier – nicht nur zu Lebzeiten quälen, sondern ihm auch nach dem Tod keine Ruhe lassen. Es gibt hier keinen Gott, der dem Menschen Antwort geben könnte, der die gesamte Existenz des Menschen annehmen und versöhnen könnte; es gibt aber auch kein einfaches Ende der Existenz, sie bleibt über den Tod weiter bestehen, es gibt nur die „ewige Frage" nach dem „Warum" des Lebens. [881] Unvermittelt neben dieser Verzweiflung am Leben („Ich versinke im Leeren. Ich ersticke in ewiger Nacht und verzweifle an diesem Leben!" WA 1, 266) steht im darauf folgenden Vers der christlich tröstende Gedanke der Erlösung der Menschheit durch Jesus Christus, der in diese ewige Nacht nach biblischer Überlieferung und johanneischer Theologie Licht bringt (Joh 12, 46; Joh 1, 5; Joh 8, 12):

> Auch Herr Christus hat uns lieb,
> wunderschön, wunderschön,
> Ach, er hat uns alle lieb,
> wunderwunderschön. (WA 1, 266)

[881] Vgl. Dürrenmatt stellt diese Frage auch an anderer Stelle, im *Winterkrieg* (WA 28, 157), in dem er ein Teilstück des Schlussabschnitts von Nietzsches *Genealogie der Moral* fast wörtlich einfügt: „Das Tier Mensch hat keinen Sinn, sein Dasein auf Erden hat kein Ziel mehr. Wozu der Mensch überhaupt? ist eine Frage ohne Antwort. [...] er ist in der Hauptsache ein krankhaftes Tier; aber nicht das Leiden selbst ist sein Problem, sondern daß die Antwort fehlt auf den Schrei der Frage ‚wozu leiden?' Der Mensch, das tapferste und leidgewohnteste Tier, verneint das Leiden an sich nicht; [...]Die Sinnlosigkeit des Leidens, nicht das Leiden, ist der Fluch [...]". Vgl. Nietzsche: Zur Genealogie der Moral. KGW VI, 2, S. 429. [3. Abhandlung 28] Vgl. weiter auch: Gasser, Peter: „Und vielleicht treffe ich mich ... mit Herrn Nietzsche" – Dürrenmatt und Friedrich Nietzsche. In: Liard, Véronique/George, Marion (Hgg.): Dürrenmatt und die Weltliteratur. München: Meidenbauer, 2011, S. 31–47, insbesondere hier S. 41 ff. Es gilt jedoch mit Gasser anzumerken, dass Dürrenmatt Nietzsches Philosophie entkontextualisierend seinem Werk einverleibt und folglich nicht immer sinngetreu in seine Gedankengänge eingliedert.

Aber diese christliche Botschaft verhallt ungehört im Leeren, ohne die intendierte Hoffnung zu spenden. Zudem ist die Form dieser Heilsbotschaft auffällig: Sie ist – auch aufgrund ihrer häufigen Wiederholung[882] – in einem Ton geschrieben, der an ein einfaches Kinderlied oder Kindermärchen erinnert, das unreflektiert gesprochen wird. Tatsächlich werden diese Verse auch ausschließlich von einem „Betrunkenen" gesungen. Nur ein Betrunkener kann im Stück positiv über Gott reden, nur er ist so naiv zu glauben, dass der trinitarische Gott die Menschen lieb hat und sie mit seiner Liebe in ihrem Leid auffangen will. Die christliche frohe Botschaft wird so internarrativ eingeblendet und durch die konkrete Gestaltung gleichsam parodiert, sodass wiederum die Folie einer möglichen Hoffnung als Option erscheint, an welche allerdings keiner mehr ernsthaft glauben kann. Die Schlussfolgerung, die in *Untergang und neues Leben* gezogen wird, in der die Welt dann auch tatsächlich untergeht, jedoch ohne dass ein „neues Leben" anbricht,[883] ist eindeutig: An Gott – sofern er überhaupt existiert – kann nicht mehr geglaubt werden. Die in Dürrenmatts erstem Drama gestellte Frage „Was ist der Mensch?" (WA 1, 288), die internarrativ auch an den Psalm 8 und das in ihm entworfene gottähnliche und damit „herrliche" Menschenbild erinnert,[884] erfährt schlussendlich die empörende Antwort:

> „Wir Menschen sind arme Kinder,
> erdenken uns Gott und ewiges Leben,
> dann recken wir sterbend die Fäuste gen Himmel,
> und fluchen, daß er keine Gnade ergeben." (WA 1, 278)

Der aus der Erfahrung der alltäglichen Haltlosigkeit formulierte Verdacht, dass Gott nur „erdacht" sein könnte, wogegen der Mensch rebellieren müsse, wird auch in weiteren Texten geäußert.

---

[882] Der Text variiert dabei trinitarisch: „Unser Herrgott hat uns lieb, / Wunderschön, wunderschön […]" (WA 1, 264, 265, 288); „Auch Herr Christus hat uns lieb, / Wunderschön, wunderschön […]" (WA 1, 264, 266, 288); „Der heilige Geist hat uns auch lieb, / Wunderschön, wunderschön […] (WA 1, 266).

[883] Nachdem die „Maschine" explodiert, welche die ganze Welt verschlingt, was nur durch den Zugang zum Tresor zu verhindern gewesen wäre – dessen Zugangskennwort bezeichnenderweise „Da reute es Gott, daß er die Menschen gemacht hatte." ist (WA 1, 277) –, erfolgt zwar eine an die Sintflut erinnernde Szenerie, deren Meere eine „neue Erde" wässern, doch ist dieses Ende von der Vorstellung der unendlichen „Tiefe" und des „Abgrundes" geprägt, in dem nur „seelenlose[] Leben" denkbar sind. (WA 1, 291 f.)

[884] „Was ist der Mensch, dass du an ihn denkst, des Menschen Kind, dass du dich seiner annimmst? Du hast ihn nur wenig geringer gemacht als Gott, hast ihn mit Herrlichkeit und Ehre gekrönt." (Ps 8, 5–6)

5.2. „Eine reine Gedankenkonzeption das Ganze, ohne Bezug zur Wirklichkeit" – Die Dekonstruktion Gottes in *Durcheinandertal* (1989) und *Selbstgespräch* (1985)

In Dürrenmatts letztem Roman *Durcheinandertal* (1989), der in einem karikierten Schweizer Alpendorf spielt, dessen heruntergekommene Kirche den Glauben der Dorfbewohner widerspiegelt, entwirft die Figur Moses Melker seine „Theologie der Gnade", die sich ausschließlich an Reiche richtet,[885] die Gottes Gnade besonders bedürfen und durch den von Melker organisierten sommerlichen ärmlichen Aufenthalt in einem Kurhaus sich eine Art Generalabsolution erhoffen. Im Winter hingegen ist das Kurhaus Zufluchts- und Erholungsort für verschiedenerlei Verbrecher, die der Gangsterboss, genannt der „Große Alte", in einem Syndikat versammelt. Damit ist ein wesentliches leitmotivisches Moment des Romans benannt: die Verwechslung des Gangsterbosses als „Gott ohne Bart" mit dem „Gott mit Bart", mit dem sich anthropomorph vorgestellten Gott des Alten Testaments (z. B.: WA 27, 11 f[886]; 127 ff). Durch diese geschickte Überblendung, beziehungsweise Identifikation Gottes und des Gangsterbosses werden beiden die jeweils anderen Charaktereigenschaften zugeschrieben.[887] Doch nicht nur indirekt wird der „Große Alte mit Bart", Gott, so als Verbrecher dargestellt, auch in direkter Anklage wird Gott als Verbrecher denunziert, „ist doch der Große Alte nur als Verbrecher denkbar" (WA 27, 128[888]). Als Melker schließlich im von den Dorfbewohnen angesteckten, brennenden Kurhaus festsitzt, ist er gezwungen, am Lebensende noch einmal seine Theologie der Gnade zu überdenken und ihm wird so „der Unsinn seiner Theologie be-

[885] Ausgehend von der Bibelstelle Mk 10, 25 (Vgl. auch Lk 18, 25; Mt 19, 24) „es sei leichter, daß ein Kamel durch ein Nadelöhr gehe, als daß ein Reicher ins Reich Gottes komme" (WA 27, 45) predigt Melker, dass die Gnade Gottes das Nadelöhr sei, „wohindurch nicht nur ein Kamel gehe, sondern alle gingen, die hier versammelt seien und unter dem Fluch des Reichtums stöhnten" (WA 27, 48).

[886] Z. B.: (WA 27, 11 f): „Der Grund seines nachträglichen Gelächters lag wohl vor allem darin, daß Melker vom Großen Alten sprach und daß der Gott ohne Bart meinte, Melker meine damit ihn, bis er dahinterkam, daß Melker mit dem Großen Alten Gott meinte. Den Gott mit Bart."

[887] Es werden nicht nur die Eigenschaften des Verbrecherbosses auf Gott übertragen, auch der Gangsterboss wird als allmächtig dargestellt, da er die Geschicke lenkt, seine Herkunft im Ungewissen lag, er unberechenbar war und keine Regierung und keine Polizei ihn zu ergreifen versuchte, das heißt keine Instanz über ihm zu denken war. (Vgl. WA 27, 12 f.)

[888] Vgl. auch: „Nicht im Höhenflug des menschlichen Geistes", fuhr Moses Melker fort, „nicht in all diesen hehren Gedanken sieht sich der Große Alte gespiegelt, die kann er selber denken, sondern im Abschaum der Menschheit, in euch, den Kriminellen. Er liebt euch, wie ihr seid, wie ihr ihn liebt, wie er ist." (WA 27, 127) Jegliches Missverständnis ausräumend heißt es am Ende der Predigt, in der die Verbrecher den Großen Alten (= Gott) mit dem Gangsterboss verwechselt haben, „mit dem Großen Alten meint er bloß Gott." (WA 27, 129)

wußt, die der Unsinn jeder Theologie war: Sie fiel auf sich selber herein, tappte in die Falle ihrer Begriffe, dachte sich Gott vollkommen und die Welt unvollkommen, eine reine Gedankenkonzeption das Ganze, ohne Bezug zur Wirklichkeit." (WA 27, 134) Melker erkennt im Flammenmeer, dass Gott „seine Erfindung" sein musste, wie auch die Welt seine Erfindung sei „und neben seinem von ihm erfundenen Gott und seiner von ihm erfundenen Welt mußte es noch die Götter und die Weltalle geben, welche von den anderen Menschen erfunden worden waren" (WA 27, 135). Lachend erkennt Melker angesichts des Todes, dass Gott nur eine reine Denkkonstruktion sei, genauer, seine Denkkonstruktion, neben welcher es auch noch andere geben mag. Dürrenmatt bemerkt zu seinem Roman, dass er im Grunde „von der Unmöglichkeit [handle], sich Gott vorzustellen" (Gespräche 4, 64[889]), denn Gott löse sich „im endlosen Spiel erdachter virtueller Welten" auf und nichts bleibe als der Mensch,[890] der sich diesen Gott denkt. Melker zieht die Schlussfolgerung, dass der Mensch folglich nur „den Menschen und keinen Gott [braucht], weil nur der Mensch den Menschen begreift" (WA 27, 134). Auch der Hinweis, dass Dürrenmatt den Roman ursprünglich *Weihnacht II* nennen wollte (Gespräche 4, 73[891]) und die Interpretation, dass das Hüpfen des Kindes im Bauch der einzigen überlebenden Dorfbewohnerin Elsi,[892] was internarrativ an die biblische Geschichte Elisabeths erinnert, deren Kind im Bauch vor Freude hüpft, als sie Maria und deren göttlichen Sohn sah, ist kein „Verweis auf den verheissungsvollsten neuen Anfang"[893], denn die Dekonstruktion Gottes beziehungsweise die Dekonstruktion des Glaubens an ihn wird nicht zurückgenommen.

In dem kurzen Text *Selbstgespräch* (1985), in dem sich ein Ich in einem Monolog selbst vergewissert und sich indirekt als Gott erweist,[894] geht die Dekonstruktion des Gottesgedankens noch einen Schritt weiter. Dürrenmatts Gott ist darin gezwungen, sich selbst zu entwerfen und im innerweltlich erfolgten Selbstgespräch eben ständig jener Kategorien zu bedienen,

[889] Dürrenmatt im Gespräch mit Ernst Molden, 1989.

[890] Mautner, Josef P.: „Ein Gott, der sich kreuzigen lässt, spielt Theater". Die literarische Dekonstruktion von Eindeutigkeit in Friedrich Dürrenmatts Roman *Durcheinandertal*. In: Tschuggnall, Peter (Hg.): Religion-Literatur-Künste. Aspekte eines Vergleichs. Anif/Salzburg: Müller-Speiser, 1998, S. 329–342, S. 341.

[891] Dürrenmatt im Gespräch mit Hardy Ruoss, 1989.

[892] Alle anderen Dorfbewohner fallen dem Brand, den sie selbst gelegt haben, zum Opfer. (WA 27, 136)

[893] Rusterholz: Theologische und philosophische Denkformen und ihre Funktion für die Interpretation und Wertung von Texten Friedrich Dürrenmatts, S. 489.

[894] Die Worte „Gott", „Mensch" und „Welt" setzt man fast selbstverständlich für „Ich", „Man" und „Geschaffene[s]" ein. Vgl. Burkard: Als Gott über Gott schwätzen?!, S. 451.

die er eigentlich transzendiert.[895] Das Ich sinniert über die „viele[n] Namen" (Versuche, 113[896]), die ihm ein „Man", der Mensch, gegeben hat und kann sich dennoch nichts außer sich sowie sich selbst nicht vorstellen: „Ich kann mich nicht vorstellen." (Versuche, 113) Folglich wird ein grundsätzliches Paradox beschrieben:

> „Das Ich scheint offensichtlich bemüht zu sein [...], seine eigene Nicht-Existenz darzulegen; aber insofern es dies behauptet, beweist es immer auch gleich wieder, daß es existiert. Je vehementer das Ich seine Existenz zu widerlegen versucht, um so stärker beweist es seine Existenz."[897]

Das zweite Paradox des Textes besteht im Verhältnis des Ichs zum „Man". Neben der Behauptung der eigenen Nicht-Existenz, beziehungsweise der Abhängigkeit seiner Existenz von den Behauptungen des „Man", das ihm „viele Namen" gibt, ist sich das Ich doch bewusst, dass es selbst dieses „Man" geschaffen hat. Das „Ich" existiert folglich nicht nur in der Rede des „Mans" über sich, sondern es ist auch das Ich selbst, das unabhängig vom „Man" in seinem Selbstgespräch existiert. Die Erkenntnis des Ichs „Ich bin nur, insofern ich schwätze" (Versuche, 115), die gleichsam das „Cogito ergo sum" von Descartes modifiziert, und die Schlussfolgerung, dass wenn das Ich nicht mehr „gedacht" werde, es ist, was es ist: „nichts" (Versuche, 116), zeigen die Fragilität der Existenz dieses „Ichs". Entscheidend ist, dass diese Rede über die mögliche Nicht-Existenz des Ichs, des Gottes, nicht vom Menschen sondern von dem Ich beziehungsweise Gott selbst formuliert ist. Durch die vielschichtigen Paradoxien und das Fehlen einer auktorialen Instanz in Dürrenmatts *Selbstgespräch*, das er als Antwort auf die Bitte verfasst hat, sein Verhältnis gegenüber Gott zu beschreiben, scheint Dürrenmatt – ganz im beschriebenen Sinne des Verständnisses seiner Werke als Gleichnisse – wiederum eine eindeutige Aussage zu verweigern.[898] Das vage Bild aber, das im Text *Selbstgespräch* von einem Gott entworfen wird, „der sich als nicht existent betrachtet und der wünscht, daß die Menschen ihn endlich vergäßen"[899], ist in seiner Aussage dennoch signifikant: Gott, dessen Existenz oder Nicht-Existenz gleichsam nicht zu

[895] Vgl. Kaiser, Joachim: Sicut deus? In: Keel, Daniel (Hg.): Herkules und Atlas. Lobreden und andere Versuche über Friedrich Dürrenmatt. Zürich: Diogenes, 1992, S. 139–144, S. 142.

[896] Dürrenmatt, Friedrich: Selbstgespräch. In: Dürrenmatt, Friedrich (Hg.): Versuche. Zürich: Diogenes, 1988, S. 113–116. Alle Zitate aus Dürrenmatts Selbstgespräch werden zitiert nach dieser Ausgabe und im Text als „Versuche" mit der entsprechenden Seitenzahl gekennzeichnet.

[897] Burkard: Als Gott über Gott schwätzen?!, S 451.

[898] Vgl. ebd., S. 457.

[899] Ebd.

beweisen ist, könnte eine reine Erfindung des Menschen sein, die nur dann existiert, sofern sie gedacht wird oder sich selbst denkt.

Von Gott und den Menschen wissen wir nicht, „wer wen hervorgebracht hat, Gott den Menschen oder der Mensch Gott“ (WA 14, 135). Letzten Endes stellt eben diese Frage die Mauer des Labyrinths dar, die Erkenntnisbeschränkung Kants, über dessen Mauer man nur im Glauben springen kann. Dieser Sprung wird für die Figuren Dürrenmatts schier unmöglich, erfahren sie Gott doch aufgrund ihres „sehenden“ Wahrnehmens der Welt als „Folterknecht“, als „Sadist“, und werden zum realitätsfernen Außenseiter, zum religiösen Narren, halten sie an seiner Botschaft der Gnade und Erlösung fest. Der Verdacht steht so begründet im Raum, dass der biblische, trinitarische Gott eine reine Denkoption sei, oder in Dürrenmatts Worten: ein „Fluchtgedanke“ (Gespräche 4, 78[900]), eine mögliche „List[]“[901] neben anderen, die der Mensch braucht, um „seiner Sterblichkeit zu entfliehen“[902]. „Um den Tod zu ertragen, braucht der Mensch einen Sinn.“ (Gespräche 4, 77[903]) und so erfand er, wie Dürrenmatt verschiedentlich äußert, die Metaphysik und Gott als „ungeheure[n] Wunsch, einen Sinn hinter den Dingen finden“ (Gespräche 4, 77 f.[904]) und so „von der individuellen zu einer überindividuellen Sinnkonstitution“[905] zu gelangen.[906] Dass diese religiöse Sinnkonstitution fragil ist, zeigt, wie schon besprochen, die Komödie *Untergang und neues Leben*, in der die Fragen nach dem Warum des Lebens und nach einem Sinn selbst über den Tod hinaus wie „Wolfszähne“ (WA 1, 266) weiter am menschlichen Bewusstsein nagen und diesem in Ewigkeit keine Ruhe geben. Die christliche Erlösungshoffnung, die auf dieser Sinnkonstitution gründet, wird aus diesem Grund ebenso unsicher und unglaubhaft und wird in literarischen und künstlerischen Auseinandersetzungen Dürrenmatts parodistisch dekonstruiert.

---

[900] Dürrenmatt im Gespräch mit Hardy Ruoss, 1989.

[901] Als weitere „Listen“ nennt Dürrenmatt beispielsweise die Kunst (fK) oder die Sexualität, die das Denken und die Selbstreflexivität überhaupt aussetzen lassen. (Vgl. Interview mit Dürrenmatt 1980, erschienen im Playboy: http://www.a-e-m-gmbh.com/andremuller/friedrich%20duerrenmatt%20 %28Interview%29.html [zuletzt abgerufen am 27.06.2015])

[902] Ebd.

[903] Dürrenmatt im Gespräch mit Hardy Ruoss, 1989.

[904] Ebd.

[905] Mingels: Dürrenmatt und Kierkegaard, S. 264.

[906] Vgl. auch: Dürrenmatt: Abschied vom Theater (WA 18, 583); oder Gespräche 4, 77–78 (Dürrenmatt im Gespräch mit Hardy Ruoss, 1989); oder vgl. auch fK.

5.3. „Ich? Auferstanden? Von den Toten? So ein Witz!" – Die Dekonstruktion christlicher Erlösungsnarrationen

Ein Christus, der in *Die Ehe des Herrn Mississippi* gegen Windmühlen kämpft, ein kreuzförmig aufgespannter Geräderter, der auch Christus als religiösen Narren erscheinen lässt (in *Es steht geschrieben*), ein Gott, der in der Erzählung *Der Folterknecht* nur Mensch wird, um zu foltern und ein Christus, der als Gottessohn in der Passion den Menschen nur „heimtückisch" versuchen will (in der Erzählung *Pilatus*) – viele literarische Anklänge an christliche Erlösungsnarrationen dekonstruieren diese gleichwohl, indem sie einzelne Aspekte herausgreifen und diese in grotesker Weise verfremden. Friedrich Dürrenmatt beschäftigt sich in dieser Hinsicht auch explizit mit dem spezifisch christlichen Symbol des Kreuzes und dem österlichen Glauben an die Auferstehung Jesu, die er, entgegen einer religiös verklärenden Rede, als „ein Skandalon" (Gespräche 1, 195[907]) wörtlich nimmt. Mit dem Motiv der Kreuzigung hat sich Dürrenmatt vorwiegend im Medium der Kunst auseinandergesetzt und in verschiedenen Phasen seines künstlerischen Schaffens Feder-Bilder und Lithographien dazu gestaltet.[908]

Gemeinsamer Tenor der Kreuzesdarstellungen ist eine im Laufe der Jahre zunehmende Verfremdung in der Gestaltung des für Christen zentralen Symbols. Den Aspekt des Leidens der gesamten Schöpfung, der wie gezeigt auch in vielen literarischen Texten im Vordergrund steht, rückt so beispielsweise im Bild mit dem Titel *Kreuzigung II* (1975)[909] in den Fokus: Gekreuzigt wird nicht nur Christus, sondern eine Vielzahl von Menschen, unter ihnen auch Kinder, deren in Räder eingespannte Kreuze[910] um eine gekreuzigte und geköpfte Frau mit aufgestochenem Bauch gruppiert sind. Aus diesem Bauch stürzt ein toter Embryo hervor, ein Bild das wie in *Untergang und neues Leben* an die Vergänglichkeit eines jeden Menschenlebens erinnert und den Schöpfer, der die Kreuzigung nicht nur seinem Sohn sondern seiner ganzen Schöpfung zumutet und dieses sterbliche und leidvolle Leben verantworten muss, anklagt. Die Ratten, die wie die „Wolfszähne

---

907 Dürrenmatt im Gespräch mit Hans Mayer, 1966.

908 Vgl. im Folgenden Bühler, Pierre: Gnadenlosigkeit? Christologische Figuren in den späten Werken Dürrenmatts. In: Rusterholz, Peter/Wirtz, Irmgard (Hgg.): Die Verwandlung der „Stoffe" als Stoff der Verwandlung. Friedrich Dürrenmatts Spätwerk. Berlin: Erich Schmidt, 2000, S. 161–178, insbesondere S. 168–173.

909 Dürrenmatt, Friedrich/Weber, Ulrich (Hg.): Friedrich Dürrenmatt: Schriftsteller und Maler. [Katalog zu den Ausstellungen „Querfahrt: Das Literarische Werk" im Schweizerischen Literaturarchiv, Bern, und „Portrait eines Universums: Das Zeichnerische und Malerische Werk" im Kunsthaus Zürich.] Zürich: Diogenes, 1994, S. 59.

910 Dies erinnert an die Darstellung des geräderten Knipperdollinck in *Es steht geschrieben.* (Vgl. WA 1, 147 f.)

im Menschenfleisch“ (WA 1, 266) an den toten Körpern nagen, sind auch Bestandteil und Thema in den anderen Kreuzigungsdarstellungen. Nagen sie in Übergröße, dargestellt in einem weiteren Bild (*Kreuzigung III*, 1976) [911], als ganze Horde an dem am Kreuz hängenden Christus, haben sie diesen in der Lithographie *Kreuzigung* von 1990[912] schon fast vollständig aufgefressen. Nur noch die Hände und Füße des Gekreuzigten hängen am kahlen Kreuz unter der das zentrale Glaubensbekenntnis und Heilsbekundung des Christentums zusammenfassenden Inschrift INRI. Die Gedanken, die wie „Wolfszähne im Menschenfleisch“ nagen (WA 1, 266), die Zweifel, die einen Glauben an Gott und sein in Christus bestärktes Heilsversprechen unmöglich machen, lassen von Christus nur noch die äußeren Extremitäten übrig, die jedoch nicht mehr handlungsfähig sind. Das Kreuz ist kein Symbol mehr für Erlösung, sondern nur noch Symbol des innerweltlichen und metaphysischen Schreckens.

Dürrenmatt wehrt sich dagegen, dass die Religion „zu einer Art Trostbild“ gemacht und das eigentlich „[U]nangenehme und [S]kandalöse“ übersehen wird (Gespräche 1, 212 f.[913]). Er verwandelt religiöse Symbole wie hier das Kreuz in Wirklichkeit und nimmt aus der Heilsgeschichte nicht nur die Passion, sondern vor allem auch die Auferstehung Christi beziehungsweise den Glauben aller Menschen, in Christus eine Auferstehung zu erfahren, als „anstößige Geschichte“, als „Skandalon“ (Gespräche 1, 195[914]). Dürrenmatt verfolgt in der Komödie *Der Meteor* (1966) so die Fragen, was passieren würde, „wenn tatsächlich einer aufersteht?“ (Gespräche 1, 202[915]) oder: „Gibt es überhaupt die Möglichkeit für uns, diese Geschichte zu glauben, wenn sie uns zustoßen würde?“ (Gespräche 1, 195[916]), beziehungsweise „Ist der Mensch dem überhaupt gewachsen, woran er so glaubt?“ (Gespräche 1, 203[917])

„Auferstanden! Ich! Von den Toten! So ein Witz!“ (WA 9, 23) Ausgerechnet der erfolgreiche Literaturnobelpreisträger Wolfgang Schwitter, eine Figur, die Dürrenmatt unter dem Einfluss der Nihilismusanalysen Nietzsches, dem Selbstverwirklichungsstreben in der Figur eines Faust und Sartreschem Existentialismus entworfen zu haben scheint, wacht nach dem klinisch zweifelsfrei festgestellten Tod plötzlich auf und kriecht unter den Blumenkränzen der Regierung und des Nobelpreiskomitees aus dem To-

[911] Dürrenmatt: Schriftsteller und Maler, S. 60.
[912] Ebd., S. 256.
[913] Dürrenmatt im Gespräch mit Conzelmann, 1966.
[914] Dürrenmatt im Gespräch mit Hans Mayer, 1966.
[915] Dürrenmatt im Gespräch mit Urs Jenny, 1966.
[916] Dürrenmatt im Gespräch mit Hans Mayer, 1966.
[917] Dürrenmatt im Gespräch mit Urs Jenny, 1966.

tenbett hervor (WA 9, 23). Während Schwitter nicht an seine Auferstehung glaubt und auf seinem Recht beharrt, sterben zu können, reißt er sein Umfeld, unter anderem den seine Auferstehung feiernden Pfarrer mit in den Tod, Menschen, die allesamt am Leben und an ihm verzweifeln. Eine besonders groteske Ironisierung des Glaubens an eine religiös motivierte Auferstehung und deren energisches Abstreiten stellt das abschließende Aufeinandertreffen der Heilsarmee mit Schwitter in der Schlussszene dar. Während die Heilsarmee die Berufung Schwitters zum ewigen Leben feiert und Posaunenklänge gleichsam an das Jüngste Gericht erinnern, wünscht sich Schwitter zerrissen, zerstampft, zerschmettert und totgeschlagen zu werden, woraufhin die Heilsarmee im Chor jeden Wunsch mit einem zweifach wiederholten „Halleluja! Halleluja!" kommentiert (WA 9, 95). Die beiden Gesprächspartner könnten somit nicht grotesker aneinander vorbei reden, was die jeweils im anderen kontrastierte Position beiderseits weltfremd erscheinen lässt. Die „Gnade" („Seid gnädig ihr Christen!" WA 9, 95), die sich Schwitter erhofft, steht somit auch diametral zum Gnadenverständnis der Heilsarmee, da sich Schwitter nichts sehnlicher wünscht, als zu „krepieren" (WA 9, 95). Der Nachdruck, der durch die viermalige Wiederholung des verzweifelten Ausdrucks „Wann krepiere ich denn endlich!" auf dem Todeswunsch liegt, sowie die Wortwahl „krepieren", ein Wort, das eigentlich eher für das Sterben von Tieren verwendet wird, parodieren das irdische Leben und stellen ein Weiterleben in Christus, eine „Auferstehung" im christlichen Sinn, in Zweifel. Das im letzten Vers mit den Worten „Und vertreib durch deine Macht / unsre Nacht" anzitierte Kirchenlied „Morgenglanz der Ewigkeit", wodurch internarrativ die Morgensonne, also allegorisch Christus als aufgehende Sonne gefeiert wird, der die Finsternis und Sünde vertreibt, erinnert nochmals an eine mögliche Versöhnung und Erlösung gerade auch in Not und Sünde. Die darin ausgedrückte christliche Hoffnung ist für Schwitter, der unmittelbar zuvor noch einen Menschen umgebracht hat, nur noch ex negativo zu fassen und zeigt, was der Protagonist verloren hat. Die „Nacht" behält das letzte Wort und Schwitter bleibt dennoch am Leben. Die christliche Erlösungshoffnung im menschgewordenen und auferstandenen Gottessohn ist dekonstruiert, das Kreuz ist als Symbol des innerweltlichen Schreckens entmetaphysiert und entchristianisiert und die wörtlich genommene Auferstehung erweist sich als Groteske. Es bleibt die Verzweiflung am Leben und die Unmöglichkeit, an einen liebenden Gott zu glauben.

Der Glaube an einen Gott, der rettend wirken und den Menschen versöhnen kann, ist – so scheint man als Fazit der besprochenen Werke Dürrenmatts schließen zu können – eine religiöse Narrheit, ein Fluchtgedanke, der angesichts der „nagenden" Fragen nach Sinn und Halt im menschlichen

Leben zerbricht. Die Frage der Schuld, die in Dürrenmatts Werk ebenso zentral ist und auf die hier nur verwiesen werden kann, kann folglich jedoch ebenso wenig Gott zugesprochen werden und fällt in aller Härte auf den Menschen selbst zurück.

5.4. „Ein Inferno aus eigenem Antrieb" – Anthropodizee und Nihilismus angesichts des „Riesenunfalls" Welt? Dürrenmatts Essay zu den *Teppichen von Angers* (1951)

Ein „fromme[r] Glaube", der um die Vergänglichkeit der Welt weiß und dennoch nicht verzweifelt, „da es für ihn, noch wirklicher als der Tod, die Auferstehung gab und das selige Erwachen der Christen auf einer neuen Erde und in einem neuen Himmel nach dem Schrecken der Apokalypse" (WA 32, 149), schuf – so Dürrenmatt – die Teppiche von Angers, ein Bilderzyklus aus dem 14. Jahrhundert, der die apokalyptischen Visionen der Johannesoffenbarung darstellt. Dieser unerschütterliche und tröstende Glaube ist nach Dürrenmatts Zeitdiagnose, jetzt einer Angst gewichen, „für die das Jüngste Gericht nur noch das Ende bedeutet", ein Ende, das im „sinnlosen Kreisen eines ausgebrannten Planeten um eine gleichgültig gewordene Sonne" besteht. Dieses zum „selige[n] Erwachen" konträr stehende „Nichts" und das Fehlen des Trostes, „dass auch das Zusammenbrechen aller Dinge Gnade ist", ist Folge – und das macht es noch schwerlicher zu ertragen – des Handelns des Menschen. Nach der Verabschiedung Gottes und der Dekonstruktion allen heilbringenden Glaubens kann das Leid, die Schuld und die Vergänglichkeit nicht mehr „Gottes Zorn" zugeschrieben werden, sondern es ist der Mensch, der Grausamkeiten verübt; es ist traurige „Gewissheit", „dass der Mensch aus eigenem Antrieb ein Inferno der Elemente zu entfesseln vermag" (WA 32, 149). Die Aufklärung gleichsam pervertierend missbrauchen Menschen, wo sie frei sind, die schwerlich errungene Freiheit; anstelle der von Kant postulierten praktischen Vernunft tritt die „praktische[] Unvernunft", der die Menschen anheimfallen (WA 36, 70). Gräueltaten, die im Namen von „Wahrheit" und „Gerechtigkeit" verübt werden, welche Dürrenmatt als „die größten Massenmörder der Geschichte" bezeichnet (DiA)[918], und deren Motivation nicht zuletzt religiös bedingt ist, sind besonders zu verurteilen, fallen sie doch letzten Endes auf den Menschen selbst zurück, der Religion pervertiert. So wird auch die Frage nach der Verantwortung Gottes nicht mehr gestellt, geschweige denn eine Theodizee überhaupt nur angedacht. Es ist allein der Mensch, der handelt

[918] Dürrenmatt, Friedrich: Der intellektuelle Atheist. Ich glaube an den Menschen. In: Wiener 9 (1988), S. 183, fortan zitiert als DiA

und Verantwortung trägt. Die Frage aber, wie der Mensch nach der Verabschiedung Gottes mit dem Problem der Anthropodizee umgeht[919], wie er sich angesichts der faktischen Unheilsgeschichte vor sich selbst rechtfertigen kann und muss, bleibt unbeantwortet. „Die Menschheit ist als ganze schuldig geworden" (WA 32, 149[920]); der Mensch hat die wilden Bilder auch eines Albrecht Dürer oder eines Hieronymus Bosch Wirklichkeit werden lassen (WA 32, 150) und die Hölle, die der Mensch einst im Jenseits erwartete, im Diesseits errichtet (WA 32, 149).

Angesichts eines solchen Panoramas und dem unwiederbringlichen Verlust des in den Bildern dargestellten Vertrauens in der Katastrophe ist die nihilistisch verneinende Haltung einiger Figuren Dürrenmatts, die nur das Nichts als einzig Wirkliches anerkennt, verständlich. Neben beispielsweise dem nihilistische Züge tragenden Negro da Ponte in *Der Blinde* wird die nihilistische Haltung vor allem in der Komödie *Der Meteor* durchgespielt. Schwitter, der Auferstandene, der nicht an seine eigene Auferstehung glaubt, wirft angesichts des Todes „alle geistigen, literarischen, mitmenschlichen und materiellen Stützen seines bisherigen Lebens, alle Verantwortlichkeiten und Rücksichten, alle Furcht von sich"[921] und erwartet so als Nihilist in solipsistischer Freiheit den Tod, der allein „ewig" ist (WA 9, 94). Nichts hat mehr Wert, Sinn und Gewicht in seinem Leben, das er lediglich als eine sinnlose „Schindluderei der Natur sondergleichen, eine obszöne Verirrung des Kohlenstoffs, [als] eine bösartige Wucherung der Erdoberfläche [und] ein[en] unheilbarer Schorf" (WA 9, 94 f.) betrachtet. Diese materialistische, dem Leben jedwedes höheres Ziel und jedwede persönliche, soziale, oder metaphysische Perspektive absprechende und somit nihilistische Sichtweise führt zu einer passiven Haltung, die auch der Protagonist in der Erzählung *Der Tunnel* einzunehmen scheint. Anstelle der Anklage „Gott ließ uns fallen und so stürzen wir denn auf ihn zu" (WA 21, 98) antwortet er in der zweiten Fassung auf die wiederholte Frage angesichts des unaufhaltsamen Sturzes des Zuges mitsamt seinen Insassen in den Abgrund „Was sollen wir tun?" mit einem schlichten „Nichts", was zugleich auch das letzte Wort der Erzählung bleibt (WA 21, 34). Kein Gott wird mehr erwähnt, kein Nachdenken oder Beraten über Rettungsmöglichkeiten wird in Betracht gezogen

[919] Vgl. hierzu auch Striet, Magnus: Eine Lanze für Don Quijote. Unzeitgemäße Bemerkungen zum Problem endlicher Existenz. Orientierung 63 (1999), S. 74–79. Striet stellt diese Frage ausgehend von theologischen Bemerkungen unter anderem zu Dürrenmatts *Die Ehe des Herrn Mississippi.*

[920] Vgl. auch die „kollektive Schuld" in den *Theaterproblemen* (WA 30, 62).

[921] Spycher, Peter: Friedrich Dürrenmatts „Meteor". Analyse und Dokumentation. In: Knapp, Gerhard P. (Hg.): Friedrich Dürrenmatt. Studien zu seinem Werk. Heidelberg: Lothar Stiehm Verlag, 1976. (Poesie und Wissenschaft; 33), S. 145–187, S. 148.

und keinerlei noch so sinnloser Rettungsversuch erfolgt. Es gibt schlicht nichts mehr zu tun. Der Zug rast ungehindert in den Abgrund, was vom Protagonisten arglos akzeptiert wird.

Das Bild des abstürzenden Zuges, das gleichsam für ein auf den Tod unaufhaltsam zurasendes Leben steht, wobei sich, wie in der Erzählung manche mehr manche weniger ihrer Situation bewusst sind, wirft die Frage auf, wie man angesichts einer solch absurden Situation ohne den Glauben an einen Gott leben soll, ohne seine eigene Bestimmung aufzugeben und in einen alles zerstörenden Nihilismus zu verfallen. Es ist bezeichnend, dass der junge Mann in der Erzählung *Der Tunnel* nicht in größte Verzweiflung verfällt, sondern seine Situation „mit einer gespensterhaften Heiterkeit" akzeptiert (WA 21, 34). „Gespensterhaft", also etwas unheimlich, Grauen und Beklemmen erregend, ist die Situation des unaufhörlich dem Tod entgegenstrebenden Lebens schon, doch verliert der junge Mann eine „Heiterkeit", eine gewisse Fröhlichkeit und Lebensfreude keineswegs.

Wissend um die Begrenztheit allen Handelns, da es keinen Gott gibt, der rettend eingreifen könnte, da dieser als reiner Sehnsuchtsgedanke dekonstruiert worden ist, verzweifeln viele Figuren Dürrenmatts gerade dennoch nicht:

> „Gewiß, wer das Sinnlose, das Hoffnungslose dieser Welt sieht, kann verzweifeln, doch ist diese Verzweiflung nicht eine Folge dieser Welt, sondern eine Antwort, die man auf diese Welt gibt, und eine andere Antwort wäre das Nichtverzweifeln, der Entschluß etwa, die Welt zu bestehen […]" (WA 30, 63)[922]

6. „Ich glaube an den Menschen" – Das Credo eines „neuen Humanismus"

Das „Nichtverzweifeln, der Entschluß etwa, die Welt zu bestehen" als Antwort auf „das Sinnlose, das Hoffnungslose dieser Welt", die „als ein Ungeheures […], als ein Rätsel an Unheil […] hingenommen werden muss, vor dem es jedoch kein Kapitulieren geben darf"(WA 30, 63), ist Dürrenmatts Vorschlag auf die im Bild des Labyrinths entfaltete Erkenntnisproblematik und die Möglichkeit, dass es den Heil versprechenden Gott nicht geben könnte. Aus der Einsicht, dass die Wirklichkeit nicht hinreichend zu verstehen und ein Einzelner die Welt nicht retten kann, was, wie Dürrenmatt schreibt, „eine ebenso hoffnungslose Arbeit wie die des armen Sisyphos"

[922] Dies ist auch unter anderem ein Grund, warum Dürrenmatt Komödien schreibt.

wäre, folgt so nicht die resignierende Verzweiflung des Menschen, sondern eine neue Forderung: die Welt „nicht zu retten suchen, sondern zu bestehen", „nur im einzelnen [zu helfen], nicht im gesamten" (WA 20, 264). Auf der Bühne, „die diese Welt bedeutet", ist es so „immer noch möglich, den mutigen Menschen zu zeigen" (WA 30, 63). Ohne opportunistisch jegliche moralische Bedenken gegenüber den Unzulänglichkeiten der bestehenden Gesellschaftsordnung aufzugeben,[923] oder aus einem Gefühl der Ohnmacht zu verzweifeln,[924] „besteht" der mutige Mensch die Welt, obwohl er die Sinn- und Hoffnungslosigkeit erkennt und sich seiner begrenzten Möglichkeiten bewusst ist.[925] Graf Übelohe-Zabernsee (*Die Ehe des Herrn Mississippi,* 1952) hält trotz der Einsicht in die Aussichtlosigkeit seiner Botschaft und Zuneigung zu Anastasia an seinem Ideal der unbedingten Liebe fest, Romulus (*Romulus der Große,* 1949) lässt das Römische Reich zugrunde gehen, weil er dessen Unmenschlichkeit und Schuld erkannt hat (WA 2, 91[926]) und weiß zugleich, dass er „keine Macht" hat „über das, was war und über das, was sein wird" (WA 2, 112), Akki in *Ein Engel kommt nach Babylon* (1953) verschließt sich dem kapitalistisch strukturierten Reich König Nebukadnezars, um im Rahmen seiner Möglichkeiten nach Gutes zu tun (WA 4, 83); diese beispielhaften Figuren[927] eint die sittliche Größe, sich der Absurdität der Wirklichkeit zu widersetzen und aufgrund ihrer eigenen moralischen Grundsätze verantwortungsbewusst zu handeln. Trotz der offensichtlich geringen Erfolgschancen nimmt der mutige Mensch den Kampf für die Verwirklichung seiner Ideale auf.[928] Der mutige Mensch verschließt im Gegensatz zu seinen Mitmenschen nicht die Augen, er flüchtet sich nicht in Utopien. „Bei klarer Einsicht in die labyrinthische Geartetheit dieser Welt ist er trotzdem bereit, mit Tapferkeit und Opferbereitschaft für menschliche Werte einzutreten", auch wenn er gerade in diesem Kampf zum Narren wird,[929] der an der Wirklichkeit scheitert. Dieses verantwortungsbewusste

[923] Ein Beispiel für diese Haltung wären die Einwohner Güllens im *Besuch der alten Dame* (1956), die um des Wohlstandes willen dem an Claire Zachanassian schuldig gewordenen Ill das Lebensrecht absprechen. (WA 5)

[924] Als Beispiel hierfür könnte man die Haltung der Geliebten des ehemaligen KZ-Arztes Emmenberger in *Der Verdacht* (1953) nennen, die meint, es sei Unsinn, „sich zu wehren und sich für eine bessere Welt einzusetzen". „Jeder Weg, sich zu retten, ist gut." (WA 20, 219 und 217)

[925] Vgl. Muhres, Michael: Dürrenmatts Begriff der Verantwortung. Frankfurt a.M.: Univ.Diss, 1974, S. 83 ff.

[926] „[…] Rom hat sich selbst verraten. Es kannte die Wahrheit, aber es wählte die Gewalt, es kannte die Menschlichkeit, aber es wählte die Tyranei." (WA 2, 91)

[927] Vgl. Dürrenmatt: „Der Blinde, Romulus, Übelohe, Akki, sind mutige Menschen. Die verlorene Weltordnung wird in ihrer Brust wieder hergestellt, das Allgemeine entgeht meinem Zugriff." (WA 30, 63)

[928] Vgl. Gottwald: Der mutige Narr im dramatischen Werk Friedrich Dürrenmatts, S. 4.

[929] Gottwald: Der mutige Narr im dramatischen Werk Friedrich Dürrenmatts, S. 93.

Handeln erfolgt nicht aus christlicher Einsicht, aus Nächstenliebe, aus einem Bedürfnis am Reich Gottes mitzuwirken oder aus ähnlicher Begründung. Kein christlicher Grundsatz ist Motivation und keinerlei christliches Ziel – etwa die in Gottes Schöpfung begründete Würde eines jeden Menschen oder die Zuwendung zu Armen und Benachteiligten nach dem Vorbild Christi – wird verfolgt. Das Konzept des mutigen Menschen, dessen Antrieb und Selbstverständnis, ist gänzlich ohne religiösen Hintergrund und ohne metaphysische Letztverankerung zu verstehen. Allein die moralischen Grundsätze der einzelnen Figuren, deren Ideale und Leitsätze, welche nicht unbedingt vom Kollektiv geteilt werden, sind für eine Lebenseinstellung relevant. Im Gegensatz zum christlichen Glauben, der darauf hoffen lässt, dass es einen Gott gibt, der erlöst, der die Benachteiligten versöhnt und das zu Ende führt, was Menschen aus eigenen Kräften begonnen haben, ist sich der mutige Mensch Dürrenmatts der letztlichen Sinnlosigkeit und Begrenztheit all seines Tuns bewusst. „Das Sein an sich ist […] ohne Grund und Sinn", wie Dürrenmatt in einem Gespräch bemerkt, „[e]s ist des Menschen Aufgabe, dem Sein einen Grund zu geben", da „das Sein an sich […] ohne Grund und Sinn [ist]" (Gespräche 4, 134[930]). Anstatt einen Gott zu denken, der doch nur ein „ungeheurer Wunsch [ist], einen Sinn hinter den Dingen zu finden", muss der Mensch begreifen, „dass der Sinn nur in ihm selber liegen kann." (Gespräche 4, 77 f.[931]). Der Mensch, der das Absurde der Wirklichkeit sieht und der sich mutig gegen das sinnlose Werden und Vergehen der Welt anstemmt und auf keine metaphysische Instanz vertraut, die sein Leid erlöst, „kann einen Sinn nur sich selber geben, und das ist das Großartige am Menschen." (Gespräche 4, 78[932])

„Der Mensch muß nicht erlöst werden, er steht vor der viel schwierigeren Aufgabe, sich selbst zu erlösen.", so schreibt Dürrenmatt 1988 in dem Zeitschriftartikel *Der intellektuelle Atheist.* (DiA, 183) „Die Aufgabe, der sich die Menschheit gegenübersieht, ihr Weiterbestehen zu ermöglichen, ist so schwer, daß kein Gott ihr helfen kann. Nur sie sich selbst." (DiA, 183), heißt es weiter. Der im christlichen Glauben allmächtige, liebende und versöhnende und erlösende Gott ist hier entmachtet: Kein Gott kann mehr helfen, von ihm sind keine Wunder und ist kein Heil mehr zu erwarten, vielleicht, weil er als reiner „Fluchtgedanke", als Fiktion, entlarvt wurde und eine Fiktion nicht helfen kann. An Stelle Gottes ist der Mensch „zum alleinigen Gestalter seiner Wirklichkeit"[933] ernannt, das „Wunder Mensch" sei

930 Dürrenmatt im Gespräch mit Hugo Loetscher, 1989.

931 Dürrenmatt im Gespräch mit Hardy Ruoss, 1989.

932 Ebd.

933 Mingels: Dürrenmatt und Kierkegaard., S. 281.

zu entdecken (WA 18, 586), „das größte Wunder, das wir im Weltall kennen" (DiA, 183). Das Weltall, der Himmel, der eigentlich Raum des Transzendenten und Göttlichen ist, wird so entmythisiert und vom Menschen erobert, der sich selbst als das Kostbarste an sich betrachtet. Der Mensch setzt sich so selbst seinen Maßstab und wertet sich zum Subjekt und Objekt des Glaubens auf: „Ich glaube an den Menschen", so heißt der Leitsatz des Artikels. Durch die Formulierung gleichsam internarrativ das apostolische Glaubensbekenntnis aufgreifend, das die Grundfundamente des christlichen Glaubens beinhaltet, drückt die Formulierung ein neues Credo aus, das eines „neuen Humanismus" (DiA, 183). Dieser „neue[] Humanismus" gründet auf Einsichten des seine Umgebung erforschenden Menschen, der in allem eine Erklärung und einen Sinn sucht, und so beispielsweise auch dem Tod in Gestalt der Evolution einen Sinn zum Wohl für die gesamte Menschheit abringen möchte.[934] Ob diese Erklärung letzten Endes für den einzelnen leidenden und sterbenden Menschen tröstend ist, bleibt unerheblich. Auf welchen Werten dieser Humanismus gründet, ist letzten Endes offen. Ob es eine allgemeine sittliche Einsicht gibt, ob Werte zum Wohl der Menschheit von einer Mehrheit geteilt werden können, bleibt in Dürrenmatts Werk, in dem eine ganze Stadt aufgrund eines finanziellen Versprechens seine moralische Grundeinstellung nach und nach verliert und kollektiv einen Mord begeht (*Besuch der alten Dame* 1956, WA 5, 128 ff.), äußerst fraglich.

Die Welt an sich ist nicht zu erkennen, sie ist ein Labyrinth mit hohen Mauern, das keine metaphysische Ordnung erahnen lässt. Da Gottes Existenz nicht „bewiesen" werden kann, sie angesichts des tagtäglichen Unheils der „schlimmstmöglichen Wendungen" auch recht zweifelhaft ist, der „Sprung über die Mauer" (WA 29, 122) ins Paradoxe des christlichen Glaubens auch kaum möglich erscheint und Gott so auch nicht postuliert werden kann, steht der Mensch vor der Option des Verzweifelns oder des „Nichtverzweifelns", also des „Bestehens der Welt" als mutiger Mensch. Doch die mutigen Menschen, Romulus, Übelohe, Akki, Möbus et cetera, die an ihren Idealen festhalten, bestehen ihre Welt im Stillen. Sie verwirklichen ihre Ziele, wenn überhaupt,[935] lediglich in äußerst begrenztem Umfang, überwiegend nur für sich und verlangen zumeist gar nicht viel mehr als dies, da sie wissen, dass sie den Gang der Dinge kaum beeinflussen können. Dieser bedenkliche Rückzug ins Private, bei dem der Nächste aus dem

[934] „Ohne ihn [=den Tod] währen [sic] wir Einzeller, uns sinnlos jahrmillionenlang teilend, die Erde mit einem Brei bedeckend." Dürrenmatt: DiA. Vgl. auch Gespräche 4, 77 (Dürrenmatt im Gespräch mit Hardy Ruoss, 1989).

[935] Zu denken wäre hier beispielsweise an Ill, der bald nach seiner mutigen Tat von den Dorfbewohnern kollektiv umgebracht wird.

Blickfeld gerät und der zu einem strikten Egoismus führt, widerspricht den Idealen des mutigen Menschen selbst. Das Bestreben, sich als Einzelkämpfer zu behaupten, erfolgt so immer zugleich im Bewusstsein des Scheiterns, was ein Grundzug in Dürrenmatts literarischem und essayistischem Werk ist.

7. „Auf alles gefaßt sein" – Abschließende Bemerkung zu Dürrenmatts Philosophie des Scheiterns

Es könnte auch die bestmögliche Wendung geben, sie ist „ebenso logisch wie die schlimmstmögliche"[936], doch Dürrenmatt zeigt in seinen Stücken stets die „schlimmstmögliche Wendung", welche die positive gleichsam anklingen, doch aber letztlich scheitern und dabei schmerzlich vermissen lässt.[937] Der „niemals endende Dialog", den Dürrenmatt Walter Jens zufolge jahrzehntelang unter anderem mit Shakespeare, Kierkegaard oder Schiller und deren Positionen geführt hat, ist „insistierend und demütig, lernbereit, provozierend und trotzdem zum Eingeständnis des Scheiterns bereit"[938]. Die ausschließliche Sicht des affirmativ Gesetzten, der „bestmöglichen Wendung" ist angesichts der faktischen Unheilsgeschichte der Menschheit problematisch geworden. Wird nur vertröstend gepredigt oder fluchtartig Zerstreuung gesucht, ist das „Prinzip Hoffnung […] allzuoft eine denkfaule Schlamperei." (WA 37, 12).[939] Das Eingeständnis zum Scheitern impliziert das Denken von zumindest einer anderen Option, die alternativ zur gewählten steht und ebenso gedacht werden kann. Gerade in religiösen Fragen, bei denen das Bild des Labyrinths, bei dem kein Mensch den Überblick des Erbauers Dädalus haben kann und so den Ausgang vergeblich sucht, ist das Denken zumindest zweier Optionen sowie die Möglichkeit des Scheiterns an einer Option redlich: Es könnte einen Gott geben, auf den man hoffen und auf dessen Zuwendung zum Menschen man vertrauen kann, oder dieser Gott existiert so nicht.

Es gibt keinen Ausweg aus dem Labyrinth, es kann nicht bewiesen werden, ob Gott existiert oder nicht, „Kant mauerte den Ausgang des Labyrinths zu", aber der Mensch kann – und dies wäre eine Option, die im

[936] Weber: Dürrenmatts Endspiele, S. 23.

[937] Das Scheitern des mutigen Menschen ist in eben diesem Licht zu sehen.

[938] Jens, Walter: „Zu Hause im Emmental und unter den Sternen". Würdigung Friedrich Dürrenmatts anläßlich der Gedenkfeier am 11. Januar 1991 im Berner Münster. In Dürrenmatt, Friedrich: Kants Hoffnung. Zwei politische Reden. Zwei Gedichte aus dem Nachlaß. Mit einem Essay von Walter Jens. Zürich: Diogenes, 1991, S. 55–64, S. 64.

[939] Vgl. auch Weber, Emil: Dürrenmatts Endspiele. In: Dürrenmatt, Friedrich/Bühler, Pierre (Hg.): Dürrenmatts Endspiele. Neuchâtel: Centre Dürrenmatt, 2003, S. 11–38, S. 24.

Werk Dürrenmatts durchgespielt wird, – den „Sprung über die Mauer", „den Glauben, das Paradox Kierkegaards" wagen (WA 29, 122). Aus der Erkenntnis, dass das Wissen des Menschen immer nur eine „Annäherung an die Wahrheit" ist, dass der Mensch nicht ohne Glauben auskommt, zieht Dürrenmatt die Schlussfolgerung, dass er „immer wieder gezwungen [ist], den Sprung zu wagen, um zu glauben, was mir einleuchtet" (fK). Als Kontrapunkt zu diesem subjektiven Glauben, den Dürrenmatt als ein „Erschüttertsein" beschreibt, als „Erfahrung der Wüste"[940], steht für ihn ohne Frage der Zweifel, „dem ich ebenso die Treue halte, wie meinem Glauben, gibt es doch nichts Zweifelhafteres als einen Glauben, der den Zweifel unterdrückt."[941] Der stets hinzugedachte Zweifel, „Ich bin ein Zweifler und ich zweifle und zweifle und zweifle" und so das Eingeständnis zur Möglichkeit des Scheiterns missbrauchen das „Prinzip Hoffnung" nicht als „denkfaule Schlamperei" (WA 37, 12), sondern bemühen sich redlich um einen verantwortbaren, begründeten Glauben. Wie Dürrenmatts persönliche Einstellung gegenüber der Religion tatsächlich war, ist – lässt sie sich angesichts der vielen sehr widersprüchlichen Aussagen überhaupt konturieren – belanglos. Es geht nicht um Dürrenmatts Glauben, sondern um die prinzipielle Möglichkeit des Glaubens. Dieser ist, so zeigt Dürrenmatts Werk, nur als Sprung in das Paradoxe möglich, das sich zugleich angesichts der Unheilsgeschichte sowohl der Menschheit als auch bei Einzelfiguren bis ins Groteske steigert. Gott ist derjenige, der den Menschen in „niedrige[r] Maske" „heimtückisch" blendet (*Pilatus*), der sich als Folterer erweist (*Der Folterknecht*), wie „alter Marzipan" (*Weihnacht*) schmeckt, dessen Erlösungsangebot im Sohn eklatant auf eine sinnlose Wirklichkeit stößt (*Untergang und neues Leben*) und der den Menschen fallen lässt (*Der Tunnel*). Gelingt der Sprung dennoch, laufen die Figuren, die trotz allem glauben, Gefahr „blind" zu werden (*Der Blinde*), wie Don Quijote gegen Windmühlen zu kämpfen (*Die Ehe des Herrn Mississippi*) und dabei ihr Leben auf grausame Weise verlierend (*Der Blinde, Die Ehe des Herrn Mississippi, Es steht geschrieben, Durcheinandertal*). Ein Narr wird, wer an Christus glaubt; ein weltfremder, blinder Narr, der für sich zwar in seinem Glauben Trost findet, doch von seiner Umwelt verlacht wird und faktisch untergeht.

[940] Dürrenmatt bezieht sich hierbei auf ein so beschriebenes Gottes-Erlebnis auf dem Flug über die Wüste nach Elath in Verbindung mit seiner Israel-Reise. Vgl. Améry, Jean: Friedrich Dürrenmatts politisches Engagement. Anmerkungen zum Israel-Essay „Zusammenhänge". In: Text und Kritik 56 (1977), S. 41–48. Vgl. Spycher, Peter: Friedrich Dürrenmatts Israel-Essay. Religiöse Konzeption und Glaubensbekenntnis. In: Knapp, Gerhard P./Labroisse, Gerd (Hgg.): Facetten: Studien zum 60. Geburtstag Friedrich Dürrenmatts. Bern; Frankfurt a.M.; Las Vegas, 1981, S. 243–257.

[941] Dürrenmatt: Zusammenhänge, S. 16.

Die Gedanken, die „Wolfszähne im Menschenfleisch" (WA 1, 266) sind und den Menschen in seiner Suche nach Sinn nicht ruhen lassen, denken sowohl Gott als sinnspendenden „Fluchtgedanke" aber dekonstruieren diesen zugleich wieder. So steht neben der Option des Glaubens in Dürrenmatts Texten auch die Option, die nicht zwangsläufig die Nicht-Existenz Gottes fordert, sondern vielmehr auf die Unmöglichkeit verweist, sich Gott überhaupt vorzustellen.[942] Das Leben will demzufolge so gestaltet werden, als ob es Gott nicht gebe. Anstelle des Sprungs über die Mauer muss der Mensch zwar ebenso wenig den Ausgang, den es aufgrund der Erkenntnisproblematik nicht gibt, doch aber andere sinnvolle Wege im Labyrinth finden. Ein sinnvoller Weg wäre so das Handeln des „mutigen Menschen", der trotz seiner begrenzten Möglichkeiten an seinen sich selbst gesetzten Idealen festhält und den Kampf für die Verwirklichung dieser nicht aufgibt. Wie gezeigt scheitert dieser jedoch wieder an seinen eigenen Idealen, obwohl er genau an diesen festhält, da sich die Welt nicht ändern lässt und auch dem rein individuellen Leben kaum Handlungsspielraum lässt, ist es doch stets unauflösbar mit dem sozialen Umfeld und dem kontingenten Leben anderer verwoben. Die großen Ideale verblassen zunehmend zugunsten einer Beschränkung auf die scheinbar unvermeidliche Realität. Das Eingeständnis des Scheiterns impliziert dann ein „Nicht-mehr-auf-etwas-Setzen", könnte man mit der gewählten Option doch auch wieder scheitern. Anstelle einer alles umfassenden göttlichen ordo-Vorstellung, in welcher der Mensch seinen festen Platz hat und die allem Sein einen Sinn zuschreibt, schleicht sich die zerstörende und zugleich resignierende und damit besänftigende Ahnung ein, wie Dürrenmatt in einem Gedicht formuliert: „Nur das Nichtige hat Bestand."

> Wütend und naß
> glitt ich aus dem Leib meiner Mutter
> begriff nie wozu
> und auf wessen Befehl
> später blinzelte ich im Licht
> und wurde misstrauisch
> so bin ich immer noch
> genüge mir selber; die Welt
> da draußen
> ist ungewiß. Sie gehört nicht mir.
> Ist eine unbegreifliche Gnade

[942] Vgl. Gabor-Peirce, Olivia G.: Friedrich Dürrenmatt: Divine traces in the work of an atheist. In: Religion and Literature 39 (2007), S. 79–104, S. 79.

oder auch
ein böser Fluch. Wer kann das
wissen
Auf alles gefaßt sein.
Darum sammle ich die Weine
rauche ich die braunen getrockneten
Blätter
Vergänglichkeiten
nur das Nichtige hat
Bestand.[943]

Der an dem Sinn seiner Existenz zweifelnde Mensch, der nicht versteht, „wozu / und auf wessen Befehl" er überhaupt ins Dasein gerufen wurde, wird „misstrauisch": Einzig sein eigenes Ich ist ihm selbstreflexiv gewiss, „die Welt da draußen" ist aus der ausschließlich möglichen Perspektive des Menschen – der des im auswegslosen Labyrinth stehenden, einsamen Kreatur – „ungewiss". Alle Konzepte, die sich der Mensch von ihr machen kann, sind der Möglichkeit des Irrens, des Scheiterns unterworfen, da sie gewiss nur Annäherungen an die Wirklichkeit sein können. Ob die Welt dann „eine unbegreifliche Gnade / oder auch / ein böser Fluch" ist, hängt von der momentanen Erfahrung jedes Einzelnen ab, wobei angesichts der faktischen Unheilsgeschichte die Denkoption der „unbegreiflichen Gnade" oder eines den Menschen liebenden Gottes fraglich wird, auch wenn die Erfahrung des Glücks und der Dankbarkeit punktuell überwiegen kann. „Wer kann das / [also] wissen[?]" Der Mensch muss „[a]uf alles gefasst sein", die Option des Scheiterns stets mitdenken und sich dieses Scheitern redlich eingestehen. Es gibt keine letzte Erkenntnissicherheit, keinen Ausweg aus dem Labyrinth. Weder der Sprung in den Glauben noch der Atheismus oder Nihilismus sind philosophisch beweisbar.

Der Mensch muss mit der als absurd wahrgenommenen Welt leben, aber er muss sich nicht damit einverstanden erklären. Der Absurdität kann begegnet werden, indem man sich mutig und kämpferisch gegen sie auflehnt. Was Albert Camus[944] mit dem Begriff und der Philosophie der Revolte begreift, entwirft Dürrenmatt in ähnlicher Weise mit dem Konzept des mutigen Menschen: ein entschiedenes Auflehnen gegen das Absurde im Bewusstsein des möglichen Scheiterns, der schlimmstmöglichen Wendung. Das Streben und Handeln des so umrissenen Menschen ist somit das eines

943 Dürrenmatt, Friedrich: Kants Hoffnung. Zwei politische Reden. Zwei Gedichte aus dem Nachlaß. Mit einem Essay von Walter Jens. Zürich: Diogenes, 1991, S. 49–54, S. 53 f.

944 Die Forschungsliteratur weist immer wieder auf die Ähnlichkeit der Weltbetrachtung Dürrenmatts und Camus' hin. Vgl. beispielsweise Burkard: Dürrenmatt und das Absurde, S. 16 f.

Sisyphos, den man sich mit Camus „als einen glücklichen Menschen vorstellen [muss]“[945]. Ob Dürrenmatt diese Ansicht teilen würde, ist ungewiss, bleibt doch stets der Zweifel und die Möglichkeit des Scheiterns als zentrale Kategorie bestehen. Das Eingeständnis dieser Möglichkeit ist resignativen Charakters und so gerät der Mitmensch, für den die solidarische Revolte Camus gleichsam einsteht, aus den Augen. Der mutige Mensch scheitert mit seinen durchaus die gesamte Menschheit umfassenden Idealen und ist dazu verdammt, sie lediglich in seinem eigenen, beschränkten Handlungsspielraum auszuleben, weshalb die mutigen Menschen bei Dürrenmatt allesamt vereinsamt scheitern (zum Beispiel Übelohe in *Die Ehe des Herrn Mississippi* oder Akki in *Ein Engel kommt nach Babylon*) oder zum tatenlosen Zusehen verurteilt werden (z. B. Möbus in *Die Physiker*). So bleibt auch dem lyrischen Ich des Gedichts nur der Rückzug in das private Glück, beziehungsweise zwei Leidenschaften, die es mit Dürrenmatt teilt:[946]

> Darum sammle ich die Weine
> rauche ich die braunen getrockneten
> Blätter
> Vergänglichkeiten

Das Leben, die Zeit bis zum unaufhaltsamen Tod und dem möglichen Ende der Existenz, wird so angenehm wie möglich eingerichtet. „Vergänglichkeiten“ treten an die Stelle der Hoffnung auf das ewige Leben und in Umkehrung des barocken Vanitas-Motivs erfolgt die Erkenntnis: „nur das Nichtige hat / Bestand“.

Die literarischen und essayistischen Texte Dürrenmatts zeigen die Skepsis des modernen Menschen, dem der fest verwurzelte Glaube an einen den Menschen liebenden und erlösenden Gott abhandengekommen ist. Die überlieferte Vorstellung dieses Gottes sowie der daraus abgeleiteten biblischen und theologischen Glaubensaussagen der Erlösung werden neu überdacht, in ihrem geschichtlichen Gewordensein betrachtet und gleichsam dekonstruiert aus einem Misstrauen gegenüber dem Glauben, der „bewundert [wird], weil er [...] verloren [ist]“ (WA 1, 58). Friedrich Dürrenmatt „wagt“ so „gleichwohl“ „die Sprache“ hinsichtlich Dingen, die eigentlich nicht erkannt werden können. Getreu der Umkehrung des Paradoxes Wittgensteins „Wovon man nicht sprechen kann, darüber muss man sprechen“ (WA 36, 136) wird über die (Un-)Möglichkeit des Glaubens und den sinnsuchenden Fragen nach dem „Woher?“, „Wozu?“ und „Weshalb?“

[945] Camus, Albert: Der Mythos des Sisyphos. Rowohlt: Taschenbuch Verlag GmbH, 2000, S. 160.
[946] Vgl. Rüedi: Dürrenmatt oder Die Ahnung vom Ganzen, Bild 26 und S. 732.

des Lebens gesprochen, die Möglichkeit des Sprungs in den christlichen Glauben, die Möglichkeit des Scheiterns und Zweifelns und die Möglichkeit eines rein diesseitigen „neuen Humanismus“ (DiA, 183). Über Dürrenmatt hinaus weitergedacht, schwingt dennoch eine vorsichtige Hoffnung mit, dass neben der schlimmstmöglichen Wendung auch auf die bestmögliche gehofft werden könnte, denn so wie die Möglichkeit eines in das Nichts des Abgrunds stürzenden Zuges besteht, kann auch die Möglichkeit gedacht werden, dass doch ein Gott existiert.

IV. „Wer sich aber nicht warnen läßt, sollte auch nicht hoffen." – Abschließende Ergebnisse

„Denkfaul hoffend" sind in den besprochenen Werken allenfalls einige Figuren, die in metaphysischem Taumel ihrem Dasein entfliehen oder diesem einen Sinn abringen wollen und dabei die Augen vor der Wirklichkeit des Nächsten verschließen oder verschließen wollen. „Für einen Sehenden gibt es keine Gnade" (Dürr. WA 1, 155)[947], er „sieht" das, was im Argen liegt, und nimmt die konkreten Erfahrungen ernst. Alfred Döblin, Christine Lavant und Friedrich Dürrenmatt zeichnet in ihrer literarischen Kunst dieses „Sehen" aus, aufgrund dessen sie eindrücklich und „warnend" Menschsein in der modernen Lebenswelt beschreiben. Dass sie hierbei auf religiöse und spezifisch christliche Erlösungsnarrationen zurückgreifen, die inzwischen tief ins kulturelle Gedächtnis der westlichen Welt eingegangen sind, verwundert so auch in einer sich säkular verstehenden Moderne nicht, bringen sie doch anthropologische Grundkonstanten und Sehnsüchte vielsprachig zum Ausdruck. Nach einem abschließenden Überdenken der Methode werden die Einzelergebnisse hinsichtlich dieser Sehnsüchte und Erlösungshoffnungen im Werk der drei Literaten nochmals vergleichend aufgegriffen und in einem größeren Zusammenhang dargestellt und reflektiert.

1. Reflexion der Methode Internarrativität

Der Methode der Internarrativitätstheorie könnte man eine gewisse Unschärfe hinsichtlich des Narrationsbegriffs vorwerfen. Tatsächlich sind Narrationen ein semantisch offener Begriff und letzten Endes das, was man als Narration versteht und festlegt, da sie keine konkreten Formprinzipien haben, sondern alles umfassen, was „erzählt" wird. Methodisch ist es aber notwendig, eine Untersuchungsgröße zu definieren und den Umgang mit dieser zu bestimmen. Um ein so komplexes Phänomen wie Erlösungsvorstellungen in literarischen Texten untersuchen zu können, kann, wie im Eingangskapitel ausführlich erläutert, nicht auf die Größe des Textes beziehungsweise auf Intertextualitätstheorien rekurriert werden, da folglich viele Aspekte verloren gingen, liegen doch nicht immer konkrete Bezüge auf

[947] Zur Unterscheidung und zur besseren Nachverfolgung der Abkürzungen der Titel wird in diesem Kapitel der Literat mithilfe eines Kürzels jeweils angegeben.

einen konkreten Text vor.[948] Des Weiteren wird mit dem Begriff Narration, wie literaturwissenschaftlich und theologisch erörtert, auf die Notwendigkeit des Erzählens angesichts der Grundbedürfnisse des in der Welt verunsicherten Menschen verwiesen, der durch Geschichten Sinn konstituiert und dem nicht oder nur annähend Darstellbaren Ausdruck verleiht.

Die Methode der Internarrativität hat sich so als ein geeignetes Instrumentarium erwiesen, das sich offen auf alle Texte und deren internarrative Anspielungen einlässt und zugleich die Möglichkeit für einen konkreten Deutungshorizont eröffnet, da gezielt untersucht werden kann, welche Narrationen in welcher Weise aufgegriffen werden. Für die Fragestellung dieser Arbeit hat es sich bewährt, zunächst religiöse und spezifisch christliche Narrationen aufzuspüren und anschließend deren Wechselbeziehung zum Ausgangstext zu interpretieren. Da diese religiösen und spezifisch christlichen Narrationen selbst wiederum reflexiv eingeholt und interpretiert worden sind und in internarrativen Beziehungen zu weiteren Kontexten stehen, muss folglich von einem komplexen internarrativen Gefüge ausgegangen werden. In diesem Sinne sind neben den in biblischer Überlieferung verschriftlichten Narrationen – welche wiederum selbst mit internarrativen Bezügen zu beispielsweise persischen oder mesopotamischen Mythen in konkreter Deutungsabsicht gestaltet sind – auch die explizit christlichen Erzählungen der Selbstoffenbarung eines um den freien Menschen werbenden Gottes Narrationen, die abermals in theologischen Internarrationen deutend reflektiert und diskutiert werden. Eine solche Sicht nimmt den biblischen Schriften, den Überlieferungen der Selbstoffenbarung Gottes oder dem theologischen Diskurs keineswegs die faktische Bedeutsamkeit für religiöse Menschen. Sie macht vielmehr darauf aufmerksam, dass alles, worüber sich der Mensch austauschen kann, in Narrationen geschieht, die in internarrativen Wechselverhältnissen zu weiteren Narrationen und deren Rezeption stehen. Narrationen sind nicht ohne einen Narrator, einen Erzähler, denkbar, der als interpretierendes und gestaltendes „Subjekt" Einfluss auf seine Narration nimmt. So schreibt sich auch diese Arbeit in das Deutungsgeschehen ein, wohl wissend, dass diese Lesart nur eine mögliche Lesart neben anderen ist. In ihrer Aussage, den Prämissen und der Darlegung der Methodik und der Argumente ist diese Lesart jedoch klar.

Lässt man sich auf die literarischen Texte der Moderne ein, so kann man analysieren, wie sich Menschsein heute ausdrückt und ob und inwiefern diese Selbstvergewisserung in Auseinandersetzung – sei es als Übernahme

[948] Intertextuelle Relationen können mit der Methode der Internarrativität natürlich ebenso analysiert und interpretiert werden, stellen diese doch einen konkreten Fall der Internarrativität dar.

oder als Abgrenzung – mit religiösen Sprachformen, Themen und Motiven erfolgt. Mithilfe der Internarrativitätstheorie können so religiöse oder spezifisch christliche Motive, Texte, Lieder, Gebete etc., also Narrationen aller Art als Metaphern und Bildspender in literarischen Texten analysiert werden, die auf eine außerhalb des Textes liegende Bedeutungsebene referieren und diese in ein Verhältnis zur textimmanenten Aussage setzen. Die Ergebnisse dieser internarrativen Analyse in Bezug auf die Frage nach Semantisierungen von Erlösung in repräsentativen Texten Döblins, Lavants und Dürrenmatts lassen sich wie folgt zusammenfassen.

2. Ergebnisse der internarrativen Analyse

2.1. „Denn ich kann keine Toten erwecken." – Erlösungsbedürftigkeit und Erlösungssehnsucht

„Mir haben sie verplempert. […] Ich bin kein Mensch mehr." (Döb. BA, 36). Diese Selbstcharakterisierung des einfachen Transportarbeiters Franz Biberkopf aus *Berlin Alexanderplatz* beschreibt die Situation eines modernen Menschen, der das, was den Menschen eigentlich zum Menschen macht, schmerzlich vermisst und damit zugleich das Panorama beschreibt, in dem auch die literarischen Texte und Gedichte Lavants und Dürrenmatts sowie die weiterer Autoren der Moderne zu verorten sind. An die Stelle zwischenmenschlicher und metaphysischer Geborgenheit tritt lähmende Einsamkeit und Fremdheit, der Mensch fällt zunehmender Technisierung und Rationalisierung zum Opfer (Döblin), wird Spielball von undurchdringbaren und chaotisch agierenden Wendungen des Lebens (Dürrenmatt) und erlebt selbst die Natur, den Sehnsuchtsort nach Harmonie und die Ursprünglichkeit des Lebens, als lebensfeindlich (Lavant). Sich kaum mehr seiner selbst sicher und von Geburt an bedroht durch die Vergänglichkeit, die das menschliche Leben, die „obszöne Verirrung des Kohlenstoffs" (Dürr. WA 9, 94), in nichts weiter als „zu Asche" und „zu Rauch" (Dürr. WA 1, 288) verkommen lässt, erkennt der Sehende die Unlösbarkeit der letzten Sinnfragen nach dem *warum, woher* und *wohin*. Bei allen drei Literaten stellt sich folglich unweigerlich die alte, quälende Frage: Wäre es nicht besser, nicht geboren worden zu sein? Wäre es angesichts von Krieg und Tod nicht besser, „man hätte uns alle auf einen Haufen gejagt und samt und sonders erschossen [?]" (Döb. Nov I, 46). Ist die Existenz „verworfen, so wie wir geboren"[949], allein „berufen zum Sterben"? (Dürr. WA 9, 94) Die das Leben

[949] Unveröffentlichtes Gedicht *An den Gekreuzigten!* aus den späten 1940er Jahren, zitiert nach

an sich in radikalen Zweifel ziehenden, melancholischen Fragen beschreiben die Angst, dass die menschliche Existenz nur eine sinnlose „Schindluderei der Natur sondergleichen, eine obszöne Verirrung des Kohlenstoffs, eine bösartige Wucherung der Erdoberfläche, ein unheilbarer Schorf" (Dürr. WA 9, 94 f.) sei, eine materialistisch-nihilistische Reduktion des Menschen auf seine chemischen Bestandteile, die per se endlich sind und den Menschen von Geburt an der Vergänglichkeit preisgeben: „Was da kriecht aus Mutterbauch, / Wird zu Asche, wird zu Rauch" (Dürr. WA 1, 288). Diese Wahrnehmung des menschlichen Lebens kollidiert jedoch mit Empfindungen momentanen, ungeteilten Glücks, mit Erlebnissen von Liebe und Freundschaft, augenblicklichem Genuss und Hoffnung, welche allesamt ebenso in literarischen Texten Ausdruck finden. Ein Abgrund entsteht zwischen dem zutiefst menschlichen Wunsch nach Angenommen- und Beheimatet-Sein in einer für ihn erfahr- und erkennbaren, sinnbegründeten Ordnung sowie nach dem Verlangen nach rationalem Begreifen der Welt und einer Wirklichkeit, die sich diesen existentiellen Bedürfnissen verschließt und so als lebensfeindlich und undurchdringbar erlebt wird. Aus dieser schmerzlich empfundenen Diskrepanz von Wunsch und Wirklichkeit speist sich eine Sehnsucht: die Sehnsucht, dass der physische Schmerz, der verzweifelte Schrei nach körperlichem Wohlbefinden eines zutiefst geschundenen und in seiner Verzweiflung allein gelassenen Ichs erkannt und aufgehoben wird „Hilf mir, hilf mir, laß mich nicht so knien" (Lav. B, 91); die Sehnsucht, dass das irdische Leben wertgeschätzt wird und die menschliche Existenz nicht allein aufgrund ihrer Fähigkeiten und Fertigkeiten liebevolle Annahme erfährt. Literarische Texte beschreiben die Sehnsucht, dass der Mensch trotz seiner Vergänglichkeit nicht sinnlos aus der blind und ziellos verlaufenden Evolution hervorgegangen ist, sondern tatsächlich „zu Großem geboren" ist (Dürr. WA 1, 278). Es entsteht eine Sehnsucht nach Überwindung der Ungerechtigkeit angesichts der unschuldig Ermordeten „Su-koh war ungerettet geblieben." (Döb. WL, 39), eine Sehnsucht, mit der Forderung der Toten umzugehen, die „immer wieder da[stehen]", „keine Ruhe [geben]", einem „das Gehirn aus[brennen]" mit ihrem Verlangen, nicht vergessen zu werden (Döb. Nov II/2, 79). „Es ist zu spät. Denn ich kann keine Toten erwecken." (Döb. Nov II/2, 79) Doch der Mensch kann sich dazu bestimmen, mehr zu ersehnen als das, was im diesseitigen Leben möglich ist und einzufordern, was für das diesseitige Leben erhofft werden kann. Für diese in literarischen Texten spürbare Sehnsucht nach Geborgenheit, nach dem Wunsch, sich nicht mit der so erlebten defizitären

Schneider und Steinsiek, die Einblick in den Nachlass haben. Schneider, Ursula A./Steinsiek, Annette: Kreuzzertretung und Rückgrat, Luzifer und Bettlerschale, S. 131.

Wirklichkeit abfinden zu wollen, den Tod nicht das letzte Wort haben zu lassen und umgekehrt das erlebte Glück nicht bald schon als endgültig vergangen wissen zu müssen, für diese Sehnsucht kann theologisch der Begriff „Erlösungsbedürftigkeit" gebraucht werden. Auch wenn der theologisch viel reflektierte und diskutierte Begriff der Erlösung in den literarischen Texten zwar häufig, jedoch gänzlich unsystematisch, offen und variabel verwendet wird und dabei nicht stets ersichtlich ist, welche Erlösungsnarration internarrativ angedacht wird, ist es sinnvoll, mit diesem Begriff zu arbeiten. Im Bewusstsein der Schwierigkeit, einen solch theologisch konnotierten Begriff für literarische Texte anzuwenden, die in nicht christlichem und nicht kirchlichem Raum entstanden sind und rezipiert werden, wird dieser Begriff nur als theologische Bezeichnung für eine – wie auch immer sie sich in den literarischen Texten äußert – Grundbefindlichkeit des Menschen verwendet, die immer zugleich auch schon eine Interpretation der Texte impliziert. Da die untersuchten Texte sich zwar nicht ausschließlich, so doch hauptsächlich mit dem christlichen Glauben und dessen Erlösungshoffnungen auseinandersetzen, wird im Folgenden resümiert, wie ‚ein' christliches Erlösungsverständnis mit den beschriebenen Erlösungshoffnungen verglichen werden kann, um in einem zweiten Schritt zusammenfassend zu analysieren, wie ‚der' christliche (Erlösungs-)Glaube in literarischen Texten aufgegriffen wird und welche Kritik diese an christlichen Erlösungsnarrationen formulieren.

2.2. „Wo ist mein Anteil, Herr, am Licht?" – Christliche Erlösungsvorstellungen im Vergleich zur Erlösungssehnsucht in literarischen Texten

„Stille sein, nicht widerstreben, kann ich das denn?" (Döb. WL, 495), diese skeptische Anfrage an Erlösungsvorstellungen, die zunächst auch im Zuge der verbreiteten Buddhismusrezeption zu Beginn des 20. Jahrhunderts attraktiv geworden sind, richtet sich sowohl bei Döblin als auch bei Lavant gegen ein resignatives „[G]eschehen lassen"[950], gegen ein Dulden und Annehmen aller leidvollen Ereignisse und gegen die Hoffnung auf ein „Verwehen" der eigenen Existenz oder gegen ein restloses Aufgehen des Subjekts in der Natur. Vielmehr steht die konkrete Forderung des Individuums nach individueller Annahme der personalen Existenz mit den je eigenen Wesensbestimmungen im Vordergrund. Damit ist bereits ein wichtiger Aspekt

[950] Christine Lavant in einem Brief an Hilde Domin (1960). Vgl. Schneider/Steinsiek: Kreuzzertretung und Rückgrat, Luzifer und Bettlerschale, S. 132.

eines christlichen Erlösungsglaubens benannt. Charakteristisch für christliche Erlösungskonzeptionen ist, dass es Gott ist, der den Menschen erlöst, der ihn in seiner konkreten geschichtlichen Existenz mit allem, was seine Person ausmacht, annimmt und ihn mit sich und seiner Umwelt versöhnt, in der Hoffnung, dass der Mensch sein Ja zu ihm spricht. Ferner gibt es verschiedene Erlösungsnarrationen, die sich in christlich theologischer Reflexion und Diskussion ausdifferenziert haben.

Besonders ausgeprägt ist die durch Augustinus begründete christliche Tradition, die den Menschen als sündhaftes Wesen betrachtet, um die Phänomene von Schuld und Sünde zu erklären und Gott in seiner Schöpfungsverantwortung von der Faktizität des Bösen zu entlasten. Anselm von Canterbury folgert für ein Erlösungsverständnis des Menschen in seiner Schrift *Cur Deus homo*, dass aufgrund der Größe der Sünde nur Gott selbst die „Genugtuung" (Satisfaktion) „leisten" kann, die „aber niemand [...] außer dem Menschen" „leisten" „darf", weil er als Geschöpf Gottes sein Dasein dem Schöpfer verdankt und gegenüber Gott schuldig geworden war.[951] Aufgrund der Erlösungsbedürftigkeit des Menschen ist Gott Mensch geworden, um als Gott und als Mensch den Menschen zu erlösen, was die menschliche Existenz fortan als per se sündig festschrieb und die Menschheit mit der Schuld am Tod des menschgewordenen Gottes belastete. Die Erfahrung des Schuldigwerdens am Mitmenschen und an der Welt sowie die kirchliche Betonung dieser Sündhaftigkeit des Menschen von Geburt an beschreiben in diesem Sinne eine Erlösungsbedürftigkeit des Menschen, welche den rettenden, stellvertretenden Tod des Gottessohnes am Kreuz betont. In zahlreichen literarischen Texten, insbesondere auch in Döblins den Krieg reflektierenden Romanen, wird daher menschliche Schuld und Sünde vor Gott sowie die Hoffnung an die rettende und von den Sünden erlösende Macht des Kreuzes thematisiert.

Wird Erlösung vielmehr als Offenbarwerden Gottes als Mensch in Jesus Christus betont, ist Gottes Entschluss, seine eigene Schöpfung zu bejahen und in sie als Mensch zu kommen, um dem freien Menschen Freund zu werden, eine Zusage zum konkreten menschlich leiblichen Leben, die zugleich eine eschatologische Hoffnung auf einen rettenden Gott einschließt, der dem Tod nicht das letzte Wort über das Menschsein überlässt.[952] So ist es

[951] Anselm von Canterbury/Schmitt, F.S. (Hg., Ü): Cur Deus homo – Warum Gott Mensch geworden ist. Darmstadt: Wissenschaftliche Buchgesellschaft, 1956. CDH, II, 6

[952] Vgl. Striet, Magnus: Erlösung durch den Opfertod Jesu? In: Striet, Magnus/Tück, Jan-Heiner (Hgg.): Erlösung auf Golgotha? Der Opfertod Jesu im Streit der Interpretationen. Freiburg: Herder, 2012, S. 11–31, S. 21.

möglich – dies allerdings nur im Umgang mit seinem eigenen Schmerz[953] – Hoffnung daraus zu ziehen, dass Gott in Jesus Christus sich selbst den Freuden des Lebens, aber auch insbesondere dem Leid und der Verlassenheit der menschlichen Existenz ausgesetzt hat und im Schrei am Kreuz die Abgründe des Menschseins erfährt und nur auf die rettende Macht des Vaters vertrauen kann. In literarischen Texten wird so auch die Menschwerdung Gottes und das Leid am Kreuz in dieser Hinsicht interpretiert, wie beispielsweise die Romanfigur Becker in Döblins *November 1918* es beschreibt: „Das Leid weicht nicht, aber er hilft es tragen." (Döb. Nov II/2, 290) Der menschgewordene Gott wird auch in der Lyrik auf das darauf begründete Versprechen beschworen:

> Jesus – Bruder –, bleib in Gottes Namen
> dennoch nahe – nein –, komm ganz in mich!
> Heiland, Heiland, ich beschwöre dich,
> komme! Bleibe! – Halt es bei mir aus. (Lav. B, 91)

Das lyrische Ich in Christine Lavants Gedicht *Christus, bist du wirklich auch in mir?* erhofft sich Beistand in seinem Leiden und beschwört Jesus, dass er sich als rettender Heiland erweisen soll, wenn – so das Konditionalgefüge – es wirklich wahr ist, dass Gott Mensch wurde, dass Jesus dieselbe körperliche und vor allem auch metaphysische Qual erfahren hat, dann erhebt das lyrische Ich die Forderung, dass Jesus ihm in seinem Leid beistehen soll:

> Hast du wirklich auch die Qual erfahren
> einst am Ölberg, dann – dann steh mir bei! (Lav. B, 91)

Doch neben dem für das Christentum charakteristischen Aspekt der Menschwerdung ist ebenso die in Döblins Roman gestellte Frage entscheidend: „Was geschieht mit den Toten, die ‚ungerettet geblieben' waren?" (Döb. WL, 39) und die Forderungen an die hinterbliebenen Menschen stellen, die diese nicht erfüllen können: „Denn ich kann keine Toten erwecken." (Döb. Nov II/2, 79)? Nur ein Gott, der Person ist und als allmächtiger Schöpfer unabhängig von der Erde gedacht wird, vermag diese Forderung der Toten zu erfüllen, vermag die Opfer der Geschichte in Achtung ihrer Freiheit zu versöhnen. In den literarischen Texten insbesondere von Alfred

[953] Ein generelles Urteil über den Kopf anderer Menschen hinweg wäre eine Verharmlosung des erfahrenen Leides und eine gänzlich unbefriedigende, vertröstende Antwort auf Theodizeefragen.

Döblin wird deutlich, dass eine Haltung des „Stille sein, nicht widerstreben" (Döb. WL, 495) die unschuldigen Opfer der ungerechten, kontingenten Geschichte nicht zu versöhnen vermag. Sie bleiben „ungerettet" (Döb. WL, 39), denkt man nicht einen allmächtigen Rettergott, der kein Menschenleben vergisst und für sich zu gewinnen versucht.

Die aus dem Korpus der ausgewählten literarischen Texte Döblins, Lavants und Dürrenmatts herausgearbeiteten und so interpretierten Erlösungshoffnungen beschreiben Sehnsüchte des Menschseins, die auch die christlichen Erlösungsnarrationen aufnehmen und im Glauben an einen den Menschen liebend annehmenden Gott zu erklären suchen. Die Vielfalt der im christlichen Glauben ausgedeuteten theologischen Erlösungsvorstellungen stützen die Methodik dieser Arbeit, da gerade der Begriff Narrationen hinsichtlich der Diversität der in den literarischen Texten anklingenden verschiedenen Erlösungsnarrationen geeignet erscheint, das zu beschreiben, *was* zum einen – oft ohne dabei auf konkrete Texte oder Glaubenssätze zu verweisen – als Erlösungsvorstellung rezipiert und gedacht wird und *wie* zum anderen diese Erlösungsnarration verstanden, bewertet und zur literarischen Aussage des Textes in ein Verhältnis gesetzt wird. Menschsein – und das soll zunächst als erste Schlussfolgerung der Arbeit festgehalten werden – drückt sich nach wie vor im Medium literarischer Selbstvergewisserung in Auseinandersetzung mit religiösen Sprachformen, Themen und Motiven aus. Christliche Narrationen von einem dem Menschen sich in Jesus Christus offenbar machenden Gott und der auf ihn gründenden Erlösungshoffnung werden literarisch aufgegriffen und nach künstlerischen Prinzipien gestaltet. Für die Theologie ist dabei von besonderem Interesse zu untersuchen, *wie* der christliche Erlösungsglaube literarisch Ausdruck findet, *wie* auf christliche Narrationen zurückgegriffen wird und welche Schlussfolgerungen sich daraus für die Interpretation des literarischen Ausgangstextes und den theologischen Diskurs ziehen lassen.

2.3. „Vater-unser, ich bin ganz entsetzt" – Internarrative Auseinandersetzungen mit christlichen Glaubensaussagen und Erlösungsnarrationen

Werden biblische und religiöse Motive, Zitate und Traditionen nicht nur als generelles kulturhistorisches Erbe betrachtet, deren Inhalte und Werte sich von ihrem ursprünglichen Kontext losgelöst haben, sondern als zunächst offener Verweis auf einen außerhalb des konkreten Textes bestehenden Bedeutungshorizont und in Bezug auf den Glauben an einen christlichen Gott, so muss die in ihnen angesprochene religiöse Perspektive wahrgenommen werden. Der Vers „Vater-unser, ich bin ganz entsetzt." (Lav. Sp, 146) aus einem Gedicht Christine Lavants nimmt mit der Invokation Gottvaters Bezug auf das für Christen wichtige und der Überlieferung nach auf den Gottessohn selbst zurückgehende Gebet, womit internarrativ die alle Christen verbindende Glaubenstradition der Gotteskindschaft eines jeden Menschen aufgerufen wird. Dem lyrischen Ich ist es jedoch unmöglich, angesichts konkreter Erfahrungen einer vom Schöpfer selbst „vergifteten" Schöpfung das Gebet mit seinen preisenden Allmachts- und Treuebekundungen weiterzubeten und bricht das Gebet so mit entschiedener Ablehnung ab: „Vater-unser – ich bin ganz entsetzt" (Lav. Sp, 146). Im Bewusstsein, dass das, was verheißen und traditionell geglaubt wird, eine den Menschen annehmende und Erlösung versprechende Hoffnung ist, ist der Verlust dieser Hoffnung umso schmerzlicher. Anhand dieses schlichten Beispiels wird bereits die epochenspezifische Verfahrensweise der Moderne ersichtlich, die ihre Aussagen literarisch „konstruiert", indem sie sich destruktiv mit der abendländischen und konkret christlichen Denkgeschichte auseinandersetzt und so Kontexte und die ursprüngliche Aussageintention verfremdet. Biblische Paradieserzählungen werden – um nur einige Beispiele zu nennen – zum einfachen, sich reimenden Kindermärchen, religiöse Motive des „rechten Weges" werden im wahrsten Sinne des Wortes „durchkreuzt" („Du hast meine einfachen Wege durchkreuzt/und mich am Kreuzweg allein gelassen" Lav. B, 101), das Christkind schmeckt in der ganz und gar unweihnachtlichen Erzählung *Weihnacht* wie „altes Brot" und „alter Marzipan" (Dürr. WA 19,9) und das Kreuz und der auferstandene Gottessohn sind kein Symbol mehr für die begründete Hoffnung auf Erlösung, sondern nur noch Ausdruck des innerweltlichen und metaphysischen Schreckens (*Der Meteor* Dürr. WA 9). Diese und wie gezeigt viele weitere biblische und religiöse Anspielungen evozieren zweifelsfrei eine neue, den eigentlichen literarischen Text transzendierende Perspektive auf den Glauben an einen christlichen Gott, jedoch in solch grotesk verfremdeter Weise, dass anstelle der frohen Botschaft des christlichen Glaubens gerade oft der Verlust dieser Hoffnungsperspektive umso deutlicher hervortritt.

Neben der für die Moderne typischen formalen, kontextuellen und damit auch inhaltlichen Verfremdungen von christlichen Glaubensaussagen werden christliche Erlösungsnarrationen in den untersuchten Texten des Weiteren zwar in unveränderter, das christliche Heilsversprechen betonender Form internarrativ aufgegriffen, jedoch in einen Kontext gestellt, der die christliche Hoffnung eindeutig in Frage stellt. Die Heil und Erlösung versprechenden Verse eines Kirchenliedes finden in Döblins *Berlin Alexanderplatz* nur unvermittelt zwischen anderen Banalitäten wie der Zeitungsnachricht über die Ankunft des Luftschiffs Graf Zeppelin und einer

Wettervorhersage für Berlin sowie den Kneipenbesuchen Biberkopfs Erwähnung (Vgl. Döb. BA, 391) und der verzweifelte Schrei „Ich ersticke in ewiger Nacht und verzweifle an diesem Leben!" (Dürr. WA 1, 266) wird in der Komödie *Untergang und neues Leben* von Dürrenmatt mit einem unmittelbar anschließenden Lied eines Betrunkenen über die Liebe Christi ironisch kommentiert, der nach johanneischer Theologie ja gerade Licht in diese ewige Nacht bringt. Die christlichen Heilsbotschaften verhallen so ungehört im Leeren, ohne die intendierte Hoffnung zu spenden. Sie stehen konträr zur erfahrenen Gegenwart und erscheinen so lebensfremd und unglaubwürdig.

Die Figuren, die bedroht durch die befürchtete Sinnlosigkeit des Lebens nach metaphysischer Geborgenheit streben, erweisen sich als „metaphysische Narr[en]" (*Jagende Rosse* Döb. JR, 65) und werden von ihrer Umwelt belächelt, wobei nicht ohne Neid gefragt wird, „Warum soll allein der Narr nicht verzweifeln?" (Dürr. WA 1, 215), gibt es doch, wie Negro da Ponte in Dürrenmatts Komödie *Der Blinde* konstatiert, „[f]ür einen Sehenden [...] keine Gnade" (Dürr. WA 1, 155). Wer die Augen nicht vor der Wirklichkeit verschließt, ist nicht begnadet, an die Gnade und Erlösung Gottes zu glauben und stigmatisiert den Glaubenden als wahnsinnigen Narren. Auch wenn die christliche Botschaft nicht dekonstruiert und zugleich wieder relativiert wird, sondern vielmehr auch als positive, dem Leben Halt gebende Möglichkeit literarisch ausdifferenziert wird, wie es beispielsweise in Döblins Roman *November 1918* der Fall ist, wird dennoch die „Frömmelei" (Döb. Nov II/2, 398) des Protagonisten Becker von dessen Freund als Zeichen der Schwäche gedeutet („Steckst dich hinter die Schürze vom lieben Gott" (Döb. Nov II/2, 415)) und als vertröstende Zuflucht in den Wahnsinn betrachtet: „Der ist glücklich beim religiösen Wahnsinn angelangt." (Döb. Nov II/2, 401)

Der christliche Glaube mit seiner Erlösungshoffnung für den Menschen wird folglich in den untersuchten Texten vielfach internarrativ aufgegriffen und im spezifisch modernen Sinn literarisch – sprich oft dekonstruierend und verfremdend – verarbeitet, um das Menschsein in der sich selbst reflexiven Moderne zu beschreiben. Als Grundtenor und zweite Schlussfolgerung der Arbeit lässt sich festhalten, dass auf Erlösungsnarrationen vielmehr in ablehnender, ironisierender Weise internarrativ Bezug genommen wird, welche die hoffnungsverheißende christliche Botschaft oftmals als lebensfremde Utopie darstellt. Da Schriftsteller sich vor allem auf das kritisch beziehen, was in der christlichen Tradition dominant rezipiert wird, ist nicht verwunderlich, dass ihre implizite literarische Kritik sich gegen die im Kreuzestod des Gottessohnes begründete Fixierung auf die Sündhaftigkeit des Menschen richtet. Außerdem wird die eine „gute" Schöpfung und einen „guten" Schöpfer in Zweifel ziehende Theodizeefrage virulent.

2.4. „Und Gott schaut zu[...] lässt mich dem Tod" – Inhaltliche Kritik an christlichen Erlösungsnarrationen

„Da mußt Du ja jetzt schon Deine ganzen Sünden abbüßen, die Du vielleicht einmal machen wirst."[954] Angesichts einer solchen Äußerung vor dem körperlich entstellten und leidgeplagten Kind Christine Thonhauser (später Lavant), welche eine christliche Erlösungsnarration aufgreift, die gerade durch den stellvertretenden Kreuzestod des Gottessohnes die Erlösungsbedürftigkeit hinsichtlich der Sünden des Menschen betont, ist eine strikte Ablehnung dieses Erlösungsangebots und dieses Gottes verständlich. Die generelle Sündhaftigkeit des Menschen von Geburt an, welche durch die starke kirchliche Rezeption der auf Augustinus aufbauenden und auf Anselm von Canterbury gründenden Erlösungsnarration der Satisfaktion betont wird, ist in dieser Aussage nochmals gesteigert, da sie sich auf Sünden bezieht, die, abgesehen von der in dieser Tradition dem Menschen unweigerlich zugeschriebenen Urschuld, noch überhaupt nicht begangen worden sind und wofür der Mensch wiederum in großem körperlichen Leid „büßen" muss. Das moralische Bewusstsein eines modernen Menschen, das zum Empfinden von Schuld eine prinzipielle Freiheit des Menschen und eine sittliche Einsicht zur Voraussetzung erklärt, empört sich gegen die Sündenfixierung einer geschichtlich dominanten christlichen Erlösungsnarration.[955] Das in seinem Schmerz zum Tier gewordene lyrische Ich Christine Lavants schreit einen so verstandenen Gott an „Ach schreien, schreien! – Eine Füchsin sein / und bellen dürfen, bis die Sterne zittern!" (Lav. B, 95), einen Gott der – so die Anklage vieler Gedichte Lavants – selbst verantwortlich ist für die Leiden und Sünden und der diese „Urschuld" „grundlos" auf den „unschuldigen" Menschen wälzt, wie das Gedicht *Du hast unerforschliche Gründe* anprangert (Lav. B, 136). In Umkehrung des traditionellen Sündendiskurses dieser christlichen Erlösungsnarration klagt der

---

[954] Egger, Wolfram: Christine Lavant. Auf der Spur. Klagenfurt: Kärntner Druck- und Verlagsanstalt, 1994, S. 31.

[955] Vgl. hierzu auch Eberhard Schockenhoff: „Innerhalb eines konsequenten Freiheitsdenkens stellt die Satisfaktionslehre einen Fremdkörper dar, der einem Verständnis der Gnade Gottes als erlöster Freiheit im Weg steht. Was sie für den modernen Menschen inakzeptabel macht, ist in erster Linie, dass Erlösung darin als Befreiung des Menschen von einer unendlichen Schuld und als Sühneleistung für einen in der Ausgleichslogik der Wiedergutmachung gefangenen Gott gedacht wird." Schockenhoff, Eberhard: Erlöste Freiheit – Worauf es im Christentum ankommt. Freiburg: Herder, 2012, S. 58.

Mensch Gott ob seiner Letztverantwortung als Schöpfer an, der die Welt zwar – so die Hoffnung – mit dem Ziel eines „Heiltrunk[s]“ geschaffen hat, dem als Braumeister das, was er in der Schöpfung in Gang gesetzt hat, jedoch längst unumkehrbar und unaufhaltsam entglitten ist: „und das Elend bildet eine Blase“ (Lav. Sp, 146). Gott ist derjenige, der – so die ähnliche Anklage Döblins – „auch in der Gestalt der Nazis steckt und [...] Konzentrationslager [baut.] Ja, er baut sie, wer sonst?“ (Döb. SR, 107) Die Schuld an der Sündhaftigkeit des Menschen, am Bösen und Elend der Welt wird Gott selbst angelastet, er hat die „einfachen Wege“ von Lavants lyrischem Ich „durchkreuzt“ (Lav. B, 101):

> Du hast meine einfachen Wege durchkreuzt
> und mich am Kreuzweg allein gelassen
> in einer unmenschlichen Landschaft.
> [...] Ich werde mich niemals wieder bekreuzen,
> so bitter schmerzt mich dies Zeichen. (Lav. B, 101)

„Dies Zeichen“, das Symbol des Kreuzes, an welches in christlichen Erlösungsnarrationen und insbesondere im Tod des sühnenden Gottessohnes gerade als Zeichen der Erlösung geglaubt wird, wird hier als Anklage an den „große[n] harte[n]“ Gott formuliert, wobei allein die Schrecken dieses grausamen Todes des Gottessohnes, der „Elendsschrei“, bestehen bleibt, weswegen man „ungeheure[] felsige[] Mauern“ um Kreuze in Kirchenräumen packen muss, um – so würde Döblin auf dieses Gedicht Lavants antworten – das „Klagen“ des Gottessohnes unhörbar zu machen (Döb. BW, 547). Entgegen der christlichen Narration der Menschwerdung Gottes, der als Gott in seine eigene Schöpfung eingeht und sich dem Menschen offenbart, wird bezweifelt, dass sich Gott um seine Geschöpfe kümmert. Diese Geschöpfe erheben ihre „Fäuste gen Himmel“ „und fluchen, daß er keine Gnade [gibt]“, wie es in einem von Dürrenmatts Dramen heißt (Dürr. WA 1, 278), und sie „werfen“ – um eine Formulierung Lavants aufzugreifen – „Steine“ „einzeln gegen den Himmel [...], damit dieser sich darauf besänne, daß er auch gegen sein Unten noch eine Verpflichtung hat“ (Lav. A, 47). Gott zieht sich aus seiner eigenen Schöpfung zurück, überlässt die Welt in dem Bild des fest verschlossenen Krugs gärend ihrem Elend, glättet die durch die nach oben gerichteten Vorwürfe entstehenden „Sprünge“ „rasch“ (Lav. Sp, 146) und bietet dadurch einem abgrundtiefen Verdacht Raum:

> Bist du der, der solche Gärung braucht,
> meinst du wirklich, dieser Trunk wird munden? (Lav. Sp, 146)

Der Verdacht, dass Gott selbst „solche Gärung" des Elends brauche, dass Gott – um einige weitere Beispiele zu nennen – in Dürrenmatts Text sich als „Folterknecht" erweist, der lachend den Menschen quält und diesen in „niedrige[r] Maske", gemeint ist die Menschwerdung Gottes in Jesus Christus, „heimtückisch" blendet (Dürr. WA 19, 102) und es so unmöglich macht, an ihn zu glauben, dieser Verdacht ist in literarischen Texten präsent und nimmt christlichen Narrationen der Erlösung jegliche Glaubwürdigkeit. Die Theodizeefrage bleibt, sofern sie angesichts der Fragwürdigkeit Gottes überhaupt noch gestellt wird, ohne jeden Antwortversuch stehen: Wenn Gott existiert, so „schaut" er „zu", „läßt mich dem Tod" und „streut" nichts vom „Wundklee" – dem Bild für seine Allmacht, alle Leiden des Menschen zu heilen – her, was dem lyrischen Ich „in allen Gliedern" „wehtut" (Lav. Kwm, 183) und es ihm unmöglich macht, zu seiner eigenen Existenz und zu Gott „mit allen Sinnen" „ja" zu sagen, wie ein weiteres Gedicht formuliert (Lav. Sp, 117). Die Verhältnisse werden schließlich umgekehrt: Nicht der Mensch muss sich vor Gott fürchten, sondern dieser muss sich ängstigen vor den brodelnden Kräften seiner vor sich hin gärenden Schöpfung im fest verschlossenen „Krug", einer Schöpfung, in welcher der Gedanke gärt, dass Gott nur ein „Fluchtgedanke" (Dürr. Gespräche 4, 78[956]), eine „denkfaule Hoffnung" ist, ein „ungeheure[r] Wunsch, einen Sinn hinter den Dingen [zu] finden" (Dürr. Gespräche 4, 77 f.)[957], wie Dürrenmatt vermutet, was den Schöpfer somit als „wurzellos[e]", „eingetrocknet[e]", „historische Blüte" entlarvt (Döb. JvG, 382), für eine Fiktion erklärt (Dürr. WA 27) oder – mit Lavants bildreicher Sprache formuliert – den Gedanken an den Schöpfer und folglich den Schöpfer selbst „vergiftet":

> Stieg in deine Nase
> eine Ahnung von der Pest im Glase?
> Gelt du fürchtest – wir vergiften dich! (Lav. Sp, 146)

Mit dieser, den Schöpfer – und damit die im christlichen Glauben erlösende Instanz – negierenden Kritik werden die Erlösungsnarrationen des Christentums einem radikalen Zweifel unterzogen. Ausgehend von den Menschen als sündig stigmatisierenden, theologischen und in der Tradition dominanten Deutungsversuchen des Sühnetodes des Gottessohnes und der ob der Abgründigkeit der Welt aufkeimenden Skepsis, die den Glauben an einen „guten" Schöpfergott massiv erschwert, wird die Existenz dieses den Menschen quälenden Gottes unsicher oder gar strikt verneint, da es einen

[956] Dürrenmatt im Gespräch mit Hardy Ruoss, 1989.
[957] Ebd.

solchen Gott besser nicht geben darf. Christliche Erlösungsvorstellungen verlieren, so ist zu resümieren, in der Konsequenz ebenso ihr Hoffnungspotential. Der Mensch wird auf sich selbst zurückgeworfen.

Im von Dürrenmatt geprägten Bild des Labyrinths, das als Metapher für die dem Menschen in ihrer Totalität undurchschaubare Wirklichkeit steht und somit allgemein die Erkenntnisproblematik des Menschen allegorisiert, gibt es keinen Ausgang. Diesen Ausgang hat Kant, wie Dürrenmatt das Bild weiter beschreibt, „zugemauert" (Dürr. WA 29, 122), da metaphysische Fragen über den Bereich der erfahrbaren Wirklichkeit hinausgehen und somit die menschliche Erkenntnisfähigkeit per se übersteigen und „durch keinen Erfahrungsgebrauch der Vernunft [...] beantwortet werden können"[958]. Es gibt nur, so Dürrenmatt weiter „‚den Sprung über die Mauer', den Glauben, das Paradox Kierkegaards" (Dürr. WA 29, 122). Dieser existentielle Sprung über die Mauer der Erkenntnisbeschränkung, ein möglicher Sprung in den Glauben, wird in den literarischen Texten der drei ausgewählten Autoren unterschiedlich durchdacht und bewertet, weswegen im Anschluss ein abschließender kurzer Überblick über mögliche Verhaltensoptionen angesichts der beschriebenen religiösen Unsicherheit und dem Zweifel an einem den Menschen liebenden und erlösenden Gott erfolgen.

3. „Wolfszähne im Menschenfleisch" – Die Qual der ‚letzten Fragen' und die unterschiedlichen Entwürfe der Schriftsteller

Getreu der mahnenden „Warnung" Dürrenmatts „denn ich schreibe nicht, damit Sie auf mich schließen, sondern damit Sie auf die Welt schließen." (Dürr. WA 32, 32) wird deutlich, dass im Fokus dieser Untersuchung nicht der persönliche Glaube eines Autors steht. Es werden lediglich die Erlösungsvorstellungen und die Auseinandersetzung insbesondere mit christlichen Erlösungsnarrationen analysiert und interpretiert, die in den ausgewählten literarischen Werken vorkommen, wobei auf einige Grundfragestellungen und Grundtendenzen abstrahiert werden kann. Vielfach bleiben jedoch auch unterschiedliche Sichtweisen des christlichen Glaubens und unterschiedliche Haltungen zu christlichen Erlösungsnarrationen nebeneinander bestehen, wie es beispielsweise das literarische Werk Alfred Döblins auszeichnet, der seine „Schreiberei" immer als eine „unbeendete Bemühung", als ein „Heranpirschen an Einsichten" versteht (Döb. SLW, 181), wobei jedes Buch mit jenem für Döblins Werke charakteristischen

[958] Kant, Immanuel/Weischedel, Wilhelm (Hg.): Immanuel Kant. Kritik der reinen Vernunft. Werke in sechs Bänden. Bd. 2. Darmstadt: Wissenschaftliche Buchgesellschaft, 1956, S. 60.

„Fragezeichen“ endet und „einem neuen“ am Ende „den Ball zu[wirft]“ (Döb. E, 166). Diese prozesshafte Bemühung hinterlässt eine Vielzahl von Auseinandersetzungen mit und Ablehnungen von Erlösungsvorstellungen und Versuchen, mit christlichen Erlösungsnarrationen umzugehen, und versieht jeden literarischen Entwurf – „Kein Buch ist [für ihn] fertig“ (Döb. SLW, 181) – mit der Frage, ob die in ihr entworfene Vorstellung eine „befriedigende“ ist oder ob sie sich doch nur wieder in die Folge anderer unabgeschlossener Entwürfe einreiht. Die besonders im Spätwerk Döblins verstärkte Beschäftigung mit christlichen Erlösungsnarrationen, die von der Erlösungsbedeutung des am Kreuz für die Sünden der Menschheit sterbenden Gottessohnes ausgehen und Erlösung somit als Satisfaktion, als Vergebung der Sünden des Menschen sehen, reiht sich so neben beißende Religionskritik mit der unmissverständlichen Forderung „Gott muß beseitigt werden; erst muß es heißen: los von Gott.“ (Döb. JvG, 383). Döblin nach seiner Konversion für den Katholizismus zu vereinnahmen, wie es beispielsweise sein Sohn Stephan Döblin und eine Vielzahl von Interpreten propagieren, wäre verfehlt, wagt es Döblin doch, wie Günter Grass über seinen Lehrer schreibt, stets „mit seinen Widersprüchen zu leben“[959]. Christliche Erlösungsnarrationen werden in seinen Romanen vielfach aufgegriffen, zum Teil stark verfremdet (vor allem in *Berlin Alexanderplatz*), zum Teil aber auch als lebenstragendes Prinzip dargestellt (vor allem im Romanzyklus *November 1918*), wobei stets kritische Stimmen und Alternativen die christlichen Glaubensaussagen in Frage stellen und relativieren.

Die christliche Narration der Erlösungsbedeutung des Kreuzes gerade ob seiner Grausamkeit und den Menschen als unverschuldet sündige Kreatur vehement ablehnend, zeichnet das lyrische Werk der Christine Lavant sich auch durch die einander sich widersprechenden Optionen eines auf Gott hoffenden Glaubens einerseits und einer Gott leugnenden Haltung andererseits aus. Das seine Umwelt als lebensfeindlich wahrnehmende und sich in einem gärenden Krug seinem Leid überlassen vorfindende lyrische Ich ihrer Gedichte kann Gott nur als den gezeigten schrecklichen Braumeister wahrnehmen, als „Werwolf“ (Lav. B, 72), der die Letztverantwortung und Schuld aus seinem Schöpfungsakt auf seine Geschöpfe abwälzt, auf Menschen, die wie „zitternde[] Schafe“ dennoch „heimkommen wollen“ (Lav. B, 136), die Sünde auf sich nehmen wollen, um so an der einzigen Hoffnung festzuhalten, die sich ihnen noch bietet. Lavants Werk zeigt ein ernsthaftes Ringen eines Ichs, das sowohl dem Menschen treu bleiben und auch das Leid des Mitmenschen nicht ausblenden will und dennoch die christliche Verheißung und Erlösungshoffnung eines den Menschen liebenden Gottes

[959] Grass, Günter: Über meinen Lehrer Döblin. In: Akzente 14 (1967), S. 290–309, S. 307.

präsent hat und in scharfen Vorwürfen die „Verpflichtung“, die Gott an seiner Schöpfung hat, einklagt (Lav. A, 47).

Während bei Alfred Döblin das Kreuz gemäß christlicher Narration als Symbol für Erlösung verstanden werden kann, das in den Gedichten Christine Lavants symbolisch zertreten (im Gedicht *Kreuzzertretung* Lav. B, 72) wird, was „so bitter schmerzt“, dass das lyrische ich sich „niemals wieder bekreuzen“ wird (Lav. B, 101), ist bei Friedrich Dürrenmatt nur die Wende in die Komödie und Groteske denkbar. Die Erkenntnis, dass Gott – sofern dieser überhaupt existiert und nicht nur ein „Fluchtgedanke“ (Dürr. Gespräche 4, 78[960]) ist oder eben eine mögliche „List[]“[961] neben anderen, die der Mensch braucht, um „seiner Sterblichkeit zu entfliehen“ (Dürr. fK), – diese Erkenntnis, dass Gott ein den Menschen folternder Gott sein könnte (*Der Folterknecht* WA 19), führt bei Dürrenmatt gerade nicht zur Verzweiflung. Christliche Erlösungsnarrationen grotesk verfremdend ist die Verzweiflung am „Sinnlose[n]“ und „Hoffnungslose[n] dieser Welt“ nur *eine* mögliche Antwort, „die man auf diese Welt gibt, und eine andere Antwort wäre das Nichtverzweifeln, der Entschluß etwa, die Welt zu bestehen [...]“ (Dürr. WA 30, 63). Eine Realisierung dieses Entschlusses zeigt Dürrenmatt im Handeln des „mutigen Menschen“, der nicht aus christlicher Motivation und im Vertrauen auf Gott lebt und handelt, sondern der, wissend um die letzte Sinnlosigkeit und Begrenztheit allen Tuns, seine selbstbegründeten Ideale zu verwirklichen sucht, auch wenn er meist scheitert. Das neue Credo von Dürrenmatts „neue[m] Humanismus“ rückt daher den Menschen an die Stelle Gottes: „Ich glaube an den Menschen“ (Dürr. DiA, 183). Anstatt auf Gottes erlösende Macht hoffen zu dürfen, steht der Mensch so „vor der viel schwierigeren Aufgabe [steht], sich selbst zu erlösen“ (Dürr. DiA, 183). Was dann Erlösung noch heißen kann, wenn meist die „praktische[] Unvernunft“ (Dürr. WA 36, 70) siegt und die Menschen die traurige „Gewissheit“ ereilt, „dass der Mensch aus eigenem Antrieb ein Inferno der Elemente zu entfesseln vermag“ (Dürr. WA 32, 149), für das kein Gott mehr die Letztverantwortung trägt, bleibt unklar. Wenn Erlösung nur noch von Menschen und daher diesseitig möglich sein könne, steht der Mensch außerdem vor dem Problem der Anthropodizee, der Rechtfertigung des Menschen vor sich selbst und dem Mitmenschen angesichts des von ihm verantworteten Bösen. Aufgrund der Endlichkeitsstruktur des Menschen blieben viele „unerlöst“. „Denn ich kann keine Toten erwecken“, konstatiert Friedrich Becker in Döblins Roman *November 1918,*

960 Dürrenmatt im Gespräch mit Hardy Ruoss, 1989.

961 Interview mit Dürrenmatt 1980: http://www.a-e-m-gmbh.com/andremuller/friedrich%20duerrenmatt%20 %28Interview%29.html [zuletzt abgerufen am 27.06.2015]

der sich von den unzähligen Todesopfern des Krieges, welche immer wieder Forderungen an ihn als Überlebenden stellen, verfolgt fühlt. Sollen die Toten nicht tot, die Opfer nicht Opfer bleiben und soll der Mensch nicht an seinen begrenzten Möglichkeiten verzweifeln, wird der Gottesgedanke unausweichlich.

Die Erlösungsbedürftigkeit, die in den literarischen Texten der drei Literaten ihren Ausdruck findet, ist nicht unbedingt auf einen theologischen Kontext bezogen, auch wenn religiöses Vokabular internarrativ zur Beschreibung der erlösungsbedürftigen Situation des Menschen herangezogen wird. Es besteht vielmehr eine in der physisch und metaphysisch begründeten Leidens- und Endlichkeitsstruktur bedingte Erlösungsbedürftigkeit fort, eine Erlösungsbedürftigkeit, die um ihre Erlösungsbedürftigkeit weiß und dennoch keiner Erlösungsnarration zweifellos Glauben zu schenken vermag. Dafür sind die Diskrepanzen zwischen der christlichen Verheißung, den überlieferten Traditionen und zwischen der „unmenschlich" erlebten Wirklichkeit zu groß. Die internarrative Analyse und Interpretation der vorgestellten literarischen Texte Alfred Döblins, Christine Lavants und Friedrich Dürrenmatts hat gezeigt, wie sich faktisch Menschsein im 20. Jahrhundert versteht und dass christliche Erlösungsnarrationen zwar weiterhin als Implikationen zur Selbstvergewisserung im Medium Literatur verwendet werden, doch überwiegend in dekonstruierender und verfremdender Weise. Die das menschliche Leben seit jeher begleitende Frage nach dem Sinn des Lebens, die Empörung über den Tod und der Zweifel an der Existenz eines dem Menschen sich zuwendenden Gottes, über die man Dürrenmatt folgend und gegen Wittgenstein gerichtet dennoch „sprechen" „muss", obwohl man davon „nicht sprechen kann" (Dürr. WA 36, 136), können quälend sein. „Meine Gedanken lassen nicht von mir!", so heißt es in Dürrenmatts Komödie *Untergang und neues Leben*. „Du Narr! Glaubst du ihnen entfliehen zu können?", wird geantwortet, „[d]as ist unsere Hölle: Daß wir fragen müssen in Ewigkeit und finden kein Ende!" (Dürr. WA 1, 256) Diese selbstreflexiven Fragen nach dem allumfassenden *Warum* des Lebens greifen das Existentielle des Menschseins an, nagen, um das Bild Dürrenmatts erneut aufzugreifen, „wie Wolfszähne im Menschenfleisch" (Dürr. WA 1, 266). Diese letzten Fragen werden immer wieder aufs Neue von den hier besprochenen Schriftstellern gestellt und diskutiert, weswegen sie sich keine „denkfaule Schlamperei" vorwerfen lassen müssen. Sie schauen in die Abgründe des Menschseins, nehmen in ihren Werken die konkrete Leiblichkeit der Menschen und Mitmenschen ernst, entlarven die allein faul auf das Prinzip Hoffnung setzenden Figuren, die sich vorschnell in Utopien flüchten und sich nicht im Sinne Dürrenmatts warnen lassen. „Wer sich […] nicht warnen läßt, sollte auch nicht hoffen." (Dürr. WA 37, 12) Doch

Dürrenmatt resümiert sein Werk gerade in diesem Sinne: Er stelle die Verzweiflung dar, er beschreibe den Untergang und schließt somit: „Ich bin da, um zu warnen." (Dürr. WA 32, 32) und die anderen Autoren stehen ihm in dieser Hinsicht in nichts nach. So werden literarische Texte auch zu „Wolfszähne[n]" im ‚Theologenfleisch', und nagen wie Dürrenmatts Ratten an den christlichen Erlösungsnarrationen, die den Menschen in seinem Menschsein vergessen, und schelten deren Hoffnung als „denkfaul", sofern sie sich des Heiles zu gewiss sind und über konkretes Leid einfach hinwegvertrösten.

> Das war mein Leben, Gott, vergiß das nicht!
> [...] Sag nicht, so viele hätten schon das gleiche
> mit deiner Hilfe herrlich überstanden
> und wären fromm und Heilige geworden.
> Mein Leichnam tobt und will sich noch ermorden
> und die dazu, die dich als Trost erfanden,
> dort, wo du niemals wirklich wirksam bist. (Lav. B, 133)

Von einem Menschen auf einen anderen schließen, ist eine faule Denkbewegung, da konkret jeder Einzelne seine eigene Existenz und Gott bejahen können muss, soll christlich Erlösung gedacht werden können. Eine christliche Erlösungsnarration, die von einer vordergründigen Heilsgewissheit ausgeht und „denkfaul schlampernd" mögliche Einwände übergeht, die eine solche Erlösungshoffnung in Frage stellen könnten, provoziert. Alfred Döblin, Christine Lavant und Friedrich Dürrenmatt stellen diese Provokation – wiederum provozierend – in ihren literarischen Werken dar und „warnen". Insbesondere im das Groteske der Welt darstellenden Werk Dürrenmatts kommt diese Skepsis nachdrücklich zum Ausdruck: „Wer die schlimmstmögliche Wendung wählt, warnt, wer die bestmögliche Wendung bevorzugt, hofft." (Dürr. WA 37, 12). Im Bewusstsein, dass es eine schlimmstmögliche Wendung geben kann, im Bewusstsein, dass der Mensch ein Zufallsprodukt der Evolution sein kann, eine vorübergehende, marginale Erscheinung ohne Sinn, die mit dem Tod schließlich in Vergessenheit gerät; in diesem gerade nicht „denkfaulen" Bewusstsein, das Dürrenmatt mit Döblin und Lavant teilt, darf dessen Aussage „Wer sich aber nicht warnen läßt, sollte auch nicht hoffen." (Dürr. WA 37,12) umformuliert werden: Wer sich warnen lässt, darf auch hoffen.

Literatur

1. Literatur zu den Kapiteln I, II und IV

Hinsichtlich der genauen bibliographischen Angaben zu den zitierten Texten von Alfred Döblin, Christine Lavant und Friedrich Dürrenmatt sei verwiesen auf die detaillierte Auflistung der jeweiligen Primärwerke sowie der Sekundärliteraturübersicht im Literaturverzeichnis zu den jeweiligen Kapiteln.

Primärliteratur

Anselm von Canterbury/Schmitt, Franciscus Salesius (Hg., Übers.): Cur Deus homo – Warum Gott Mensch geworden ist. Darmstadt: Wissenschaftliche Buchgesellschaft, 1956.

Aristoteles/Furhmann, Manfred (Hg., Übers.): Poetik. Griechisch/Deutsch. Stuttgart: Reclam, 2006.

Blumenberg, Hans: Die Genesis der kopernikanischen Welt. Frankfurt am Main: Suhrkamp, 1975.

Brecht, Bertolt/Hauptmann, Elisabeth (Hg.): Gesammelte Werke. Bd. 20. Schriften zur Politik und Gesellschaft. Frankfurt am Main: Suhrkamp, 1976.

Brecht, Bertolt: Interview. In: Die Dame, Beilage: Die losen Blätter, Heft 1, 1. Okt.1928, S. 16., zitiert nach: Bertolt Brecht/Hecht, Werner/Knopf, Jan (Hgg.) [u. a.]: Werke. Große kommentierte Frankfurter und Berliner Ausgabe, Bd. 21: Schriften 1914–1933. Frankfurt am Main: Suhrkamp, 1992, S. 248; 697 f.

Büchner, Georg: Lenz. Stuttgart, Reclam, 2002, S. 3–31.

Descartes, René/Gäbe, Lüder (Hg.): Meditationen über die Grundlagen der Philosophie: lateinisch-deutsch. Hamburg: Meiner, ²1977. (Philosophische Bibliothek; 250a)

Eco, Umberto: Das offene Kunstwerk. Frankfurt am Main: Suhrkamp, 1973.

Fichte, Johann Gottlieb: Grundlage der gesamten Wissenschaftslehre als Handschrift für seine Zuhörer (1794). Neudruck auf der Grundlage der zweiten, von Fritz Medicus herausgegebenen Auflage von 1922 mit einem Sachregister von Alwin Diemer. Hamburg: Felix Meiner, 1961. (Philosophische Bibliothek; 246)

Gaudium et spes. Die pastorale Konstitution über die Kirche in der Welt von heute. In: Rahner, Karl; Vorgrimler, Herbert (Hgg.): Kleines Konzilskompendium. Sämtliche Texte des Zweiten Vatikanums. Freiburg; Basel; Wien: Herder, ³¹2004.

Gottsched, Johann Christoph: Versuch einer Critischen Dichtkunst. In: Gottsched, Johann Christoph/Birke, Joachim/Birke, Brigitte (Hg.): Ausgewählte Werke. Bd. 6,1. Berlin; New York: Walter de Gruyter, 1973, S. 113–493.

Grass, Günter: Die Blechtrommel. Roman. München: dtv, ⁴1996.

Hegel, Georg Wilhelm Friedrich: Vorlesungen über die Ästhetik. Zweiter Band. In: Hegel, Georg Wilhelm Friedrich/Glockner, Hermann (Hg.): Sämtliche Werke. Jubiläumsausgabe in zwanzig Bänden. Bd. 13. Stuttgart: Frommann, 1953, S. 149.

Hölderlin, Friedrich: Hyperion oder der Eremit in Griechenland. In: Hölderlin, Friedrich/Beissner, Friedrich (Hg.): Hölderlin. Sämtliche Werke. Bd. 3 Hyperion. Stuttgart: Kohlhammer, 1957.

Hofmannsthal, Hugo von: Ein Brief. In: Hofmannsthal, Hugo von/Hirsch, Rudolf (Hg.): Sämtliche Werke: Kritische Ausgabe. Bd. 31. Erfundene Gespräche und Briefe. Frankfurt am Main: S. Fischer, 1991.

Horkheimer, Max: Neue Kunst und Massenkultur (1941). In: Horkheimer Max/ Schmidt, Alfred/Schmid Noerr, Gunzelin (Hgg.): Gesammelte Schriften (1936–1941). Bd. 4. Frankfurt am Main: S. Fischer, 1988, S. 419–438.

Johannes Paul II.: Die Kirche braucht die Kunst – braucht die Kunst die Kirche? In: Kunst und Kirche 44,1 (1981), S. 38–41.

Kafka, Franz: Der Proceß. Stuttgart: Reclam, 2007. (Reclams Universal-Bibliothek; 9676)

Kafka, Franz; Born, Jürgen (Hg.)/Schillemeit, Jost (Hg.) [u. a.]: Schriften, Tagebücher, Briefe. Kritische Ausgabe. Bd. II. Nachgelassene Schriften und Fragmente II. Frankfurt am Main: S. Fischer, 1992.

Kant, Immanuel: Kritik der reinen Vernunft. In: Kant, Immanuel/Mohr, Georg (Hg.): Immanuel Kant: Theoretische Philosophie. Texte und Kommentar. Bd. 1. Frankfurt am Main: Suhrkamp, 2004. (Suhrkamp Taschenbuch Wissenschaft; 1518)

Kierkegaard, Sören/Diem, Hermann (Hg.)/Rest, Walter/(Hg.): Entweder-Oder. Teil I. Unter Mitwirkung von Niels Thulstrup und der Kopenhagener Kierkegaard-Gesellschaft. München: Deutscher Taschenbuch Verlag, 1988.

Kierkegaard, Sören/Haecker, Theodor (Hg.): Die Tagebücher. In zwei Bänden ausgewählt und übersetzt von Theodor Haecker. Zweiter Band (1849–1855). Innsbruck: Brenner-Verlag, 1923.

Kleist, Heinrich von: Brief an Wilhelmine von Zenge, 22. März 1801. In: Kleist, Heinrich von/Sembdner, Helmut: Sämtliche Werke und Briefe. Bd. 2. München: Carl Hanser, 1952, S. 647–653.

Langgässer, Elisabeth: Das Christliche der christlichen Dichtung. Vorträge und Briefe. Olten; Freiburg im Breisgau: Walter, 1961.

Lasker-Schüler, Else/Kemp, Friedhelm (Hg.): Gesammelte Werke. Bd. 3. Verse und Prosa aus dem Nachlass. München: Kösel, 1961.

Mann, Thomas: Vom Buch der Bücher und vom Joseph. In: Mann, Thomas: Gesammelte Werke in dreizehn Bänden. Bd. 13. Nachträge. Frankfurt am Main: S. Fischer, 1974, S. 199–206.

Marti, Kurt: Zärtlichkeit und Schmerz. Notizen. Darmstadt; Neuwied: Luchterhand, 1979.

Musil, Robert/Frisé, Adolf (Hg.): Robert Musil. Gesammelte Werke. Band 2: Prosa und Stücke, kleine Prosa, Aphorismen, Autobiographisches, Essays und Reden, Kritik. Reinbek bei Hamburg: Rowohlt, 1978.

Nietzsche, Friedrich/Colli, Giorgio [u. a.] (Hg.): Nietzsche Werke. Kritische Gesamtausgabe. Berlin: Walter de Gruyter.

Novalis: Randbemerkungen zu Friedrich Schlegels „Ideen". In: Novalis (Friedrich von Hardenberg)/Kluckhohn, Paul (Hg.)/Samuel, Richard (Hg.): Novalis. Schriften. Die Werke Friedrich von Hardenbergs. Bd. 3. Das philosophische Werk II. Darmstadt: Wissenschaftliche Buchgesellschaft, [2]1968, S. 479–493.

Opitz, Martin; Jaumann, Herbert (Hg.): Buch von der Deutschen Poeterey (1624) mit dem Aristarch (1617) und den Opitzschen Vorreden zu seinen Teutschen-Poemata (1624 und 1625) sowie der Vorrede zu seiner Übersetzung der Trojanerinnen (1625). Studienausgabe. Stuttgart: Reclam, 2002.

Paul, Jean: Rede des toten Christus vom Weltgebäude herab, dass kein Gott sei. In: Paul, Jean/Lohmann, Gustav (Hg.): Jean Paul. Werke. Zweiter Band. Siebenkäs. München: Carl Hanser, 1959, S. 266–271.

Rilke, Rainer Maria: Brief an die Gräfin Sizzo über die Entstehung der *Sonette an Orpheus* (12. April 1923). In: Rilke, Rainer Maria/Nalewski, Horst (Hg.): Briefe. Bd. 2 (1919–1926). Frankfurt am Main; Leipzig: Insel, 1991, S. 294–300, hier S. 297.

Tabori, George: Die Goldberg-Variationen. Deutsch von Ursula Grützmacher-Tabori. In: Spectaculum 55. Sechs moderne Theaterstücke. Frankfurt am Main: Suhrkamp, 1993, S. 231–271.

Tabori, George: Unterammergau oder Die guten Deutschen. Übersetzung von Sandberg, Peter/Grützmacher-Tabori, Ursula- Frankfurt am Main: Suhrkamp, 1981. (Edition Suhrkamp; 1118)

Thomas von Aquin: Quaestiones disputatae de veritate. Q. 1, a. 1. In: Thomas von Aquin/Gelber, L. (Hg.)/Stein, Edith (Übers.): Des Hl. Thomas von Aquino Untersuchungen über die Wahrheit. Freiburg: Herder, 1952.

Sekundärliteratur

Adorno, Theodor W./Tiedemann, Rolf (Hg.): Negative Dialektik. Gesammelte Schriften. Band 6. Frankfurt am Main: Suhrkamp, 1973.

Adorno, Theodor W./Adorno, Gretel (Hg.)/Tiedemann, Rolf (Hg.): Ästhetische Theorie. Gesammelte Schriften Bd. 7. Frankfurt am Main: Suhrkamp, 1970.

Adorno, Theodor W.: Prismen: Kulturkritik und Gesellschaft. Berlin; Frankfurt am Main: Suhrkamp, 1955.

Alberti, Conrad: Die zwölf Artikel des Realismus. Ein literarisches Glaubensbekenntnis. In: Die Gesellschaft 5 Bd. 1 (1889), S. 2–11. (vollständiger Nachdruck: Kraus Reprint, Nendeln/Liechtenstein, 1970)

Ammicht-Quinn, Regina/Quinn, Th.P.: Diskussionsbericht. In: Jens, Walter/ Küng, Hans/Kuschel, Karl-Josef (Hgg.): Theologie und Literatur. Zum Stand des Dialogs. München: Kindler, 1986, S. 178–185.

Anderegg, Johannes: Schöpfung und Zyklik. Über religiöse Texte in literaturwissenschaftlicher Perspektive. In: Zeitschrift für Pädagogik und Theologie 54 (2002), S. 327–336.

Anders, Günther: Mensch ohne Welt: Schriften zur Kunst und Literatur. München: Beck, [2]1993. (Beck'sche Reihe; 1011)

Auerochs, Bernd: Die Entstehung der Kunstreligion. Göttingen: Vandenhoeck& Ruprecht, 2006. (Palaestra; 323)

Bachtin, Michail/Grübe, Rainer (Hg.): Die Ästhetik des Wortes. Frankfurt am Main: Suhrkamp, 1979. (Edition Suhrkamp; 967)

Bahr, Hermann: Moderne. In: Moderne Dichtung. Monatsschrift für Literatur und Kritik 1,1 (1890), S. 13–15. Digitalisat online verfügbar unter: http://www.uni-due.de/lyriktheorie/scans/1890_moderne.pdf [zuletzt abgerufen am 26.11. 2013]

Barck, Karlheinz/Heininger, Jörg/Kliche, Dieter: Ästhetik/ästhetisch. In: Barck, Kalrheinz [u.a.] (Hg.): Ästhetische Grundbegriffe: historisches Wörterbuch in sieben Bänden. Bd. 1. Stuttgart; Weimar: Metzler, 2000, S. 308–400.

Barthes, Roland: La mort de l'auteur. In: Barthes, Roland: Le bruissement de la langue. Paris: Éditions du Seuil, 1984,S. 61–67. Eine deutsche Übersetzung findet sich beispielsweise in dem Sammelband: Texte zur Theorie der Autorschaft. Stuttgart: Reclam, 2000, S. 185–197.

Barthes, Roland: Le plaisir du texte. Paris: Édition du Seuil, 1973. (Collection „Tel Quel“)

Barthes, Roland: Roland Barthes par Roland Barthes. Paris: Édition du Seuil, 1975. (Écrivains de toujours; 96)

Bauke-Ruegg, Jan: Theologische Poetik und literarische Theologie?: Systematisch-theologische Streifzüge. Zürich: Theologischer Verlag, 2004.

Beicken, Peter: Franz Kafka: Eine kritische Einführung in die Forschung. Frankfurt: Athenäum-Fischer-Taschenbuch-Verlag, 1974. (Fischer-Athenäum-Taschenbücher; 2014)

Benjamin, Walter/Schweppenhäuser, Hermann (Hg.): Benjamin über Kafka: Texte, Briefzeugnisse, Aufzeichnungen. Frankfurt am Main: Suhrkamp, 1981. (Suhrkamp-Taschenbuch Wissenschaft; 341)

Benjamin, Walter: Charles Baudelaire. Ein Lyriker im Zeitalter des Hochkapitalismus. Das Paris des Second Empire bei Baudelaire. III. Die Moderne. In: Benjamin, Walter/Tiedemann, Rolf / Schweppenhäuser, Hermann (Hgg.): Gesammelte Schriften. Bd. 1. Gesammelte Schriften Teil 2. Frankfurt am Main: Suhrkamp, 1974, S. 509–690.

Benjamin, Walter: Franz Kafka. Zur zehnten Wiederkehr seines Todestages In: Benjamin, Walter/Tiedemann, Rolf/Schweppenhäuser, Hermann (Hg.): Gesammelte Schriften. Bd. 2. Aufsätze, Essays, Vorträge. Zweiter Teil. Frankfurt am Main: Suhrkamp, 1977, S. 409–438.

Benjamin, Walter: Goethes Wahlverwandtschaften. In: Benjamin, Walter/Tiedemann, Rolf/Schweppenhäuser, Hermann (Hgg.): Gesammelte Schriften. Bd. 1. Gesammelte Schriften Teil 1. Frankfurt am Main: Suhrkamp, 1974, S. 123–201.

Benjamin, Walter: Über den Begriff der Geschichte. In: Benjamin, Walter/Tiedemann, Rolf/Schweppenhäuser, Hermann (Hgg.): Gesammelte Schriften. Bd. 1. Gesammelte Schriften Teil 2. Frankfurt am Main: Suhrkamp, 1974, S. 691–704.

Benjamin, Walter: Ursprung des deutschen Trauerspiels. In: Benjamin, Walter/Tiedemann, Rolf/Schweppenhäuser, Hermann (Hgg.): Gesammelte Schriften. Bd. 1. Gesammelte Schriften Teil 1. Frankfurt am Main: Suhrkamp, 1974, S. 203–430.

Benn, Gottfried: Das deutsche Pfarrhaus. In: Benn, Gottfried/Schuster, Gerhard (Hg.): Sämtliche Werke. Bd. 4. Prosa: 2. (1933–1945). Stuttgart: Klett-Cotta, 1989, S. 113–116.

Benn, Gottfried: Doppelleben. In: Benn, Gottfried/Schuster, Gerhard (Hg.): Sämtliche Werke. Bd. 5. Prosa: 3. (1946–1950). Stuttgart: Klett-Cotta, 1991, S. 83–176.

Biehl, Peter: Religiöse Sprache und Alltagserfahrung. Zur Aufgabe einer poetischen Didaktik. In: Themen der praktischen Theologie – Theologia Practica 18 (1983), S. 101–109.

Bleicher, Joan Kristin: Literatur und Religiosität. Frankfurt am Main, Berlin, Bern [u. a.]: Peter Lang, 1993. (Forschungen zur Literatur- und Kulturgeschichte; 35)

Bloom, Harold: A map of misreading. New York: Oxford Univ. Press, 1975.

Boer, Dick: Anfang gut, Ende gut. Zur theologischen Lesbarkeit von Literatur. In: Das Argument 293 (2011), S. 559–565.

Borchmeyer, Dieter: Postmoderne. In: Borchmeyer, Dieter/Žmegač, Viktor (Hgg.): Moderne Literatur in Grundbegriffen. 2., neu bearbeitete Auflage. Tübingen: Max Niemeyer, 1994, S. 347–360.

Bormann, Alexander von: Zum Umgang mit dem Epochenbegriff. In: Cramer, Thomas (Hg.): Literatur und Sprache im historischen Prozeß. Vorträge des deutschen Germanistentages. Bd. I. Tübingen: Max Niemeyer, 1983, S. 178–194.

Borsche, Tilmann: Das Eine und die Antwort. Nietzsches Kritik des mystischen Urpsungs der Metaphysik. In: Abel, Günter/Salaquarda, Jörg (Hgg.): Krisis der

Metaphysik. Wolfgang Müller-Lauter zum 65. Geburtstag. Berlin/New York: de Gruyter, 1989. S. 13–33.

Borsche, Tilmann: Intuition und Imagination. Der erkenntnistheoretische Perspektivenwechsel von Descartes zu Nietzsche. In: Djuric, Mihailo/Simon, Josef (Hgg.):Kunst und Wissenschaft bei Nietzsche. Würzburg: Königshausen & Neumann 1986, 26–44.

Bossart, Rolf: Die theologische Lesbarkeit von Literatur im 20. Jahrhundert. Studien zu einer verdrängten Hermeneutik. Würzburg: Königshausen & Neumann, 2009. (Epistemata. Würzburger wissenschaftliche Schriften; 685)

Braungart, Wolfgang: Ästhetischer Katholizismus. Stefan Georges Rituale der Literatur. Tübingen: Max Niemeyer, 1997. (communicatio; 15)

Braungart, Wolfgang: Literaturwissenschaft und Theologie. In: Garhammer, Erich/Langenhorst, Georg (Hgg.): Schreiben ist Totenerweckung. Theologie und Literatur. Würzburg: Echter Verlag GmbH, 2005, S. 43–69.

Broich, Ulrich: Intertextualität. In: Reallexikon der deutschen Literaturwissenschaft, hg. von Fricke, Harald (Neubearbeitung des Reallexikons der deutschen Literaturgeschichte). Bd. 2: H-O, hg. von Jan Dirk Müller, gemeinsam mit Georg Braungart. Berlin u. a.: de Gruyter[3]2000, S. 175–179.

Bubner, Rüdiger: Metaphysik und Erfahrung. Göttingen: Vandenhoeck& Ruprecht, 1991. (Neue Hefte für Philosophie; 30/31)

Bürger, Peter: Prosa der Moderne. Unter Mitarbeit von Christa Bürger. Frankfurt am Main: Suhrkamp, 1988.

Bussmann, Hadumod (Hg.)/Gerstner-Link, Claudia: Lexikon der Sprachwissenschaft. Vierte, durchgesehene und bibliographisch ergänzte Auflage unter Mitarbeit von Hartmut Lauffer. Stuttgart: Kröner, 2008.

Derrida, Jacques: Die Schrift und die Differenz. Aus dem Französischen von Rodolphe Gasché. Frankfurt am Main: Suhrkamp, 1972.

Dijk, Teun A. van: Textwissenschaft. Eine interdisziplinäre Einführung. Deutsche Übersetzung von Christoph Sauer. Tübingen: Max Niemeyer, 1980.

Eagleton, Terry: Einführung in die Literaturtheorie. Aus dem Englischen von Elfi Bettinger und Elke Hentschel. Stuttgart; Weimar: Metzler, [4]1997. (Sammlung Metzler; 246)

Esselborn, Hans: Der literarische Expressionismus als Schritt zur Moderne. In: Piechotta, Hans Joachim/Wuthenow, Ralph-Rainer/Sabine Rothemann (Hgg.): Die literarische Moderne in Europa. Bd. 1: Erscheinungsformen literarischer Prosa um die Jahrhundertwende. Opladen: Westdeutscher Verlag, 1994, S. 416–429.

Faber, Richard: Profane Theologie hellenischer, christlicher und jüdischer Provenienz. Über Walter Benjamins Kafka-Studien. In: Ebach, Jürgen/Faber, Richard (Hgg.): Bibel und Literatur. München: Fink, 1995, S. 61–80.

FEDERMAN: Kritzeleien im Dunkeln. Oder: Welchen Preis haben Schindlers Töpfe und Pfannen? In: Lettre International 25 (1994), S. 106.

FISCHER, JENS MALTE: Groteske. In: Borchmeyer, Dieter/Žmegač, Viktor (Hgg.): Moderne Literatur in Grundbegriffen. 2., neu bearbeitete Auflage. Tübingen: Max Niemeyer, 1994, S. 185–188.

FOUCAULT, MICHEL: Was ist ein Autor (1969). In: Jannidis, Fotis (Hg.): Texte zur Theorie der Autorschaft. Stuttgart: Reclam, 2000, S. 198–232.

FREUD, SIGMUND/FREUD, ANNA (Hg.): Eine Schwierigkeit der Psychoanalyse. Gesammelte Werke. Bd. 12 (Werke aus den Jahren 1917–1920). Frankfurt am Main: S. Fischer, [3]1966.

FRÜHWALD, WOLFGANG: Das Thema „Erlösung" in der modernen deutschen Literatur. Der christliche Beitrag zum literarischen Dialog in den fünfziger und sechziger Jahren unseres Jahrhunderts. In: Lebendiges Zeugnis 36 (1981), S. 32–45.

FÜGER, WILHELM: Intertextualia Orwelliana. Untersuchungen zur Theorie und Praxis der Markierung von Intertextualität. In: Poetica 21 (1989), S. 180–200.

GAEDE, FRIEDRICH: Allegorie. In: Borchmeyer, Dieter/Žmegač, Viktor (Hgg.): Moderne Literatur in Grundbegriffen. 2., neu bearbeitete Auflage. Tübingen: Max Niemeyer, 1994, S. 30–32.

GENETTE, GÉRARD/VOGT, JÜRGEN (Hg.): Die Erzählung. Aus dem Französischen von Andreas Knop. München: Fink, 1994.

GOJNY, TANJA: Biblische Spuren in der Lyrik Erich Frieds. Zum intertextuellen Wechselspiel von Bibel und Literatur. Mainz: Matthias-Grünewald-Verlag, 2004. (Theologie und Literatur; 17)

GOJNY,TANJA/DEEG, ALEXANDER/NICOL, MARTIN: Vernetzte Texte. Bibel und moderne Lyrik im Wechselspiel. In: Praktische Theologie 37 (2002), S. 298–311.

GUARDINI, ROMANO: Religion und Offenbarung. Würzburg: Werkbund-Verlag, 1958. (Religion und Offenbarung; 1)

GUARDINI, ROMANO/HENRICH, FRANZ (Hg.): Hölderlin. Weltbild und Frömmigkeit. Mainz: Matthias-Gründewald-Verlag/ Paderborn: Schöningh, [4]1996.

GUNN, GILES B.: Literatureandreligion. New York: Harper &Row, 1971.

HABERMAS, JÜRGEN: Der philosophische Diskurs der Moderne: 12 Vorlesungen. Frankfurt am Main: Suhrkamp, 1985.

HABERMAS, JÜRGEN: „Philosophie und Wissenschaft als Literatur?" In: Habermas, Jürgen: Nachmetaphysisches Denken. Philosophische Aufsätze. Frankfurt am Main: Suhrkamp, [2]1988, S. 242–263.

HAHN, FRIEDRICH: Glaube und moderne Literatur. Das Glaubensbekenntnis im Spiegel der Gegenwartsliteratur. Stuttgart: Quell-Verlag, 1980.

HEINEMANN, WOLFGANG: Zur Eingrenzung des Intertextualitätsbegriffs aus textlinguistischer Sicht. In: Klein, Josef/Fix, Ulla (Hgg.): Textbeziehungen. Linguistische und literaturwissenschaftliche Beiträge zur Intertextualität. Tübingen: Stauffenburg, 1997, S. 21–37.

HÖFELE, ANDREAS: Parodie. In: Borchmeyer, Dieter/Žmegač, Viktor (Hgg.): Moderne Literatur in Grundbegriffen. 2., neu bearbeitete Auflage. Tübingen: Max Niemeyer, 1994, S. 340–343.

HOHOFF, CURT: Was ist das Christliche in der christlichen Literatur? In: Grenzmann, Wilhelm (Hg.): Was ist das Christliche in der christlichen Literatur? München: Karl Zink, 1960, S. 75–109.

HOLTHUIS, SUSANNE: Intertextualität. Aspekte einer rezeptionsorientierten Konzeption. Tübingen: Stauffenburg-Verl., 1993. (Stauffenburg-Colloquium; 28)

HOOCK, BIRGIT: Modernität als Paradox. Der Begriff der ‚Moderne' und seine Anwendung auf das Werk Alfred Döblins (bis 1933). Tübingen: Max Niemeyer, 1997. (Untersuchungen zur deutschen Literaturgeschichte; Bd. 93)

JASPER, DAVID: The Study of Literature and Religion. An Introduction. Basingstoke; Houndmills, Hampshire [u.a.]: Macmillan, 1989. (Studies in Literature and Religion)

JAUSS, HANS ROBERT: Literarische Tradition und gegenwärtiges Bewußtsein von Modernität. In: Jauß, Hans Robert (Hg.): Literaturgeschichte als Provokation. Frankfurt am Main: Suhrkamp, 1970, S. 11–66. (editionsuhrkamp, 418)

KAULBACH, FRIEDRICH: Philosophie des Perspektivismus. Bd. 1: Wahrheit und Perspektive bei Kant, Hegel und Nietzsche. Tübingen: Mohr, 1990.

KAYSER, WOLFGANG: Wer erzählt den Roman? In: Neue Rundschau 68 (1957), S. 444–459.

KIESEL, HELMUT: Geschichte der literarischen Moderne. Sprache, Ästhetik, Dichtung im zwanzigsten Jahrhundert. München: Beck, 2004.

KLINGER, CORNELIA: Modern/Moderne/Modernismus. In: Barck, Kalrheinz [u.a.] (Hg.): Ästhetische Grundbegriffe: historisches Wörterbuch in sieben Bänden. Bd. 4. Stuttgart; Weimar: Metzler, 2002, S. 121–167.

KNAPE, J.: Narratio. In: Historisches Wörterbuch der Rhetorik, hg.v. Ueding, Gert, Mitbegr. von Jens, Walter. Bd. 6. Darmstadt: Wissenschaftliche Buchgesellschaft, 2003, Sp. 98–106.

KOCHER, URSULA: Schweben in der Lotusblüte. Buddhismus als Thema der deutschen Literatur zu Beginn des 20. Jahrhunderts. In: Eckel, Winfried/Hilmes, Carola/Nell, Werner (Hgg.): Projektionen – Imaginationen – Erfahrungen. Indienbilder der europäischen Literatur. Remscheid: Gardez!-Verlag, 2008, S. 154–169.

KOLAKOWSKI, LESZEK: Die Gegenwärtigkeit des Mythos. Aus dem Polnischen von Peter Lachmann. München: Piper, ^{2}1974.

KOLAKOWSKI, LESZEK: Horror metaphysicus: Das Sein und das Nichts. Aus dem Englischen von Friedrich Griese. München; Zürich: Piper, 1989.

Kranz, Gisbert: Lexikon der christlichen Weltliteratur. Freiburg; Basel; Wien: Herder, 1978.

Kristeva, Julia: Semeiotike. Recherches pour une sémanalyse. Paris: Édition du Seuil, 1969.

Küng, Hans: Theologie und Literatur: Gegenseitige Herausforderung. In: Jens, Walter/Küng, Hans/Kuschel, Karl-Josef (Hgg.): Theologie und Literatur. Zum Stand des Dialogs. München: Kindler, 1986, S. 24–29.

Kurz, Paul Konrad: Gestaltwandel des modernen Romans. In: Kurz, Paul Konrad (Hg.): Über moderne Literatur. Standorte und Deutungen. Bd. I. Frankfurt am Main: Josef Knecht, 1967, S. 7–37.

Kuschel, Karl-Josef: Im Spiegel der Dichter. Mensch, Gott und Jesus in der Literatur des 20. Jahrhunderts. Düsseldorf: Patmos-Verlag, 2000.

Kuschel, Karl-Josef: Jesus in der deutschsprachigen Gegenwartsliteratur. Mit einem Vorwort von Walter Jens. Zürich, Köln: Benzinger Verlag, 1978. (Ökumenische Theologie; 1).

Kuschel, Karl-Josef: Theologen und ihre Dichter. Analysen zur Funktion der Literatur bei Rudolf Bultmann und Hans Urs von Balthasar. In: Theologische Quartalschrift 172 (1992), S. 98–116.

Kuschel, Karl-Josef: Theologie und Literatur heute: Themen und Konsequenzen. In: Jens, Walter/Küng, Hans/Kuschel, Karl-Josef (Hgg.): Theologie und Literatur. Zum Stand des Dialogs. München: Kindler, 1986, S. 199–222.

Kuschel, Karl-Josef: Theopoetik. Auf dem Weg zu einer Stillehre des Redens von Gott, Christus und dem Menschen. In: Reifenberg, Peter (Hg.): Gott – das bleibende Geheimnis. Festschrift für Walter Seidel zum 70. Geburtstag. Würzburg: Echter, 1996, S. 227–254.

Kuschel, Karl-Josef: „Vielleicht hält Gott sich einige Dichter...“. Literarisch-theologische Porträts. Mainz: Matthias-Grünewald-Verl., 1991 (Rothenfelser Reihe)

Kutzer, Mirja: Zwischen Sprachkritik und Weltentwurf. Poetische Texte und ihr theologisches Potential. In: Münchner Theologische Zeitschrift 60 (2009), S. 327–337.

Kutzer, Mirja: In Wahrheit erfunden. Dichtung als Ort theologischer Erkenntnis. Regensburg: Friedrich Pustet, 2006. (ratio fidei. Beiträge zur philosophischen Rechenschaft der Theologie; 30)

Lachmann, Renate: Ebenen des Intertextualitätsbegriffs. In: Stierle, Kalrheinz/Warning, Rainer: Das Gespräch. München: Fink, [2]1996, S. 133–138. (Poetik und Hermeneutik; 11)

Langenhorst, Georg: Bibel und Literatur 2003. In: Stimmen der Zeit 221 (2003), S. 407–417.

Langenhorst, Georg: Bibel und moderne Literatur: Perspektiven für Religionsunterricht und Religionspädagogik. In: Religionsunterricht an höheren Schulen 39 (1996), S. 288–300.

Langenhorst, Georg: Literarische Texte im Religionsunterricht. Ein Handbuch für die Praxis. Freiburg im Breisgau: Herder, 2011.

Langenhorst, Georg: Rezension zu Rolf Bossarts „ Die theologische Lesbarkeit von Literatur im 20. Jahrhundert. http://www.theologie-und-literatur.de/fileadmin/user_upload/Theologie_und_Literatur/Rezension_Bossert.pdf [zuletzt abgerufen am 30.04.2013]

Langenhorst, Georg: Sehnsucht nach dem *„Jesus cognito“*. Zur Rückbesinnung heutiger Schriftsteller auf den Jesus der Geschichte. In: Langenhorst, Georg (Hg.): Auf dem Weg zu einer theologischen Ästhetik: Eine Freundesgabe für Karl-Josef Kuschel zum 50. Geburtstag. Münster: LIT, 1998, S. 73–90. (Ästhetik – Theologie – Liturgik; 2)

Langenhorst, Georg: Theologie und Literatur. Ein Handbuch. Darmstadt: Wissenschaftliche Buchgesellschaft, 2005.

Langenhorst, Georg: Theologie und Literatur 2001 – eine Standortbestimmung. In: Stimmen der Zeit 219 (2001), S. 121–132.

Linnerz, Heinz: Gibt es heute christliche Dichtung? Recklinghausen: Paulus-Verlag, 1960.

Lukács, Georg: Die Theorie des Romans: Ein geschichtsphilosophischer Versuch über die Formen der großen Epik. Neuwied; Berlin: Luchterhand, [3]1965.

Mähl, Hans-Joachim: Philosophischer Chiliasmus. Zur Utopiereflexion bei den Frühromantikern. In: Vietta, Silvio (Hg.): Die literarische Frühromantik. Göttingen: Vandenhoeck & Ruprecht, 1983, S. 149–179. (Kleine Vandenhoeck-Reihe; 1488)

Marquard, Odo: Narrare necesse est. In: Die politische Meinung 362 (2000), S. 93–95.

Mautner, Josef P.: Erlösung? In: Schmidinger, Heinrich (Hg.): Die Bibel in der deutschsprachigen Literatur des 20. Jahrhunderts. Band 1: Formen und Motive. Mainz: Matthias-Grünewald-Verlag, 1999, S. 453–477.

Mautner, Josef P.: Nichts Endgültiges. Literatur und Religion in der späten Moderne. Würzburg: Königshausen & Neumann, 2008.

Mautner, Josef P.: „Ein Kreuz ist ein Kreuz ist ein Kreuz“. Eine Dekonstruktion. In: Ebach, Jürgen/Faber, Richard (Hgg.): Bibel und Literatur. München: Fink, 1995, S. 47–60.

Metz, Johann Baptist: Glaube in Geschichte und Gesellschaft. Studien zu einer praktischen Fundamentaltheologie. Mainz: Matthias-Grünewald-Verlag, [5]1992. (Welt der Theologie)

Meyer, Theo: Nietzsche als Paradigma der Moderne. In: Piechotta, Joachim/Wuthenow, Ralph-Rainer/Rothermann, Sabine (Hgg.): Die literarische Moderne in

Europa. Bd. 1: Erscheinungsformen literarischer Prosa um die Jahrhundertwende. Opladen: Westdeutscher Verlag, 1994, S. 136–170.

MIETH, DIETMAR: Dichtung, Glaube und Moral. Studien zur Begründung einer narrativen Ethik mit einer Interpretation zum Tristanroman Gottfrieds von Straßburg. Mainz: Matthias-Grünewald-Verlag, 1976. (Tübinger theologische Studien; 7)

MIETH, DIETMAR: Identität – wie wird sie erzählt? In: Mieth, Dietmar (Hg.): Erzählen und Moral. Narrativität im Spannungsfeld von Ethik und Ästhetik. Tübingen: Attempto-Verlag, 2000, S. 71–82.

MOTTÉ, MAGDA: Auf der Suche nach dem verlorenen Gott. Religion in der Literatur der Gegenwart. Mainz: Matthias-Grünewald-Verlag, 1997. (Religion und Literatur; Bd. 6)

MÜLLER, ERNST: Religion/Religiosität. In: Barck, Karlheinz [u. a.] (Hg.): Ästhetische Grundbegriffe: historisches Wörterbuch in sieben Bänden. Bd. 1. Stuttgart; Weimar: Metzler, 2003, S. 227–263.

NEUMEYER, HARALD: Historische und literarische Anthropologie. In: Nünning, Ansgar/Nünning, Vera (Hgg.): Konzepte der Kulturwissenschaften. Stuttgart; Weimar: Metzler, 2003, S. 108–131.

PEKAR, TH.: Intertextualität. In: Historisches Wörterbuch der Rhetorik, hg. v. Ueding, Gert, mitbegr. von Jens, Walter. Bd. 4. Darmstadt: Wissenschaftliche Buchgesellschaft, 1998, Sp. 526–533.

PFISTER, MANFRED: Konzepte der Intertextualität. In: Broich, Ulrich/Pfister, Manfred (Hgg.): Intertextualität. Formen, Funktionen, anglistische Fallstudien. Tübingen: Max Niemeyer, 1985.

PHILIPPI, KLAUS-PETER: Reflexion und Wirklichkeit: Untersuchungen zu Kafkas Roman „Das Schloss“. Tübingen: Max Niemeyer, 1966. (Studien zur deutschen Literatur; 5)

PREISENDANZ, WOLFGANG: Zum Beitrag von R. Lachmann „Dialogizität und poetische Sprache“. In: Lachmann, Renate (Hg.): Dialogizität. München, Wilhelm Fink Verlag, 1982, S. 25–28. (Theorie und Geschichte der Literatur und der schönen Künste, A Hermeneutik – Semiotik – Rhetorik; 1)

RABERGER, WALTER: Die Differenz von Literatur und Theologie. In: Theologisch-praktische Quartalschrift 152 (2004), S. 49–60.

RIHA, KARL: Prämoderne-Moderne-Postmoderne. Frankfurt am Main: Suhrkamp, 1995. (Suhrkamp-Taschenbuch Wissenschaft; 1160)

ROSS, WERNER: Ist die christliche Literatur zu Ende? In: Henrich, Franz (Hrsg.): Moderne Literatur und christlicher Glaube. Würzburg: Echter-Verlag, 1968, S. 127–146. (Studien und Berichte der Katholischen Akademie in Bayern, Bd. 41)

RUH, ULRICH: Literatur und Säkularisierungsprozess. In: Der Deutschunterricht 50 (1998), S. 7–13.

Sager, Sven: Intertextualität und die Interaktivität von Hypertexten. In: Klein, Josef/Fix, Ulla (Hgg.): Textbeziehungen. Linguistische und literaturwissenschaftliche Beiträge zur Intertextualität. Tübingen: Stauffenburg, 1997, S. 109–123. (Stauffenburg-Linguistik)

Schischkoff, Georgi: Philosophisches Wörterbuch. Stuttgart: Alfred Kröner, 1965. (Kröners Taschenausgabe; 13)

Schmidt, Jochen: Heinrich von Kleist: Studien zu seiner poetischen Verfahrensweise. Tübingen: Max Niemeyer, 1974.

Schmitz-Emmans, Monika: Schrift und Abwesenheit: Historische Paradigmen zu einer Poetik der Entzifferung und des Schreibens. München: Fink, 1995.

Schnädelbach, Herbert: Gescheiterte Moderne? (1989). In: Ders. (Hg.): Zur Rehabilitierung des animal rationale. Vorträge und Abhandlungen; 2. Frankfurt am Main: Suhrkamp, 1992, S. 431–447. (Suhrkamp-Taschenbuch-Wissenschaft; 1223)

Schnädelbach, Herbert: Kant – der Philosoph der Moderne. In: Schönrich, Gerhard/Kato, Yasushi (Hgg.): Kant in der Diskussion der Moderne. Frankfurt am Main: Suhrkamp, 1996, S. 11–26. (Suhrkamp-Taschenbuch-Wissenschaft; 1223)

Schockenhoff, Eberhard: Erlöste Freiheit – Worauf es im Christentum ankommt. Freiburg: Herder, 2012.

Schoeps, Hans-Joachim: Theologische Motive in der Dichtung Franz Kafkas. In: Neue Rundschau 62 (1951), S. 21–37.

Simon, Ulrich: Review Article. Theologie und Literatur: Zum Stand des Dialogs. In: Journal of Literature & Theology 1, 2 (1987), S. 228–236.

Sölle, Dorothee: Zum Dialog zwischen Theologie und Literaturwissenschaft. In: Internationale Dialogzeitschrift 2 (1969), S. 296–318.

Sölle, Dorothee: Realisation. Studien zum Verhältnis von Theologie und Dichtung nach der Aufklärung. Darmstadt; Neuwied: Hermann Luchterhand, 1973. (Theologie und Politik; 6)

Söring, Jürgen: Dichtkunst und Götter. In: Sorg, Retro/Würffel, Stefan Bodo (Hgg.): Gott und Götze in der Literatur der Moderne. München: Fink, 1999, S. 25–40.

Steinmetz, Horst: Moderne Literatur lesen. Eine Einführung. München: Beck, 1997.

Stierle, Karlheinz: Werk und Intertextualität. In: Stierle, Karlheinz/Warning, Rainer: Das Gespräch. München: Fink, [2]1996, S. 139–150. (Poetik und Hermeneutik; 11)

Striet, Magnus: Erlösung durch den Opfertod Jesu? In: Striet, Magnus/Tück, Jan-Heiner (Hgg.): Erlösung auf Golgotha? Der Opfertod Jesu im Streit der Interpretationen. Freiburg: Herder, 2012, S. 11–31.

TATE, ANDREW: Literature and religion. London: Maney, 2009. (The yearbook of English studies; 39,1/2)

TILLICH, PAUL: Aspekte einer religiösen Analyse der Kultur. In: Tillich, Paul/Albrecht, Reante (Hg.): Die religiöse Substanz der Kultur. Schriften zur Theologie der Kultur. Gesammelte Werke Bd. 9. Stuttgart: Evangelisches Verlagswerk, 1967, S. 100–109.

TILLICH, PAUL: Religion und Kultur. In: Tillich, Paul/Albrecht, Reante (Hg.): Die religiöse Substanz der Kultur. Schriften zur Theologie der Kultur. Gesammelte Werke Bd. 9. Stuttgart: Evangelisches Verlagswerk, 1967, S. 82–94.

TILLICH, PAUL: Systematische Theologie. Berlin; New York: de Gruyter, 1958.

TÜCK, JAN-HEINER: Hintergrundgeräusche. Liebe, Tod und Trauer in der Gegenwartsliteratur. Ostfildern, Matthias-Grünewald-Verlag, 2010.

VATTIMO, GIANNI: Jenseits vom Subjekt: Nietzsche, Heidegger und die Hermeneutik. Graz: Böhlau, 1986. (Edition Passagen; 10)

VENTURELLI, ALDO: Robert Musil und die Idee einer „Klassischen Moderne“. In: Ponzi, Mauro (Hg.): Klassische Moderne: ein Paradigma des 20. Jahrhunderts. Würzburg: Königshausen & Neumann, 2010, S. 17–33.

VIETTA, SILVIO: Die literarische Moderne. Eine problemgeschichtliche Darstellung der deutschsprachigen Literatur von Hölderlin bis Thomas Bernhard. Stuttgart: Metzler, 1992.

VIETTA, SILVIO: Moderne Erzähltheorie: Narratologie der Romanliteratur der klassischen Moderne. In: Ponzi, Mauro (Hg.): Klassische Moderne: ein Paradigma des 20. Jahrhunderts. Würzburg: Königshausen & Neumann, 2010, S. 77–87.

WEIDNER, DANIEL: Von der Theologie zur Literatur und zurück. Rezension zu Georg Langenhorsts „Theologie und Literatur“. http://www.iaslonline.de/index.php?vorgang_id=1452 [zuletzt abgerufen am 30.04.2013]

WEINRICH, HARALD: Narrative Theologie. In: Concilium 9 (1973), S. 329–333.

WEISS, WALTER: Erlösung als Thema der modernen Literatur?. In: Salzburger Theologische Zeitschrift 1 (1997), S. 37–43.

WELSCH, WOLFGANG: Unsere postmoderne Moderne. Weinheim: VCH, Acta Humaniora, 1987.

WENZEL, KNUT: Narrative Theologie. In: Lexikon für Theologie und Kirche. 3. völlig neu bearbeitete Auflage. Sonderausgabe. Bd. 7. Freiburg: Herder, 2009, Sp. 640–643.

WENZEL, KNUT: Zu einer theologischen Hermeneutik der Narration. In: Theologie und Philosophie 71 (1996), S. 161–186.

WERNER, HANS GEORG: Über die Modernität der literarischen Romantik in Deutschland. Berlin: Akad.-Verl., 1989. (Sächsische Akademie der Wissenschaften; 129, 6)

Weyembergh-Boussart, Monique: Alfred Döblin. Seine Religiosität in Persönlichkeit und Werk. Bonn: Bouvier, 1970. (Abhandlungen zur Kunst-, Musik- und Literaturwissenschaft; 76)

Wiedenhofer, Siegfried: Theologie. In: Lexikon für Theologie und Kirche. 3. völlig neu bearbeitete Auflage. Sonderausgabe. Bd. 9. Freiburg: Herder, 2009, Sp. 1435–1444.

Wilpert, Gero von: Sachwörterbuch der Literatur. Stuttgart: Alfred Kröner, [7]1989.

Wokart, Norbert: Bibel, Hegel und Groschenroman. In: Ebach, Jürgen/Faber, Richard (Hgg.): Bibel und Literatur. München: Fink, 1995, S. 31–45.

Wolff, Eugen: Die jüngste deutsche Literaturströmung und das Prinzip der Moderne (1888) (Literarische Volkshefte, Nr. 5); wieder abgedruckt in: Wolff, Eugen: Die jüngste deutsche Literaturströmung und das Prinzip der Moderne (1888) In: Wunberg, Gotthart (Hg.): Die literarische Moderne: Dokumente zum Selbstverständnis der Literatur um die Jahrhundertwende. Frankfurt am Main: Athenäum Verlag, 1971, S. 3–42. (Athenäum Paperbacks Germanistik; 8)

Wright, Terry: Religion and Literature from the modern to the postmodern: Scott, Steiner and Detweiler. In: Literature & Theology 19,1 (2005), S. 3–21.

Wright, Terry: Von der Moderne zur Postmoderne. Internationale Entwicklungslinien von „Literatur und Theologie“. In: Garhammer, Erich/Langenhorst, Georg (Hgg.): Schreiben ist Totenerweckung. Theologie und Literatur. Würzburg: Echter Verlag GmbH, 2005, S. 70–98.

Zima, Peter: Roman und Ideologie: zur Sozialgeschichte des modernen Romans. München: Fink, 1986.

Ziolkowski, Theodore: Theologie und Literatur: Eine polemische Stellungnahme zu literaturwissenschaftlichen Problemen. In: Jens, Walter/Küng, Hans/Kuschel, Karl-Josef (Hgg.): Theologie und Literatur. Zum Stand des Dialogs. München: Kindler, 1986, S. 113–128.

Žmega, Viktor: Moderne/Modernität. In: Borchmeyer, Dieter/Žmegač, Viktor (Hgg.): Moderne Literatur in Grundbegriffen. 2., neu bearbeitete Auflage. Tübingen: Max Niemeyer, 1994, S. 278–285.

Žmega, Viktor: Montage/Collage. In: Borchmeyer, Dieter/Žmegač, Viktor (Hgg.): Moderne Literatur in Grundbegriffen. 2., neu bearbeitete Auflage. Tübingen: Max Niemeyer, 1994, S. 286–291.

Žmega, Viktor: Verfremdung. In: Borchmeyer, Dieter/Žmegač, Viktor (Hgg.): Moderne Literatur in Grundbegriffen. 2., neu bearbeitete Auflage. Tübingen: Max Niemeyer, 1994, S. 453–457.

2. Literatur zu Kapitel III

2.1. Literatur zum Kapitel III.1 (Alfred Döblin)

Übersicht über die Abkürzungen von Döblins Schriften und Werken

AS	Autobiographische Schriften
BA	Berlin Alexanderplatz
BaN	Blick auf die Naturwissenschaft
BeW	Der Bau des epischen Werks
BN	Buddho und die Natur
BR	Bemerkungen zum Roman
Briefe	Briefe
BW	Babylonische Wandrung
E	Epilog
GdnZ	Der Geist des naturalistischen Zeitalters
IüN	Das Ich über der Natur
JR	Jagende Rosse
JvG	Jenseits von Gott
M	Modern
Mb	Maskenball
Nov	November 1918
	Nov I Bürger und Soldaten
	Nov II/1 Verratenes Volk
	Nov II/2 Heimkehr der Fronttruppen
	Nov III Karl und Rosa
RP	Reise in Polen
S	Die Segelfahrt
SÄPL	Schriften zu Ästhetik, Poetik und Literatur
SLW	Schriften zu Leben und Werk
SPG	Schriften zu Politik und Gesellschaft
SR	Schicksalsreise
SV	Schwarzer Vorhang
UD	Unser Dasein
UM	Der unsterbliche Mensch
USM	Unsere Sorge, der Mensch
WL	Wang-lun
WuV	Wissen und Verändern!
WzM	Der Wille zur Macht als Erkenntnis bei Friedrich Nietzsche

Verzeichnis der zitierten Schriften und Werke Alfred Döblins

Döblin, Alfred/Pässler, Edgar (Hg.): Autobiographische Schriften und letzte Aufzeichnungen. Olten; Freiburg: Walter-Verlag, 1980.

Döblin, Alfred: Bemerkungen zum Roman. In: Ders./Kleinschmidt, Erich (Hg.): Schriften zu Ästhetik, Poetik und Literatur. Olten; Freiburg: Walter-Verlag, 1989, S. 123–127.

Döblin, Alfred: Berlin Alexanderplatz. Roman. München: dtv, [49]2011.

Döblin, Alfred: Blick auf die Naturwissenschaft. In: Die Neue Rundschau 34 (1923), S. 1132–1138.

Döblin, Alfred/Graber, Heinz (Hg.):Briefe. München: Dt. Taschenbuchverlag, 1988.

Döblin, Alfred: Brief an E. und A. Rosin, 4. Oktober 1943 aus Hollywood. In: Text und Kritik 13/14 (1965), S. 53–54.

Döblin, Alfred: Buddho und die Natur. In: Die Neue Rundschau 32 (1921), S. 1192–1200.

Döblin, Alfred: Das Ich über der Natur. Berlin: S. Fischer, 1928.

Döblin, Alfred: Das Stiftsfräulein und der Tod. In: Ders./Althen, Christina (Hg.): Alfred Döblin. Die Ermordung einer Butterblume und andere Erzählungen. München: dtv, 2004, S. 119–130.

Döblin, Alfred: Der Bau des epischen Werks. In: Ders./Kleinschmidt, Erich (Hg.): Schriften zu Ästhetik, Poetik und Literatur. Olten; Freiburg: Walter-Verlag, 1989, S. 215–245. (ursprünglich veröffentlicht in: Jahrbuch der Sektion für Dichtkunst (Preußische Akademie der Künste) 1 (1929), S. 228–262).

Döblin, Alfred: Der deutsche Maskenball von Linke Poot. In: Ders.: Der deutsche Maskenball von Linke Poot. Wissen und Verändern! München: dtv, 1987, S. 7–124.

Döblin, Alfred: Der Geist des naturalistischen Zeitalters. In: Ders./Kleinschmidt, Erich (Hg.): Schriften zu Ästhetik, Poetik und Literatur. Olten; Freiburg: Walter-Verlag, 1989, S. 168–190.

Döblin, Alfred/Riley, Anthony W. (Hg.): Der unsterbliche Mensch. Ein Religionsgespräch. Ausgewählte Werke in Einzelbänden. Olten; Freiburg: Walter, 1980.

Döblin, Alfred: Der schwarze Vorhang. In: Ders: Jagende Rosse. Der schwarze Vorhang und andere frühe Erzählwerke. München: dtv, 1987, S. 107–205.

Döblin, Alfred: Der Wille zur Macht als Erkenntnis bei Friedrich Nietzsche (8. 10. 1902). In: Ders./Riley, Anthony W. (Hg.): Alfred Döblin. Kleine Schriften I. Olten; Freiburg: Walter-Verlag, 1985, S. 13–29.

Döblin, Alfred/Sander, Gabriele/Solbach, Andreas (Hgg.): Die drei Sprünge des Wang-lun. Chinesischer Roman. München: dtv, 2007.

Döblin, Alfred: Die Ermordung einer Butterblume. In: Ders./Althen, Christina (Hg.): Alfred Döblin. Die Ermordung einer Butterblume und andere Erzählungen. München: dtv, 2004, 63–77.

DÖBLIN, ALFRED: Die Helferin. In: Ders./Althen, Christina (Hg.): Alfred Döblin. Die Ermordung einer Butterblume und andere Erzählungen. München: dtv, 2004, 44–52.

DÖBLIN, ALFRED: Die Segelfahrt. In: Ders./Althen, Christina (Hg.): Alfred Döblin. Die Ermordung einer Butterblume und andere Erzählungen. München: dtv, 2004, S. 7–17.

DÖBLIN, ALFRED: Epilog. In: Lüth, Paul E. H.: Alfred Döblin zum 70. Geburtstag. Wiesbaden: Limes-Verlag, 1948, S. 161–173.

DÖBLIN, ALFRED: Hamlet oder Die lange Nacht nimmt ein Ende. Roman. Mit einem Nachwort von Walter Muschg. München: dtv, [2]2000.

DÖBLIN, ALFRED: Jagende Rosse. In: Ders: Jagende Rosse. Der schwarze Vorhang und andere frühe Erzählwerke. München: dtv, 1987, S. 26–83.

DÖBLIN, ALFRED: Jenseits von Gott! In: Die Erhebung. Jahrbuch für neue Dichtung und Wertung. (Hg. von Alfred Wolfenstein). Berlin: Fischer, Reprint, 1975, S. 381–388.

DÖBLIN, ALFRED: Krieg und Frieden. In: Der neue Merkur 4 (1920), S. 193–207.

DÖBLIN, ALFRED: Modern. Ein Bild aus der Gegenwart. In: Ders: Jagende Rosse. Der schwarze Vorhang und andere frühe Erzählwerke. München: dtv, 1987, S. 7–25

DÖBLIN, ALFRED: November 1918. Eine deutsche Revolution. Erzählwerk in drei Teilen. München: dtv, 1995. (Mit den Teilbänden: I Bürger und Soldaten 1918; II/1 Verratenes Volk; II/2 Heimkehr der Fronttruppen; III Karl und Rosa)

DÖBLIN, ALFRED: Reise in Polen. Olten; Freiburg: Walter-Verlag, 1968.

DÖBLIN, ALFRED/Riley, Anthony W. (Hg.): Schicksalsreise. Bericht und Bekenntnis. München: dtv, 1996.

DÖBLIN, ALFRED/Kleinschmidt, Erich (Hg.): Schriften zu Leben und Werk. Olten; Freiburg: Walter-Verlag, 1986.

DÖBLIN, ALFRED/Riley, Anthony W. (Hg.): Unser Dasein. München: dtv, 1988.

DÖBLIN, ALFRED: Unsere Sorge, der Mensch. München: Karl Alber, 1948.

DÖBLIN, ALFRED: Wissen und Verändern! Offene Briefe an einen jungen Menschen. In: Ders.: Der deutsche Maskenball von Linke Poot. Wissen und Verändern! München: dtv, 1987, S. 125–266.

DÖBLIN, ALFRED: Zwei Seelen in einer Brust. In: Ders./Kleinschmidt, Erich (Hg.): Schriften zu Leben und Werk. München: dtv, 1993.

Sonstige Primärliteratur

AICHINGER, ILSE: „Ich halte meine Existenz für völlig unnötig". In: Fässler, Simone (Hg.)/Hammerbacher, Franz (Hg): Ilse Aichinger. Unglaubwürdige Reisen. Frankfurt am Main: Fischer, 2005, S. 181–187.

BENN, GOTTFRIED: Doppelleben. In: Ders./Schuster, Gerhard (Hg.): Gottfried Benn Sämtliche Werke, Bd. 5. Prosa 3. Stuttgart: Klett-Cotta, 1991, S. 83–176.

Brecht, Bertolt/Hecht, Werner (Hg.): Arbeitsjournal. Zweiter Band 1942–1955. Frankfurt/M.: Suhrkamp, 1973.

Brecht, Bertolt: Peinlicher Vorfall. In: Ders./Hecht, Werner (Hg.) [u. a.]: Werke Bd. 15. Gedichte Bd. 5. Gedichte und Gedichtfragmente 1940–1956. Frankfurt/M.: Suhrkamp, 1993, S. 91–92.

Goethe, Johann Wolfgang: Ganymed. In: Goethe, Johann Wolfgang/Eibl, Karl (Hg.): Sämtliche Werke, Briefe, Tagebücher und Gespräche. Abteilung 1. Gedichte 1756–1799. Bd. 1. Frankfurt am Main: Dt. Klassiker-Verlag, 1987, S. 205.

Gotteslob. Katholisches Gebet- und Gesangbuch. Ausgabe für das Erzbistum Freiburg. Herausgegeben von den Bischöfen Deutschlands und Österreichs und der Bistümer Bozen-Brixen und Lüttich. Freiburg: Herder, 1975.

Grass, Günter: Über meinen Lehrer Döblin. In: Akzente 14 (1967), S. 290–309.

Hölderlin: Hyperion oder Der Eremit in Griechenland. In: Beissner, Friedrich (Hg.): Hölderlin: Sämtliche Werke. Große Stuttgarter Hölderlin-Ausgabe. Bd. 3. Stuttgart, Kohlhammer, 1957.

Kierkegaard, Sören: Die Krankheit zum Tode. Aus dem Dänischen übersetzt und mit Anmerkungen versehen von Gisela Perlet. Stuttgart: Reclam, 1997.

Kierkegaard, Sören/Rest, Walter (Hg.): Einübung im Christentum. Zwei kurze ethisch-religiöse Abhandlungen. Das Buch Adler oder Der Begriff des Auserwählten. München: dtv, 2005.

Sophokles/Schneider, Reinhold (Hg.)/Donner, J.J.C. (Übers.): Ödipus auf Kolonos. Freiburg: Herder, 1948.

Tauler, Johannes/Hofmann, Georg (Hg.): Johannes Tauler. Predigten. 2 Bände. Mit einer Einführung von A.M. Haas. Einsiedeln: Johannes-Verl., 2007.

Tauler, Johannes / Vetter, Ferdinand (Hg.): Die Predigten Taulers aus der Engelberger und der Freiburger Handschrift sowie aus Schmidts Abschriften der ehemaligen Straßburger Handschriften. Augsburg: Weidmann, 2000. (Deutsche Texte des Mittelalters; 11)

Sekundärliteratur

Adorno, Theodor W./Adorno, Gretel (Hg.)/Tiedemann, Rolf (Hg.): Ästhetische Theorie. Gesammelte Schriften Bd. 7. Frankfurt/M.: Suhrkamp, 1970.

Adorno, Theodor W.: Form und Gehalt des zeitgenössischen Romans. In: Akzente 1 (1954), S. 410–416.

Adorno, Theodor W.: Negative Dialektik. In: Ders./Tiedemann, Rolf (Hg.): Theodor W. Adorno. Gesammelte Schriften. Bd. 6. Frankfurt/M.: Suhrkamp, ^{5}1996, S. 7–412.

Anders, Günther: Der verwüstete Mensch. Über Welt- und Sprachlosigkeit in Döblins „Berlin Alexanderplatz". In: Benseler, Frank (Hg.); Festschrift zum achtzigsten Geburtstag von Georg Lukacs. Neuwied: Luchterhand, 1965, S. 420–442.

Auer, Manfred: Das Exil vor der Vertreibung. Motivkontinuität und Quellenproblematik im späten Werk Alfred Döblins. Bonn: Bouvier, 1977. (Abhandlungen zur Kunst-, Musik- und Literaturwissenschaft; 254)

Bartscherer, Christoph: Das Ich und die Natur. Alfred Döblins literarischer Weg im Licht seiner Religionsphilosophie. Paderborn: Igel-Verlag Wiss., 1997. (Literatur- und Medienwissenschaft; 55)

Bayerdörfer, Hans-Peter.: „Alfred Döblin: *Berlin Alexanderplatz* (1929)". In: Lützeler, Paul Michael: Deutsche Romane des 20. Jahrhunderts: Neue Interpretationen Königstein: Athenäum, 1983, S. 148–166.

Benjamin, Walter: Der Erzähler. Betrachtungen zum Werk Nicolai Lesskows. In: Tiedemann, Rolf/Schweppenhäuser, Hermann (Hgg.): Walter Benjamin. Gesammelte Schriften. Bd. 2.2. Frankfurt/M: Suhrkamp, 1977, S. 438–465.

Benjamin, Walter: Krisis des Romans. Zu Döblins „Berlin Alexanderplatz". In: Benjamin, Walter/Tiedemann-Bartels, Hella (Hg.): Walter Benjamin. Gesammelte Schriften. Bd. 3. Frankfurt/M.: Suhrkamp, 1972, S. 230–236.

Bohnen, Klaus: Erzählen aus mythischer Erinnerung. Ein Versuch zu Döblins *Berlin Alexanderplatz.* In: Jahrbuch der deutschen Schillergesellschaft 28 (1984), S. 446–460.

Boussart, Monique: Die Aktualisierung des Bibeltextes in Alfred Döblins Montageroman *Berlin Alexanderplatz. Die Geschichte vom Franz Biberkopf.* In: Germanica 31 (2002). http://germanica.revues.org/2072 [zuletzt abgerufen am 15.02.2014]

Braungart, Georg: Leibhafter Sinn: Der andere Diskurs der Moderne. Tübingen: Max Niemeyer, 1995. (Studien zur deutschen Literatur; 130)

Bultmann, Rudolf: Theologie des Neuen Testaments. Tübingen: Mohr, [9]1984. (UTB für Wissenschaft: Uni-Taschenbücher; 630)

Casey, Timothy: Alttestamentliche Motive in Döblins *Berlin Alexanderplatz:* Die Rezeption des Romans und der Streit um sein Schlußbild. In: Link, Franz (Hg.): Paradeigmata. Literarische Typologie des Alten Testaments. Zweiter Teil: 20. Jahrhundert. Berlin: Duncker & Humblot, 1989, S. 527–541. (Schriften zur Literaturwissenschaft; 5/2)

Crüsemann, Frank: Hiob und Kohelet. Ein Beitrag zum Verständnis des Hiobbuches. In: Albertz, Rainer/Westermann, Claus (Hgg.): Werden und Wirken des Alten Testaments. Festschrift für Claus Westermann zum 70. Geburtstag. Göttingen: Vandenhoeck und Ruprecht, 1980, S. 373–393.

Emde, Friedrich: Alfred Döblin. Sein Weg zum Christentum. Tübingen: Narr, 1999. (Mannheimer Beiträge zur Sprach- und Literaturwissenschaft; 41)

Fromm, Georg: Die Isaak-Paraphrase in Alfred Döblins *Berlin Alexanderplatz.* In: Sander, Gabriele (Hg.): Internationales Alfred-Döblin-Kolloquium: Leiden 1995. Bern [u.a.], 1997, S. 159–168. (Jahrbuch für internationale Germanistik/A; 43)

Grüttemeier, Ralf: Von der dreimal heiligen Sachlichkeit. Religiöses bei Alfred Döblin. In: Neophilologus 77 (1993), S. 285–296.

Haas, Alois Maria: Gottleiden – Gottlieben. Zur volkssprachlichen Mystik im Mittelalter. Frankfurt/M.: Insel, 1989.

Hoock, Birgit: Modernität als Paradox. Der Begriff der ‚Moderne' und seine Anwendung auf das Werk Alfred Döblins (bis 1933). Tübingen: Max Niemeyer, 1997. (Untersuchungen zur deutschen Literaturgeschichte; Bd. 93)

Isermann, Thomas: Der Text und das Unsagbare. Studien zu Religionssuche und Werkpoetik bei Alfred Döblin. Idstein: Schulz-Kirchner, 1989. (Wissenschaftliche Schriften: Reihe 3, Beiträge zur Sprach- und Literaturwissenschaft; 103)

Isermann, Thomas: Das Ich und die Vielheiten. Döblins Konversion zwischen Naturphilosophie und Mystik. In: Sauerland, Karol (Hg.): Alfred Döblin – Judentum und Katholizismus. Berlin: Duncker & Humblot, 2010, S. 113–133. (Literarische Landschaften; 12)

Jacoby, Edmund: Prästabilierte Harmonie oder: die beste aller möglichen Welten. Gottfried Wilhelm Leibniz. In: Ders. (Hg): 50 Klassiker Philosophen. Hildesheim: Gerstenberg, 2004, S. 134–141.

Jentsch, Tobias: Franz Karl Biberkopfs als Sein-zum-Tode. Das „Lied des Todes" in Alfred Döblin „Berlin Alexanderplatz" als vorlaufendes Todesbewusstsein Heideggers. In: Neophilologus 84 (2000), S. 423–442.

Jentsch, Tobias: Modelle der Erlösung. Jesus, Raskolnikow, Biberkopf. In: Weimarer Beiträge, 2002 (48), S. 399–420

Keller, Otto: Döblins Montageroman als Epos der Moderne. Die Struktur der Romane *Der Schwarze Vorhang, Die drei Sprünge des Wang-lun* und *Berlin Alexanderplatz.* München: Wilhelm Fink, 1980.

Kiesel, Helmut: Geschichte der literarischen Moderne. Sprache, Ästhetik, Dichtung im zwanzigsten Jahrhundert. München: Beck, 2004.

Kiesel, Helmut: Literarische Trauerarbeit. Das Exil- und Spätwerk Alfred Döblins. Tübingen: Max Niemeyer, 1986. (Studien zur deutschen Literatur; 89)

Kiesel, Helmut: Konversion als Politikum. In: Gaede, Friedrich [u.a.]: Hinter dem schwarzen Vorhang. Die Katastrophe und die epische Tradition. Festschrift für Anthony W. Riley. Tübingen; Basel: Francke, 1994, S. 193–208.

Köpke, Wulf: Die Irrfahrt durch Frankreich 1940 und die Identität des Exils. In: Stauffacher, Werner (Hg.): Internationales Alfred Döblin-Kolloquium Lausanne 1987. Bern [u.a.]: Peter Lang, 1991, S. 25–35. (Jahrbuch für Internationale Germanistik: Reihe A, Kongressberichte; Bd. 28)

Kracauer, Siegfried: Die Wartenden. In: Ders.: Das Ornament der Masse. Essays. Frankfurt/M.: Suhrkamp, 1963, S. 106–119.

Kuschel, Karl-Josef: „Vielleicht hält Gott sich einige Dichter…". Literarisch-theologische Porträts. Mainz: Matthias-Grünewald-Verl., 1991 (Rothenfelser Reihe)

Langenhorst, Georg: Hiob, unser Zeitgenosse. Die literarische Hiob-Rezeption im 20. Jahrhundert als theologische Herausforderung. Mainz: Matthias-Grünewald-Verlag, 1995. (Theologie und Literatur; 1)

Maillard, Christine: Trinitarische Spekulationen und geschichtstheologische Fragestellungen in Alfred Döblins Religionsgespräch *Der unsterbliche Mensch*. In: Maillard, Christine/Mombert, Monique (Hgg.): Internationales Alfred-Döblin-Kolloquium Strasbourg 2003. Der Grenzgänger Alfred Döblin, 1940–1957. Biographie und Werk. Bern [u. a.]: Peter Lang, 2006. (Jahrbuch für Internationale Germanistik Reihe A, Kongressberichte; 75)

Maiworm, Heinrich: Epos der Neuzeit. In: Stammler, Wolfgang (Hg.) Deutsche Philologie im Aufriß. Bd. 2. Berlin: Erich Schmidt, 21960 Sp. 685–748.

Martini, Fritz: Das Wagnis der Sprache: Interpretation deutscher Prosa von Nietzsche bis Benn. Stuttgart: Klett, ^{6}1970.

Mauthner, Fritz: Zur Sprache und zur Psychologie. In: Ders./Lütkehaus, Ludger (Hg.): Fritz Mauthner. Das philosophische Werk. Beiträge zu einer Kritik der Sprache Bd. 1. Wien [u. a.]: Böhlau, ^{3}1999.

Minder, Robert: Begegnungen mit Döblin in Frankreich. In: Text und Kritik 13/14 (1966), S. 57–64, hier S. 64.

Minder, Robert: Döblin zwischen Osten und Westen. In: Ders.: Dichter in der Gesellschaft: Erfahrungen mit deutscher und französischer Literatur. Frankfurt/ M.: Insel-Verlag, 1966, S. 155–190.

Müller-Salget, Klaus: Alfred Döblin und das Judentum. In: Shedletzky, Itta/ Horch, Hans Otto (Hgg.): Deutsch-jüdische Exil- und Emigrationsliteratur im 20. Jahrhundert. Tübingen: Max Niemeyer, 1993, S. 153–163.

Müller-Salget, Klaus: Alfred Döblin: Werk und Entwicklung. Bonn: Bouvier, 1972. (Bonner Arbeiten zur deutschen Literatur; 22)

Muschg, Walter: Nachwort des Herausgebers zu Berlin Alexanderplatz. Olten; Freiburg: Walter-Verlag, 1961, S. 509–528.

Osterle, Heinz D.: Alfred Döblins Revolutionstrilogie „November 1918". In: Monatshefte 62/1 (1970), S. 1–23.

Pfanner, Helmut F.: Döblins Schicksalsreise: Wessen Schicksal? In: Grunewald, Michel (Hg.): Internationales Alfred-Döblin-Kolloquium: Paris 1993. Bern [u. a.] Lang, 1995, S. 85–93. (Jahrbuch für internationale Germanistik: Reihe A, Kongressberichte; 41)

Rothe, Wolfgang: Metaphysischer Realismus. Literarische Außenseiter zwischen Links und Rechts. In: Rothe, Wolfgang (Hg.): Die deutsche Literatur in der Weimarer Republik. Stuttgart: Reclam, 1974, S. 255–280.

Schoeller, Wilfried F.: Alfred Döblin. Eine Biographie. München: Carl Hanser, 2011.

SCHRADER, ULRIKE: Die Gestalt Hiobs in der deutschen Literatur seit der frühen Aufklärung. Frankfurt/M. [u. a.]: Lang, 1992. (Europäische Hochschulschriften/ 1; 1294)

SCHRAMKE, JÜRGEN: Zur Theorie des modernen Romans. München: C.H. Beck, 1974.

SEBALD, WINFRID G.: Der Mythus der Zerstörung im Werk Döblins. Stuttgart: Klett, 1980. (Literaturwissenschaft – Gesellschaftswissenschaft; 45)

SÖLLE, DOROTHEE: Realisation. Studien zum Verhältnis von Theologie und Dichtung nach der Aufklärung. Darmstadt; Neuwied: Hermann Luchterhand, 1973. (Theologie und Politik; 6)

STAUFFACHER, WERNER: Die Bibel als poetisches Bezugssystem. Zu Alfred Döblins ‚Berlin Alexanderplatz'. In: Sprachkunst 8 (1977), S. 35–40.

WAMBSGANZ, FRIEDRICH: Das Leid im Werk Alfred Döblins. Eine Analyse der späten Romane in Beziehung zum Gesamtwerk. Frankfurt am Main; Berlin; Bern [u. a.]: Lang, 1999. (Europäische Hochschulschriften: Reihe 1, Deutsche Sprache und Literatur; 1728)

WEYEMBERGH-BOUSSART, MONIQUE: Alfred Döblin. Seine Religiosität in Persönlichkeit und Werk. Bonn: Bouvier, 1970. (Abhandlungen zur Kunst-, Musik- und Literaturwissenschaft; 76)

WOLKOWICZ, ANNA: Der Gekreuzigte und der Gehenkte. Zur religiösen Verwandlung in Döblins „Schicksalsreise". In: Sauerland, Karol (Hg.): Alfred Döblin – Judentum und Katholizismus. Berlin: Duncker & Humblot, 2010, S. 71–101. (Literarische Landschaften; 12)

2.2. Literatur zum Kapitel III.2 (Christine Lavant)

Übersicht über die Abkürzungen von Christine Lavants Werken

A	Aufzeichnungen aus einem Irrenhaus
B	Die Bettlerschale
Kwm	Kunst wie meine ist nur verstümmeltes Leben
Kzt	Kreuzzertretung
Pf	Der Pfauenschrei
Sp	Spindel im Mond
ujH	Und jeder Himmel schaut verschlossen zu

Verzeichnis der zitierten Gedichte und Werke Christine Lavants

LAVANT, CHRISTINE/Steinsiek, Annette/Schneider, Ursula A. (Hgg.): Christine Lavant. Aufzeichnungen aus einem Irrenhaus. Salzburg; Wien: Otto Müller, 2001.

LAVANT, CHRISTINE: Der Pfauenschrei. Gedichte. Salzburg: Otto Müller, 1962.

LAVANT, CHRISTINE: Die Bettlerschale. Gedichte. Salzburg: Otto Müller, 1956.

LAVANT, CHRISTINE: Die Stadt ist oben auferbaut. In: Domin, Hilde (Hg.): Doppelinterpretationen. Das zeitgenössische deutsche Gedicht zwischen Autor und Leser. Frankfurt a.M.: Fischer-Taschenbuch-Verlag, 1976.

LAVANT, CHRISTINE/Bernhard, Thomas (Hg.): Gedichte. Frankfurt a.M.: Suhrkamp, 1987.

LAVANT, CHRISTINE/Hensel, Kerstin (Hg.): Kreuzzertretung. Gedichte, Prosa, Briefe. Leipzig: Reclam, 1995.

LAVANT, CHRISTINE/Wigotschnig, Armin/Strutz, Johann (Hgg.): Kunst wie meine ist nur verstümmeltes Leben. Nachgelassene und verstreut veröffentlichte Gedichte - Prosa - Briefe. Salzburg: Otto Müller, 1978.

LAVANT, CHRISTINE: Spindel im Mond. Gedichte. Salzburg: Otto Müller, 1959.

LAVANT, CHRISTINE/Weigel, Hans (Hg.): Und jeder Himmel schaut verschlossen zu. Fünfundzwanzig Gedichte für O.S. Mit einer Einleitung von Hans Haider. Wien; München: Verlag Jungbrunnen, 1991.

Sonstige Primärwerke

CAMUS, ALBERT: Die Pest. Sonderausgabe. Reinbek bei Hamburg: Rowohlt, 2010.

CELAN, PAUL: Ansprache anläßlich der Entgegennahme des Literaturpreises der Freien Hansestadt Bremen. In: Celan, Paul: Ausgewählte Gedichte. Zwei Reden. Nachwort von Beda Allemann. Frankfurt a.M.: Suhrkamp, [5]1972, S. 127–129.

CELAN, PAUL: Der Meridian. Rede anläßlich der Verleihung des Georg-Büchner-Preises. In: Celan, Paul: Ausgewählte Gedichte. Zwei Reden. Nachwort von Beda Allemann. Frankfurt a.M.: Suhrkamp, [5]1972, S. 133–148.

GOETHE, JOHANN WOLFGANG: Prometheus und Wie herrlich leuchtet mir die Natur. In: Goethe, Johann Wolfgang/Eibl, Karl (Hg.): Sämtliche Werke, Briefe, Tagebücher und Gespräche. Abteilung 1. Gedichte 1756–1799. Bd. 1. Frankfurt am Main: Dt. Klassiker-Verlag, 1987, S. 203 f. und 129 f.

HEINE, HEINRICH/Werner, Michael (Hg.): Begegnungen mit Heine. Berichte der Zeitgenossen. Bd. 2 (1847–1856). Hamburg: Hoffmann & Campe, 1973.

Sekundärliteratur

ARENDT, DIETER: Das Wagnis des religiösen Gedichts. Zu der Lyrik Christine Lavants. In: Welt und Wort 18 (1963), S. 297–299.

BERNHARD, THOMAS: Christine Lavant. Frankfurt a. M.: Suhrkamp, 1987.

DROSSEL-BROWN, CORDULA: Zeit und Zeiterfahrung in der deutschsprachigen Lyrik der Fünfziger Jahre: Marie Luise Kaschnitz, Ingeborg Bachmann und Christine Lavant. New York [u.a]: Lang, 1995. (Studies in modern German literature; 66)

DÜRHAMMER, ILIJA/Hemecker, Wilhelm: „… nur durch Zufall in den Stand einer Dichterin geraten“. Unbekannte autobiographische Texte von Christine Lavant.

In: Sichtungen. Internationales Jahrbuch des Österreichischen Literaturarchivs der Österreichischen Nationalbibliothek. Bd. 2. Wien: Turia und Kant, 1999, S. 97–126.

EGGER, WOLFRAM: Christine Lavant. Auf der Spur. Klagenfurt: Kärntner Druck- und Verlagsanstalt, 1994.

ENSBERG, CLAUS: Ästhetische Irritation religiöser Weltdeutung in Werken sogenannter ‚christlicher Dichter'. In: Braungart, Wolfgang/Koch, Manfred (Hgg.): Ästhetische und religiöse Erfahrungen der Jahrhundertwenden. Bd. III: um 2000. Paderborn [u.a.], 2000.

FLEISCHMANN, KORNELIUS: Mystisches und Magisches bei Christine Lavant. Versuch einer Deutung der Sammlung „Die Bettlerschale". In: Literatur und Kritik 11 (1976), S. 524–541.

FRIEDRICH, HUGO: Die Struktur der modernen Lyrik. Von der Mitte des neunzehnten bis zur Mitte des zwanzigsten Jahrhunderts. Reinbek bei Hamburg: Rowohlt, 1985.

FRITSCH, GERHARD: Christine Lavant: Spindel im Mond. In: Wort in der Zeit 5 (1959), S. 25.

GELLNER, CHRISTOPH: „...ob der liebe Gott bestimmt allmächtig ist?". Ein neuer biblischer Blick auf Christine Lavant. In: Stimmen der Zeit 221 (2003), S. 611–622.

GELLNER, CHRISTOPH: „Vergiß dein Pfuschwerk, Schöpfer" In: Gellner, Christoph (Hg.): Schriftsteller lesen die Bibel: die heilige Schrift in der Literatur des 20. Jahrhunderts. Darmstadt: Wissenschaftliche Buchgesellschaft, 2004, S. 161–174.

GLASER, INGE: Christine Lavant. Eine Spurensuche. Wien: Edition Praesens, 2005.

GÜRTLER, CHRISTA: „Fluchtwurzel" oder „Spindel im Mond"? Anmerkungen zum Briefwechsel zwischen Christine Lavant und dem Otto Müller Verlag. In: Rußegger, Arno/ Strutz, Johann: Die Bilderschrift Christine Lavants. Salzburg, Wien: Otto Müller Verlag, 1995, S. 178–192.

HAIDER, HANS: Wem gehört diese Frau? Kärnten-Wien gegen Tirol-Salzburg: Im Kampf um die Rechte an der großen, geheimnisvollen österreichischen Dichterin Christine Lavant ist die Germanistik nicht zimperlich. In: Die Presse. Spektrum. Samstag, 5. März 2011. http://diepresse.com/home/spectrum/zeichenderzeit/639430/Wem-gehoert-diese-Frau. [zuletzt abgerufen am 07.10.2014]

HENSEL, KERSTIN: Die Gespenster der Lavant. In: Lavant, Christine/Hensel, Kerstin (Hg.): Kreuzzertretung. Gedichte, Prosa, Briefe. Leipzig: Reclam, 1995, S. 113–122.

HERZMANSKY, KATHARINA: Glücklich vor dem Herrn. Paraliturgische Inszenierungen in der Prosa Christine Lavants. In: Moser, Gerda E./Herzmansky, Katharina/Aspetsberger, Friedbert (Hgg.): „Klug und stark, schön und erotisch".

Idyllen und Ideologien des Glücks in der Literatur und in anderen Medien. Innsbruck: Studien Verlag, 2006, S. 45–65.

HÖDL, HANS GERALD: Von Steinen, Engeln und Heilanden. Religiöse Bilder in Christine Lavants Erzählung *Aufzeichnungen aus einem Irrenhaus*. In: Herzmansky, Katharina/Rußegger, Arno (Hgg.): Lavant Lektüren. Ergebnisse des 3. Internationalen Christine Lavant-Symposions. Wien: Edition Praesens, 2006, S. 59–85.

JENTSCH, TOBIAS: Da/zwischen. Eine Typologie radikaler Fremdheit. Heidelberg: Winter, 2006. (Probleme der Dichtung; 37)

JORDAN, LOTHAR: Zur literaturgeschichtlichen Situierung Christine Lavants zwischen geistlicher Dichtung und moderner Lyrik. In: Die Bilderschrift Christine Lavants, S. 66–86.

KNÖRRICH, OTTO: Die deutsche Lyrik seit 1945. Stuttgart: Alfred Kröner, [2]1978 (Kröners Taschenausgabe; 401), S. 125–148.

KÜLZ, SOPHIE THERESE: „Viel lieber säße ich noch tief im Mohn". Fremdheitserfahrungen im Werk Christine Lavants. Frankfurt a.M.: Peter Lang, 2012.

KUNISCH, HANS PETER: Ein Rosenkranz, fünf Gottseiverflucht. In: Zeitonline: http://www.zeit.de/2002/19/200219_l-lavant.xml [zuletzt abgerufen am 10.10. 2014]

KUSCHEL, KARL-JOSEF: Gottes grausamer Spaß? Heinrich Heines Leben mit der Katastrophe. Düsseldorf: Patmos, 2002.

LANGER, RENATE: Zwangsjacke und Couch. Psychiatrie und Psychotherapie in Werken von Lavant, Bachmann, Galvagni und Wogrolly. In: Moser, Gerda Elisabeth/Herzmansky, Katharina/Aspetsberger, Friedbert (Hgg.): Klug und stark, schön und erotisch. Idyllen und Ideologien des Glücks in Literatur und in anderen Medien. Innsbruck; Wien; Bozen: Studien Verlag, 2006, S. 89–117. (Schriftenreihe Literatur des Instituts für Österreichkunde; 17)

LÜBBE, WEYMA: Fromm oder unfromm? Zur religiösen Lyrik Christine Lavants. In: Lübbe-Grothues, Grete (Hg.): Über Christine Lavant. Leseerfahrungen. Interpretationen. Selbstdeutungen. Salzburg: Otto Müller, 1984, S. 91–102.

LÜBBE-GROTHUES, GRETE: Christine Lavant. In: Wiese, Benno von: Deutsche Dichter der Gegenwart: ihr Leben und Werk. Berlin: Erich Schmidt, 1973, S. 369–383.

LÜBBE-GROTHUES, GRETE: Diesseitige und jenseitige Liebe. Bemerkungen zum ‚Christlichen' bei Christine Lavant. In: Fidibus 20 (1992), S. 9–11.

REIFENBERG, PETER: Gottverlassenheit und Menschwerdung bei Albert Camus und Christine Lavant. In: Held, Klaus/Hennigfeld, Jochen (Hgg.): Kategorien der Existenz. Festschrift für Wolfgang Janke. Würzburg: Königshausen & Neumann, 1993.

Ross, Werner: Abenteuer und Albtraum des Glaubens. Die Gedichte der Bäuerin Christine Lavant. In: DIE ZEIT, 01.02.1963. http://www.zeit.de/1963/05/abenteuer-und-albtraum-des-glaubens [zuletzt abgerufen am 29.09.2014].

Russegger, Arno: Christine Lavant – Ein Porträt. In: Bosse, Anke/Decloedt, Leopold (Hgg.): Hinter den Bergen eine andere Welt. Österreichische Literatur des 20. Jahrhunderts. Amsterdam; New York: Rodopi, 2004, S. 161–188.

Sandherr-Klemp, Dorothee: „Ich hör mein Herz die Gnade Gottes loben, das dringt wie Bellen mir durch Mark und Bein". Christine Lavants Lyrik auf der Suche nach einem Ort weiblicher Fruchtbarkeit zwischen Klage und Anklage. In: Günter, Andrea (Hg.): Feministische Theologie und postmodernes Denken: Zur theologischen Relevanz der Geschlechterdifferenz. Stuttgart; Berlin; Köln: Kohlhammer, 1996, S. 147–165.

Schlör, Veronika: „Christine Lavant – Vom Leiden und seiner Wendung". In: Held, Klaus/Hennigfeld, Jochen (Hgg.): Kategorien der Existenz. Festschrift für Wolfgang Janke. Würzburg: Königshausen & Neumann, 1993.

Schlör, Veronika: Hermeneutik der Mimesis: Phänomene, begriffliche Entwicklungen, schöpferische Verdichtung in der Lyrik Christine Lavants. Düsseldorf; Bonn: Parerga, 1998.

Schneider, Ursula A./Steinsiek, Annette: Kreuzzertretung und Rückgrat, Luzifer und Bettlerschale. Christine Lavants Religionen im Zusammenhang mit ihrer Poetologie. In: Mitteilungen aus dem Brenner-Archiv 27 (2008), S. 123–141.

Scrinzi, Otto: Eine Krankengeschichte dritter Klasse. In: Weiss, Ida (Hg.): Steige, steige, verwunschene Kraft: Erinnerungen an Christine Lavant. Wolfsberg: Ploetz, 1991 (Deutsche Sprach- und Literaturwissenschaft; 53), S. 87–89.

Sedmak, Clemens: Das Messianische. In: Schmidinger, Heinrich (Hg.): Die Bibel in der deutschsprachigen Literatur des 20. Jahrhunderts. Band 1: Formen und Motive. Mainz: Matthias-Grünewald-Verlag, 1999, S. 403–432.

Stahl, August: Das Bild des geschundenen Menschen in der Lyrik der Christine Lavant. In: Literatur und Kritik 152 (1981), S. 77–93.

Steinsiek, Annette/Schneider, Ursula: Lektüreverhalten und ‚Intertextualität' oder Hinweise auf literarische Bezüge im Kommentar der Historisch-Kritischen Ausgabe Christine Lavants. In: Mitteilungen aus dem Brenner-Archiv 26 (2007), S. 79–102.

Steinsiek, Annette/Schneider, Ursula: Nachwort. Out of Biography. In: Lavant, Christine/Steinsiek, Annette/Schneider, Ursula A. (Hgg.): Christine Lavant. Aufzeichnungen aus einem Irrenhaus. Salzburg; Wien: Otto Müller, 2001, S. 122–159.

Strutz, Johann: Poetik und Existenzproblematik. Zur Lyrik Christine Lavants. Salzburg: Otto Müller, 1979.

STRUTZ, JOHANN: Zum Verhältnis von Poetik und Existenzproblematik in der späten Lyrik Christine Lavants. In: Bartsch, Kurt [u. a.] (Hg.): Die andere Welt. Aspekte der österreichischen Literatur des 19. und 20. Jahrhunderts. Festschrift für Hellmuth Himmel. Bern; München: Francke Verlag, 1979, S. 261–275.

TAFERNER, ULI: Die vielen Gesichter der Christine Lavant. In: Rußegger, Arno/ Strutz, Johann (Hgg.): Profile einer Dichterin. Beiträge des II. Internationalen Christine-Lavant-Symposions Wolfsberg 1998. Salzburg; Wien: Müller, 1999, S. 143–163.

TEUFFENBACH, INGEBORG: Christine Lavant. „Gerufen nach dem Fluß": Zeugnis einer Freundschaft. Zürich: Ammann, 1989.

TRAUTMANN, SILKE/ZINK, MELANIE: Christine Lavant. Die poetische Auseinandersetzung mit Gott. In: Bendel-Maidl, Lydia (Hg.): Katholikinnen im 20. Jahrhundert: Bilder, Rollen, Aufgaben. Münster: LIT, 2007, S. 223–240.

VERWEYEN, HANSJÜRGEN: Albert Camus und Christine Lavant im Kontext menschlicher Schreie. In: Held, Klaus/Hennigfeld, Jochen (Hgg.): Kategorien der Existenz. Festschrift für Wolfgang Janke. Würzburg: Königshausen & Neumann, 1993.

WEINRICH, HARALD: Christine Lavant oder Die Poesie im Leibe. In: Lübbe-Grothues, Grete (Hg.): Über Christine Lavant. Leseerfahrungen, Interpretationen, Selbstdeutungen. Salzburg: Otto Müller, 1984, S. 63–76.

WIESMÜLLER, WOLFGANG: „Ein Morgenlicht, wenn wir wollen!" Das Lavant-Bild Ludwig von Fickers und die christliche Rezeption der Dichterin. In: Die Bilderschrift Christine Lavants, S. 149–177.

WIESMÜLLER, WOLFGANG: Facetten der österreichischen Lyrik nach 1945 am Beispiel biblisch-christlicher Intertextualität bei Christine Lavant und Christine Busta. In: Mitteilungen aus dem Brenner-Archiv 27 (2008), S. 75–91

WIESMÜLLER, WOLFGANG: „Lavant, Christine". In: Munzinger Online/KLG – Kritisches Lexikon zur deutschsprachigen Gegenwartsliteratur, URL: http://www.munzinger.de/document/16000000356 [zuletzt abgerufen am 30.7.2014]

WIESMÜLLER, WOLFGANG: Zur Adaptierung der Bibel in den Gedichten Christine Lavants. In: Holzner, Johann/Zeilinger, Udo (Hgg.): Die Bibel im Verständnis der Gegenwartsliteratur. St. Pölten; Wien: Verlag Niederösterreichisches Pressehaus, 1988, S. 71–88.

WILPERT, GERO VON: Lyrik. In: Sachwörterbuch der Literatur. Stuttgart: Alfred Kröner, [7]1989, S. 540–545. (Kröners Taschenbuchausgabe; 231)

2.3. Literatur zum Kapitel III. 3 (Friedrich Dürrenmatt)

Übersicht über die Abkürzungen von Dürrenmatts Werken und Schriften

WA 1	Es steht geschrieben / Der Blinde. Frühe Stücke
WA 2	Romulus der Große. Eine ungeschichtliche historische Komödie in vier Akten. Neufassung 1980
WA 3	Die Ehe des Herrn Mississippi. Eine Komödie in zwei Teilen (Neufassung 1980) und ein Drehbuch
WA 4	Ein Engel kommt nach Babylon. Eine fragmentarische Komödie. Neufassung 1980
WA 5	Der Besuch der alten Dame. Eine tragische Komödie. Neufassung 1980
WA 7	Die Physiker. Eine Komödie in zwei Akten. Neufassung 1980
WA 9	Der Meteor / Dichterdämmerung. Zwei Nobelpreisträgerstücke. Neufassungen 1978 und 1980
WA 10	Die Wiedertäufer. Eine Komödie in zwei Teilen. Urfassung
WA 14	Der Mitmacher. Ein Komplex. Text der Komödie (Neufassung 1980), Dramaturgie, Erfahrungen, Berichte, Erzählungen.
WA 16	Die Panne. Ein Hörspiel und eine Komödie
WA 18	Achterloo. Achterloo I / Rollenspiele (Charlotte Kerr: ‚Protokoll einer fiktiven Inszenierung', Friedrich Dürrenmatt: Achterloo III) Achterloo IV / Abschied vom Theater
WA 19	Aus den Papieren eines Wärters. Frühe Prosa. [Darunter: Weihnacht, Der Folterknecht, Pilatus, Die Stadt]
WA 20	Der Richter und sein Henker / Der Verdacht. Die zwei Kriminalromane um Kommissar Bärlach
WA 21	Der Hund / Der Tunnel / Die Panne. Erzählungen
WA 26	Minotaurus / Der Auftrag oder Vom Beobachten des Beobachters der Beobachter / Midas oder Die schwarze Leinwand. Prosa
WA 27	Durcheinandertal. Roman
WA 28	Labyrinth. Stoffe I-III: Der Winterkrieg in Tibet / Mondfinsternis / Der Rebell
WA 29	Turmbau. Stoffe IV-IX: Begegnungen / Querfahrt / Die Brücke / Das Haus / Vinter / Das Hirn
WA 30	Theater. Essays, Gedichte und Reden.
WA 32	Literatur und Kunst. Essays, Gedichte und Reden [darunter: Fingerübungen zur Gegenwart, Zu den Teppichen von Angers]
WA 36	Versuche / Kants Hoffnung. Essays und Reden
WA 37	Gedankenfuge / Der Pensionierte

TSR	Theater, Schriften und Reden
DiA	Der intellektuelle Atheist
fK	Ich bin der finsterste Komödienschreiber, den es gibt

Gespräche 1 Der Klassiker auf der Bühne. Gespräche 1961–1970

Gespräche 2 Die Entdeckung des Erzählens. Gespräche 1971–1980

Gespräche 4 Dramaturgie des Denkens. Gespräche 1988–1990

Verzeichnis der zitierten Werke und Schriften von Friedrich Dürrenmatt

DÜRRENMATT, FRIEDRICH: Der intellektuelle Atheist. Ich glaube an den Menschen. In: Wiener 9 (1988), S. 183.

DÜRRENMATT, FRIEDRICH: Die Ehe des Herrn Mississippi. In: Komödien I. Zürich: Arche, 1957, S. 89–169.

DÜRRENMATT, FRIEDRICH: Georg Büchner und der Satz vom Grunde. Dankesrede zum Georg-Büchner-Preis 1986 der Deutschen Akademie für Sprache und Dichtung. In: Dürrenmatt, Friedrich (Hg.): Versuche. Zürich: Diogenes, 1988, S. 57–69.

DÜRRENMATT, FRIEDRICH/Arnold, Heinz Ludwig (Hg): Gespräche 1961–1990 in vier Bänden.

Bd. 1: Der Klassiker auf der Bühne. Gespräche 1961–1970. Zürich: Diogenes, 1990.

Bd. 2: Die Entdeckung des Erzählens. Gespräche 1971–1980. Zürich: Diogenes, 1996.

Bd 4. Dramaturgie des Denkens. Gespräche 1988–1990. Zürich: Diogenes, 1996.

DÜRRENMATT, FRIEDRICH: Ich bin der finsterste Komödienschreiber, den es gibt. (1985) Ein ZEIT-Gespräch mit Friedrich Dürrenmatt von Fritz J. Raddatz. http://www.zeit.de/1985/34/ich-bin-der-finsterste-komoedienschreiber-den-es-gibt [zuletzt abgerufen am 04.05.2015]

DÜRRENMATT, FRIEDRICH/Weber, Ulrich (Hg.): Friedrich Dürrenmatt: Schriftsteller und Maler. [Katalog zu den Ausstellungen „Querfahrt: Das Literarische Werk" im Schweizerischen Literaturarchiv, Bern, und „Portrait eines Universums: Das Zeichnerische und Malerische Werk" im Kunsthaus Zürich. Zürich: Diogenes, 1994.

DÜRRENMATT, FRIEDRICH: Selbstgespräch. In: Dürrenmatt, Friedrich (Hg.): Versuche. Zürich: Diogenes, 1988, S. 113–116.

DÜRRENMATT, FRIEDRICH: Theaterprobleme. In: Theater-Schriften und Reden. Verlag der Arche, Zürich 1966, S. 122.

DÜRRENMATT, FRIEDRICH: Theater-Schriften und Reden. Zürich: Arche, 1966.

DÜRRENMATT, FRIEDRICH: Turmbau. Stoffe IV-IX. Zürich: Diogenes, 1990.

DÜRRENMATT, FRIEDRICH: Zusammenhänge. Essay über Israel. Eine Konzeption. Zürich: Arche, 1976.

DÜRRENMATT, FRIEDRICH: Kants Hoffnung. Zwei politische Reden. Zwei Gedichte aus dem Nachlaß. Mit einem Essay von Walter Jens. Zürich: Diogenes, 1991, S. 49–54.

Sonstige Primärliteratur

BÜCHNER, GEORG/DEDNER, BURGHARD (Hg.): Woyzeck. Studienausgabe. Stuttgart: Reclam, 1999.

CAMUS, ALBERT: Der Mythos des Sisyphos. Rowohlt: Taschenbuch Verlag, 2000.

DÖBLIN, ALFRED: Epilog. In: Lüth, Paul E. H.: Alfred Döblin zum 70. Geburtstag. Wiesbaden: Limes-Verlag, 1948, S. 161–173.

KANT, IMMANUEL/Weischedel, Wilhelm (Hg.): Immanuel Kant. Kritik der reinen Vernunft. Werke in sechs Bänden. Bd. 2. Darmstadt: Wissenschaftliche Buchgesellschaft, 1956, S. 60.

KIERKEGAARD, SÖREN/Rest, Walter (Hg.): Einübung im Christentum. Zwei kurze ethisch-religiöse Abhandlungen. Das Buch Adler oder Der Begriff des Auserwählten. München: dtv, 2005.

NIETZSCHE, FRIEDRICH/Colli, Giorgio [u. a.]: Nietzsche Werke. Kritische Gesamtausgabe. Berlin: Walter de Gruyter.

WITTGENSTEIN, LUDWIG: Tractatus logico-philosophicus. In: Ders.: Tractatus logico-philosophicus; Tagebücher 1914–1916. Werkausgabe Bd. 1. Frankfurt a. M.: Suhrkamp, 1989, S. 7–85.

Sekundärliteratur

ADAMS, DALE: Chaos, Zufall und Mathematik: Friedrich Dürrenmatts Weltbild und Dramaturgie. In: Nach der Natur. After Nature. Freiburg; Berlin; Wien: Rombach, 2010, S. 211–231. (Limbus; 3)

ALLEMANN, BEDA: „Es steht geschrieben" (Friedrich Dürrenmatt). In: Wiese, Benno von (Hg.): Das Deutsche Drama. Bd. 2: Vom Realismus bis zur Gegenwart. Düsseldorf: Bagel, ²1960, S. 420–438.

AMÉRY, JEAN: Friedrich Dürrenmatts politisches Engagement. Anmerkungen zum Israel-Essay „Zusammenhänge". In: Text und Kritik 56 (1977), S. 41–48.

ARNOLD, ARMIN: Friedrich Dürrenmatt. Berlin: Colloquium Verlag, 1986. (Köpfe des 20. Jahrhunderts; 57)

ASSMANN, HEINZ-DIETER: „So droht kein Gott mehr". Friedrich Dürrenmatt und das Prinzip Panne. In: Gellner, Christoph/Langenhorst, Georg (Hgg.): Herzstücke. Texte, die das Leben ändern. Ein Lesebuch zu Ehren von Karl-Josef Kuschel zum 60. Geburtstag. Düsseldorf: Patmos, 2008, S. 169–182.

BÄNZIGER, HANS: Verzweiflung und „Auferstehungen" auf dem Todesbett. Bemerkungen zu Dürrenmatts *Meteor*. In: Deutsche Vierteljahresschrift für Literaturwissenschaft und Geistesgeschichte 54 (1980), S. 485–505.

BARK, JOACHIM: Dürrenmatts „Pilatus" und das Etikett des christlichen Dichters. In: Knapp, Gerhard P. (Hg.): Friedrich Dürrenmatt. Studien zu seinem Werk. Heidelberg: Lothar Stiehm Verlag, 1976. (Poesie und Wissenschaft; 33), S. 53–68.

Bühler, Pierre: Apokalypse im Werk von Friedrich Dürrenmatt. In: Dürrenmatt, Friedrich/Bühler, Pierre (Hg.): Dürrenmatts Endspiele. Neuchâtel: Centre Dürrenmatt, 2003, S. 43–71.

Bühler, Pierre: Don Quijote als Gleichnis des mutigen Menschen. Ein hermeneutischer Zugang zu Dürrenmatts Cervantes-Rezeption. In: Liard, Véronique/George, Marion (Hgg): Dürrenmatt und die Weltliteratur. München: Meidenbauer, 2011, S. 131–143.

Bühler, Pierre: Gnadenlosigkeit? Christologische Figuren in den späten Werken Dürrenmatts. In: Rusterholz, Peter/Wirtz, Irmgard (Hgg.): Die Verwandlung der „Stoffe" als Stoff der Verwandlung. Friedrich Dürrenmatts Spätwerk. Berlin: Erich Schmidt (2000), S. 161–178.

Burkard, Martin: Dürrenmatt und das Absurde. Gestalt und Wandlung des Labyrinthischen in seinem Werk. Bern; Berlin; Frankfurt a. M. u. a.: Lang, 1991. (Züricher germanistische Studien; 28)

Burkard, Philipp: Als Gott über Gott schwätzen?! Das Verhältnis des späten Dürrenmatt zur Religion, untersucht am Text *Selbstgespräch*. In: Herwig, Henriette/Wirtz, Irmgard/Würffel, Stefan Bodo (Hgg.): Lese-Zeichen. Semiotik und Hermeneutik in Raum und Zeit. Festschrift für Peter Rusterholz zum 65. Geburtstag. Tübingen; Basel: Francke, 1999, S. 449–458.

Burkard, Philipp: Dürrenmatts „Stoffe". Zur literarischen Transformation der Erkenntnistheorien Kants und Vaihingers im Spätwerk. Tübingen; Basel: Francke Verlag, 2004.

Burkard: Philipp: Fiktion als Erkenntnis. Dürrenmatts Darstellung seines Weges von der Philosophie zur Literatur im zweiten Band der *Stoffe*. In: Rusterholz, Peter/Wirtz, Irmgard (Hgg.): Die Verwandlung der „Stoffe" als Stoff der Verwandlung. Friedrich Dürrenmatts Spätwerk. Berlin: Erich Schmidt (2000), S. 129–143.

Busch, Eberhard: Gespannte Beziehung. Friedrich Dürrenmatt und Karl Barth. In: Text und Kritik 50/51 ([3]2003), S. 183–196.

Donald, Sydney G.: Dürrenmatt und das Welttheater. In: Liard, Véronique/George, Marion (Hgg): Dürrenmatt und die Weltliteratur. München: Meidenbauer, 2011, S. 257–275.

Freund, Winfried: Modernes Welttheater. Eine Studie zu Friedrich Dürrenmatts Komödie *Der Meteor*. In: Literatur in Wissenschaft und Unterricht 4 (1973), S. 110–121.

Gabor-Peirce, Olivia G.: Friedrich Dürrenmatt: Divine traces in the work of an atheist. In: Religion and Literature 39 (2007), S. 79–104.

Gasser, Peter: „Und vielleicht treffe ich mich … mit Herrn Nietzsche" – Dürrenmatt und Friedrich Nietzsche. In: Liard, Véronique/George, Marion (Hgg.): Dürrenmatt und die Weltliteratur. München: Meidenbauer, 2011, S. 31–47.

GOTTWALD, SIGRUN R.: Der mutige Narr im dramatischen Werk Friedrich Dürrenmatts. New York; Frankfurt a. M.; Bern: Peter Lang. (New Yorker Studien zur Neueren Deutschen Literaturgeschichte; 3)

HAPKEMEYER, ANDREAS: Höll' und Teufel. Ein Motivkomplex im Werk Friedrich Dürrenmatts. Innsbruck: Institut für Germanistik, 1997. (Innsbrucker Beiträge zur Kulturwissenschaft: Germanistische Reihe; 56)

HENSEL, GEORG: Der Dramatiker nach Kierkegaard und Einstein. Lobrede auf Friedrich Dürrenmatt zur Verleihung des Georg-Büchner-Preises. In: Keel, Daniel (Hg.): Herkules und Atlas. Lobreden und andere Versuche über Friedrich Dürrenmatt. Zürich: Diogenes, 1992, S. 25–42.

HOFFMANN, FERNAND: Friedrich Dürrenmatt als Theologe. Gegenentwurf oder Absage? In: Stimmen der Zeit 209 (1991), S. 192–198.

HOFFMANN, FERNAND: Friedrich Dürrenmatt (1921–1991). Zweifelnd, verzweifeltes Gottsuchertum voll paradoxer Hoffnung. In: Bättig, Joseph/Leimgruber, Stephan (Hgg.): Grenzfall Literatur. Die Sinnfrage in der modernen Literatur der viersprachigen Schweiz. Freiburg (Schweiz): Universitätsverlag/Paulusverlag, 1993, S. 306–319.

JAUSLIN, CHRISTIAN MARKUS: Friedrich Dürrenmatt. Zur Struktur seiner Dramen. Zürich: Juris-Verlag, 1964.

JENS, WALTER: „Zu Hause im Emmental und unter den Sternen". Würdigung Friedrich Dürrenmatts anläßlich der Gedenkfeier am 11. Januar 1991 im Berner Münster. In: Dürrenmatt, Friedrich: Kants Hoffnung. Zwei politische Reden. Zwei Gedichte aus dem Nachlaß. Mit einem Essay von Walter Jens. Zürich: Diogenes, 1991, S. 55–64.

KAISER, GERHARD: Christologische Bezüge in säkularer Literatur: einige Beispiele von Goethe bis Dürrenmatt. Stuttgart; Leipzig: Hirzel, 1997. (Sitzungsberichte der Sächsischen Akademie der Wissenschaften zu Leipzig. Philologisch-historische Klasse; 135)

KAISER, GERHARD: Friedrich Dürrenmatt: „Die Ehe des Herrn Mississippi". In: Ders (Hg.): Christus im Spiegel der Dichtung. Exemplarische Interpretationen vom Barock bis zur Gegenwart. Freiburg; Basel; Wien: Herder, 1997, S. 142–151.

KAISER, JOACHIM: Sicut deus? In: Keel, Daniel (Hg.): Herkules und Atlas. Lobreden und andere Versuche über Friedrich Dürrenmatt. Zürich: Diogenes, 1992, S. 139–144.

KLEIN, MICHAEL: Friedrich Dürrenmatt – „Es tut ein neues Zeitalter der Aufklärung not". In: Müller-Salget, Klaus; Scheichl, Sigurd Paul (Hgg.): Nachklänge der Aufklärung im 19. und 20. Jahrhundert. Für Werner M. Bauer zum 65. Geburtstag. Innsbruck: university press, 2008, S. 289–299.

KUSCHEL, KARL-JOSEF: Im Spiegel der Dichter: Mensch, Gott und Jesus in der Literatur des 20. Jahrhunderts. Düsseldorf: Patmos, 1997.

MARAHRENS, GERWIN: Friedrich Dürrenmatts „Die Ehe des Herrn Mississippi“. In: Knapp, Gerhard P. (Hg.): Friedrich Dürrenmatt. Studien zu seinem Werk. Heidelberg: Lothar Stiehm Verlag, 1976. (Poesie und Wissenschaft; 33), S. 93–124.

MAUTNER, JOSEF P.: „Ein Gott, der sich kreuzigen lässt, spielt Theater“. Die literarische Dekonstruktion von Eindeutigkeit in Friedrich Dürrenmatts Roman *Durcheinandertal.* In: Tschuggnall, Peter (Hg.): Religion – Literatur – Künste. Aspekte eines Vergleichs. Anif/Salzburg: Müller-Speiser, 1998, S. 329–342.

MINGELS, ANNETTE: Dürrenmatt und Kierkegaard. Die Kategorie des Einzelnen als gemeinsame Denkform. Köln; Weimar; Wien: Böhlau, 2003.

MINGELS, ANNETTE: Jener Einzelne. Kierkegaards Kategorie des Einzelnen als Grundkonstante in Dürrenmatts ideologiekritischem Denken. In: Söring, Jürgen/Mingels, Annette (Hgg): Dürrenmatt im Zentrum. 7. Internationales Neuenburger Kolloquium 2000. Frankfurt a. M.: Peter Lang / Europäischer Verlag der Wissenschaften, S. 259–284.

MUHRES, MICHAEL: Dürrenmatts Begriff der Verantwortung. Frankfurt a.M.: Univ. Diss, 1974.

RINGEL, STEFAN: Der stumme Hiob. Parodie in Dürrenmatts Dramentheorie und in seinem frühen Stück *Der Blinde.* In: Monatshefte 94 (2002), S. 346–367.

RÜEDI, PETER: Dürrenmatt oder Die Ahnung vom Ganzen. Biographie. Zürich: Diogenes, 2011.

RUSTERHOLZ, PETER: Dürrenmatt, Barth und Kierkegaard. In: Liard, Véronique/ George, Marion (Hgg): Dürrenmatt und die Weltliteratur. München: Meidenbauer, 2011, S. 13–30.

RUSTERHOLZ, PETER: Theologische und philosophische Denkformen und ihre Funktion für die Interpretation und Wertung von Texten Friedrich Dürrenmatts. In: Brinker, Claudia/Herzog, Urs/Largier, Niklaus [u. a.]: Contemplata aliis tradere. Studien zum Verhältnis von Literatur und Spiritualität. Bern; Berlin; Frankfurt a.M. [u. a.]: Peter Lang, 1995, S. 473–489.

SCHMITZ-EMANS, MONIKA: Am Ende – die Toleranz. Abu Chanifa, Anan ben David und Friedrich Dürrenmatts Religionsgespräch. In: Zielke, Oxana (Hg.): Nathan und seine Erben. Beiträge zur Geschichte des Toleranzgedankens in der Literatur. Festschrift für Martin Bollacher. Würzburg: Königshausen & Neumann, 2005, S. 143–161.

SCHNÄDELBACH, HERBERT: Gescheiterte Moderne? (1989). In: Ders (Hg.): Zur Rehabilitierung des animal rationale. Vorträge und Abhandlungen; 2. Frankfurt am Main: Suhrkamp, 1992, S. 431–447. (Suhrkamp-Taschenbuch-Wissenschaft; 1043)

SCHNÄDELBACH, HERBERT: Kant – der Philosoph der Moderne. In: Schönrich, Gerhard/Kato, Yasushi (Hgg.): Kant in der Diskussion der Moderne. Frankfurt am Main: Suhrkamp, 1996, S. 11–26. (Suhrkamp-Taschenbuch-Wissenschaft; 1223)

Spycher, Peter: Friedrich Dürrenmatts Israel-Essay. Religiöse Konzeption und Glaubensbekenntnis. In: Knapp, Gerhard P./Labroisse, Gerd (Hgg.): Facetten: Studien zum 60. Geburtstag Friedrich Dürrenmatts. Bern; Frankfurt a.M.; Las Vegas, 1981, S. 243–257.

Spycher, Peter: Friedrich Dürrenmatts „Meteor". Analyse und Dokumentation. In: Knapp, Gerhard P. (Hg.): Friedrich Dürrenmatt. Studien zu seinem Werk. Heidelberg: Lothar Stiehm Verlag, 1976. (Poesie und Wissenschaft; 33), S. 145–187.

Striet, Magnus: Eine Lanze für Don Quijote. Unzeitgemäße Bemerkungen zum Problem endlicher Existenz. Orientierung 63 (1999), S. 74–79.

Stromsik, Jiri: Apokalypse komisch. In: Knapp, Gerhard P./Labroisse, Gerd (Hgg.): Facetten: Studien zum 60. Geburtstag Friedrich Dürrenmatts. Bern; Frankfurt a.M.; Las Vegas, 1981, S. 41–59.

Waldmann, Günter: Dürrenmatts paradoxes Theater. Die Komödie des christlichen Glaubens. In: Wirkendes Wort 14 (1964), S. 22–35.

Weber, Emil: Dürrenmatts Endspiele. In: Dürrenmatt, Friedrich/Bühler, Pierre (Hg.): Dürrenmatts Endspiele. Neuchâtel: Centre Dürrenmatt, 2003, S. 11–38.

Weber, Emil: Friedrich Dürrenmatt und die Frage nach Gott. Zur theologischen Relevanz der frühen Prosa eines merkwürdigen Protestanten. Zürich: Theologischer Verlag, 1980.

Weber, Ulrich: „Der grässliche Fatalismus der Geschichte": Friedrich Dürrenmatt und Georg Büchner. In: Liard, Véronique/George, Marion (Hgg): Dürrenmatt und die Weltliteratur. München: Meidenbauer, 2011, S. 191–213.

Wirsching, Johannes: Friedrich Dürrenmatt: Der Tunnel. Eine theologische Analyse. In: Der Deutschunterricht 25 (1973), S. 103–117.